LIVING ON THE EDGE OF CHAOS

LEADING SCHOOLS INTO THE GLOBAL AGE

（SECOND EDITION）

带着“枷锁”跳教育改革之舞的艰难探索者，都会有这样的体验：在传统势力强大的教育中心地带，改革阻力巨大，举步维艰，而当你自觉不自觉地转移到远离中心的“混沌边缘地带”时，阻力就会大大减小。“混沌边缘”避开了“中心”激烈的竞争，但也不能是信息闭塞的“不毛之地”，而属于停滞与无序两种状态之间经常变换的战区，是复杂系统能够自由调整和存活的地带，在这里，各种改革的新思想和创造性实验可以自由而健康、迅速地成长。不过要作这样的选择，不仅必须放弃置身于“教育中心地带”的各种眼前功利，自甘“边缘化”，而且还必须超越西方近代经典科学观、发展观、教育观和教育研究方法论的视野，熟悉和掌握在复杂教育系统中选择、适应、驾驭“混沌边缘”的认识论、价值论和方法论。

——桑新民

【教育变革之道丛书】　　桑新民　主编

生活在混沌边缘：
引领学校步入全球化时代

（第2版）

LIVING ON THE EDGE OF CHAOS

LEADING SCHOOLS INTO THE GLOBAL AGE

（SECOND EDITION）

[美]卡罗琳·J. 斯奈德　米歇尔·阿克-霍切瓦尔　克丽丝滕·M. 斯奈德　著

郑旭东　丁煜　李曙华　译

桑新民　校

教育科学出版社

·北京·

总　　序

探究返璞归真的教育变革之道

刚刚过去的10年，是人类纪元史上第三个千年历史的开端，它给人们留下太多的思考，尤其让世人更深切地感受到21世纪的时代精神与人类命运。

一、21世纪的时代主题与教育使命

20世纪末，世界各国对即将降临的新千年满怀希望。然而，随着21世纪序幕的拉开，人类面临的各种挑战越来越严峻，从“9·11”到全球经济大萧条，短短10年爆发的政治危机、经济危机、社会危机和危机背后的文化冲突、民族矛盾、宗教宿怨……超出了正常人的想象力。与传统政治、经济、军事冲突解决方式的不同之处在于：这些冲突与危机的化解，更需要从社会文化心理的深层寻找产生危机的思想根源，并从不同文化传统的对话、理解、沟通，尤其是文化教育的变革入手寻找对策和出路。正是这样的时代和社会背景，促使世界各国的决策者和政治家们加强了对学习的关注，加快了建设

学习型社会的步伐，并使教育变革成为全球化时代的大趋势。

当代有远见的战略家们不仅期望教育满足个体与社会的基本需求，而且希望教育能面对并参与解决当前与未来的一系列全球性问题，培养出能够适应和解决这些问题的一代新人。如果说今天人们的生活空间已经打破了区域性的界限而进入全球化时代的“地球村”，那么教育当然要从小就开始培养全球意识；如果说区域经济、文化发展的不平衡已达到相当严重的程度，单纯靠经济、政治、科技均难以打破这种现实的困境，那么，一种可能的选择就是首先从教育领域设法打破这种不平衡的恶性循环。当前许多国家已在学校中开设出一系列培养全球化时代“世界公民”的课程，传播和塑造新世纪的文化价值观念和适应未来社会的品格、能力、思维与行为方式；许多有远见的国际组织和国家领导人都将不同文化之间的平等对话、交流，同改善贫困落后地区的教育状况结合起来，作为解决当今世界性问题、创造世界未来新格局的一项战略选择。

与全球化如影随形的另一个重要杠杆是信息化。全球化与信息化有其各自不同的源头、路径、追求，但随着国际互联网创造的新时空迅速拓展，这两大时代潮流越来越融为一体，成为一种不可阻挡的力量，不仅打破了各种边界和壁垒，而且使三百多年工业文明土壤中发展起来的经济、政治、军事、科技、文化、教育等社会大系统之游戏规则不断被刷新，由此引发的传统与变革、民主与专制、科学与迷信、真理与谬误、道德与功利、平等与效益、美好与丑陋、理想与现实等一系列观念的冲突与现实的矛盾愈演愈烈……

未来不是命中注定的，而是由人类创造的。在遵循客观规律的前提下，未来又是可以选择的。教育不仅创造着自身的未来，而且孕育着未来世界的创造者，这一特点决定了在对未来的创造和选择中，教育负有特殊而重大的使命。今日教育塑造出的人才在很大程度上决定着明日世界的风貌。可见，教育的一项重要使命在于通过对未来社会创造者的培养而架设起由现实通向未来的桥梁，这正是教育对未来社会的选择功能。因而，当今世界的教育变革应被看做现代人参与未来社会选择的一条重要而有效的途径。只有用这种崭新的教育价值观念武装决策者和公众的头脑，才能从思想路线的深层落实教育的战略地位。

教育的变革关系到每个家庭甚至每个社会成员。为了使更多的人了解和参与这场关系到人类前途与命运的社会系统工程，我们策划出版一套有思想深度，能给人以启发，又能雅俗共赏的丛书，并冠之以“教育变革之道丛书”。在此，有必要将我们对全球化时代的教育，尤其是教育变革的所思所想向读者作个汇报。

二、教育需要变革吗？

教育变革的现实依据，存在于当今严重异化的教育困境和社会土壤之中。

然而，对此问题的认识却是见仁见智，存在着极大的分歧。有的人不敢或不愿意正视现实，有的人出于各种原因，拼命掩盖现实甚至歪曲现实，也有的人希望揭示现实、超越和改变异化的现实。

但现实总归是现实。教育系统伸展、存在于千家万户之中。你可以不关心教育的现实，但当你的下一代或再下一代开始进入学校时，你就不能不面对活生生的教育现实。从当今中国老百姓的教育话语体系中，我们可以强烈地感受到对当今教育现实的不满与无奈：“当你把孩子送进小学，全家就再也没有安稳日子过了……”为了逃避这种教育现实，越来越多的家长把多年积攒的“辛苦钱”拱手交给国外扑朔迷离的“教育市场”……让老百姓如此不堪忍受的教育现实难道还不应该改变吗！

如果从专家和专业化的视角来透析，变革教育的理由就更加紧迫和毋庸置疑。

“为什么我们的学校总是培养不出杰出人才？”这一振聋发聩的“钱学森之问”如同一声时代的惊雷，将中华大地上昏睡的教育者和受教育者们从“梦境”中唤醒，使之开始从民族生死存亡的高度进行教育变革之思考，进而成为推动教育变革的强大动力！

从教育学、心理学、社会学、教育技术学等广阔学术视野中对教育变革的理论与实践加以探索，这是本“丛书”的主旨和期望。在此仅向读者介绍一个当代学习科学提出和探讨的时代难题。

学生的天职是学习，从小学生到大学生，每天最主要的精力都花在学习上，然而，有相当多的学生不知道如何学习，学习效率很低，不少学生甚至产生了厌学情绪！

教师有各自不同的专业，但各专业教师共同的使命则是教会学生如何学习，然而大多数教师把所有精力都花在研究和传授专业知识上，不知道应该在研究学习上下工夫，甚至连自己都不知道如何高效地学习！

“学习在你身上真的发生了吗?”这是近年来世界各国学习科学前沿的研究者向教师、学生和每一位学习者提出的一个时代难题。

此问题似乎有些蹊跷甚至怪异：学生每天不都在学习吗?

其实，究竟什么才算真正的学习？如何将学生引入有意义的学习之健康轨道？这不仅是学习科学的前沿探究，而且是学习文化创新的重大难题。

各派学者对此问题的答案不尽相同。综合各种高见，并结合我个人的体验，有几点是必须强调的——

知识不同于信息，无法传递，也不可能依靠教师从外部输入，真正意义上的学习必须以个人的兴趣和意愿为前提；必须以问题来引导；必须有内在动机和自我驱动力；必须有对话和交流；必须充分利用信息技术创设高效的学习环境与学习资源，并取得真正的学习成效和美好的情感体验。

如果不具备这些条件，尽管你在不停地看书、背书、应付考试，但实际上学习在你身上并没有真正发生！却耗费了你大量精力和宝贵的青春年华，更为可怕的是：养成了许多学习的坏习惯，获得了消极、有害的学习体验！如果不能尽快与这些不良的，甚至是可怕的学习习惯和心态告别，其后果会怎样?

此问题不仅尖锐、深刻，而且发人深省。我们希望能将那些还在枯燥、低效的教学生涯和学习生活中沉睡的师生唤醒，加入到教育变革的行列中来。

三、教育变革有“道”吗?

这是一个教育哲学的追问，亦可称之为教育的千古之谜和永恒话题。

教育变革是一个极其复杂的过程，不可能有固定、统一之模式，更无法用语言和概念来表达，正如老子所言：道可道，非常道。但不可言说不等于不存在。教育变革有其内在规律，领悟并遵循、践行教育变革之道，教育才能获得健康发展；反之，如果无视、违背教育变革之道，必然将教育引向歧途，并将受到历史的惩罚。文化大革命正是打着教育革命的旗号展开的，结果却成为一场文化、教育的大灾难，耽误了整整一代人，许多深层创伤至今仍未痊愈……近30年来，我国教育在改革、开放中获得了巨大的进步和发展，但改革中违背教育规律的现象也大量存在，由此造成学习的异化、教学与课程的异化、师生关系的异化、学校教育的异化触目惊心。如果再作更深层的时代反思，我们可以强烈地感受到，今天从中小学到大学校园文化，直至家庭和社区教育环境，都被激烈的社会竞争和急功近利的价值导向包围、吞噬……究其根源，可以感觉到两只“看不见的手”：“行政化”（官本位）和“商品化”（钱本位）！要想扭转这种教育和社会之异化，需要“综合治理”，而且非短期所能见效。但让更多的人都来思考、关注，并更加自觉地遵循教育变革之道，则是治本之良方。

细心的读者会发现，本“丛书”的名称没有用“改革”，而用了“变革”，其用意在于强调遵循教育发展之内在规律，强调“顺其自然”，尽可能减少各种违背教育规律的“干预”。这是近百年国内外教育改革发展中深刻的经验教训。

20世纪中国和世界的教育在政治、军事、科技、经济急剧变革的浪潮中，经历了前所未有的复杂变革，并在步入21世纪时开始了从工业文明向信息时代的全方位转变。置身于这样的时代背景中思考教育变革之道，我们深切地感受到，教育系统的变革发展与经济、政治、科技、文化系统的变革发展存在着很大差异，反映了人类社会中物质资料生产、精神生产和人类自身生产这三大生产系统的区别与联系。物质资料生产和与此紧密相连的经济、政治变革往往是以突变的激烈形式爆发；科技、文化系统的变革属于精神生产领域的变革，是在精神世界和思想舞台上展开的，是渐变与突变交替进行、发展的过程，著名科学哲学家库恩在《科学革命的结构》中对此进行了深刻而精辟的剖析；而教育系统的变革，尤其是作为其基石的学习方式的变革，是人类自身生产领域的变革，这一变革不仅受到特定时代物质生产系统和精神生产系统的双重制约，而且取决于人类自身生产系统中学生、教师、教育管理者、家长乃至社会公众对变革的理解、支持和参与程度，其中充满了一系列传统与变革、继承与创新、平等与效率、普及与提高等矛盾冲突、此消彼长的博弈，这正是教育变革滞后于社会其他系统的深层根源。教育是为未来培养人才的领域，但教育的变革与发展又总是滞后的，这是一个令社会难以容忍的二律背反！同时又是不得不面对，需要运用极高的教育智慧来驾驭、承载之现实矛盾。

历史和现实中无数正反两方面的经验教训告诫我们，教育系统的变革是一个遵循其自身规律循序渐进的复杂过程，任何急于求成、急功近利的教育改革不仅不可能成功，而且必然会出现比“拔苗助长”更严重的后果，破坏教育系统的“社会文化生态”，受到教育规律的惩罚。

四、如何探究教育变革之道？

这需要用教育科学的研究成果和教育改革实践探索中正反两方面的经验与个案来回答，尤其需要从教育研究方法和方法论的高度进行探索。本“丛书”将努力选择、荟萃这方面的国内外资源以满足读者的需求。我们倡导和遵循的原则和宗旨主要有以下三点。

1. 要研修和借鉴古今中外教育变革的成功之道

教育的长周期、慢效应，决定了教育变革需要有战略的眼界和广阔的胸怀，这要求教育变革者必须下“学贯中西”的真功夫、死功夫，才有可能真正站在巨人的肩膀上思考和实践。没有深厚的学养，成不了教育变革之大器。国学不仅要研究《论语》、《学记》、《大学》、《师说》这些儒家教育经典，而且要研究《周易》、《道德经》、《心经》、《金刚经》中的变革之道，要力求将中国历史文化遗产中的儒、道、释变革之道融会贯通；西学不仅要研究从苏格拉底到康德所奠定的经典教育之道，更要关注从卢梭到杜威所开创的近现代教育的反传统之道。研读经典切忌教条主义，要在与大师之“对话”中领悟古往今来沧海桑田变化中的“人间正道”。这是博大精深的教育智慧，更是在复杂多变的社会潮流中宠辱不惊之从容与淡定。

2. 要注重探索教育变革的中国之道

教育是一个民族的“神经系统”，是该民族传统与未来发展的最集中体现。

一百多年来，中国教育变革之路从甲午战争开始，先后经历了学日本、学德国、学美国，到新中国成立后学苏联、改革开放后学西方，历尽沧桑、步履艰难，跟在洋人后边亦步亦趋，却始终没能走出一条成功之路，反而把自己几千年积淀下来的优秀文化、教育传统几乎丧失殆尽。“集体失去记忆”，这一深刻的教训必须反思和汲取，这样的道路应该尽快结束了！

“一方水土养一方人”。以未曾中断之悠久历史闻名于世的中国文化教育传统，造就了地球上人口最多的中华民族。恐龙为何灭绝？就是因为不能适应变化之环境，历史上四大文明古国为何独有中华民族的历史没有中断？其中一个重要秘诀在于：中国文化教育传统中具有强大而独特之应变能力。需要特别指出的是，这种应变能力不是消极被动的，而是积极主动的；不是走极端的，而是中庸、圆融的。将这种教育变革之丰富思想资源挖掘、激活，并吸纳西方教育变革的成功经验和理念，中华民族才有可能在21世纪闯出一条教育变革的成功之道。

3. 要面向未来探索教育变革的创新之道

今天我们所经历的教育变革，是在信息时代的新环境中展开的。从农业文明经工业文明，到信息时代，社会发展变革的步伐不断加快，迫使人的思维方式也随之转变：从面向过去、面向现实到面向未来。在急剧变革的信息时代，把发展教育的参照系由现实转向未来，这是当代教育发展指导思想中的重大战略转变。这一转变势必要求教育观念、教育体制、教育目标与评价体系、教学内容和手段方法等都随之进行相应的规范转换，这意味着教育变革之道本身也是不断发展的。因此，必须探索教育创新之道。

本“丛书”所精选的第一批书目中，包含着许多21世纪的教育创新之道。如《舵手的视界：在变革时代领导美国大学》是当代美国著名大学校长杜德施塔特（James J. Duderstadt）的传记；《生活在混沌边缘：引领学校步入全球化时代》是总部设在美国的国际学校联盟总裁斯奈德（Karolyn J. Snyder）博士等教育领导力培训专家多年积累的中小学变革实践、理论、方法论之结晶。仅从这两本书的书名中，我们就能品味到其中包含的时代气息和教育变革智慧。两者分别从高等教育和基础教育这两个不同舞台，揭示了当今世界教育变革的许多新特点、新规律、新趋势，其中一个重要的特点和趋势就是：在被工业文明所异化的教育土壤中返璞归真。

正如杜德施塔特经常强调的："毫无疑问，我们必须把那些对于大学来说属于更深层次的目标时刻铭记于心，它们在重要性上既从未改变也不曾衰减。大学是求知的场所，人类的潜质在这里得以塑造与发展，我们的文化智慧在这里得以代代相传……对此必须始终坚守不渝……大学是一种召唤而不是一种职业，它需要的是一种对治学和教学的热爱和风险……为了大学坚守住一个来自于有些遥远的过去的未来愿景——或者，更确切地说，一个事实上从来不曾存在过的田园式梦想——我们的高等院校被推到了一个风险的风口浪尖……变革对于美国大学来讲，将不仅是挑战，而且还是其未来之所系。对于那些有愿景、有智慧、有胆略在21世纪引领潮流的大学来说，与变革相伴而来的将是前所未有的机遇。"①

在当今这个充满异化和诱惑的复杂教育世界中变革现实、追求理想、坚守和践行返璞归真的教育变革之道，绝不是一件容易之事。具有深厚物理学背景，又潜心多年钻研当代系统科学的斯奈德博士将混沌学中的方法论创造性地用于指导教育变革实践，总结出许多成功经验。她深刻地揭示出，在现行体系最强大的中心地带，要想取得改革的突破和成功几乎是不可能的，而在"混沌边缘"则是生长、变革最急剧的地方，这里充满各种发展的机遇，是实现成功突破的阻力最小之路径。领略"生活在混沌边缘"之妙谛，不仅给我们提供了信息时代教育变革的方法论指导，而且向我们展示了在充满复杂矛盾冲突的教育变革浪潮中化险为夷、举重若轻的变革智慧和艺术。

教育变革绝非权宜之计，而是教育发展之"常态"，对此展开的思考和

---

① James Duderstadt. A University for the 21st Century [M]. Ann Arbor, Michigan: The University of Michigan Press, 2000: 10.

研究必须沉下心来，摆脱各种压力和诱惑，才能获得真知灼见，并超越眼下出版界的浮躁之风，为读者奉献真正的好作品。我们希望这套“教育变革之道丛书”能成为一个开放的舞台和桥梁，将作者和读者紧密联系起来，将有志于教育变革的中外教育工作者紧密联系起来，共同探究返璞归真的教育变革之道，并在一次次成功的教育变革实践中使教育变得更美好，使未来的世界变得更美好。

桑新民

2010年3月

于金陵秦淮河畔

目　录

第二篇　指导变革的新心智之舞

第三篇　促进学校教育新原型发展的手段

第四篇　在混沌边缘走向繁荣

中文版序

桑新民

这是一部用多学科背景、多年教育改革探索经历创作和演奏出的一曲工业文明时代教育的挽歌，也是信息时代教育创新的序曲。

在此首先要对本书标题作些个性化的解读。初次接触到本书第1版标题是在2004年，当《生活在混沌边缘：引领学校步入全球化时代》（*Living on the Edge of Chaos*：*Leading Schools into the Global Age*）这一别具匠心的书名闯入我视野中来的时候，带给我极其强烈的好奇和震撼。直觉告诉我：一位完全陌生、却又相识甚深的老友似乎要与我见面了！此后数年的交往越来越证实了我当时的预见。

2004年国际学校联盟（International School Connection，简称ISC）在西班牙召开首届全球高峰论坛，经一位美籍华人介绍，论坛主席卡罗琳·斯奈德博士（Karolyn J. Snyder）邀请我出席会议，并作大会发言，在电子邮件中她告诉我，与会者特别希望能听到来自古老中华文明故乡的教育改革信息。遗憾的是我没能出席此次论坛，但却通过一张光盘发表了跨时空的视频报告，并欢迎ISC到中国来举办全球高峰论坛，这给各国与会代表留下了深刻的印象。2005年4月，斯奈德博士率领的国际学校联盟代表团一行14人应邀访问中国，在南京和北京举行了一系列参观访问和学术交流活动。他们不仅与南京大学、南师大附中、北京小学、北京101中学进行了深入的交流，而且访问了中国教育科研网总部、中国教育电视台、中央电教馆、江苏电教馆、南京市电教馆、中国教师教育网、高等教育出版社等机构和部门，并在南京和北京举行了两场报告会。当我们读到斯奈德博士赠送的此书第1版，并聆听了作者一系列具有鲜明时代气息的教育变革理念与生动个案时，感受到强大的思想冲击力。我们还就此书标题交换了意见，深感到一见如故，因为大家都是多年带着“枷锁”在跳教育改革之舞的艰难探索者，在传统势力强大的教育中心地带，教育改革阻力巨大，举步维艰，而当你自觉不自觉地转移到远离中心的“混沌边缘地带”时，教育改革的阻力就会大大减小。“混沌边缘”虽然必须避开现实发展的“中心”，但也不能是信息闭塞的“不毛之地”，而属于停滞与无序两种状态之间经常变换的战区，是复杂系统能够自发地调整和存活的地带，是新思想和创造性遗传基因始终一点一点地蚕食着现状的边缘地带，在这里，各种改革的思想和实验可以自由而健康、迅速地成长。不过要作这样的选择，不仅必须放弃置身于“教育中心地带”的各种眼前功利，自甘“边缘化”，而且还必须超越西方近代经典科学观、发展观、教育观和教育研究方法论的视野，熟悉和掌握在复杂教育系统中选择、适应、驾驭“混沌边缘”的认识论、价值论、方法论……我们还深入探讨了在国际互联网络创造的教育新时空，如何寻找和共同创造出“混沌边缘”的教育改革新舞台……这种跨文化交流的乐趣是难以言说的。

2006年11月国际学校联盟第二届全球高峰论坛在美国佛罗里达州坦帕市召开，斯奈德博士不仅邀请我和李曙华教授出席论坛，而且还特别邀请我们和她的团队共同设计、筹备会议的各项议程。我们带着4位南京大学的学生于会前一个月来到坦帕。为节约开支，斯奈德博士邀请我们夫妇住到她家中，这一决定使她的朋友和同事都深感意外，却使我们有机缘深入到一个颇具传奇色彩的美国教育学者家庭。斯奈德博士的丈夫罗伯特·安德森（Robert H. Anderson）教授是美国基础教育和教育领导力研究和实践领域的著名学者，1986年因其在教育研究上的卓越成就，入选在全球范围内享有崇高声誉的Kappa Delta Pi学会的荣誉会员①。他于1949年在芝加哥大学教育学院获博士学位，著名课程和教育评价专家泰勒虽不是他的导师，却与他建立了深厚的师生情谊。此后多年他先后在哈佛大学和得州理工大学主持教育领导力研究和培训，1983年他离开美国学术中心，到南佛罗里达大学继续从事教育领导力研究和培训，而且开展了教育生态学视角的教育创新和学校管理实践研究。1986年安德森博士和斯奈德博士出版了《卓有成效的学校管理：一种生态学的视角》(*Managing Productive Schools: toward an ecology*)。此书首次将系统理论引入了学校教育发展研究，给教育者提供了一种有关学校组织的新视角，突破了当时盛行的对组织生命所持的静止不变的理解。作为教育发展与变革的基本单元，学校要在内外人士的同心协力下，自主选择并追求学校的目标和愿景，激发内在动力、自觉履行教育的神圣使命，这样的学校组织才可能充满教育变革的生命活力。《卓有成效的学校管理》出版以来，生态视野中的教育组织文化及其对学校绩效影响的研究受到越来越广泛的关注，成为教育领导力培训的重要理论与方法论教材，引导和推动了学校工作文化中系统理论的传播，并成为教育管理中兴起的品质运动（Quality Movement）之重要基础和高效学校管理的基本原则。1999年出版的《生活在混沌边缘：引领学校步入全球化时代》正是此方面研究成果的深化与总结。这一个月的会议筹备工作紧张却充满乐趣，斯奈德博士带我们深入到他们辛勤耕耘数十年的教育改革与培训基地，进行东西方文化与教育的全方位交流，从中国古老的《周易》到西方现代科学中的分形和混沌，从芝加哥大学、哈佛大学的教育家趣闻轶事，到北大、清华的西学东渐、中西合璧，从修习中国的太极拳到欣赏西方的交响乐……四位学术背景和研究志趣各不相同的东西方教授在一起朝夕相处一个月的美妙生活，是任何语言都无法表达的。高峰论坛在各方的共同努力之下取得了圆满成功，来自北京、南京、深圳的20多位中国教育工作者和学生见证了东西方教育改革思想交流之盛况，本书的一位译者

① Kappa Delta Pi学会的第一位荣誉会员是1924年入选的约翰·杜威。迄今为止，Kappa Delta Pi共拥有荣誉会员300人左右，目前在世的仅60人左右，是当今世界教育研究领域最高水平学者的荣誉称号。

丁煜当时正跟我读博士，她正好也在美国，专程赶来出席会议，并担任了翻译。在此期间，斯奈德博士与出版社商定修改出版本书第2版，并特邀我们为其作序，我们愉快地答应了。当离别降临之际，我们和两位美国老教授互相拥抱在一起，竟怆然泪下。

2007年10月，国际学校联盟第三届全球高峰论坛在北京101中学成功举办。来自世界12个国家和地区的70多位境外教育研究者、教师、校长和学生出席了会议。当时已90岁高龄、足迹遍布全球的安德森博士不远万里首次踏上了中国大陆，兴奋地考察中国教育，并出席了会议。会议期间安德森夫妇访问了教育科学出版社，在与社领导的会见中确定了出版本书第2版中译本的协议。会后各种类型的跨时空、跨文化教育交流陆续展开。其中特别要提到一个全球化的合作项目（GPP），这是由美国佛罗里达州帕斯科县、中国深圳市南山区、瑞典斯德哥尔摩市共同设计、开展的跨越三大洲学区伙伴网络交流活动，于2009年1月启动。参与这个项目的国际团队包括3个不同国家的24所学校组成1个高中团队、3个初中团队和2个小学团队，让学生和老师进行跨越国界、低成本高效率、机动灵活的交流和学习，目的在于加快全球化学习中心的建设与发展，在实践中共同开发ISC培养全球公民的课程和评价标准框架。这一项目的实施比想象的要困难，但其价值是不言而喻的。2011年2月第二个项目周期开始时，广州市天河区教研室著名的“天河部落”教师团队也以极高的热情加盟进来。

2008年本书第2版面世，修订和改写的章节充分展现了国际学校联盟成立以来教育工作者在信息化、全球化合流的时代挑战面前如何以系统科学，特别是混沌理论与复杂网络研究的最新成果，理解系统生成演化规律，引领学校变革的新思考和实践探索，尤其是借助国际互联网络创造的新时空，将学校建设成为全球化学习中心的新征程。在翻译过程中，我们进一步深切地领略了这本书的思想魅力以及作者生活在混沌边缘的智慧，同时也更加深刻地感受到传统思维模式对教育和学习的桎梏，以及当代系统科学之最新进展在学校教育变革中的巨大潜力及其应用的迫切性。

21世纪世界的教育变革正在全面超越以牛顿力学为代表的西方经典科学观和据此建立起来的工业文明大厦，尤其要从20世纪政治、经济、社会学、管理学、心理学、教育学营造的观念和体制桎梏中艰难地挣脱出来。这是一个极其复杂的社会系统工程，必须运用多学科的知识和方法才能理解和驾驭，因此翻译的难度是相当大的。经过反复研究、几易其稿，并与原作者进行多次交流，经历了3年多才提交出今天这样一份仍然不尽如人意的中文译稿，求教于各位同仁和广大读者。遗憾的是未等见到中译本面世，安德森博士就在2010年5月永远离开了我们。但这位将毕生奉献给美国和世界教育改革的探索者之音容笑貌，将永远留在我们心中。他与美国教育管理名家约翰·古德莱德（John I. Goodlad）合著的美国20世纪教育名著《不分级小学》（*Nongradel Elementary School*）中译本于2006年由教育科学出版社出版。此书至今似乎没有引起中国教育界的关注，这是1959年苏联卫星上天引发的美国教育改革浪潮中对传统教育体制最深刻的一种批判和超越，其矛头直指工业文明造就的“标准件”模式的分级教育制度，不仅在当时引起轰动和争议，而且其影响始终没有消失。安德森博士一生著述颇丰，我在他家请他介绍其最重要的代表作，他从书架上取出的正是这本小书，他本人还是第二作者，问其原因，他似乎陷入了久远的回忆。斯奈德博士向我们介绍了他与比他年轻的古德莱德博士在教育改革中结成的深厚情谊，并讲述了安德森博士如何提出了“团队教学”（Time Teaching）这一重大教学理念。我们在美国许多场合都听到校长、教师和教育研究者尊敬地称安德森博士为“团队教学之父”（The Father of Time Teaching），这一教学理念后来曾在美国教育界引起争论，但在21世纪的教育改革浪潮中，尤其在复杂的网络课程新舞台上，孤立的教师个体备课、讲课这种小农经济式的教学模式越来越无法适应时代的要求，教师之间的合作、各种类型的教学团队建设（尤其是网络上跨时空的教学团队）已经成为不可阻挡的时代潮流，正是这样的时代背景，使“团队教学”重新受到重视，被注入新的时代内涵，并必将成为影响越来越大的教学与课程理念。我曾在国际学校联盟两届高峰论坛大会报告中发表这一见解，引起各国教育改革者的兴趣和共鸣。在此再次提请各位中国同仁关注，并以此告慰安德森博士在天之灵。

当今世界各国的教育都存在严重的危机。教育必须进行根本性的改革，这已经成为无可争辩的共识。但究竟为什么要改革？如何改革？教育危机的根源何在？教育改革所追求的目标是什么？如何激发教育改革的内在动力？

如何找到阻力最小的教育改革成功之途？如何将分散在世界各地的教育改革者汇聚起来？如何使教育改革步入可持续发展的希望之路？这些都是世界各国教育改革者必须思考和回答的时代难题。为了解答这些难题，本书作者不仅跨越了众多专业和研究领域，而且进行了艰难的实践探索，尤其是运用以混沌学为代表的当代系统科学前沿的理念和方法论为指导，对教育变革的历史和理论基础进行了深刻反思和独特的诠释，并从教育领导力的视角将教育改革的理论、实践、政策内在地结合起来，较系统地阐发了令人耳目一新的科学观、知识观、权力观、管理观、学习与学校观、组织生长与变革的观念与方法论……这样的思想和实践探索，对中国现实与未来的教育改革之价值是显而易见的。但要想真正读懂本书也不是一件容易的事情，不仅需要多学科的知识背景，而且需要具有信息时代教育改革的切身体验。但只要理论联系实际地认真读下去，就一定会有意想不到的收获。不仅能帮助你拓展知识背景和视野，打破各种思维定势，而且能带你领略当今世界教育改革和教育学发展前沿的壮丽景观。

全书翻译分工如下：第 1 章丁煜译，第 2 章丁煜、李曙华译，第 3 章李曙华、丁煜译，第 4 章李曙华译，第 5 章丁煜译，第 6—11 章郑旭东译，第 12 章丁煜译，第 13 章和第 14 章郑旭东译，第 2 版序言采用的是中文原稿，其余部分均由郑旭东翻译，他为本书中译本付出了很多心血。翻译不仅是一个学习的过程，同时也是一种再创作的过程。三位译者相互之间对译稿的不断磋商和修改，不仅使译著更接近原著，更创造了一种不可多得的工作体验。我对翻译工作进行了统筹协调，对译稿进行了评判、校改，尽力提高中译本的水平和质量，但错误和不当之处仍在所难免，恳请各位读者批评赐教。

最后，还要特别感谢教育科学出版社在版权引进和译稿编辑出版上付出的巨大努力。我们诚挚地希望，本书中译本的面世能让中国更多的教育工作者和学校领导者直面时代挑战，学会在混沌边缘引领学校参与到 21 世纪的伟大教育变革中，与世界同行一起共同创造全球化的教育新世界。

2011 年仲夏

完稿于甘肃河西走廊

英文版序

共创全球化时代的教育智慧

桑新民：中国南京大学教育科学与管理系教授、网络化学习与管理研究所所长。

李曙华：中国南京大学哲学系教授。

《生活在混沌边缘：引领学校步入全球化时代》一书再版的时候，作者希望我们分别从中国教育学者和系统科学（system science），特别是生成科学（emerging science）研究者的视角写一个序言。这是一次东西方教育研究者的对话，我们很珍惜这个机会。

在全球化的世界潮流中，中国的教育和教育工作者越来越多地走向世界。同样，世界的教育工作者也希望更多、更深入地了解中国和中国的文化、教育。正是这样的大背景，使我们有机会认识了本书的作者卡罗琳·J. 斯奈德和她创建的国际学校联盟。

这本书是国际学校联盟重要的理论基础和方法论依据，尤其是凝聚了 ISC 创始人斯奈德博士 30 多年来积累的教育经验与智慧。

ISC 是一个致力于推动教育国际化的民间非营利教育组织。该组织核心成员均为不同国家的教育专家和教育管理者。ISC 的宗旨是“使学校成为全球化的高效学习中心”。为实现这一目标，ISC 一直致力于联网具有全球意识的教育思想家和教育领导者，交流、分享、共创理论成果与成功经验。目前该组织已经在美洲、欧洲、亚洲十多个国家的学校和学区，建立了学习中心和国际化的学校联盟，并已形成一套比较系统的教育领导新理念、相应的学校发展模式和提升教育领导力培训模式。该组织成员学校的教师、学生、校长、学区教育管理者之间，借助四通八达的国际互联网，通过分布于世界各地的 ISC 中心（ISC Hub），开展各种丰富多彩的高效率、低成本、跨文化的教育交流与合作活动。在通过互联网交流的基础上，ISC 还会在不同国家举办全球峰会，目的是在全球的语境中学习和分享学校发展的相关理念和经验。2007 年10 月，我们经过共同努力，使 ISC 第三次全球峰会在中国北京成功举办。我们认为 ISC 是一个具有较深厚学术背景和实践经验的国际教育组织。该组织正在努力创造跨时空、跨文化的世界教育发展新舞台，提升世界各国优秀学校的“教育影响力”。

桑新民：3 年以前（2004 年），我们之间最初的结识和交流是通过电子邮件进行的。当我们读到 ISC 组织的介绍和本书的介绍时，我首先对 ISC 所追求的目标——“使学校成为全球化的高效学习中心”——产生了浓厚的兴趣；而我夫人李曙华教授则对一本教育的著作竟然以《生活在混沌边缘》作为书名感到惊奇和兴奋，因为她多年来一直研究系统科学，尤其是生成科学，并希望我能了解她的研究，将其应用于教育。但要沟通我们之间不同的学术背景和研究兴趣，显然需要桥梁。3 年来与斯奈德博士的交流、合作，尤其是系统阅读本书之后，我们之间对教育的发展和变革，有了更多、更深入的对话与共识。想不到斯奈德博士竟然成为我们夫妻之间的学术桥梁。

李曙华：系统科学的兴起，标志着20 世纪西方科学最大的一次革命，特别是随着生成科学的发展，科学的世界观、认识论以及方法论都正在发生深刻的变革，显然，这一变革对于教育系统更具有特殊重要的意义。因为教育系统不仅本身就是一个生命系统，而且是人类传承文明信息、培育和创造一代新人的复杂系统。面对21 世纪，教育系统首先需要打破长期以来机械论的僵化观念、体制、机制，真正成为代表人类未来最活跃、最有生机、最敏感、最具创造性的系统。然而，如何将系统科学，特别是生成科学的最新研究成果应用到教育系统，这在理论和实践上皆非易事。看到斯奈德博士《生活在混沌边缘》一书，我确实非常兴奋。首先，她对变化之世界的理解是一种真正生成论（the theory of emergence）的观点；其次，她已将系统生成论的思想与方法系统地应用于教育理论，并在改革美国教育中进行了大量实践；更重要的，她以系统生成论的思想为指导创建了 ISC 这样一个全球化的教育创新组织，推动跨文化的教育交流与合作，以求共同探索“使学校成为全球化的高效学习中心”。这一切，对正处于文化转型并努力走向世界的中国文化与教育，无疑具有重要的启示。

斯奈德博士是一个热情、开朗、不怕困难、充满生命活力的人。她喜欢“非平衡”与“混沌边缘”，因为正如她所说：“生命是一种生成现象，它在混沌的边缘繁荣兴旺。”（Karolyn et al.，2008，p. 78）“非平衡态而不是平衡态才是它们最活跃、最有生机、最敏感、最具创造性的状态。最好的生活是生活在有序与意外事件之间的混沌边缘。”（p. 73）当有人说她看起来很年轻时，她说：“我太忙了，没有时间变老。”（I'm too busy to become older.）可以说，生成科学给了她生活的智慧和对时代的敏感，同时，她亦致力于将这种智慧与信息带给教育。她说：“如果我们是真的全心全意为所有学生着想，那么有关自然系统生长的新知识就会让我们实现心智与精神转换，这种转换将会给所有学生带来成功。”（p. 75）“我们在指导新体制的生成中扮演着重要角色。这是生命之舞，是我们现在的机遇。信息是组织催化的命脉……”（p. 67）她强调：我们必须用“‘生命有机体’的隐喻取代有关学校的‘机器’隐喻”，“改变学校传统的根本问题，很大程度上是领导者对社会系统生成的洞察力。”（p. 61）

《生活在混沌边缘》一书的意义绝不局限于美国，我们准备将它介绍给中国的读者，特别是教育工作者。生成科学本身就主张一种多元的、多样性的世界观，鼓励各个不同系统的自组织、自学习、自适应、自协调，各种超区域、跨文化的联系、交流与合作，恰恰是系统超越自身限度，适应世界历史性变革的最好方法。因为“简单系统也不是孤立演化的，而是共同演化之复杂网络的一部分。……共同进化之网非常自然地将教育事业带向了新世纪的黎明。”（p. 75）

值得一提的是，生成科学的思想与中国传统文化关于生成的思想是相似、相通的。2007年在美国佛罗里达召开的ISC全球峰会上，我曾将周易的思想与本书的思想作了一些初步的比较，来自世界各国的与会者都表现出极大的兴趣。“一阴一阳之谓道”，希望我们在创造人类新文明的过程中，互相学习，为全球教育的生成发展创造更好的条件，跳好这支更大更美的生命之舞。

桑新民：我们正在步入信息时代。在迎接21世纪到来的时候，人类本来充满希望，然而进入21世纪后，希望与失望并存。面对各种时代的危机和挑战，迫切需要从社会文化心理的深层寻找产生危机的根源，并从不同文化传统的对话、理解、沟通，尤其是文化教育的改革入手寻找对策和出路。正是这样的时代和社会背景，促使世界各国的教育工作者共同携手，为人类文明的未来而努力。如何在这样一个复杂多变、激烈竞争的世界中找到出路、避免灾难、创造美好的人类文明未来？这不仅需要政治、经济和技术的智慧，更需要文化的智慧、教育的智慧。教育在这场变革中具有非常重要的、再创新文化的使命。300多年的工业文明创造了社会发展的奇迹，同时也造成了社会的异化、教育的异化、人的异化、学校的异化。信息时代的到来同样是双刃剑，一方面是加剧异化，另一方面更为走出异化，恢复教育、社会、学校的人性和生命活力创造了新的条件和机遇。

恩格斯先生在研究文艺复兴时代为何能产生达·芬奇等一大批文化巨人时，曾经说过：现在是需要巨人、也必将产生巨人的时代！如今，面对激烈的世界挑战和时代转折，我们同样需要巨人，也必将产生巨人。达·芬奇时代产生的是个人的英雄，如今单靠个人英雄已不可能走出人类文明的困境，所以必须集中全人类的智慧，而且是跨文化、跨民族、跨国家的智慧。教育工作者正如杜威所言，是太阳底下最光辉的职业，是天堂的引路人，因此，教育工作者最应该有一种全球化的远见与胸怀，孕育和传播教育的智慧，为人类文明与人类理想共同创造美好的未来。为此，我认为需要从以下四个方面来创造全球化时代的教育智慧：

第一，更新学习观，创造学习的智慧；

第二，更新教学观，创造教学的智慧；

第三，更新学校观，创造学校改革发展的智慧；

第四，发展和凝聚全球教育工作者的智慧。

在此，特别要对后两个方面作简要说明。

信息时代世界各国的学校都面临同样严峻的挑战。迎接挑战、改革学校教育，需要智慧。我认为，信息时代学校发展的智慧突出表现在以下三个方面：第一，学校要有学习的智慧。学习不仅是个体的行为，而且是学校整个组织的行为。许多学校在急剧变化的挑战面前故步自封，结果不仅错失良机，而且压抑了教师和学生的创造性。因此，学校必须具有整体的学习智慧，使学校真正成为学习型组织。第二，学校要有在全球化的教育新时空中交流、协作、共享的智慧。目前学校之间的竞争剧烈，各种利益格局造成的隔阂使学校之间缺乏充分的交流与协作，因此学校需要超越眼前的功利，拥有交流、共享、协作的智慧与胸怀。第三，学校要有创造未来新文化与新教育的智慧，这就必须突破封闭的学校舞台，实现学校、家庭、社区教育一体化。要充分利用多种传媒，在网络中创造人性化、充满教育魅力的虚拟社区环境。现在网络环境中的文化陷阱太多，如何提高网络的教育功能已成为全世界学校和教育工作者共同的责任和使命。

学校的智慧来自校长、教师、学生的智慧。全球化和网络化改变了各国教育工作者封闭隔绝的状态，为创造更加美好的教育未来，教育工作者必须具有以下智慧：①在对话中理解与沟通的智慧；②在交流中分享与合作的智慧；③在共同创造中获得超越与快乐的智慧。

全球化时代的教育智慧不仅是一种教育的理念，而且是一种全新的教育实践探索：我们在共同创造着跨时空、跨文化的课堂、学校、家庭和教育社区；我们在共同创造着全新的课程、教材、教学手段、教学环境和资源；共同创造着全新的学生、教师、家长、校长和各级教育领导者；共同创造着全新的师生关系、亲子关系、干群关系、地区和国家关系。为了使这种教育实践和教育创新能够健康地发展，我们必须有广阔的眼界和广阔的胸怀，必须坚决地超越现实中各种教育异化和教育弊端所造成的种种障碍，超越眼前利益和个人利益的狭隘和偏见，还必须大幅度提升我们运用信息技术进行跨文化交流的能力，提升个体学习、协作学习、团队组织学习的能力。

我们相信，本书的再版一定会有助于教育新理念、新方法论的传播，成为联系世界各国教育工作者的思想纽带与桥梁，共同创造全球化时代的教育智慧。

2007年9月

南京大学

第　一　篇

变迁中的教育革新范式

本篇探讨了学校教育为适应我们这个时代大转型而面临的挑战。

在创建世界一流学校的过程中，领导者们进入了全球化生存的新世纪，同时与高危青年、家庭、社群和社会系统有关的各种问题也日益增加。在所有应对这些严峻挑战的对策中，领导者必须懂得如何对教育改革中存在的各种矛盾和悖论进行系统思考。我们对学校未来发展所持的那些先入为主的看法、预见和选择，将决定着学校教育作为一个社会机构的前途。本篇首先对作为21世纪学校学习之新背景的全球化状况进行了讨论。为了激发教育工作者的心智转变，本篇重点阐述了学校要与正在改变我们生活的各种本土化和全球化状况相适应而必须遵循的几项原则，这些原则源自物理学研究的新进展。在全球化时代对教育进行考察需要一种全新的视野，领导者在变革学校教育使之与时代要求相适应的过程中可以取得巨大成功。

第1章“为全球化生存的时代再造学校教育”为今日青年的发展提供了一系列视角。在这个全球化时代，学校使命发生了根本性的变化，因为技术向教师以及他们的学生打开了这个世界的窗户。有些国家在适应这一新时代的过程中正取得巨大之成功。新的学业成就标杆不断涌现，指导着各国学校的发展进程。各种全球化趋势及其动力的存在及其彰显之现实，正在创造着一种工作的新纪元，它置身于一个国际化的工作团队和市场之中，比 20 世纪的工作更加具有共享性和创业性。然而，人类的生存状况却在迈向新高度的同时，也在坠入新低谷。在这里，建造一座通向幸福的桥梁已成为我们这个时代面临的道德议题之一，而学校在这一过程中可以发挥非常重要的作用。在转变我们对学校所持观念的过程中，教育工作者发现，对于把学校建设成全球化学习中心，把学生培养成兼具本土化和全球化意识的公民而言，联合（net working）正成为一项关键的专业能力。

2 第 2 章“变革的机械观”描述了牛顿物理学静态的机械定律及其应用，即在组织内部以机械的方式对成员进行领导。破碎性、分割性和没有联结的价值观将组织生命视为一成不变、静止不动和可以预测的。牛顿物理学的核心宗旨赋予这个世界一种官僚主义的工作体制，它通过法律、政策和评价体系来控制。这些 20 世纪曾激发显著成长（growth）的传统，现在必须让位给对组织生命更敏感、更适应的新方法。

第 3 章“变革的有机观”阐明了诞生于 19 世纪末的量子物理学定律如何为组织的机械模式转变为有机模式提供了基础。新兴物理学的一些基本原理为我们从一种静止不动的组织观向一种新组织观的转变给出了思路，这种新组织观是有机的、植根于开放系统理论的，并建基在整体、相互作用和能量发展等新特征之上。本章以一套从量子物理学和系统理论发展出来的关于组织生长的基本原理为结尾，力图为形成新的学校教育原型给读者提供一个坚实基础。

第 4 章“变革的生成论”发展了对自然系统内变革的新理解。混沌和复杂性理论的历史发展为理解发生在各种类型的社会和行为环境下变革的共性提供了背景。本章呈现了**生活在混沌边缘**，接受变革的状况，与时时出现的矛盾和分歧共存所面临的挑战。生成演化的新规律能使领导者摒弃量增式的变革，而在快速的瞬息万变的环境中作出反应。

第 1 章 为全球化生存的时代再造学校教育 3

十年来，人们越来越清楚地认识到，在今天的生活中，不管是个人生活还是职业生涯，在很多层面上都已经全球化。21 世纪将使人民大众真正进入全球化生存时代。在此背景下，我们修订完成了本书的第 2 版。作为教育工作者，我们的责任是帮助学生成为世界公民，使其能与来自不同文化的人一起工作和生活，能在各种技术环境中学习。在虚拟环境中，人类交流与学习方式日新月异，如果学生要与其一起成长，那么网络虚拟生活势必要成为学校生活的常态。作为本书作者，我们相信：创造全新的学校教育意味着与过去几十年大行其道的学校改进计划决裂。教育工作者需要在新的观念引导下步入学校教育的新范式，这种全新的课程名曰“**生活**”。

在人类历史上，教育始终是为了培养年轻一代，使之能为其所在社会和时代的持续发展作出贡献。20 世纪的学校教育让年轻人为工业社会作准备，使他们适应工业社会中准时、预先设计好的工作、绩效监控、评估和晋升。21 世纪的学校教育将继续培养有序而高效的工作习惯，同时要培养锐意进取、执著探索、大胆预测的精神，以及跨区域、跨年龄进行团队合作的能力。今天，要获得成功，必须有把握大局的能力，跨学科、跨文化、跨区域的知识与视野，以及将不同碎片综合成新整体的能力（Pink，2006）。年轻人需要在学校提供的虚拟环境中进行跨洲际、跨时区、跨语言交流，以实现共同目标。

本章主要关注与全球化社群及人类生活变革相关的观点。通过对各国教育体系进行比较，考察哪些国家正在适应关于学生成功与社会公正的新国际标准。新的全球化工作模式将提供学习环境改革的方向，从而培养出世界级的公民和领袖。如果教育工作者和其他人要让下一代为解决历史遗留下来的各种难题以及新的危机做好准备，那么全球化的人才挑战就应该成为学校新课程的核心。由于信息交流的全球体系已经形成，因此局部创造的成功经验正以越来越快的速度影响着世界各地的发展。由于建立资源丰富的影响力网络和学习网络关系到教育领导者的成功，因此提升他们的网络化工作能力必须得到重视，这一能力是一种新的生存技能。最后，我们提供了一套建设全球化学习中心学校的标杆，它是国际学校联盟全球学校网络中的教育工作者在协同工作过程中形成的。本章旨在推动思维模式的转换，让大家认识到，要帮助学生为本土化及全球化生存做好准备，21 世纪的教育工作者要做些什么。

教育的全新使命

让我们来思考一下 21 世纪教育的目标吧。我们已经知道，灌输知识并强制服从、死记硬背、追求确定性以及强调考勤等做法，已经无法培养出能适应未来社会的青少年了。而对复杂性作出响应，追求锐意进取则有可能为下一代提供最有希望的机会。“正确答案”已经让位于多元视角。在各种全球化及区域性的工作网络中，每个人有着不同的技能和不同的价值观，多元视角要求人们发挥探索精神及创造性。在未来的日子里，要摆脱工业时代过时的学校教育体系，教育工作者将要作出艰难抉择。在这个过程中，似乎有必要评估一下 20 世纪的教学手段，比如有正确答案的多项选择等。但事实上，并没有什么正确答案！现行教育体系在多大程度上准备好了去适应今天这种充满了不确定性、模糊性及多种可能性的生活呢？

在写作本书第 1 版时，我们几位作者坚信，如果能够摆脱官僚主义的思维方式，以系统思考作为主导，学校就能更好地适应正在兴起的全球化工作与生活环境。虽然系统思维对于创建有前途的学校教育依然至关重要，但我们现在认为更重要的一点是：**将学校发展成为全球化学习中心，培养有能力、有爱心的世界公民**。正是在全球化的背景下，学校的使命才要改变航向，让学生不管年龄大小都能成为有学识、有技能、关心人类社会及其可持续性的公民。

在《维基经济学：大规模协作如何改变一切》（*Wikinomics：How Mass Collaboration Changes Everything*，2007）一书中，塔普斯科特（Tapscott）和威廉斯（Williams）描述了存在于会议室、教室、电话会议、会展中心等环境中的传统合作方式如何让位于新型的合作方式，这种新方式正打造着 21 世纪的学习与工作体系。要让人们参与到对商品和服务的共同创造中，而不是仅仅只关心最终产品。跨组织、跨国界、跨时区的大规模合作正快速取代个人和公司开发的产品。如同组织运作的规则有了翻天覆地的变化一样，业界似乎也焕然一新。如果我们要成功培养出能致力于人类社会持续发展的未来之才，那么世界上的教室就必须发生改变。

与此同时，工作中也在发生着这种大规模革命。人类健康、安全和财富等面临的挑战将引起发达国家前所未有的重视。21 世纪不但要努力跟得上工作的快速变革，而且还必须通过有爱心、有激情的全体公民来共同解决全球社群在其方方面面的可持续性上面临的脆弱性。一份关于世界顶尖企业的最新报告揭示，超越其他公司的世界一流企业不仅追求利润，同时也注重激发员工的激情（Sisodia，Wolfe & Sheth，2007）。工作本身不足以激励人成就一番事业，爱心、愉悦、真诚和激情才被视为重要的商业价值观。工作在情感、经验、社会和财政等不同层面上体现出来的特点，都将影响其长期竞争优势。

在 21 世纪，我们培养的年轻人不仅要在工作和事业上获得成功，而且还要有激情致力于改变整个人类的命运。学习要以新的世界一流之工作职责为基础，而新的学习内容则要围绕全球可持续性发展问题。作为教育工作者，我们有道德责任培养出有能力的世界公民，他们会关爱人类社会及其可持续性，能找到重要的角色定位并为世界作出贡献。

改革学校教育的目标与性质，使其适应21世纪的发展，首先要求我们从根本上摒弃官僚主义思维模式，修改各种规章制度，采取锐意进取的思维方式，形成系统思考与接受新鲜事物的习惯。旧的游戏规则不会将学校带进全球化的未来，因为全球化时代的新思维习惯需要不断适应、探索、想象、创造、关爱以及领导者的大胆行动。**现在已经出现了多种新兴趋势并存在着大量新资源，吸引各种年龄段的学生参与到世界舞台上正在上演的这场宏大戏剧中来。**由于YouTube①创生了一代新人，他们正在全球发展自己的社会性网络，因此我们只需要去探索自己的机会即可。

2008年北京奥运会的主题口号是“同一个世界，同一个梦想”。这一口号传达的信息不仅反映了国际体育竞技的时代潮流，对教育领域也同样适用。100多年来，体育界一直在不断发展的专业化国际标准中运作。在过去的一个世纪里，许多领域都创造了跨部门、跨区域的全球性体系，如商业、医疗保健、金融、贸易等，从而形成了全球化的新时空。在这一新时空中，许多全球化的体系都可以将人们迅速联系起来。现在应该重新打造学校的学习环境，让青少年为积极参与充满挑战和机遇的全球社群做好准备，并将人类生存条件提升到更富有可持续性的水平。

教育绩效的跨国比较

2000年，经济合作与发展组织（OECD）报道了其由多国参与、对世界多个国家教育体系进行比较的第一批研究成果。他们发现，各国都试图互相学习最好的教育方法，使青少年能在知识社会获得成功。他们意识到，有必要对教与学进行管理，以促进终身学习。OECD的国际学生评估计划（PISA）源于其成员国科学家和教育工作者的工作，他们努力创建一个衡量国家教育质量的参考体系。PISA试图为改进教育产出的政策对话与合作提供新基础。

① YouTube是设在美国的一个互联网网站，让用户上传并分享视频短片，至今已经成为同类型网站的翘楚，并造就多位网上名人和激发网上创作。——译者注

6

1999年进行了首轮测试，2003年进行了第二轮，2006年进行了第三轮。成绩突出之国家表现出来的趋势有助于那些成绩不佳的国家改进自己的教育实践。报告汇集了各国15岁学生在阅读、数学、科学素养及社会公正等方面的学业表现。对测试结果进行分析有助于帮助我们了解影响学生在家庭及学校中之竞争力发展的因素，从而为国家政策制定提供启示。

PISA测量的是什么呢？它关注的是学生在提出、解决和阐释问题时，利用知识与技能进行有效分析、推理和交流的能力（OECD，2004）。PISA关于文化的概念比较广，因为它强调了一系列能力，并认为文化是个持续终生的过程。PISA测试学生完成任务的能力，这些任务与真实生活相关，而不仅仅是单科知识。通过考核数学、阅读和科学知识的内容与结构以及面对问题时学生的表现来衡量学生的文化程度。

在2003年的PISA报告中，芬兰再次在学生成绩和社会公平等方面荣登榜首，因此到芬兰国家教育委员会（National Board of Education）及赫尔辛基市各学校访问的人川流不息。访问者来自世界各地，大家都试图探究芬兰教育体系成功的奥秘所在。在PISA第二轮测试中，排名前25%的国家和地区包括中国香港、韩国、加拿大、瑞典、新西兰、澳大利亚、奥地利、中国澳门和冰岛等。美国学生在学业成绩和社会公平等方面的排名则在最后的25%之中。

2007年11月公布了第三轮PISA数学和科学测评成绩。此次测评同时在OECD与非OECD成员中间进行，得分高的既有OECD成员国家和地区，也有非OECD成员国家和地区。在科学素养方面，芬兰再次蝉联冠军，紧随其后的是加拿大、中国香港、中国台北、日本、新西兰和爱沙尼亚等。美国学生的得分低于其他OECD成员的平均值。在数学素养方面，芬兰、中国台北、中国香港成为分数最高的地区，之后是韩国、荷兰、瑞士、加拿大和日本。而美国学生在数学方面的学业表现再次落到了OECD成员的平均值以下，比23个OECD成员的分数都低（www. ed. gov. org；www. ies. ed. gov. org）。

PISA作为一项国际性的学生学业表现调查研究，为解释各国学生的测评成绩提供了一个广阔的国际背景，并激励着关于新学习体系开发的新政策出台。测试成绩提供了一个对学校教育之趋势及其对年轻人之影响进行考察的国际视角。从国际标准及国家考试的情况来看，在教育年轻人的过程中，需要进行重大改革。

虽然目前中国大陆还没有参加 PISA 测试，① 但其教育现代化给世界其他国家提供了一个有待思考的案例。过去几十年，中国在全国范围内大力建设教育数字化信息基础设施，为发展奠定了技术基础（桑新民，2006）。这些基础设施让一些教师和学生能够理解和适应网络文化并参与其创建和发展，从而使中国教育的理念、模式和体制有了历史性变革。桑教授指出，事实上所有国家在交流与合作上都有巨大需求和愿望，这促使我们去逾越一切可能存在的障碍。桑教授认为，技术将会在其中扮演越来越重要的角色，并最终彻底改变教育，使其从旧的讲授与灌输模式转变为跨文化的交流与信息共享。

全球化趋势与动力

20 世纪 90 年代，计算机与国际互联网交流新形式、新时空的迅速发展创造了大量的经济和社会新机遇。目前已有大量著作对全球化及其对经济、政策、文化、技术、环境等诸多部门的影响进行了讨论（Snyder，2005）。这些趋势已众所周知，但并不是眼下最重要的事。20 世纪 90 年代全球化的关键因素是经济与全球市场的开放。到 2000 年，经济全球化虽然提高了某些地区的生活水平，但它显然使世界许多地区远远落在了后面（Stiglitz，2006）。世界贸易组织（WTO）诞生于 1995 年，旨在进一步规范国际商业与贸易。然而，WTO 前首席经济学家斯蒂格利茨（Stiglitz）指出，WTO 的政策事实上阻碍了发展中国家的发展。过去 20 年发展中国家的贫困问题更加严峻，全世界有 40% 以上的人口生活在贫困线以下。他认为这一问题是个政治问题，可以通过政治手段解决，即 WTO 需要新的民主管理机构，制定对于发展中国家来说更公平的体制。

① 中国大陆的上海市已于 2009 年参加了 PISA 测试，且在阅读、数学和科学三大领域测试的成绩均居第一。——译者注

越来越多的证据显示全球贫困及其影响正在不断扩大，为此联合国设定了一个“千禧年目标”，那就是到 2015 年，要大大减少极端贫困人口的数量，并在教育、粮食、饮水、社会公平性、儿童死亡率、防治艾滋病、改善环境、消除文化鸿沟、创建全球合作等方面促进可持续发展（www. un. org）。由八个发达国家组成的八国集团（包括加拿大、法国、德国、意大利、日本、俄罗斯、英国和美国，简称 G8）于 2007 年作出承诺，要达成有关全球变暖、导弹防御系统及扩大 G8 机构的协议。八国领袖保证，给非洲和新兴经济体提供援助，并寻求与巴西、中国、印度和南非等国的对话（U. S. Department of State, www. state. gov）。然而，虽然 G8 关注全球面临的重大问题，对其声讨却依然存在，因为它没有兑现其免除其他国家债务的承诺。虽然 G8 成员国确实是解决全球问题的主要国际影响力量，但同时有很多人认为它们是不公正之国际秩序的维护者。

随着全球化的深入，全球力量格局也在发生变化。高盛投资银行（Goldman Sachs Investment Bank）的领导层最近提出了一种观点，认为到 2050 年，“金砖四国”，即巴西、俄罗斯、印度和中国将成为主宰世界的四大经济实体（www. wikipedia. org/wiki/BRIC）。中国和印度将成为世界上最主要的产品和服务提供者，而巴西和俄罗斯将成为最主要的原材料提供者。巴西主宰豆类及铁矿石；俄罗斯则提供石油及天然气。似乎没有什么能将这四个国家联系在一起，因为两个是以生产和制造为基础的经济实体，是进口大国，而另两个则是自然资源的出口大国。两个国家的人口呈增长趋势（巴西和印度），另两个国家的人口则在减少（中国和俄罗斯）。在这幅画面中，没有除俄罗斯以外的任何一个 G8 成员国的身影。这一戏剧性的世界力量格局变化将会如何影响世界经济及人们（包括富有阶层和贫困阶层）的生活方式呢？

如许多批评家所言：对全球化的管理不善造成了太多的输家。在国际层面，还没出现可以应对这一挑战的民主政治机构，而全球化要真正发挥其积极作用，这样的机构必不可少（Stiglitz，2006，p. 276）。斯蒂格利茨呼吁建立一套新的国际经济体制，从而更好地平衡发达国家和发展中国家的利益，这是一种新的全球化社会契约（Stiglitz，2006，p. 285）。如果要创建一个可以在任何时间、任何地点将任何人联系在一起的、发展更加均衡的全球社群，必须建立起相应的民主决策体系。

我们中的许多人才刚刚开始意识到，世界上伟大的民主国家在帮助发展中国家时，有的表现非常不光彩。新的扁平化的世界不仅让我们有可能获得难以想象的成就，世界妇女的苦境、非洲饥肠辘辘的人民、南美不断加大的贫富分化等问题也让我们更加意识到这个新全球化时代面临着错综复杂的问题。全球恐怖主义网络的势力是一个突出的新现实。媒体每天都将这些事实摆在我们面前。几十年前没有光缆，电视新闻相当简短，每天播报一至两次。现在新闻一年 365 天每时每刻都有。我们该如何面对这一切？如果要让下一代在这个星球上的生活重新获得均衡发展，我们的教育要变成什么样呢？

全球化时代的工作新模式

现在，让我们来看一个推动全球化发展的力量：新的工作世界。在由经济实力转移而造成的全球化动力中，托马斯·弗里德曼（Thomas Friedman）的著作《世界是平的》（*The World Is Flat*，2006）让全世界都为之兴奋不已。他在书中进行了一次具有突破性的综合分析，认为目前全球性工作世界的出现源于普通的计算机语言、系统以及因特网。他的书如同一记响铃，唤醒了人们，尤其是教育工作者，因为它用纪实性材料描述了印度如何创建和管理一个服务帝国，以及中国如何在几乎一夜之间成为世界生产中心的。正在出现的是一幅全球合作，而不是竞争的景象，在这个全球舞台上，许多重要的演出者都是新兴国家。

弗里德曼揭示的新型工作方式给教育工作者如何重新设计教育工作体系提供了启示。当你读到下面列举的这些工作形式时，可以思考一下学生如何参与到能体现这些新型工作模式的全球化学习项目中。如何把这些模式应用于学习体系，让学生参与和国外学校的合作项目呢？

- **开放源码**是一种全球性开发模式，它让愿意参与到这一工作中的人联合起来，在任何时候、任何地区对任何人开放。弗里德曼（Friedman，2006）将开源社群称作汇集个人才智来创造新事物的工作社群。维基百科

（www.wikipedia.com）这一集体创作的在线百科全书，目前已有超过两百万个英文条目，而且任何人在任何时候都可以增加新条目。维基百科全球化的编辑团队管理自己的集体作品，它现在已经成为世界上最可靠的信息来源之一。

- **外包**指将工作分到其他地方去做，以增加成品价值。印度已成为全球外包中心，英语语言的便利带动了1万亿美元规模经济的发展（*New York Times*，2007年9月25日）。印度提供的服务涉及医疗保健、旅游业、制造业及其他西方国家的产业。如今，印度向全世界提供医疗检验报告翻译服务，翻译队伍每周七天全天24小时提供服务，第二个工作日就可以返回结果。一些大航空公司将机票预订也进行了外包，由印度人帮西半球的人完成机票预订。由于这种模式的成功，印度正在将其外包服务转移到世界其他国家。最近你是否在拨打查询电话时发现话务员是在白俄罗斯、埃及、墨西哥或菲律宾呢？

- **离岸经营**指将生产、制造或服务等业务转移到境外。从某种意义上来说，它相当于在白领工作层面上利用国外劳动力取代国内劳动力。当中国在2001年加入世界贸易组织并同意遵守进出口国际规约时，利用中国廉价劳动力和开放市场规则的条件成熟了（Friedman，2006）。微软在中国开设了研究院，电子元件在台湾生产，惠普、IBM、英特尔和思科都将它们公司的一部分迁移到了世界其他地区。

- **供应链化**是一种世界性的配送营销形式，它给公司企业提供了多样化的供货渠道。弗里德曼将这种合作方式称为在供应商、零售商和消费者之间创造价值的纵向策略。例如，沃尔玛之所以成为世界最大企业，正是因为其创造的供应链保证它能在世界各地以较低价格提供可靠商品。另一例子是戴尔电脑。戴尔的计算机部件在全球各个地方生产，然后汇聚到三个地方，根据各地客户需求装配成个性化成品。

供应链化这套体系的力量是如此庞大，以至于许多大学都已开设了供应链管理的研究生课程。如位于佛罗里达州莱克兰市的波克县（Polk County）社区学院就通过它的网络学习中心开设供应链管理课程。这套课程强调的是让学生获得与顶级公司进行全球合作的能力，并通过自主课程学习获得新的工作技能。此外，它还提供出口管理、全球商务交流、国际商务、环球贸易等课程。一个新的时代开始了。

11 • **内包**指一家公司站在另一家大公司的旗下提供服务。联合包裹运输服务公司（UPS）的业务范围已不仅仅局限于全球邮递行业，它还为另外一些大公司提供服务，如在美国机场维修戴尔电脑等（Friedman，2005）。在供应链管理这种形式下，像 UPS 这样的公司企业不仅为其客户提供对产品进行搬运、存储、组装和维修服务，甚至还代表客户公司出面与其消费者进行交涉。比如 UPS 就为耐克、东芝便携电脑、法国皇家宠物食品公司（Royal Canin）等企业客户提供这样的服务（*Times*，2007 年 11 月 21 日）。

教育工作者面临的挑战是，如何让我们培养的学生能应对这种一年 365 天无时无刻不在的全球化生活，跨时区、跨文化、跨语言地为全球社群提供服务。这要从哪里开始着手呢？也许第一步要了解这些新的工作模式。用谷歌对这些工作体系进行搜索，增加对其功能和运作模式的了解，想办法让学生学习并参与其中。将全球的学生联系在一起，让他们在虚拟环境中共同做项目，使用上面提到的各种合作体系。这需要为学生进行新的基础设施建设，最起码让他们有电脑可用。如果要让学生为下一代革新做好准备，那么就应该让他们在与成人相同的环境中学习和工作。

什么发生了改变？

2007 年 8 月 27 日出版的《商业周刊》（*Business Week*）专门讨论了未来的工作形态，并提出了许多观点。这一期在一开始就刊出了一系列文章。这些文章的作者认为，全球化和技术正在联袂创造着各种可能性，未来的工作方式及工作所用的办公室都将发生惊人变化。离岸经营意味着工作可以分成小的任务并在世界范围内进行重新分配。虚拟办公室的技术在很多地方都在使用，它改变了“在工作”的意义。现代的工作场所不再以简单重复劳动的装配线为代表，而更多地体现为以协作和革新为核心价值的设计工作室（Mandel，2007，p. 45）。离岸经营的趋势意味着要顺着价值链向上进行快速提升，从而利用新的机会，或成为国际流动劳动力群体的一分子。那么对于学生来说，在这些新的工作体制下，和世界各处的人共同参与到“学习型工作”中来存在着哪些可能性呢？

“**公司**”的概念也在发生变化。以前，公司是一个有全职雇员和清晰等级结构的单位。现在，公司的弹性更大，其供应商和外包商网络在不断变化（*Bussiness Week*，2007 年 8 月 27 日，Engardio，p. 50）。跨国公司面临的难题在于，如何让人们很好地共同工作，尤其是在如今全球白班黑班的合作正在增加的情况下更是如此。对管理产生的这种压力要求招聘新员工，而这些员工应该一开始就具有国际化的意识，并把协同当做工作常态。欧洲正在培养新一代流动性的劳动力，这是一个很好的征兆（Ewing，p. 78）。变化的技术 12
将改变我们工作的方式和地点，甚至会重新界定雇主的含义。有了手机和便携电脑，人们可以在任何地方、任何时间独立或协同工作。数字化技术允许我们将一堆堆工作打散后重新组合成规模定制型（mass-customized）的工作（Hooshmand，2007，p. 87）。技术的这些新发展给劳动者及其代表的公司带来了巨大冲击。这些趋势将走向何方？它们又将如何在更普遍意义上影响作为劳动者的学生？网络将如何影响年轻人的职前教育？

“造就世界公民”（The Changing World of Work for Graduates）是《教育领导力》（*Educational Leadership*）杂志 2007 年 4 月份刊登的一篇专题文章。在文章中，斯图尔特（Stewart，p. 8）指出：未来就在于造就世界公民。未来是多民族、多文化、多语言的。简而言之，她声称高中毕业生将：

- 向全世界推销；
- 从全世界购买；
- 为跨国公司工作；
- 管理来自不同文化和国家的员工；
- 在合资企业中与世界各地的人协作；
- 与地球另一端的人进行工作与市场的竞争；
- 应对全球性问题，如艾滋病、禽流感、污染和灾后重建等。

要为本土化和全球化的生活做好准备，学生就需要发展个人对世界的认识；掌握英语、中文、西班牙语、阿拉伯语等语言技能；认同不同文化背景中的公民价值；结交外国朋友；获得各种国际经验。此外，他们需要从现在开始，不断提高自己在各种数字化体系中工作的能力，这是学校学习的一项新内容。然而，这是个充满复杂性的世界，且竞技场并不平坦。世界上几乎有一半人口还生活在相对不利的条件下，让我们在作规划时将这些不利条件也考虑进来吧，因为这些条件是影响这个星球上每个人未来复杂生活景观的一部分。所有这一切都是学校教育需要的新课程。

全球社群中人类面临的挑战

“哥本哈根共识计划”（The Copenhagen Consensus Project）试图确认全球面临的十个最严峻经济挑战（Lomborg，2004）。在对大量联合国文件和刊物
13 进行考察之后，该项目认为十大最严峻问题是：**气候变化、传染性疾病、冲突与武器扩散、受教育机会、金融动荡、管理与腐败、营养不良与饥饿、移民、卫生与洁净水源、补贴贸易壁垒**。该项目在每一领域邀请一位著名经济学家准备一份有关于挑战的报告。而后，由诺贝尔奖获得者组成的专门小组对每份报告的结论进行反馈，并提出更多观点。这些都在洛姆伯格（Lomborg，2004）的书中进行了介绍。这十大世界挑战可以成为每所学校的课程，让各个年龄段的学生了解这些挑战，并参与进来，为发展全球性应对措施提供帮助或作出贡献。

2007 年 10 月的《新闻周刊》（*Newsweek*）刊登了一篇专题文章，就这些问题提出了进一步思考，并列出了更多问题。其内容提要如下：“从非洲的大饥荒到中国的环境污染，这个世界从来都不缺乏对援助的需求。为了解决这些问题，美国人民在 2005 年捐赠了 335 亿美元给发展中国家，而美国政府提供的援助则达到 276 亿美元。”这篇文章提出的全球性挑战包括环境保护、自然灾害、保障人权、宗教自由、经济发展、人类自身再生产与儿童健康等。文章作者坚持认为，虽然有资金援助，但越来越多的证据表明，仅有金钱还不够。要想让世界上的这些地区能有一个可持续性之未来，全世界的人们都必须有共同的意愿去改变贫穷境况及其伴随的问题。

下面让我们来考察一下其中的一些挑战，同时预先思考下面这样一个问题：**现在学校可以做些什么来促进与全球社群中这些重大危机相关的学习、关爱及发展？**

1. **安全给水和卫生：**水的供给和卫生是一项最基本的需求和人权。世界卫生组织（WHO，www. who. int）估计，2003 年，有大约 11 亿人无法获得安全的饮水，有 24 亿人没有基本的卫生设施。如果对这个问题置之不理，那么现有的条件将会引发大范围的疾病爆发，比如霍乱、伤寒和疟疾等。不洁净的饮用水经常是引起普通儿童腹泻的原因，而腹泻则是导致非洲儿童死亡的一个主要原因。在非洲，疟疾是 5 岁以下儿童死亡的第一号杀手。非洲医学和研究基金会的目标是确保社群有足够能力去开发、运营和维持其水源的供给，并以此增进人民的健康（www. amref. org）。

最近，一群西方工程师发起了一个名为“无国界工程师”的计划，旨在提供各种项目，帮助解决已确认的社群需求［PBS，吉姆·莱勒（Jim Lehrer）主持的“新闻一小时”节目，2007 年 12 月 7 日］。例如，一些来自发展中国家的工程师自愿为非洲的贫困人口建设给水系统。在这个过程中，工程师让他们正视自己解决问题的“工程师的思维方式”。与穷人共同工作的经历让他们离开电脑，与生活在贫困社群的人进行交流，并真心实意地应对如何给他们提供服务这一挑战。

佐治亚州的卡特中心（Carter Center）多年来一直将其时间和精力投入到为贫困人口提供服务上。例如，现在这个中心正处于根除几内亚蠕虫病的最后阶段。中心开展的疟疾控制项目正在监控其 2007 年在埃塞俄比亚发放的浸透了杀虫剂的 3 百万顶蚊帐的效果。其目的是与沙眼、盘尾丝虫病、淋巴丝虫病以及其他折磨世界上贫困人口的疾病作斗争（*Carter Center Newsletter*，2007 年 12 月）。 14

2. **世界饥荒及贫困问题：**据世界卫生组织估计，目前全世界只有 1/3 的人口食物充足，1/3 人口吃不饱，另外 1/3 则处于饥饿状态（http://library.thinkquest. org）。世界上一半的饥饿人口位于南亚次大陆，其他的则分布在非洲、亚洲和拉丁美洲等地。拉佩等人（Lappe et al.，1998）认为，虽然有数以亿计的人口还处于饥饿之中，但事实上世界上的食物资源非常充裕。给饥民送食物不是解决这个问题的长久之计。他们指出，真正的问题是贫穷，因为贫穷的经济无法给人们提供各种机会去建设自给自足的具有可持续性的食物供应体系。而要解决这个问题，则要有为健康生活创造可持续性体制的政治意愿。

2007 年 12 月 2 日出版的《纽约时报》（*The New York Times*）报道的一个故事给非洲国家带来了希望。马拉维共和国的饥荒问题正在结束，其成功之道就是置那些所谓专家的意见于不顾。农民用一个词来解释马拉维的转机：化肥。总统穆塔里卡（Mutharika）宣布说，“我国人民之所以贫穷，是因为他们缺乏有效使用我们拥有之土壤和水资源的能力。”多年来，世界银行一直在给马维拉施加压力，要它停止对化肥的补贴。然而，通过努力游说，马拉维进行了广泛深入的化肥补贴及小幅度的种子补贴。其玉米生产因此获得大丰收，产量从 2005 年的 12 亿（公斤）增加到 2007 年的 34 亿（公斤）。由于使用了优质种子和无机肥料，马拉维现在还给许多其他国家提供粮食。

3. **达尔富尔的种族灭绝**：2004 年，美国众议院将苏丹达尔富尔的杀戮定性为“种族灭绝”。据报道，亲政府的阿拉伯民兵强迫 100 多万非洲黑人离开家园，此外还杀死了数千人（BBC News，2004 年 4 月）。达尔富尔冲突的原因包括干旱、沙漠化和人口过多等。目前已有超过 20 万人在达尔富尔冲突中死亡；200 万人被驱逐；1500 个村庄由于政府的破坏性政策而被毁坏。在达尔富尔，已有 3 个种族被定为种族灭绝的目标，强奸、焚烧村庄、部落屠杀等帮助了实现消灭部分人口这一明确的国家目标（www. darfurgenocide. org）。联合国安全理事会已经采取了一些维和行动，但结构性的不平等状况不但使这个问题无法得到解决，而且还导致该地政府将暴力行为蔓延到了联合国维和人员身上。

据 2007 年 11 月 20 日的《纽约时报》报道，索马里有个地区现在形势比
15 达尔富尔还要糟糕，这个地区位于阿夫戈耶（Afgooye）集镇和首都摩加迪沙（Mogadishu）之间的狭长地带。据联合国官员报告，与达尔富尔相比，这个地区的营养不良率更高，流血事件更多，救援人员更少。这样的局势已使其成为联合国维和部队新的工作重点。

4. **恐怖主义与中东地区的挑战**：随着恐怖主义行为的升级，其对世界和

平的威胁越来越大，东西方遇到了前所未有的巨大挑战：作为全球性社群，要为贫困人口寻找创建可持续性发展的道路。阿拉伯世界中有许多人正在积蓄能量以维持一种以家长制、恐怖主义、非法活动为基础的生活方式，同时也有许多阿拉伯国家的人在继续为发展型的生活方式而奋斗。人们需要的是拥有受教育的机会，给各地年轻人过上好日子的希望。在这种情况下，我们应该如何推动发展，并扭转恐怖主义活动的形势呢？虽然意识形态会激励恐怖主义分子，但学者们认为，要有与之密切相关的相应的社会影响力量才能驱使人们去行动。有专家说，恐怖主义其实是一种集体决策，而不是个人的决定。解决问题的方法在于重构亲属关系和朋友关系（*New York Times Magazine*，2007 年 11 月 25 日，p. 77）。

5. **家庭暴力**：对妇女的暴力行为是当前全球人权领域中的一大丑事。据国际特赦组织报道（www. web. amnesty. org/actforwomen），这种呈增长趋势的全球性状况在许多社会中都存在着，政府漠不关心，保持沉默，无动于衷。对无数妇女来说，家不是一个庇护所，而是个充满了恐怖的地方。暴力包括身体的和精神的，对妇女的性侵犯来自丈夫、父亲和其他家庭成员。妇女发展中心（Center for Women's Development）是库拉索岛（Curacao）的一个非政府组织，它正在全岛的社群中进行与父母、儿童和教育工作者的对话。现在已有许多项目来帮助抑制家庭暴力并建设健康社群和家庭（www. 5starcuracao. com）。司法部和教育部连同企业界已成为建设无暴力岛国的合作伙伴。

6. **犯罪与司法体系**：［本部分内容由 T. 理查德·斯奈德（T. Richard Snyder）撰写。斯奈德是位神学家，对神学的研究将他引到了美国司法问题上。在对南非、瑞典和美国司法体制进行研究后，他在缅因州开始了一个项目，以创建一种更人性化的司法方式（2001）。］

根据美国司法统计局的数据，美国的暴力犯罪在过去的 30 年间减少了 50%（www. ojp. gov）。虽然如此，但其监禁率却一直在大幅上升，这主要是因为对吸毒者的判决增加了。目前有 225 万成年人在监狱或看守所里，超过 700 万人（每 31 个成年人中就有一个）在接受某种形式的监管，包括监禁、拘留、缓刑和假释等（www. sentencingproject. org，2007 年 12 月）。这是工业国家中最高的监禁率。

16 在很大程度上，导致这一结果的原因在于对犯罪采取的惩罚性处理措施，其中包括强制性判决以及“严惩犯罪”的政治观点等。这种方式忽视了受害者的需求，使犯罪者失去人性，不仅没有改造罪犯，而且还导致重复犯罪率高达60%。更可悲的是，许多学校也开始采用惩罚性措施去处理纪律问题，大量采取停学、开除的办法或采纳“零容忍”政策，结果自然导致了对强制性执法的偏好。

恢复性司法运动（Restorative Justice movement）则提供了另一种选择，它的目的在于修复而不是惩罚。它关注的是伤害和需求，强调的是问责，将有利害关系的人都包括进来，采取的是各种具有包容性的协商过程（Zehr，2002）。这一方法源于澳洲土著、美洲土著以及加拿大原住民，现在已成功应用于新西兰、澳大利亚、欧洲、加拿大和美国的犯罪司法系统和教育系统中。

缅因州的一个地方项目——“中海岸地区恢复性司法计划”（RJP）——培训了60多名志愿者，指导刚出狱或被判缓刑的成年犯人以及被移交到这个项目而不是法庭的少年犯。这个项目的效果非常好：成人重复犯罪率下降了40%多，47个少年犯罪案件中有45个已销案，从而避免了被打上有犯罪记录这一终生耻辱的标记。有两个县的监狱、执法部门及法庭都支持这一做法。此外，在一所中学还开展了一个“恢复学校实践”的试点项目，其目的在于增加责任感，减少课后留校、停学和开除的情况。在这个项目实施的头一年，课后留校的现象减少了40%。在碰到违规行为时，许多学生都拥护这种做法。该地区的许多其他学校都开始探索“恢复性司法”这种处理问题的方法。

7. **人口买卖：**公共广播公司（PBS）于2007年公布了一个有关国际性奴隶市场的报告。一名新闻记者对一个要解救妻子的男子进行了追踪暗访。该男子的妻子遭到拐骗后，被卖到了国际性交易市场。该记者报道说，全球有100多万妇女被跨国跨州进行买卖后成为性奴隶。嫖客们，这些在性关系上奴役他人的人，往往都会成为猥亵犯、性虐狂及恋童癖，他们会采用诱惑和虐待手段，诱骗贫困家庭将其女儿卖给妓院和街头皮条客。女孩通常被其父母以 10 美元的低价卖掉。性奴交易的中心在西南亚，那里 50% 的姑娘不识字，75% 的姑娘不会写字。有 15% 的男童在 9 岁前就遭到性虐待。据估计，每年有 60—80 万年轻人被跨国买卖。假如这些儿童识字并且可以在一个发展的社会中看到光明的未来，那么又会是怎样一幅景象呢？在对公民进行控制这样一种政治欲望的驱使下，这种可悲的状况一直存在着。摆脱贫困之道在于对女性进行教育。那些性奴隶通常都是生活在贫穷当中的妇女，她们对未来不抱希望，除了沦落别无选择。

8. **环境清洁：**对全球化的责难很多来自生态学家，他们非常担心狂热的消费主义给全球环境带来的影响。如果没有挽救地球自然资源的全球性努力，我们不但会看到全球化的偃旗息鼓，还将目睹人类文明终结的悲剧。目前，人们正在号召跨国公司行动起来，阻止地球资源的耗竭。然而，评论家们却认为，跨国公司只关心全球市场经济的繁荣。但是，一股新的国际力量正在兴起，以维护所有人的利益。中国工业王国产生的污染给国际社会带来了新的担忧，西方国家产生的废弃物引起了世界各地对于让地球变绿这一人类责任的关注。最突出的问题是**全球变暖**，最近人们对“全球变暖”这个问题相当关注，这在很大程度上要归功于阿尔·戈尔（Al Gore）及其在《难以忽视的真相》（*An Inconvenient Truth*）中所传递的信息。这部纪录片电影于 2007 年获得了两项奥斯卡奖，戈尔也因此得以分享 2007 年诺贝尔和平奖。

9. **教育差距：**发展中国家教育的困境如果得不到改善，会对整个人类的兴盛带来严重后果。现在，任何一块大陆的生活都影响到其他大陆。以下挑战让我们看到了问题的严重性，但同时也看到了希望之光。

- 联合国在 2000 年的一项研究中报告说，70% 的文盲来自以下三个地区：撒哈拉以南的非洲地区、南亚与西亚、北非的阿拉伯国家。拉丁美洲及加勒比地区的文盲占 11%。在世界 7 800 万成人文盲中，有 64% 是女性。世界银行预计，在发展中国家，对女性进行教育比任何其他投资的回报率都高。(www. unicef. crg)
- 联合国赞助了一个名为“全球青年领袖峰会”（the Global Youth Leadership Summit）的项目。该项目尝试以体育为中心来创建世界和平，因为体育是一种非常有潜力的手段，它可以被用于帮助脱贫、扫盲和治病等，而且还能促进人们相互之间的理解与尊重。(www.un.org/youthsummit)

- 奥普拉·温弗莉（Oprah Winfrey）在南非创办了一所学校，叫“奥普拉·温弗莉女子领袖中学”。她说，“你改变一个女孩的生活，就在开始改变一个家庭、一个社群、一个国家，乃至整个非洲的面貌”。(www.oprah.com)
- 尼古拉斯·尼葛洛庞帝（Nicholas Negroponte）为第三世界国家儿童设计的有名的百元（美元）电脑已经成为现实。这种名为XO的电脑功率仅为两瓦，所以电池使用时间很长。电脑配备有摄像头，有通讯功能，还有高分辨率显示屏。捐赠者只需支付200美元，就可以获得一台，另一台将捐给海外儿童（*New York Times*，2007年4月8日）。这一非凡计划展示了一个曾被忽略的20亿人口的市场。让我们祝愿它能跨越现有的针对这种电脑的政治与金融障碍而获得成功吧！
- 中亚协会主任格雷格·莫滕松（Greg Mortenson）以前是个登山家。在登上了一些世界高峰时，他决心改变巴基斯坦农村男孩和女孩的教育状况。他自己过着贫穷的生活，却筹集资金在偏远村庄修建了55所学校。他的工作目前已经扩展到了阿富汗塔利班地区。其畅销书《三杯茶》(*Three Cups Tea*，2006）讲述自己的故事。这些故事反映了人类精神的力量，并表明了愿景及一定要有所作为的承诺与奉献会带来什么。(www.threecupsoftea.com)
- 中国教育正在朝“去中心化”以及以学习者为中心的方向发展，正好与美国最近的改革方向相反（Preus，2007）。中国教师教育改革把新老教师的可持续性专业发展也包含了进来，教师要经常作研究以改进教学，共同对空间和时间进行规划，并互相听课。各种全国性的数字化网络让每个教师都能接触到新知识和新技能以及新培训项目。促进教师专业发展的网络非常强大，对中国教育改革很重要。

10. **融合东西方价值观**：在我们研究系统思考、混沌理论、复杂性理论与具有东方智慧的中国古代哲学的关联时，发现两者在整合、相互依存关系、生成和整体性思维方面都非常相似。现代科学与中国古代哲学殊途同归，与西方孤立的、分割的、“眼前思维”（没有时间的静态思维）和“部分思维”形成鲜明对照。由于本书作者一直与中国南京大学桑新民教授和李曙华教授合作，因而逐渐认识到，实际上，中国古代哲学的许多思想仍是中国人今天生活的基础。我们相信，这些生活原则对西方世界也同样重要。

桑新民（2006）认为，中国错过了工业化的时代，为了进行教育现代化的长征，需要研究、学习西方文化。而现在西方更关注东方文化及其教育传统，以克服工业文明带来的**负面效应**。这两种非常不同的文化传统和精神有 19
希望带来一个更和谐的全球发展之道。李曙华对中国古代哲学和混沌理论都有研究，她在与我们的交流中分享了这方面的知识。她说：中国古代哲学是一种生命哲学或生成哲学，中国先人将宇宙万物看作不断生成演化的过程，而推动这一过程的是“一阴一阳之谓道”。“阳”代表积极、创造、光明、革新的力量和趋势。今天，它或可隐喻通过负熵扭转系统退化，远离静态平衡，激励创造与革新。“阴”代表消极、顺从、积累、聚集、保守的力量和趋势，它或可隐喻系统的维持和稳定。这一思想启发我们：如果利用阴阳之道的“太极思维”来发展教育体系，或许能使我们在继续现有职责的同时，进行开拓性活动，从而开创未来。生命的两个基本节律：阴与阳，生与灭，保守与革新，常规与突变，相反相成，互相补充，对于全球社群的可持续性未来非常必要。我们要致力于促进西方学校与东方学校合作伙伴关系的形成，由此我们可以更好地了解中国文化的思维方式及其理想和生活，我们的学生可以共同学习，取长补短。现在，这仅仅是一个开端。

网络化：新的领导力

很多教育工作者都在考虑的一个问题是：如何获得能量与支持去改革教育系统，以使其适应全球化时代。我们相信，网络化具有很大潜力，可以帮助教育领导者建构能量系统，用于重建并维持能帮助年轻人成为世界公民的学校。关于网络及其如何生长的知识可以加强领导者的战略思考。网络化作为一种个人能力，提供了推动这一进程的能量和资源。

我们相信，**网络是全球化时代的新结构，而使用网络的能力迅速成为基本的领导技能**。恐怖分子凭借网络壮大其力量的现实让我们从反面看到，网络在推动一个目标或一项事业这方面的实力和威力。曼纽尔·卡斯特利斯（Manual Castells）是一位杰出的西班牙社会学家，他在20世纪90年代末和21世纪初编撰了一部非常轰动的作品，全书分为三卷，总标题是《信息时代三部曲：经济、社会与文化》（*The Information Age*：*Economy*，*Society and Culture*）。第一卷《网络社会的崛起》（*The Rise of the Network Society*）1996年出版，并于2000年再版。卡斯特利斯引用大量文献论证了信息技术革命的本质。信息技术的发展促进了创新环境的形成，在此环境中，发现与应用都要接受检验，这就要求把研究中心、高等教育机构、高科技公司、商品与服务的附属供应商网络以及提供创业资金的风险资本商业网络的力量集中起来（Manual Castells，2000，p. 65）。这种组合产生了巨大活力，吸引着来自全球的知识、投资和人才，从而形成了技术创新的网络。

卡斯特利斯的结论是：在信息时代，人类社会的主要职能和工作流程正越来越多地围绕网络来组织，网络是我们的新型社会形态（Manual Castells，
20 2000，p. 500）。基于网络的社会结构是一种面向资本，管理和信息的高度动态和开放的组织体系，对技术知识的获取决定了生产力和竞争力。这种新的网络环境自然引发了关于权力和权力关系的问题。谁是所有者？谁是生产者？谁是管理者？谁是劳动者？传统的工作特征在全球化合作团队、网络化、外包、转包这样的背景下变得越来越模糊。网络一直以来就是形成社群的手段。有意识建立网络的行为可以将教育机构提升到其应有地位，即社会发展主体的地位。

如果网络化是21世纪初人类活动的核心，那么关于网络及其演化，我们能学到些什么呢？网络科学是最近才发展起来的，它建立于**物理学**的最新重大发展——**复杂性理论**（complexity theoxy）基础之上（Buchanan，2002）。网络理论起源于20世纪60年代，围绕**随机网络**中人际间六度分离的概念而

发展。随着对网络研究的深入，科学家发现网络的产生和发展有更可靠的结构，它们根本不是随机的。

在研究了大型计算机网络及人类网络产生的方式之后，学者们于 20 世纪 90 年代提出了**无标度网络**（scale-free network）的概念。无标度网络没有等级机制，由集散结点（hub）主控，这些结点刺激着网络的生长。最强大的集散结点影响着网络发展的方向，因为它为整个网络承担着一定的职能。

以下观点来自巴拉巴锡（Barabasi）的《链接：这一切如何与那一切相联，这对商业、科学和日常生活意味着什么》（*Linked*：*How Everything is Connected to Everything Else and What It Means for Business*，*Science and Everyday Life*，2003）一书，它们代表了有关网络发展之核心概念的精华。

21 世纪很可能成为复杂性和网络的世纪，它将有以下特点（Barabasi，2003）：

1. 网络是一个快速进化、相互联系的动态系统。
2. 无标度网络的思想是围绕着有利害关系的集散结点而构建起来的。
3. 网络是自组织的，它以集散结点的强度为基础。
4. 集散结点有许多内部节点和链接。
5. 集散结点相互之间通过弱链接相联，从而形成网络。
6. 大的集散结点决定了网络的发展方向和形状。
7. 网络受两条规律支配：生长与偏好依附（preferential attachment）。

如果网络化工作模式将成为 21 世纪的突出特征，那么对于管理、网络发 21
展以及像教育这样的机构来说，又意味着什么呢？

让我们来思考一下巴拉巴锡（Barabasi，2003）提出的一些根本转变吧。21 世纪的业务模式将在以下几个方面从等级结构转向网络结构：

1. 所有机构都要抛弃层级思维模式，发展网络思维模式。
2. 网络要发展，集散结点就必须要变大变强并相互联结。

3. 网络的形状取决于最大的集散结点，这些集散结点将网络凝聚在一起。
4. 战略伙伴关系和战略联盟是在发展、培训、服务和研究中生存的手段。
5. 每一个集散结点都必须对网络有价值才能在其中生存。
6. 产品和理念通过集散结点传播。
7. 真正的网络是自组织的。
8. 存在三种类型的网络：集中型的、去中心化的和分布式的。
9. 多任务作业是网络的固有特性。
10. 员工以集群方式开发系统各部分及其功能。

卡伦·斯蒂芬森（Karen Stephenson）是社会性网络研究的开拓者，她开发了一套数学程序，用来发现组织中存在的网络，这样领导者就可以对组织发展进行调节（Kleiner，2003）。斯蒂芬森用以下观点对其进行解释：

- 非正式网络并不是你想象的那样。
- 知识网络在任何情况下都比层级结构强大。
- 网络是建立信任和持续协作的关键。
- 网络使多个组织可以像一个组织那样运作但同时又保持自己的独特性。
- 她的**网形分析**（Netform Analysis）工具在职务交接计划、领导力发展、留用与再培训策略等方面很有帮助（请查看斯蒂芬森的网站以获得更多信息：www. netform. com）。

22 通过考察组织中业已存在的网络模式，领导者可以利用已有的自然形成的影响力来调节用于发展的能量，既可以进一步强化现有的影响力，也可以消除这些影响力。如果网络和网络化是社会和经济发展的新条件，那么会出现哪种类型的网络来塑造我们的未来呢？哪种网络会重新定义和改变青少年所要做的准备，以便让他们参与并改变全球社群之未来呢？什么样的国际先驱网络将打造教育，使之适应一个给每个人同等发展机会的、联合在一起的、休戚与共的全球性社群呢？

围绕教育革新与网络化有无穷无尽的话题。通过画出我们这个组织自己的网络结构图，我就能更好地理解其能量模式及其对工作的影响。这种新型的结构图促使我改变领导方式，让我去努力促进领导者之间网络的发展。我问自己：在我的职业网络中包括哪些人？因为它牵涉到我的领导目标；在我的网络中谁的网络最强大？有了这幅图，我就能将自己的战略能量投入到能帮我们实现目标，给我们带来最大回报的地方。自然而无形的关系可以被我们有意识、有目的地加以利用，以帮助组织向前发展，并揭示新的发展机遇。

你也许会问自己几个问题：我的个人职业网络究竟有多大？在对我重要的发展领域，自己的网络有多强？在我的网络中，谁是最强的链接？在其他的网络中，我属于什么样的集散节点，这对我的工作有何影响？在我的网络中，个人或组织网络有多强？这些网络中有没有对我有用的潜在资源？这些问题非常重要，它不仅能帮我们理解组织中的自然动力，还能帮我们充分利用自然关系去促成某些行为与结果。通过这样做，我们就能让那些与别人没有联系或只与很少人有联系的人显现出来，这样一来，就可以促使领导者采用不同的领导方法去促进他们的发展，以保持组织成长的可持续性。

现在来想想你的员工。他们是如何把团队联合起来以促进工作的？是否每个专业人士都与有用而强大的专业网络连接上了？学生呢？他们是否主动建构网络来促进自己对世界的理解？来推进自己的职业目标？换句话说，在你追求自己的职业和组织目标时，和与你共事的人联结得怎样？将你的网络当做一个主要资源对其进行思考，加强它的密度及功能以实现目标。链接尤其是强链接对于建设我们发展所需之能量非常重要。网络给建设强链接系统带来了巨大希望。

社会性网络和青年文化

数字化交流技术让全世界的年轻人迅速参与到了社会性网络中来。社会
23 性网络为他们提供了新机遇，让他们以前所未有之方式与世界上的其他人建立起联系并分享生活。学校什么时候能想出办法充分利用这一现象，以促进学生学习，并发展新途径使学生成为有能力、有爱心的世界公民呢？

马克·朱克曼（Mark Zuckerman）19 岁时为大学生创造了一种进行相互联系的方式，从而引发了一场网络革命（*Newsweek*，2007 年 8 月 27 日）。“脸谱”（Facebook）目前已拥有 3 500 万校外用户，它吸引了人们如潮的兴趣去开发各种工具以增加赢利。2007 年 10 月 24 日，微软花 2.40 亿美元收购了“脸谱”1.6% 的股权（www.marketpilgrim.com/2007）。如今的年轻人逃避学校功课去上网联系别人，他们几乎可以与任何地方的人建立起联系。只要拥有一部摄像机或带有相机功能的手机，任何人都可以做新闻报道。新闻的接收者今天也可以成为报道者。美国广播公司新闻网（ABC News）和“脸谱”最近宣布进行新的合作，允许“脸谱”成员利用各种电子设备对 ABC 的记者进行跟踪，观看报道和录像，并参与 ABC 的投票和辩论等（*New York Times*，星期一，2007 年 11 月 26 日）。

亚马逊公司（Amazon.com）的执行总裁杰夫·贝索斯（Jeff Bezos）说，书本是模拟时代最后的堡垒。在 2007 年 11 月 26 日这一期的《新闻周刊》中，他宣布了 Kindle 开发成功的消息，Kindle 是一种专门的电子阅读器，能独立于电脑运行。人们可以购买一本书并将电子版下载到 Kindle，或用它来订阅报纸以及进行网络搜索等。Kindle 价格适中，售价为 399 美金，它也许会引发印刷书本的消亡。亚马逊在它的网站上就给人们提供了这样一种选择。

iPod 允许各年龄层次的人下载音乐，并随时随地随身携带。2007 年，美国有线新闻网（CNN）将 YouTube 整合到了总统候选人辩论中，邀请人们通过 YouTube 向候选人提问，并通过电视播出。iPhone 的网络浏览器曾引起轰动，它有可能彻底改变手机行业。Web2.0 时代已经来到，并带来了许多新系统，如协同写作系统、照片与视频共享系统、不用即时聊天软件的聊天系统、

更方便地利用谷歌地球的系统等，另外还有很多很多其他新系统（cmpnet.com）。这些新技术将个人推向了全球舞台，让个人参与创造生活与工作的新未来。这不仅仅是为工商业界，而且也是为任何地方的任何人所准备的。学校如何能趁着这个潮流来提升这种环境中的学习呢？

全球化学习环境的标杆

1992 年，来自瑞典、美国、芬兰和俄罗斯的教育工作者齐聚柏林，探讨在共同的国际化实践中将学校校长组织起来的机会。在接下的十年里，来自四个大洲、7 个国家的多所学校联合体——国际学校联盟诞生了。ISC 的使命 24
是与教育领导者共同努力，将学校打造成全球化学习中心，帮助年轻人在全球化生存和学习的时代取得成功。ISC 最近确立的一个新使命是发展青年领军人才的网络，这些年轻的领军人才将一起学习和工作，共同关心全球社群的未来。首先，ISC 通过虚拟社群、网络讨论室、每年在主办城市举办一次会议、开设“全球化组织发展”网络硕士学位课程等方法和手段，给校长提供专业发展的体验。克丽丝滕·斯奈德（Kristen Snyder）的研究突出了在虚拟的网络化环境中学校领导如何跨国界建立社会性网络的问题，它使人们理解了学校及其他组织中的“数字文化”概念，为 ISC 的下一步发展铺平了道路。

2002 年，ISC 成为一个私立的非营利性组织，有一个由董事和干事组成的国际董事会，同时还有一张网络，这张网络由教育工作者构成的集散节点及其在 ISC 节点派驻的协调员组成。十条全球化学习中心型学校的标杆来自于 2005 年 ISC 这一全球化社群的共同努力。当时，ISC 试图找出是哪些特点让某些学校在帮助学生成为世界公民方面表现突出（Sullivan，2006；Snyder，2006）。以下是 21 世纪初全球化学校表现出来的某些特征（这些标杆在第 14 章有详细阐述）。

全球化学习中心型学校标杆

1. 课程提供机会帮助师生了解影响变革的地方力量和全球力量。

2. 作为一个生长中的系统，学校有与全球社群及其动力建立联系的愿景、计划、机会和动力。

3. 教育工作者参与全球网络化环境中的专业发展活动，以促进学习和交流。

4. 与当地、区域和/或国际企业合作，以明确学校发展方向。

5. 无论是比照当地、区域还是国际的测量标准，学生的表现都很优秀。

25 **帮助学生在全球化环境中获得成功的标杆**

6. 应用关于人类学习的最新知识指导贯穿于学校生活中的学习实践。

7. 国际项目被纳入地方课程，以增加所有学生的全球化学习机会。

8. 学生正在培养各种能力，包括利用新兴技术的能力，以在不断发展的全球劳动力大军中获得成功。

9. 学生在全球化学习中心学习，并使用民主的决策过程、和平战略、民族文化公正实践等做法作为培养世界公民的指南和基础。

10. 学生表现出关心全球化社群及其可持续性发展的倾向。

ISC的使命是跨越国家和地区的界限，将全世界的教育工作者和学生联系在一起，帮助他们将自己的学校打造成全球化学习中心。ISC的领导者致力于将学生培养成世界公民，将教育工作者培养成国际领袖，将学校建设成全球化学习中心并帮助它们建立国际合作关系。

ISC主要与学校领导合作，将他们的学校打造成全球化学习中心。大学教授们已经开始将各大洲的学生联合在一起，去探讨“世界公民”的概念。其目的是通过教育让学生发展成下一代国际领袖，从而能：

- 跨国界、跨时空在共同项目中工作。
- 了解全球性挑战。
- 了解不同文化。
- 关心人类状况。
- 发展自己的朋友网络和其他关系。
- 与世界上其他文化和地区的人交朋友。
- 利用新的交流技术提高技能。
- 发展本地社群并帮助它们融入全球社群。 26
- 培养宽容心和道德价值。
- 设想地区与全球的新未来。
- 处理一些重大的全球问题。

为了实现这些目标，ISC 正在为教育领导者创造各种机会。我们

- 管理一个学校注册处，为寻求国际合作的学校提供帮助。
- 在世界各地发展教育工作者集散节点。
- 提供一套 ISC 全球化学习中心认证体系。
- 通过网络和 HomeMeeting 网上办公环境提供虚拟社群空间。
- 成立了一个国际校长委员会，以此指导 ISC 的发展及其项目。
- 研究 ISC 的社会性网络及其发展和效果。
- 主办《翼展》（*Wingspan Journal*）网络杂志（www. iscweb. org）。
- 组织每年一度的全球峰会，参会者为教育工作者及来自全球 ISC 中枢节点的青年领袖。

ISC 的全球董事会和国际化领导团队是如何运作以实现其目标的呢？他们是如何与中枢节点的协调员进行联系的呢？作为一个虚拟组织，ISC 依赖多种交流形式来开展日常工作，包括定期的电子邮件联络、计算机视像电话服务 Skype、寄送 CD 和 DVD、电话和传真等。ISC 的董事会成员、中国台湾中央大学宋铠教授帮助我们获得了 HomeMeeting 及 Joinnet 网上办公环境的使

用权。ISC 最近成立了一个由商界领袖、顾问及社会机构领导者组成的国际咨询理事会。2008 年，我们创建了一个国际校长委员会，以探讨 ISC 的下一步发展。所有的领导团队都将在已有的多种交流体系中工作。

我们的董事会会议在自己的 HomeMeeting 网络办公室实时举行，会议按贴在“白板”上的议程进行。交流与对话的方式有语音、视频、内部电子邮
27 件、文件共享、投票以及上因特网等。对于定期的事务，开会讨论的时间安排在美国佛罗里达州坦帕市以及加拿大渥太华市上午 8：00；瑞典厄斯特松德（Ostersund）及弗伦（Flen）下午 2：00；俄罗斯索契（Sochi）下午 4：00；中国大陆及台湾晚上 8：00。到时我们都坐在自己的电脑面前进行实时交流。领导团队的成员或董事会成员定期利用 Skype 进行两人或四人会谈，大家可以发言、看视频、共享文件和笔记。如果超过四个人，则使用 HomeMeeting，它可支持 20 台电脑接入。我们通过电子邮件、邮寄的 CD 和记忆棒进行虚拟办公，准备文案，直至自己满意、随时可用为止。给成员提供的服务既有虚拟的，也有通过当地或国际上的 ISC 集散节点提供的。最强的集散节点影响着 ISC 网络的发展，同时我们也努力改进现有的集散节点，并建立新的集散节点，以加强 ISC 社群，从而完成我们所珍视的使命。懂得网络如何进化和生长对我们寻找方法以扩大 ISC 这一全球化学习网络的影响很有指导意义。

小结

上述这些趋势对于引领学校步入全球化时代有什么意义呢？教育工作者必须超越学校教育之界限并突破各种障碍，才能抓住全球化的机遇，迎接挑战。在此过程中，教育工作者将会发现自己**生活在混沌边缘**，这是激发重要而持久之变革的必要条件。网络化是 21 世纪影响和制约任何人和任何单位走向成功的重要因素。这是教育史上的一个重要时刻，它需要有胆识的人去设想学校教育的新前景。他们有办法与当地和全球的商业社群联合起来，并向全球范围内有着相似使命的教育工作者请教。

在《海啸：打造能在浪潮中兴盛的组织》（*Tsunami*：*Building Organiza-*

tions Capable of Prospering in Tidal Waves）一书中，作者维克托·皮内多（Victor Pinedo）极力主张："想要生存，组织必须转变为灵活机敏且反应迅速的有机体系，有着青少年的耐力和成熟成年人的能力。它们必须抛弃精英等级制度，破除组织中自然存在着高级和低级人才这一迷信。它们必须制造一艘全新的组织帆板，帮助自己顺利穿越海啸。"皮内多的工作遍及世界各地重要的商业组织，指导商业领袖们修炼他所谓的"7C"有机能力。"7C"指信心（Confidence）、投入（Commitment）、共创（Co-creation）、联结（Connection）、交流（Communication）、庆祝与航向纠正（Celebration and Course Correction）以及关爱（Caring）等。这些是成熟机构的特点。它们代表了我们在将学校发展成全球化学习中心之过程中努力追求的方向。

学生是新时代的探险家。这个时代是虚拟化、本土化而又全球化的。让我们共同了解这些趋势及其影响吧！我们可以分享自己的故事，把握各种机会去参与全球性事务，考察全球性问题，创造新颖的学习项目，继续为学习者设想更好的教育未来。在为这个新时代创造新型教育时，让我们埋葬工业时代的教育思想吧。现在是用教育和终身学习的全球化思想取代工业时代之思维模式的时候了。 28

第 2 章

变革的机械观 29

近几十年来，人们已经普遍认识到传统学校教育实践的孤立与破碎，并担心其不可能为学生终身学习的需求服务。然而，尽管已经引进了所有改革和可提供的财政资源，许多学校实质上仍无改观。**许多有见识的批评家认为，学校的教育与学习模式已经过时，并且已经行不通了。但为什么至今许多学校和学区还被困于这种模式呢？这正是本书要讨论的问题，我们要探索另一种选择：生活在混沌边缘**。

当教育工作者进入信息时代的“地球村”，并面临着不断增多的“问题学生”所带来的挑战时，学校需要放弃其旧有的控制策略及培养循规蹈矩的学生的期望。各机构、社群和国家内部及其相互之间关系的实践创新与专业研究将产生新的工作规范，因为过去的答案与服务体系已经无法应对我们今天面临的巨大社会挑战。由于未来是未知的，而且关于人类需求的观点每天都在发生巨大变化，因此学校需要将学生培养成有能力塑造日益复杂世界的梦想家和设计师。

学校为什么不能超越旧有的教育范式呢？新科学之旅给我们提供了全新视角，让我们开始理解为什么变革对学校服务的内容和方式或学生行为模式产生的影响甚微。事实上，新旧科学定律之间存在根本性差异，以至于领导者就未来所作决策会给他们所在之机构带来全然不同的后果。变革看起来是必然的，但进步却并不是一定的，因为进步取决于我们对未来的假设、价值观及所作的抉择。要引领成功的变革，我们需要懂得自己所作选择的性质及其可能带来的后果，因为它们决定着学校的未来。

在过去一个世纪里，教育工作者认为学校是比较简单的系统，在社群内
30 或社群间都表现出稳定的特点。学生的发展被认为是可预测的，因而固定的分级课程，包括其结构、内容及学校服务看起来非常适合用于达到预定的学习水平。一旦出现问题，责任通常被归咎于学校的专业人员。集中决策使得学校工作人员不必担心那些看起来与他们日常工作并不直接相关的事情。权力集中在少数人手中以保证预先设置之计划能有效且按预定方向实施。对于能力不同于普通学生的特殊学生，则为他们提供专门服务，以保证主要计划和学生发展不被打乱，能顺利进行。这样的学校显然是一个给大众提供标准教育的简单系统。

今日之学校贯彻实施的是诞生于工业化时代的标准化教育。然而，现在的社会生活无论在哪个层次上都不再是稳定或简单的了，这使标准化教育的缺陷越来越突出，因为例外情况已经超过了一般情况。不仅仅是学校，一切社会系统，都已经开始突破其固有边界。这迫使组织目标和工作文化都必须随之改变，并创造新的心智模式，否则各处的社会机构和工作体系都有崩溃的危险。为了应对社会结构不断增加的复杂性，多种网络和伙伴关系事实上已经非常迅速地发展起来。这使教育界的专业人士能迅速获得他们开展工作所需之信息、资源和机会。决策的权力也逐渐从国家下放至州，从州下放至学区，从学区下放至学校，现在又从学校下放至教学团队。改造和变化发生的速度是如此之快，以致从上而下的管理方式已做不到足够快捷或足够好。

牛顿世界观与量子世界观变化规律间的矛盾代表着今天领导者主要的两难困境。机械的观点是盯住问题，而自然的观点则关注持续发展。两者差异如此之大，以致看来实际上不可能在进行根本性变革时行使权力来控制所发生的事情。我们设想，更大的问题在于是否存在可行的办法，既在官僚机构内运行，又能激发组织的自然生长。我们认为是存在的，并相信对生命系统的矛盾、复杂性及其自然生长的理解，指明了一条通往更复杂但更有希望之

未来的道路。虽然除了在公共机构的合法规范下运行，我们别无选择，但还是能够找到办法来对那些能使我们突破障碍并推动进步的制约因素进行思考的。通过重新审视一些过时的科学定律及由此衍生的管理，逐渐熟悉那些更动态、更敏感的科学定律和管理，在未来几十年，我们将能重新思考自己的旅程，并获得处理矛盾与复杂性的新的活力。

让我们共同开始这一段旅程，我们将探讨20世纪学校教育的基础，它植
根于牛顿物理学的机械定律。我们相信这些定律对于设计和建立现代技术仍 31
然有用，但我们怀疑其对指导动态的人类组织的变化和生长的有效性。我们的目的正是要探究，在一个复杂性与矛盾不断增长的时代，机械模式描述的社会行为有失恰当。当我们更清楚地了解自己传统的基础，或许能够减少那些不适宜的传统带来的束缚，踏上机构内与机构间共同工作的更有前景的道路。

牛顿物理学

牛顿物理学认为宇宙像机器一样，是确定不变的。早期的管理理论家如马克斯·韦伯（Max Weber）和实干家如弗雷德里克·泰勒（Frederick Taylor）等人都以基于牛顿物理学的定律为指南。他们的工作具有开拓性，使20世纪的组织具有严格的结构、政策和实践。一个世纪以前，大部分这样的结构、政策和实践对于管理机械化生产中的不熟练工人非常合适。官僚主义原则发展到防止工作体系中有任何根本改变。即使是今天，一些固有做法依然受到本世纪发展起来的复杂控制系统的庇护。由于官僚主义传统的力量，今天许多公共机构都发现，实际上，在工作和服务的基本体制中维持任何变革都是不可能的。

让我们进一步看看以往支配科学思想和管理行为的物理学定律，以便更好地了解我们自身的历史及其今天对领导实践的影响。物理学起源于公元前6世纪的希腊。那时科学、哲学和宗教尚未分离，它们共同探索生命的意义以及宇宙万物运作的规律（Capra，1991）。希腊人猜想，在不同表象下，世

界由单一物质构成……一切都是由量子原料构成（Herbert，1985，p. 40）。希腊人杜撰了“物理学”这个词，用来指称事物的本质。公元前 5 世纪，希腊哲学家开始认为，**宇宙中的根本变化是不可能的**，由此产生了“不可毁灭物质”的概念（Capra，1991，p. 21）。**宇宙是确定不变的观念最终成为西方思想的基石，它与东方哲学和宗教的**生态宇宙观**形成了鲜明对比。**

公元 1500 年以前，欧洲的主流世界观是有机的，这种有机的世界观将精神现象与物质现象互相联系在一起（Capra，1982，p. 53）。东方哲学强调具有精神与物质维度之宇宙的有机统一。然而，后来沿着心灵的理性、抽象和
32 逻辑，西方思想开始将破碎性奉为原则。中世纪时期的变化被认为仅是幻觉。由此，静态宇宙的观念产生并统治思想界长达几个世纪。这一割裂的宇宙观最终将西方科学发展与东方哲学和宗教分离开来。

笛卡尔发展了许多现代数学的技巧，他给出了作为巨大机器的宇宙图景（Zukav，1979，p. 50）。人的本质被等同于心灵，而不是与整个机体及其物质和精神维度相等同。这就进一步将人类经验与人活动于其中的世界分离（Zohar，1990，p. 29，p. 136）。科学推理采用对自然的数学描述形式，此后酿成了科学革命。科学家用二分法将他们自己（心灵）与物质世界（事物）分离，以追求新知识。科学知识与时俱长的“卓越”削弱了哲学和宗教在西方世界的影响（Capra，1982，p. 54）。

正是在心物二分这一根本性分离的背景下，艾萨克·牛顿（Isaac Newton）建构了经典物理的力学定律。这些定律指导了几个世纪的科学工作（Zohar，1990，p. 69）。牛顿时代是科学权威取代宗教统治的时代。经典力学建立了推理的线性模型，这些模型建立在可观测数据的基础上，并以此通过语言达到科学的精确性，然后通过数学并最终借助统计学达到更大的抽象。一些有歧义的词语开始被更精确的符号取代，这些符号被赋予严格定义，并应用于科学研究（Capra，1991，p. 32）。

至 19 世纪，科学家们相信，宇宙确实是遵循牛顿力学定律运动的巨大机器系统，这就牢固建立了关于世界具有可重复性和可预测性的“时钟假设”。弗朗西斯·培根（Francis Bacon）认为，科学的目的就是通过心物二分来统治和控制自然（Capra，1982，p. 56）。今天，物理学的经典法则依然被视为

机器和技术的基础，它们是静止和可控的。

约翰·洛克（John Locke）（Capra，1982，p. 68，p. 69）将机械定律应用于他对社会所持的原子论观点，他认为最基本的单元不是社会而是个体。这种新的对个体的强调为现代经济与政治思想铺平了道路，它强调个人的财产、权利和责任。正是这种将个体作为社会基本单元的价值观导致了 20 世纪盛行的学校教育实践。请仔细回想以下几点：

1. 教室被看做个体的学生和一个教师组成的集体（而不是一个更自然的社会系统）。
2. 学生单独学习，并分别地（不是集体地）被测验。
3. 教师孤军奋战，独立工作（不是协同工作），并由个别上级（而 33
不是由同事、学生、家长）进行评价。
4. 同一地区内的校长和教育局长各施其政，自行其是。

如果社群在早期科学家心目中是社会的基本组成部分，那么学校教育也许不会是今天存在的孤立主义形式，而会发展出具有持久联结的不同形式。

机械观的基本定律

经典物理的几条基本原则现在看起来已非常明晰，这些原则被我们称为定律。

定律一：**固定不变的时间、空间和物质这几个科学概念重点强调的是系统的组成部分，通过数学与统计学，有助于确定可预测的稳定性。**

学校教育传统的时间安排是每节课 50 分钟，每天上 6 节不同的各自独立的课程，一年有 180 天上课，持续 12—13 年。分级的课程分为几个不同科目，由不同教师分别讲授。通常，这些科目互不相关，并且与处于那个年龄段之学生的梦想和兴趣也毫无联系。人们认为在规定的培养计划中取得成功可以使学生有能力在今后的社会工作中取得成功。这种学校教育方案已经与人类在快速变革之全球社群中进入成年期时获得的经验脱节了。**其潜在的牛**

顿定律从根本上来说是一种隔绝的定律。许多高危学生从连接的裂缝中掉下去或中途退学也就不足为奇了。也难怪很多高中很可能无法作为社会机构生存下去。

定律二：**通过数学与逻辑确立可预测性是形成知识的主要基石，严守建立新真理的理性、实证和科学传统。**

知识通过心灵和精神的分离，从而保证自控宇宙的可预测进化来掌握。这并不是说数学与逻辑不能给予我们一些有用的真理形式，它们确实能够。然而，问题在于，真理与知识可以通过许多其他的，有时更可靠的方法获得。正如伽沃斯基（Jaworski）与世界各地领导者反思自己的工作时所说：“……
34 人们总是对不可测量或不可量化的事物持怀疑态度。我已经逐渐认识到，那些不可测量的恰恰是最真实的，也是我最深切关心的。”（Jaworski，1996，p. 152）

想一想在任何一所学校待几分钟后所产生的认识吧。各种信息轰炸感官，产生了一些有关成人和学生之学校生活质量的相对真相。然而，尽管标准测验只是一种有限的反映事实之途径，而且教育工作者几十年来一直都反对由标准测验勾勒出来的假象，但对标准测验分数的持续依赖在今天却更加突出了。我们必须承认，真正的了解应来自多种渠道，关于学校教育质量的实际情况不能仅仅由统计数据来测量。组织的动力对于学生成功的影响更大，而统计数据只是能够对这些动力产生之效果进行度量而已。

定律三：**理性主义和还原主义产生有关宇宙和谐的简单真理，因为它们强调具有相对确定性的可观察与可测量的事物。**

采用还原主义方法分析统计数据，通常可以证实一些简单真理；系统的各部分之间被认为存在简单因果关系。在学校里，我们为学习和测验设计课程与结构，强调个体及其不足，并通过量化数据来证明其合理性。在许多学校，都是先对教师进行30分钟的观察与评价，记录其表现出来的期望行为的次数，然后给出分数，以此决定教师的相对价值。

学生的能力范围非常广泛，但在还原主义传统的教学中，他们的这些能力却被认为与所追求之“真理”无关。多年来，教师与校长们一直坚持认为，典型的根据预定之教学行为对教师进行的简短观察最多只能反映部分事实。要了解教学和学习的复杂性，需要更多信息。课堂观察数据也产生于这种复杂性，并在这种复杂性中被理解。最近几十年，领导者开始质疑简短的课堂观察能否作为判断教师价值的可靠方法。教师在整个学年中的经历显然能提供更有效和更可信的信息，以此说明他们对学校这个整体及其所服务之学生的专业价值。

几个世纪以来，我们被以往科学原理缚住了手脚（Wheatley，1992，p. 26）：

> 我们对因果关系坚信不疑。我们将计划置于至高无上的地位，并赋予数字以绝对权力。我们指望数字来描述我们的经济繁荣、生产率和身体健康状况。我们发展了各种图表和地图以将自己带入未来，就像古代水手敬畏他们的航海图一样尊崇它们。没有它们，我们就会迷失方向，陷入万劫不复之地。到头来，我们并不比巫师，20 世纪末的魔法大师强到哪里去。 35

当我们继续这段旅程以考察机械模式下的生命演化，就可以更清楚地看到，牛顿定律如何导致现代机构的设立与发展。正是这些传统制造着现存的各种瘫痪。这有助于解释为什么许多机构不能适应时代发展。革新者经常发现，传统组织机构及其制度实践看来不可能改变，是因为其工作体系深深植根于机械世界观，其关于秩序、控制和变革的设想仅仅试图改良服从模式，机构中变革及新事物涌现的自然过程常常被中止。让我们仔细反思一下 20 世纪的公共机构，包括学校的牛顿根源吧。

现代官僚体制

20 世纪初，牛顿物理学定律如此深深渗透在全世界的生活，以至牛顿原理被用于解决各种社会问题。全球各地官僚组织都在发展演变，为工业时代初期在城市工厂里工作的大众提供秩序。为了让大量非熟练工人的工作标准化，提高工作场所效率，新兴的工业采纳了牛顿物理学固定不变、四平八稳的定律。当新的管理者阶层面对工厂中的大量不熟练工人时，他们运用机械论的科学定律来迎接生产可靠产品这一挑战。机械论的科学定律开创了此后一个世纪之久的工业化时代（Crozier，1964）。

现代官僚主义体制之父马克斯·韦伯是一名德国社会学家。他对组织内的社会控制及统治问题非常感兴趣（Kasler，1988）。他并没有发明官僚体制，而是对其时正在繁荣发展的现象进行了定义。由于对社会学颇有研究，他为组织内的社会控制提供了理论基础。对官僚主义体制进行研究只是韦伯为数众多的学术探险之一（Mommsen，1989），他本人生活在一个悖论当中。一方面，他认为现代工业社会离开社会组织的官僚主义技巧就无法存活；同时，他又担心这种官僚化的集体主义社会会将个体变得完全无力（Mommsen，p. 110，p. 111）。

36 虽然韦伯被现代官僚体制潜在的负面效果困扰，但他发觉独裁的官僚体制比其他任何形式的管理组织都好（Mommsen，1989，p. 112）。组织的层级结构及其所有运作对理性原则及规则的服从，使得它在精确度、速度、确定性、知识、连续性、判断力、统一性、严格服从、减少摩擦等方面都具有重大优势（p. 113）。如同韦伯宣扬的那样，官僚部门的特点随时间而演进，并依然在今天的工业世界中发挥作用。

在韦伯看来，资本主义与官僚化，是两股革命的力量，它们将取代世界上各种社会组织的传统形式（Mommsen，1989，p. 109）。所有的运作都应根据形式——理性原则进行，而不应考虑个人偏好、价值观及态度。这种模式排除了组织成员内部的领导力发展。革新和变化与规则这个概念不符，纯粹的官僚主义社会体系成为工作的合法制度，而不仅仅是非正式制度。最后，官僚体制成为合法控制的力量，保证工人形成服从的思想（Weber，1922）。全世界都在宣扬这种静态不变的工作观念，如同宣扬对工作场所之敬畏产生的作用以及对工人进行管理控制所产生的作用一样。韦伯接受了这个悖论，然而，他担心西方社会注定要失败，因为只有理性主导的发展是不可逆的，于是他又致力于反对理性的过度扩张。官僚体制是社会经由各阶段前进所必需的工作结构。

科学管理

19 世纪末，管理学家弗雷德里克·W. 泰勒开始了把工作模式标准化的实验，实验通过任务分析进行（Longenecker，1964）。他的方法没有理论基础，但对于提高工人工作效率却行之有效。这种方法注重管理计划、标准化工作以及改进人的主观努力（Kast & Rosenzweig，1979）。在米德维尔钢铁公司（Midvale Steel Company）时，泰勒在任务分析的基础上创造了对工厂车间进行管理的科学。后来，也是作为管理者，他在伯利恒钢铁公司用这种方法进行了实验。他首先对工人的动作和步骤进行分析，著名的生铁搬运实验就是其进行的首次系统分析。伯利恒钢铁公司对泰勒管理流程的应用大大提高了工人的日产量（Longenacker，1964，p. 12，p. 13），引起了各地管理者的注意。20 世纪前几十年，泰勒的成功在全球掀起了通过科学管理增加官僚体制下工人工作有效性及效率的运动。

泰勒的工厂车间管理概念建立在他通过长期观察得出的两个结论之上： 37
（1）工作任务缺乏统一性，这是对管理的挑战；（2）好的车间管理与个人收入之间没有明显关联（Taylor，1912，p. 17）。那些年盛行着非常强势的工作伦理，具体表现就是职员的努力工作受到奖励，经济理性和自由放任主义被推到了很高位置，这些都是牛顿物理学的主要原则。由于管理者使用科学原则为工人制定大规模的日常工作任务，为其提供标准化条件和设备，对成功者进行高薪奖励，对失败者则扣工资或福利，因此工作环境不断变得稳定（p. 63，p. 64）。这种管理手段的目的是用可靠的法则、规则和原则来取代工人个体的不可靠判断，对每天的工作进行管理成了一门科学（Callahan，1962，p. 27）。管理者的具体工作主要是进行**时间与动作研究**，为对任务的测量提供基础。将最好、最快的工作方法**标准化**，有助于管理者给每个工人布置每天的任务，管理者教给工人新的工作方法，并将其与红利分配计划结合在一起（Callahan，pp. 29 – 32）。

泰勒宣扬的巨大思想变革最终导致了几条管理原则的形成：（1）用科学

根据取代单凭实际经验得出结论的做法；（2）取得小组行动的协调一致；（3）在人与人之间建立合作；（4）努力取得最大产出；（5）开发工人的最大潜能（Taylor，1912）。人际合作及从工作中学习这两者的价值对于工人获得精确技能非常必要，但不知为何，泰勒主义的这一部分在接下来几十年的管理科学研究中却并没有得到发扬。这也许可以部分解释科学管理原则之所以最终遭遇失败的原因究竟何在。科学的任务分析及管理提供的是一幅不完整的工作环境中人类生产力的图景。为了表明对协调一致以及团队合作的强烈信念，泰勒于 1912 年写道："雇主与员工之间的关系无疑是管理工作中最重要的一部分。"（Taylor，1912，p. 25）

作为行业的学校教育

科学管理原则及官僚体制的广泛采用影响了全世界的工业机构和社会机构。教育工作者逐渐采纳了许多同样的科学实践，用于应对快速增长的人口。20 世纪前几十年，作为教育效率专家的学校管理者开始出现，成为教育历史上最重要的运动之一（Callahan，1962，p. 97）。到 1925 年，教育局长的职能更多地表现出商界与工业界管理工作的特征，而不是教育的特点（Callahan，1962，p. 148）。由于那时教育管理者的数量众多，且他们的管理需求与工商
38 界管理者（包括教育局成员）的需求非常接近，因此在整个学校教育事业中便照搬了工商界的观点。

教育系统因此变得流水线化、高效率和标准化，但社会也为采纳这些机械原则来管理学校中实实在在存在的自然系统付出了沉重代价。直到最近，校长的精力还是被学校的机器与设备细节、建筑的取暖与通风、学校座位容量及绿化之类的事占据着。而教师则要承担一些文书工作，并且还得不到任何人的襄助。他们不得不在完成教学职责之外花费很多时间做一些事务性工作。

20 世纪 20 年代早期还出现了另外一些具有官僚主义特色的做法来控制教师、学生以及教育领导者的表现。1913 年，《美国教育局杂志》（*American*

School Board Journal）发表了一篇田纳西州派克市（Park City）的教师评估报告，从而引发了一场全国性的教师效率运动。校长开始设计对教师效率进行测量的方法（Callahan，1962，p. 105）。1914 年，一套教师效率评估体系问世，该体系旨在帮助教师提高劳动者（学生）的效率和产量，并更好地利用像课本和图表这样的原材料。

高效率学习的最终责任在于学生，其最终控制手段则是教师对其学业表现的评估（Callahan，1962，p. 58）。即使是课堂也成了效率控制的中心，通过学生测验、过程记录、教师评估等对效率进行控制（p. 103）。到 1913 年，已经开发出好几套常模测验专门用于学校教育［例如，桑代克（Thorndike）与艾尔斯（Ayres）或桑代克与希莱加斯（Hillegas）开发的量表］。渐渐地，测试学生知识的考试产业出现了。对于课程价值的思考自然而然地导致了对学校资金预算过程的科学管理。经济价值被置于教育价值之上，为今天以持续百年之久的根据经济因素而不是教育基础的购买行为铺平了道路。

英格利希（English，1992，p. 39）用科学管理和官僚体制的概念来说明课堂最终与制造厂并无二致。工作车间类似于教室，生产线类似于同质分组的学生，混合装配线类似于将有缺陷的学生编入正规班级的模式，而自动生产线则体现了分年级的连续教育。英格利希指出，工人的**返工**类似于给学生补课，而检查通过监管与考试进行，班级的表现借助于标准测验来控制。教育工作都是经过科学设计的，通过分级结构来完成，通过管理者监督、教师与学生监管和考试来进行控制。

最后，作为向教育主管部门汇报社群资金投入的程序之一，要设计一份 39
对学校的调查（Callahan，1962，p. 113）。摆在教育主管部门面前的问题往往是如何增加投资收益。因此，教育中的主导力量依然是经济而不是教育因素。关于学生的信息大部分限于注册和升学数据。教育局长的大部分时间花在商务事件上，并且用商业词汇来解释教育活动，借以获得生存。向教育局准备年度报告的难点在于，说明各种开销的合理性，并以此教育公众，使他们知道需要什么样的资金支持。最后，卡拉汉控诉道，由于逼得学校领导将时间花在账目而不是教育上，美国人也得到了应有的惩罚（Callahan，1962，p. 120）。这个观察结果至今依然如此真实，是多么令人遗憾啊！

官僚体制一直是影响教育职能专业化认证体系及师生成绩标准化测验最主要的因素。教育计划的质量控制通过每门课程、每年和每天确定的时间参数来保持。用数据处理系统来解释人类活动及表现等级，工资则建立在职工受教育程度及工作年份的基础之上。对职工的控制通过雇用合同及建立在顺从价值观上的评估体制来实现，而职责描述则将工作控制在允许范围内。预算由管理者决定，他们给毫不了解全局的职工制造一定程度的忧虑。工作任务由管理者分配，而低层职工认为能被雇用就算是走运。表 2.1 总结了牛顿物理学的一些重要原则及其对官僚体制和科学管理以及传统学校教育过程的影响。

表 2.1　20 世纪传统学校教育的根源及其效果

机械论的物理学	官僚体制/科学管理	传统学校教育
不变的宇宙	法律、规章、政策、进度	13 年/每年 180 天的学校日程
借助数学达到精确	年度报告、记录保存、预算	数据处理、报告、预算
固定不变的时间、空间和物质	标准化工作与监管	分级课程/分班
个体建筑块	装配线/管理个人	监督职工个体
作为真理的还原论	行为评估	师生评估
自我规范的宇宙	工作、工资、合同、解雇	工作、工资、合同、留职、晋升

40 在关于经济和效率问题的重要政治对话背景下，20 世纪出现了一种相对简单的学校教育观。在工作中发展出来的相对严格之结构保证了所有美国青少年都可以接受标准教育。**然而，时代变了，官僚主义规则和科学管理策略似乎没有几条能造福于什么人，更不用说造福于每一个人了。**学生差异变得非常大，分级结构已无法提供有效服务。知识爆炸使分级的课本学习与测验变得过时，而公众教育程度的提高不断对学生、教师和学校领导提出新标准。

官僚主义思维方式的崩溃

今天，在标准课程的工作流程控制与对不断变化之环境进行响应的自由之间，张力已非常大。各层次的教育工作者都在经历许多新的压力和挫折。有的人干脆彻底离开了教育行业，因为在当前的法制和政治环境下，要满足需求看起来几乎不可能。我们认识到，教育的社会体系之各层各级在很多方面都正处于动荡状态。在这种条件下，大多数系统都崩溃了。在接下来的几章，我们将考察控制与自由行动之间的张力。我们相信，除非释放教育机构的自然动力，来发展其对我们这个时代作出响应的潜能，否则教育作为一种社会事业存活不了多久。

没有人可以保证学校可以以现有形式存活下来。学校系统在一百年前左右才出现，它只是人类经验的一小部分。现在已经有人开始担心，作为一个社会机构，公共学校教育将灭亡，除非它能迅速适应快速变化的全球状况。虽然许多领导者依然在学校教育之传统规范下控制变化，但也出现了许多打破传统的不同做法，比如私有公司管理大型城市学校系统、K-12 学校在商业环境中运作等。

最近，企业开始参与学校教育问题，这标志着人们对我国经济发展健康水平的广泛关注。美国劳工部就当今用人单位对就业者的基本要求进行了一项研究（SCANS，1992），此研究给教育工作者敲响了警钟，因为它强调指出，学校教育质量与经济前景关系紧密，事关我国经济在将来能否成为世界性力量。面对不断激增的公众担忧，克林顿总统和许多州长都将教育放在了首位，并指出我们生活方式的质量取决于劳动者与全体公民为创造未来所作之准备情况。

虽然变革与不断增加的社会需求保持同步，但许多却被机械的变革观曲 41
解。同时，政治上的后冲反应（backlash）还在维护过去年代的条件。事实上，教育领导者太习惯于控制变化的日程，许多为革新设计的协同发展体系，结果被他们改造成依从传统教育的控制形式。例如：

1. **临床督导**，开始是一种帮助教师发展团队教学策略的“同侪发展”方法，但很快就成了教师评估的控制系统。

2. **基于现场的管理**，最初设计时是帮助校一级的教育工作者应对自己遇到的各种现实情况，现在却成了让教师与家长循例（依照惯例）认可校长已有决定的工具。

3. **合作学习**，原本是让学生互相帮助，共同探索、发现和产生新概念和新思想的一种过程，现在在很多地方却成了保证学生达到传统课程目标的一种策略。

4. **全面质量管理**，是在全球范围内发展起来的保障组织满足顾客需求的一种工作理念，但后来却将重心放在统计分析上，变成了评价和控制学校表现的一种策略。

5. **标杆管理**，是最新的革新措施之一，作为对组织内部的人进行评估的一种类型，它用世界级标准或其他表现卓越之组织作为评判标准，来考核组织的工作流程和体系。这在某些地方也被指定为凌驾教学之上的控制系统，用来保证所有学生，不管他们以前阅历如何，都要达到根据年龄制定的分级标准。

然而，现在出现了一些与传统学校教育全然不同的教育模式，诸如**自由择校、特许学校、全方位服务型学校**（full-service schools）**以及在家教育**（homeschooling）的迅速崛起，让人看到了满足现有人们之需求的希望。虽然其最终价值还不确定，但它们冲击了“所有人接受同一种教育”这种长期以来的传统。职业/技术学校正成为**技术发展和创新的中心**，与工商界、大专院校形成了一种动态的合作伙伴关系。与此同时，虽然学校在寻求新的方法进入社群，一些州政府官员却在不断对那些不达标的学校发难。这些学校通常
42 位于比较乱的地区，其学生在按年龄分级、割裂的课程中无法达到常模水平。为了提高成绩标准并加强控制体系，许多有大量高危学生的学校被列入州政府的高危学校名单，虽然这些学校经常是它们所在社群的希望之灯塔。此外，在现在这种集中关注高危青少年的氛围下，教师和家长很担心那些看来像抗拒型学习者的“正规”和“高分”学生也正面临学业失败的风险。传统的学校教育观念以及继续强调常模评估的势力已经与现在的社会和经济条件格格

不入了。

在最近发表的文章中，克兰奇（Clinchy，1998）提出：“在教育上受到挑战的学区”采取了工厂模式对学校系统进行改革。他认为这根本不是真正的改革或重组，而是回到并巩固我们已拥有了一个世纪之久的传统的、从上到下、高度集中、官僚主义的学校体系。由于继续将工业模式应用于公立学校，效率与低成本就成为其最重要特征。在这种严格的工厂模式下，人人都被当做教育这台生产机器中可互相替换的元件。课程与测验依然是标准化的，教授与测验的还是原来的内容和分级的标准。在这种环境下，学校自治只不过是个迷梦而已，因为这种工厂模式以整洁、现代、精干和技术先进为方向。而新的学校系统则旨在培养出尽职尽责的年轻人，让他们可以在激烈竞争的全球化经济发展中成为人力资源资本。克兰奇观察发现，自泰勒那个年代以来，虽然语言变得更成熟、更时新，但公司统治与控制的专制、反民主和非人性化理念却基本上没有什么改变。

教育正处于一个转折点，它作为一种社会机构将继续存在还是灭亡取决于未来几十年所作之选择和决定。在很多地方，已经出现了另一种学校改革的观点。这种观点以人文精神为指引，力求探究和创造未来。它继承了 20 世纪之交出现的进步主义教育之杜威传统。从国家到地方的政治领袖现在应该决定是加强控制，从而巩固传统的教育计划和结构，还是解放教育工作者，进而创造更多的学校教育形式以适应时代。根据对新科学的理解，我们发现领导者的决策要么会让组织灭绝，要么就会让其幸存下来并适应变化之时代。

很少有人认为家庭像机器一样，遵循控制规则与可预测规则运行。我们会采取各种行为，经历各种阶段，以促进家庭成长。任何时候都会适时采取各种方法帮助家庭成员在这个世界取得成功。然而，管理学校和其他社会机构却像管理机器一样，似乎它们也有可预知的零部件，且非常可靠。也许传统的官僚主义思维已经腐蚀了我们对社会机构运作方式的看法，因此还需要时间来理解和促进它们的自然生长。如果我们能改变关于固定不变之时间、空间和计划的假设，改变那种认为通过统计数据实现可预测之控制的理性主义与还原主义之经典教条，学校教育也许会有更大的活力和潜力为社会提供更广泛和更有用的服务。

今天，学校提供复杂的教学项目以满足学生的多样需求。资格认证体系力求保证有合格的教育工作者来提供学校教育服务。近几十年来，新的教育项目和服务增加了，管理其运作的法律也增加了。法律、政策、工作描述、评估体系、财政规范等都比以前更具雄心和更有影响力。然而，正如霍奇金森（Hodgkinson）1991 年所写的那样："我们的房顶漏了。"即使政策和控制措施更严密，资金投入、职能分化和项目选择继续增加，还是会有太多学生无法完成学业而辍学，这些人面临着无法成为合格公民的风险。**是承认作为社会机构的学校正处于危险之中的时候了**；是探索变革之新规律的时候了；是认识信息时代和地球村之启示并创造全新之学习与教育体系的时候了；是地方学校系统以及控制它们的州政府官僚机构和国家政策制定者直面现行改革战略与法律中的矛盾并解决冲突，保证教育领导者能够面向未来开展工作，并对目前日益严峻之挑战作出时代抉择的时候了。我们国家的存亡将在很大程度上取决于个人和集体在教育上对于变化之条件所作出的响应。对于领导者而言，这意味着从控制型思维方式到生长型思维方式的转变，只有这样学校教育的自然演化才能适应环境的急剧改变。

第 3 章

变革的有机观 45

伴随着 21 世纪的降临，教育步入了转折点，它要求领导者用非常规方法重新设计学校和学区，将其改造成有机的快速反应系统，同时还要紧握创立世界级标准的火炬。（正如前一章讨论的那样）机械变革观的问题在于机器只能被设计、构建和修理，一旦过时就被废弃。然而，活的有机体在其生命周期中却会经历不同阶段的生长和突变，它们能努力应对许多新挑战而幸存下来。

理论物理学家戴维·玻姆（David Bohm，1995），20 世纪最前沿的科学思想家之一，在量子物理学中发展了**整体性**概念。他极力证明，破碎性观念引起了心灵的混乱，因为所有这些碎片是独立存在的观念，是一种幻觉，这种幻觉只能引起无穷的冲突和混乱（Bohm，1995，p. 1，p. 2）。破碎化的思维方式已造成环境污染、生态平衡破坏、人口过剩、世界性的经济和政治混乱，并造成了一个对大多数生活于其中的人来说不利于身心健康的综合环境（p. 2）。当我们逐渐看到万事万物之间的联系与相互依赖时，就会出现不同的价值观以及新的需要优先考虑的事情。玻姆认为，只有整体才是真实的，总体存在的完整整体是未被分割的无边界的流运动。

破碎性在学校已成为一种痼疾，一种根深蒂固的形式，资助要求、法律、规章等都分门别类，以致走向整体的道路很可能充满障碍、曲折和纠纷。然而，现在学校教育的问题非常复杂，最终超越破碎化的思维与行为方式对于学校的生死存亡来说至关重要。我们不能因为教育系统的不足而总是谴责学生和教师。当今对学校教育的不满有许多原因。如果要在实践中作出任何根本性改变，领导者就必须进行更系统和更彻底的变革。人们认为通过家庭和社群的社会状况大概能预测学生在学校的成功程度。如果学校要卓有成效地使学生在生活中获得成功，那么就必须找到新方法，实现家庭和社群与教育
46 过程之间的动态联结。

我们在发展自己的社群和国家时，需要采取新方法来思考学校教育的社会目的和功能。要抛弃过时的变化模式，对其进行重新构想，只有这样，领导者才能使他们的机构适应当今现实。我们不必惧怕未知，而要勇于面对挑战，因为人类具有通过灵活性、自组织、自我修复和自我转换来适应不断变化之环境的巨大潜能（Capra，1982，p. 285）！

相对论与量子物理学

让我们探讨一下量子物理学这门新科学中的定律吧。在 1982 年出版的《转折点》（*The Turning Point*）一书中，卡普拉（Capra）解释了在物理学中兴起的重大思想变革及其对大多数生物科学、社会科学及其他自然科学的影响。他写道："现在的危机不是个人和政府的危机，也不是社会机构的危机，而是全球维度的转换。**我们即将到达一个转折点**"（Capra，1982，p. 15，p. 16）。

爱因斯坦相对论和原子现象加速了经典科学的变革，因为它推动了物理学家在 19 世纪末和 20 世纪初的突破（Lindley，1993，p. 65）。对于爱因斯坦来说，物理学真正任务是研究实在（Herbert，1985，p. 4）。最后，他提出了一个革命性的观点，即引力不同于其他的力，它是物质和能量分布引起的时空弯曲（而不是平直）的结果（Hawking，1988）。爱因斯坦进一步指出，由于时间与空间存在动态联系，因此不能将时间与空间分开理解。他认为时空是个单一概念，它是弯曲的而不是平直的。

时空的相对性可以从度假的例子中看出。我们需要离家去放松一下，过一个让人精力充沛的假期。在家度假两星期与离开城市度假两星期，给人的感觉通常是不同的。与我们关系更密切的一个例子是：单独工作的教师与在教学团队中工作的教师对于教学的作用通常都持有非常不同的专业观点。在一些学校，改变我们的时空观已经对教育专业的工作模式及给学生提供之服务产生了深刻影响。

量子理论源于对原子和亚原子世界的研究，它让我们从一个全新视角去认识自然秩序。虽然空间、时间和运动都是相对概念，但爱因斯坦坚持认为，物理量是绝对的（Herbert，1985，p. 7）。例如，光速在任何条件下都是一样 47
的，空间的变化抵消时间的变化，物质由原子组成（p. 8）。原子中被爱因斯坦首先称作量子的微粒有时也是波。质量事实上是以电子形式存在的一种能量，电子围绕原子核运动并受电磁场约束（Capra，1991，pp. 65 –66）。赫伯特（Herbert，1985，p. 63）怀疑，世界上一切东西都是纯量子化的，是粒子与波的物理统一。

大自然没有向我们展示（我们可以看得见的）基本建筑块，而是向我们揭示了（我们可以感受到的）能量形式的复杂关系网络。为了说明这种能量场现象，我们对学校进行观察，发现当学校将学生进行混合年龄分组，并将其项目和服务联结在一起时，学校就成了动态的能量系统。在此过程中形成的关系又会产生新的能量形式，进而改变工作与学习模式及其对每个人的影响。

由于可预测性及控制是科学时代的两大支柱，相对性和量子不确定性的发现大大动摇了牛顿物理学（Beavis，1995）。量子力学对因果线性关系提出了挑战，因为系统被看做是整体的，它可以被分成子系统，而子系统也是整体，所以关键并不在于它们如何适合于放在一起，而在于它们之间是如何关联的。环境是系统形成的唯一最重要条件，因为系统是在关系中不断演变的。

实际上，量子力学不仅是关于有形的物质世界的科学，玻姆（Bohm，1995）认为，它还包括人类意识的展现。意识的秩序与物质并没有差异，因为在量子物理中，身心是潜在统一的。正如玻姆指出的那样，如果生长是不连续的，且依赖于环境条件，那么组织中的任何自然条件都可以对工作体系的改变造成影响。同样，如果生长是将经验与意识联系起来的生命之展现，那么学校教育的改革或许更类似于形态改变（即变成一种新形态），而不是传统惯例的重建。

量子世界观认为，自然不能被肢解成部分来理解，因为它不是以各孤立部分来呈现自身的（例如，一个人的智能、目标、诚信、体质健康或内驱力等）。自然是所有各部分之间产生的相当复杂和动态的关系网络（例如，一个 10 岁获得游泳奖的小姑娘，或受犯罪和毒品威胁的某中学和城市社群）。在学校面临发展还是衰退时，**从研究分割的可观察物体到研究关系与联系的科学转向，对于我们理解校内的自然系统动力学至关重要。**人们发现，宇宙在根本上是一个各种关系相互交织在一起的网络，它本质上是动态的，可以被巩固也可以被破坏（Capra，1982，p. 87）。**这意味着当教育工作者、学生、家长和社群对自己的学校进行改造以使其适应不断变化的条件时，每个学校的关系网就成为他们关注的焦点。**

48 戴维·玻姆的理论（Bohm，1995）超越互相依赖的概念，提出整体性是量子物理学的本质，也是对**生命如何自然展开**的更透彻的理解。现实建立在不断变化之生命的相连、相关和相倚这一基础之上。能量来自于原子之间的联系，原子有时是粒子有时是波，与情境相关。**自然中的稳定性**即卡普拉（Capra，1996）所说的**生命之网中的一种动态平衡**，这一观念类似于玻姆的整体性。**正在形成的核心观念是，在某一特定学校中存在的整个人类—能量系统影响着每个学生的成功，学生的进步取决于人性关怀和获得帮助的强度，而不是预定之规划。**

为了说明这一点，我们通过多年观察发现，当教学团队或部门可以根据时间、空间和课程项目的组合来统筹安排和适应学生之需求时，它们就能够非常自然地转换自己的工作文化。每天上六七节 50 分钟互不相关的课这种传统结构，导致了时间、空间、项目和教师各自的孤立，在这种结构中，团队不可能成为能量源泉。**只有学校生活具有的动态和有机之特点，而不是新的课程项目或材料，才有着最大的变革潜能。**尽管重新设计课程和服务也是变革的一个重要组成部分，但只有当这些活动在专业人员中及其他人之间形成联系，能够为特定目标产生能量，并在此过程中对学生生活产生正面影响时，这样的活动才能改变人类经验。

能量问题

20世纪初，量子科学家对能量问题非常感兴趣，他们研究了能量的多种形式：运动、热、引力、电和化学等。他们认识到，这些能源都是亚原子微粒在碰撞中转化形成的，科学家将其称为**生**（吸引）**死**（排斥）**之舞**（Capra，1982）。不仅宇宙的基本模式是动态的，而且它们还存在于不断流动、转换和变化的阶段。自然界随条件与关系变化的光与波的量子场，是科学家今天所相信的唯一存在的实在。

让我们举例来说明这些概念。许多教育工作者现在相信，不能仅仅通过考试分数、课程修改或新的教师评估体系来影响学校学习。创造学校**生死之舞**的是这些及其他被修改之系统相互之间存在着的互相依赖性。许多传统做法将非常自然地退出实践，让位于那些反应更加灵敏之实践。从这个意义上说，不能单从统计数据来理解课堂或学校。**常模**测验的分数提供了关于服务 49
效果的信息，但从长远来看，学校服务、家庭条件、学生的需求及期望、专业人员的回应才是最重要的生命之舞。不是任一部分的分离，而是所有这些变量之间的相互作用决定了每个学生的教育质量（某一特定学校中的生活）。

学生每季度、每年、乃至整个13年在学校的成功不能仅归功于一门门课程和一个个年级及良好的出勤。成功取决于对每一位学生、其不断发展的兴趣、其建立起来的关系的人性关注的总和。其中，学生建立的关系最为重要，它是学生与其同伴及成年人围绕一些生活事件而建立起来的，它们为学生长大成人后取得重大成功而作准备。**学校关系网的动态性最重要**。我们要不断研究、理解并巩固**学校**的生命之舞，它反映的是所有专业人员的观点和能量、他们的课程项目和资源以及他们对时空的应用。

然而，并不是所有关系的建设性程度都一样，它们促进持续生长的能力也不相同（Capra，1991）。如果没有交换，就不会有能量，也不会有生命的表征。如果能量为负，任何形式的生长都会被阻碍。尽管所有积极的交互都促进生长，但它们创造的能量和结果却不一样。科学家现在发现，**交互机制越强**（密度），**产生的力量**（人、项目、机构之间的力量）**越大**（Capra，

1991，pp. 228－230）。

让我们看一看科学上确立的四个层次的相互作用（Hawking，1985，p. 69）。（1）**强相互作用，**以围绕原子核的“持续舞蹈”将质子和中子结合在一起，它们的力量如此之大，以至能够产生核力。由于禁闭特性，粒子结合在一起成为新的整体，独立要素就不能被识别出来了。（2）**弱相互作用，**如果被加强，就有潜力成为能产生自身能量的强相互作用。（3）**电磁相互作用，**由带负电的粒子与带正电的粒子间的相互吸引力所造成。（4）**引力相互作用，**粒子间的这种相互作用如此微弱，以至完全不能在实验中测量到。然而，由于引力无处不在，它是宇宙中占支配地位的自然力。

让我们来想一想，这个能量层次结构如何帮助我们了解组织以及它们如何以不同的速度生长。在学校中，**强大的学习共同体（强相互作用）**很容易被识别出来，当做成功的“灯塔”，因为社群中的教育工作者不断对项目和服务进行反馈、改进、修正、放弃、创造和尝试。虽然其中单个的工作者、学生和项目并不引人注目，但其能量系统及其效果却很明显。学生和专业人员在这些学校中茁壮成长，因为能量系统打破了传统束缚，刺激持续的学习
50 和革新。在这样的联结系统中，专业人员和学生形成**学习共同体，**产生持续的能量流以应对自己的生活。在高效运作的临时系统中，特别工作组、委员会、网络和伙伴关系有潜力进化成强相互作用系统，以随机、复杂和非线性的方式互相依赖地运作，使组织中的生死之舞保持活力。

即使只增加了几个**特别工作组或教学团队（弱相互作用）**的学校，也比大多数学校更成功。定期交流产生重要能量来激发改变。虽然这些工作单位还没有足够的联结来形成具有变革潜能的学习共同体，但当自然生成的专业能量得到培育，并且联结变得足够强时，这些学校就有可能会成为真正的学习型组织，能够很好地适应变化的环境。

有的学校增加了一些**新特色，如学校改进委员会，**在传统工作结构与临时改良单位的工作之间创造一种正负张力（**电磁相互作用**）。这些力量经常互相抵消，例如我们可以看到学校改良委员会并没有带来变化。如果相互作用系统只限于一两个合作单位，而常规工作依旧独立进行，那就没有足够能量来克服传统的引力作用，也不会有什么新事物发生。当领导者意识到建立

强关联体系是建立学习型组织的目标时，就会产生可见的能影响学生的变化。

引力强度及其质量可用来隐喻学校教育传统（引力相互作用）。虽然州和地区政策可能会要求建立支持合作的机构，但学校专业人员和各服务部门之间的整合或关联还是很少。学校中的许多专业人员依然偏爱传统而拒绝作任何程度的改变。我们观察到，这些学校的领导作出的选择是：控制变革起步的限度以保持基本传统。

在对学校决策过程中的参与模式研究中，我们发现专业人员参与的密度越大，职工就越能觉察他们能很好地共同应对挑战（Snyder，Snyder & Acker-Hocevar，1995）。我们注意到，在最好的学校中，连续的能量流随着**趋势与可能性**，而不是随着**绝对的事物**演化。在持续变化的自然节奏中，清晰的模式显露出来，铺平了通往未来的道路，如前所述，**量子世界是联结与关系，而不是确定程序与设施的世界**。意识到这些，我们就有了一个变革学校的充满希望的未来。学校重组往往趋于强调工作日程、时间和场所的改变，而很 51
少考虑学习和工作的过程以及随学生和教育工作者之间关系而演变的动力。**创造有希望的典型，打破过时、无用机构和部门的过程正是教育的宇宙之舞**。正如卡普拉所说："有运动，但没有运动物体；有行动，但没有行动者；没有舞者，只有舞蹈！"（Capra，1983，p. 91）。

新型工作组织的先驱

20世纪初，当物理学家探索弯曲的时空、能量和原子世界时，类似变化也在管理科学领域展开了。虽然很少有证据表明相对论和量子物理学的新发展影响了管理科学，但已出现了考虑工作场所人的因素及其对工作影响的趋势。1920—1950年间产生的关于动机和领导力的理论，反映出物理学正在发展的关于相互作用、联结、能量和弯曲时空的新定律。在进一步探讨科学与学校教育间的关系之前，让我们先来思考一下20世纪初出现的一些管理思想的转折性发展吧。

玛丽·帕克·福莱特（Mary Parker Follett）是一位推动科学管理转变的

学者，她于20世纪20年代至30年代之间撰写了一些管理学方面的著述。特别值得指出的是，她的研究重心涵盖了工作的心理学和社会学方面。她将管理看作是在组织的社会系统关系内运作的社会过程。这在当时是非常大胆的想法（Merrill，1970）。福莱特假定，领导者有责任“将群体的全部力量聚集在一起，使其成为具有开拓冒险精神的团队”（p. 300）。

对于有些人来说，这些想法看起来很奇怪，因为它们与20世纪前几十年管理学方面的著作形成了鲜明对比，那些著作反映的是严格管理控制及工作环境的可预测性。然而，福莱特的著述预示了一个新时代的开始。在这个新时代，人的因素被认为是组织中的有用动力，这一思想在20世纪得到了发展（联结的力量!）。在格雷厄姆（Graham）1995年出版的《玛丽·帕克·福莱特：管理学先知》（*Mary Parker Follett：Prophet of Management*）一书中，罗莎贝丝·莫斯·坎特（Rosabeth Moss Kanter）在前言中指出：福莱特向今天的管理者们发出了一条原则性信息：关系比事务更重要。福莱特探讨了相互影响如何使事情发生，而不管存在什么形式的权威。她懂得系统理论的基本原则，表明没有任何事物能被孤立地研究，因为一切事物都是组织动力学的函数（p. xvi）。

52 埃尔顿·梅奥（Elton Mayo）于1927—1932年间在西部电力公司的霍桑工厂对工人生产力的研究事实上开始了一个新的管理时代，因为他通过研究确定了组织环境对工作表现之变化的影响（Kast & Rosenzweig，1979）。梅奥的研究标志了诸如**归属**、**认可**等因素在工作场所中的重要性，并引发了整个20世纪不断发展的关于组织中人的动力和领导力等理论。

新泽西贝尔电话公司的总裁切斯特·巴纳德（Chester Barnard）是另一位先驱。他于1938年出版了被奉为经典的《经理人员的职能》（*Organization and Management：A System Approach*）一书。巴纳德在书中重点强调了管理者在组织的心理社会方面以及技术和经济方面肩负的责任。他认为组织的成长包括生产与人力，而管理的作用就是在工人的贡献与满意度之间创造平衡的协调活动。

库尔特·勒温（Kurt Lewin）是第一个探索个体生活空间与群体环境关系的社会科学家（Lewin，1935，1951）。他认为在历史生活空间的连续体中，一个人的成长才能被最好地理解。其后几十年，勒温通过对人格发展的研究，发展了**场理论**的概念，并将其进一步扩展用于理解群体动力学（Lewin，1951）。他也许是第一个从群体关系心理学维度考察工作及其效益的社会科学家。勒温将改变个体或群体生活条件的策略称为**动力场分析**，这种问题解决策略一直沿用迄今。

系统理论

量子物理学的影响扩展到了自然科学和社会科学领域，在转折时期，通常还明显保留着旧物理学的部分，并存在相当大程度的混乱。贝塔朗菲（Bertalanffy）于 1968 年发表的重要著作《一般系统论》（*General System Theory*）记录了 30 年来生物学、数学、物理系统、人类科学、心理学和精神病学等领域对量子理论的科学探究。人们认为，贝塔朗菲是将量子原则引入其他自然科学，也是将**系统理论**一词引入量子物理在其他自然科学中应用的主要人物。系统理论促进了对组织中生命的更广阔理解。理解系统理论要求从部分思维转换到整体思维，并关注运行中的动态相互作用而不是静态特征。根据贝塔朗菲的观点，一般系统论（GST）的目的建立在系统不能通过研究孤立其部分来得到理解这一基础上；它是整体的科学。

GST 用于组织理论的第一原则是：**封闭系统是与环境隔离的，它趋于走** 53
向可能的无序和毁灭状态。这个概念表明，如果一个系统封闭于外在环境，那么其初始条件确实决定了组织的最终状态。例如，如果一所学校处于贫困社区之中，而学校领导还试图好好地去培养学生，那么在没有更大范围内的教育社群和社会共同体投入的情况下，这所学校事实上没有什么办法能够阻遏社区的衰退及其给学生带来的消极影响。

GST 的第二原则与封闭系统相对。**开放系统与环境结合为整体，通过输入输出组建和分解其组分，这些模式趋向动态平衡的稳定态，即最佳状态**（Bertalanffy，1968，pp. 39 –41）。在开放系统中，可以通过不同的初始条件和方法达到这种最终状态。例如，与社群密切联系的学校输入各种能量来抵消学校自然退化的趋势，并在此过程中逐渐形成不同于其他学校的特色。

20世纪50年代，在系统理论的地基上，各种社会学和行为科学发展出了研究纲领和关于生命的新理论。1951年，塔尔科特·帕森斯（Talcott Parsons）的主要著作《社会系统》（*The Social System*）出版。帕森斯对促进我们理解的贡献在于，他宣称为了社会化进程的进一步发展，必须打破现有平衡，这是一个保护新的价值模式内化的过程（Parsons，1951，p. 492）。他的思想被导向了社会系统中生命周期的展开及行为系统在引导社会变革中的作用上。帕森斯指出：不是因为处于控制地位，而是在社会关系中，人才成为社会系统的塑造者。

里伦菲尔德（Lilienfeld，1988）记述了系统理论在技术世界中的应用及其给美国社会带来的进步。他描述了控制论、信息论、人工智能、运筹学、系统分析、经济学和国家福利兴起理论等的发展。对他来说，系统理论代表着社会契约或社会目标的某种统一。在这一背景下，系统理论被用于控制社会中技术增长的力量。人们很容易看到系统理论是如何推动技术革命并同时保留控制与支配的价值的。

科学家很快就分成了两派，发展出两支不同的系统理论：（1）系统的技术世界；（2）社会系统的自然世界。本书与自然社会系统的发展相关。格策尔斯和古鲍（Getzles & Guba，1957）作为思想先驱，发展了作为社会系统的
54 组织理念。他们区分了两种类型的现象：（1）拥有能实现系统目标之特定角色和期望（以法律为根据建立起来的）机构；（2）另一个是拥有特定人格、需求/气质的（个性化）个体，其交互构成了社会行为。社会行为是个体试图对由期望所构成的环境作出应对时产生的结果。

克莱兰和金（Cleland & King，1972）属于最早将系统理论的概念引入管理过程的理论家。他们对**管理**的操作性定义包括多种特征：（1）它是有目标的组织活动过程；（2）目标通过在可获得资源中建立特定关系来实现；（3）职权是指导活动的合法权利；（4）目标通过他人的工作实现；（5）它要求积极干预有风险和不确定性环境中的决策。克莱兰和金对系统理论的贡献在于，他们将组织看成互相联系、互相依赖部分的聚集，它要求相互作用（一种动力）随时间产生所要求的效果。管理的任务是为达成这些结果而去对组织中

这些相互作用的质量施加影响。蒂莱斯（Tilles，1963）通过对组织中**管理任务**的划分，进一步论证了这些新系统的特征，例如，（1）将公司企业定义为系统；（2）建立系统目标和行为标准；（3）创建正规的体制；（4）管理系统整体。蒂莱斯指出，有关人类组织的新科学和新知识有助于管理者了解组织如何与其复杂环境相联系，并察觉公司整体与其相互依赖之各部分间的关系。

1966 年，扬（Young）和萨默（Summer）将系统的基本组成部分分为**输入**、**中介变量**（过程与操作）和**输出**三部分。这套思想为理解组织与其内部环境之间的动态关系铺平了道路。管理的任务是识别组织的问题（输入）、管理决策和工作流程（中介变量）以及对组织方案负责（输出）。这种相当线性的系统整体观（输入/中介变量/输出）统治了其后 1/4 世纪组织研究中的学术思想和实践。

1978 年，范·吉格奇（Van Gigch）出版了《一般系统论应用》（*Applied General System Theory*），这是一本关于现代变革与管理的书。书中提出了一个补充性的系统变革的线性模型。管理者要识别问题，观察形势，比较实际与期望的条件，假设问题存在的原因，并利用信息形成解决问题的结论。它告诉了管理者达成既定目标的过程，虽然这种问题解决方法有些线性。即使着重于系统整体，变革的设想也仍然建立在组织之可预测性的前提上；其可控性可以通过健全的**系统**管理来保证。

卡斯特和罗森茨魏希（Kast & Rosenzweig，1979）合著的《组织与管理： 55
一种系统方法》（*Organization and Management：A System Approach*）是一部里程碑式的著作，它建立在系统理论先前已有的发展之上，但似乎较少关心工人控制与可预测性问题，而更注重工作子系统为实现系统目标而形成的相互依赖关系。实质上，组织被看做为人类服务而设计的以目标为导向的活系统。这一组织原型建立在今天大家都很熟悉的反馈、生长、稳定性、再生、退化、开放和封闭环路等系统原则的基础上。组织及其子系统被视为是在环境巨系统中运作的。环境巨系统包括各种子系统，例如**目标和价值**（有目的的人）、**技术**（利用知识、设备或技术）、**管理**（协调、计划与控制）、**组织**（从事整合活动）、**心理**（社会关系）等。这些工作子系统集合在一起，能使组织作为一个有凝聚力的整体运行，完成其目标。卡斯特和罗森茨魏希的动态平衡模型成为几十年来变革管理的主流模式，迄今仍有影响。

圣吉（Senge，1990，p. 69）写道：“系统思想是一种修炼，它看到复杂情形背后的结构，辨别出高杠杆变革和低杠杆变革。”这个新重点代表着一种心智转变，即从关注部分转变到关注整体，从将工人视为无助的反应者转变到将他们看作形成新事物的主动参与者（Capra，1994）。卡普拉进一步提出，系统理论中的原理对所有领域是普适的：

1. 从部分转向整体；
2. 从结构转向过程；
3. 从客观的科学转向认知的科学；
4. 从建筑物转向网络；
5. 从真理转向近似描述；

圣吉的**学习型组织**的概念（Senge，1990）对组织作为一个系统的概念进行了重要扩展。他提出哺育学习型组织成长的五个维度：系统思考、个人优势、心智模式、共同愿景和团队学习。在其著作中，他强调了相互依赖、工作职能、角色关系及共同目标等概念。

系统理论在学校教育中的应用

整个 20 世纪，教育管理领域主要遵从的是经典人际关系、组织和管理理论传统。20 世纪 70 年代，伊姆加尔特和皮莱茨基（Immegart & Pilecki，
56 1973）将系统理论的概念引入了教育管理者的工作中。他们力图借助系统思考来解决逐渐展开的复杂问题，因为系统思考有助于矫正**那种看不到全局、只解决眼前问题的思维方式**。伊姆加尔特和皮莱茨基没有仅仅空谈理论，而是集中关注考察特定情境的整体观，从而提供一种跨学科的思维方式，对他们来说，系统思维是系统化并强调关系的思维方式，其核心是系统论在计划评审法（PERT）和项目规划与预算系统（PPBS）中的应用，即计划、预算、成本收益和分析系统等。他们进行系统分析的方法是逻辑的、理性的，用于帮助管理者控制其所在机构的工作生活。

在教育领域中将系统理论作为一种有机方法来发展工作文化的为数不多几本重要著作之一是卡罗琳·斯奈德和罗伯特·安德森（Snyder & Anderson，1986）合著的《产出性学校管理（MPS）：一种生态观》［*Managing Productive Schools*（*MPS*）：*Toward an Ecology*］。这本书受卡斯特和罗森茨魏希（Kast & Rosenzweig，1979）的影响非常大，在系统论的基础上形成了学校变革管理的一整套理论。该书提出了学校领导要监管的工作文化的十个维度，这十个维度在六个相互依赖的子系统中运作，从而影响着学生的成功模式。这六个子系统分别是：**目标子系统、组织子系统、绩效子系统、项目子系统、管理子系统和领导子系统**。

全世界的学校领导都非常乐于接受这种指导学校变革的自然系统方法，在过去十年中，出版了 200 多种著述，进一步深化了 MPS 形式的系统思考。这些出版物包括研究报告、著作、著作中的章节、汇编杂志、学术论文、博士论文和硕士论文等。此外，还开发并检验了一种诊断工具“**学校工作文化测验**”（SWCP），现已译成六种语言出版，设计并检验了“**教育质量标杆体系**”（EQBS；见第 9 章），还开发了针对主管部门领导及校级领导的 60 多个培训项目。

1992 年，斯奈德、阿克－霍塞伐尔（Acker-Hocevar）和斯奈德的团队对 28 所中小学进行了研究，这 28 所学校的校长都采用了系统方法进行变革。1994 年对该研究进行了首次汇报，此后在各种国际文献、研讨会和报告中通过多种方式对研究发现进行了分享。参与该研究的校长都已完成了 MPS 培训，并在同样的一个横跨两年共 25 天的项目中担任过同侪培训者。不管这些学校的层次、条件或社群类型如何，在这些学校中发生的变化都被认为是成功的、系统的，而且这些变化往往充满了戏剧性。由于在传统的实施校本管理的学校中很少能够看到根本性的变化，因此我们非常热切地想知道，究竟是什么造成了 MPS 学校的与众不同，特别是在他们的校长都以系统理论为基础进行变革的情况下更是如此。

通过研究我们发现，这些学校最突出的特征是：每个学校都是一个成长的动态系统，它不断学习如何应对学生、社群及其对学校提出的各种新要求。这些校长有强烈信念，相信他们的教职员工能设计出反应更快的项目，并帮助所有学生获得成功。随着时间的推移，各种迹象积累起来的证据证实，专业人员逐渐投入到了持续不断的改进和提升中，成功的经验与失败的教训都成为后期工作的学习基础。

这28所学校内部、学校与其所在社群及生源学校之间自然而然地形成了互相依赖的关系和联结，而且这种关系和联结的数量和质量都随时间推移而不断提升和发展。**学校是变化的系统**这一概念指导着日常决策，从而推动学校前进，使服务与项目得到更好融合，帮助更多学生走向成功。**学校是有影响力的整体单元**这一假设，使校长能建设不同强度和规模更小的学习共同体来应对各种不断变化的条件。由于教育工作者的成功与探险给他们的学生带来了非常成功的学习新模式，因此他们中很多人的心理障碍也逐渐消失了。从这28所学校收集的数据显示，**强相互作用系统**是学校专业能量的核心特征，这种能量使学校能以全新方式联合起来共同应对挑战。

质量管理

质量管理源于科学管理时代，20世纪在全世界范围内逐渐发展成为一种组织重组现象。在**质量**一词应用于管理文献之前，质量管理的早期支持者主要关注工业中工作效果测量的统计程序。这些早期的质量管理研究人员（Deming，1986；Juran，1988，1992；Ishikawa，1985）给我们展现了信息与统计分析在改进产品、服务和项目以达到质量标准和加强市场价值上的作用。然而，统计工具的局限最终使管理从统计控制走向质量控制这个更为广泛的概念，质量控制成为一个具有人文性质和组织性质的关注焦点。

20世纪前几十年，业绩上的低效率往往归咎于工作者个人。监管工作质量的督管出现了，他们通常运用抽样技术来观察工人表现，并收集数据进行统计分析。到20世纪中期，领导者逐渐认识到，改进产品的质量不仅仅是检
58 查各个工人的日常表现，因为工作模式及其改进已经成了一个组织性问题（Ishikawa，1985）。在工作场所形成了来自多个领域并具备多种职能的质量保障小组，集体审视每一个组织性问题及其可能的解决方案。问题解决及改

进的关注焦点因此变成了作为一个单元的组织（系统），而不是工人个体。随着时间的推移，人们越来越清晰地认识到，生产出高质量的产品或服务越来越少地依赖于工人个人做事是否正确，而更多地取决于组织对其工作机制的改进。

20世纪80年代，顾客及其需求成为高素质组织内问题解决的重心，并在全世界范围内引发了新工作机制和模式的诞生。在其后的世纪之交，质量管理将组织的注意力放在了其服务的顾客（面向对象的服务）以及通过持续改进信息系统以实现工作机制之质量的提升上。在记录进展情况时，不仅定量数据有用，定性数据在促进理解系统内部动力中的价值也得到了重视。到20世纪90年代末，研究人员及组织层级结构中的各级领导都既重视定量数据也重视定性数据，因为每种数据都提供了关于工作机制之效果及顾客满意程度（质量与价值）的不同类型之信息。

从20世纪80年代开始，国际质量运动事实上在公共和私人领域的各种组织中都有所发展（Morgan & Murgatroyd，1994）。教育工作者开始探究在学校中取得类似于产业界那样的成果之潜在可能。新的质量管理专业联盟，连同一些新的出版社，例如美国质量学会出版社，以及马尔科姆·鲍尔德里奇国家质量奖（Malcolm Baldrige National Quality Award）及其衍生对象，在振兴各类型机构的生机勃勃的新运动中起着先驱作用。在为开发**教育质量标杆体系**而考察关于质量研究之文献的过程中，我们很快认识到，有变革潜能的质量管理之基础正是**系统理论**。质量管理是一种生活方式，因为工作机制都是围绕顾客需求进行配置的。然而我们也注意到，除非高级管理人员以系统理论为基础（或自然而然地能够理解它的规律），否则学校或学区只不过是经常使用质量管理工具及语言来改进官僚体制的效率而已。

对50多本关于质量管理的书作进一步详细分析可以揭示以下六个主题，从而为转向“质量驱动”提供了一个初步框架（Snyder，1994）。

1. **客户满意**作为整个组织的工作重心是恰当的。
2. **高水平领导力**对质量的重视驱动着组织变革。
3. 在**系统思考**中认识到功能、项目和服务之间的相互依赖关系，使组织能对需求作出快速反应。

4. **战略规划**对于改进质量至关重要，它聚焦于几个大的发展趋势和生长点，并通过变革来不断适应环境的波动变化。
5. 针对协作及数据系统应用的**持续培训**使职工和领导者都能按照惯例应对挑战。
6. 就像人们所认为的那样，（通过无数的数据收集和分析策略）进行的质量的**持续改进**已经成为一种生活方式。

美国处于领先地位的高质量学区之一是佛罗里达州派内拉斯县（Pinellas County）学区。这个学区获得了首届在佛罗里达州给企业和机构颁发的佛罗里达斯特林质量奖（Florida Sterling Quality Award）。在20世纪90年代早期，派内拉斯县教育质量提升计划的主管詹姆士·希普利（James Shipley）帮助我们形成了高质量系统的思想，并参与了本书提出的**教育质量标杆体系**的开发。这个质量标杆体系开始时是为了测量学校发展，后来被应用于整个学区的课堂中。希普利现在全美范围内帮助学区开发他们自己的质量体系。派内拉斯县也在不断改进自己的质量体系，现在还给新学区、大学及社会机构的教育领导者提供**质量建设**方面的培训。它所做的工作已使其在全国范围内成为一个高质量学区的原型。

我们注意到，那些试图应用质量管理原则的绝大多数学校和学区都极少发生根本性改变，其主要原因可能在于缺乏对系统思考（以学生及社群需求为中心的组织生活中一切事物之间的互相依赖）的理解，并且不重视贯彻实施。然而一旦已经开始对服务于学生的工作与服务体系进行转变以影响成功模式时，系统思考还是为其提供了理论基础，不管是有意识的还是无意识的，都是如此。另一方面，如果没有这个基础，就无法理解其深层的工作文化和传统，因为没有重要的联结系统（能量）来对生活进行刺激并促进它的持续发展。组织中的**生活质量**之所以是个问题，是因为联系和相互依赖以及它们对整体所产生的影响有问题。

第 4 章
变革的生成论

是否有希望创建回应全球化时代社会挑战的学校教育新形式？我们相信 61
是有希望的。对 28 所学校研究的事实鼓舞了我们，这 28 所学校基于系统理论的变革努力正显示出显著成效。我们研究中最成功的学区之一，佛罗里达的帕斯科县，已经整整 12 年将系统理论应用于工作的所有主要方面。其领导者在过去几十年已经坚持不懈地重新设计和塑造了拥有 76 所学校、65 000 学生的学区，并获得了成功。

我们确信，改变学校传统的根本问题，很大程度上是领导者对社会系统生成的洞察力，而不是法则、政策、服从形式或基金的问题。当领导者用**“生命有机体”**的隐喻取代有关学校的**“机器”隐喻**，并改变他们的管理与领导行为，以鼓励成长代替顺从时，成功的变革就会以自然而然的方式发生，虽然变革并非一帆风顺。在佛罗里达的帕斯科县学区以及希尔斯伯勒县（Hillsborough County）公立学校的很多示范校内——那里每个人都参与了革新工作——我们已经看到，当学校和学区领导者的思想开始从顺从转变到发展，转变到有机体的观念时，革新便伴随着这一变化而成功推进。

混沌与复杂性理论

建基于量子论之上的混沌理论，为思考各种组织机构中的变革过程提供了一些大胆的新方法，并有助于我们理解**自然演化是一股不断生成的力量**。我们都注意到婴儿长大成人这一不可思议的过程。我们曾目睹年轻的家庭如何成长起来并创生出新一代。我们也看到一棵树如何与其他树连成一片成为森林，以及暴风雨如何能变成飓风。正是这些**生成现象**为我们理解人类社会
62 组织中的变革提供了新视角，并为领导者们在促进社会机构的成长与进化时提供了路标。摆在我们面前的问题是，**如何理解生成的本质属性，并使其在组织中得到最佳发展，因为我们需要寻找实现梦想的新途径**！

混沌与复杂性理论被认为是20世纪自然科学最伟大的成就之一（Peitgen，1990），它们有关自然秩序的法则为我们在教育机构中创造更加充满活力而有效的工作与学习环境带来了希望（Holte，1990）。各种自然秩序不仅包括对地质学、生物学、气象学与数学的研究，而且还将研究家族、工作组织、社会服务、政府、社群、民族以及不同人际网络等社会科学囊括在内。因而，学校与学区属于自然的社会科学范畴。20世纪后半叶，系统理论已成为研究与理解人类社会组织动力学的一个框架，这个框架包含了与教育相关的内容。

早在1975年，“**混沌**”这个术语就已被李（Li）和约克（Yorke）用来描述自然秩序中的动力行为。现在看来，这种动力行为似乎比人们熟悉的早期量子理论家所描述的**恒稳态**或**循环模式**更为复杂（Holte，1990，pp. vii－viii）。大约从1970年开始，科学家就已给混沌动力系统的原理下了定义，这些原理最终因格雷克（Gleick，1987）里程碑式的著作《混沌：开创一门新科学》（*Chaos*：*Making a New Science*）而引起了公众注意。此外，关于自然系统，诸如经济、政治以及社会系统等生成复杂性的新规律已经建构起来。这些规律植根于混沌理论，它们揭示并解释了在我们个人生活中自然经历的许多现象。然而，在仍然由“机械”隐喻所支配的组织中，生活中具有生成

维度的自然涨落或消长，却往往遭受挫折。从混沌与复杂性理论中得到的教益，能帮助我们摆脱那些我们现在已承认是不自然的假定（它们对机械与技术或许仍然有用），而接受混沌与复杂性理论的自然原则来管理我们自己的生活与社会机构。

整个 20 世纪，研究星体、数学、动物学与气象的量子科学家们就已经在探索动力系统中的种种变化了（Gleick，1987）。例如，他们已经观测到，正是混沌态（而不是静平衡态）激发了各种最值得注意的生长与适应。事物在混沌状态下并不是土崩瓦解，除非这个系统越过了边界，进入一切都失控的破坏性混乱中。科学家已经发现，当系统适应变化的环境时，秩序与稳定性会从自然的动态系统内部涌现，秩序并不是外加的。**“自组织”的基本概念对转变我们关于推动机构变革的思想意义重大，**它抛弃了很多我们曾抱有的信念，使我们有希望释放更多的自然冲动，并促使（而非命令）其像响应系统那样涌现。

混沌？复杂性？动态自然系统？这些概念是如何与教育领导者们的工作 63
联系起来的呢？玛丽·杰拉（Mary Giella，1996）是佛罗里达帕斯科县学区过去 30 年间变革的总设计师之一，最近在佛罗里达学区教育局长协会的资助下为佛罗里达州的新任教育局长准备了一本手册。在这本手册中，她指出，“学校与学区不是存在临床情况①的实验室。它们具有社会学与政治学的性质。情况不断改变、演化与发展，它们是不可控制的。领导者试图驾驭他们的学校或学区通过变革的海洋，驶向学校改进或转型的彼岸。他们需要指南针，需要引导他们的愿景以及建构未来的灵活计划，需要感受和思考变革之道的智慧与经验”（Mary Giella，1996，p. 43）。

如果以往控制与有序的假定不再可行，那么如何在学校与学区的复杂性中航行呢？有一些清晰的路标与模式可以从最新科学中得到，我们在这一章将为教育变革之旅的“新锚点”提供基础。正是费根鲍姆（Feigenbaum，1990）揭示了潜藏于混沌行为之下的规律性，他发现事物开始与终结都不是

① 专业术语借用皮亚杰的思想，临床观察是皮亚杰开创的一种很重要的教育研究方法。——译者注

混沌的，而是以某种方式从一种状态转变为后一种状态。**其基本原理在于：生物与社会系统中的自然秩序基于联系与原动力以及系统内部自始至终的生成，这种生成是不规则、不连续、不稳定和复杂的，然而同时又是稳定的，有结构的。**

这种变化的复杂情形，看起来充满了矛盾，但却有助于解释为什么我们很多关于人类组织的控制与预测的观念已经陈腐不堪。经典规律关于有序与符合逻辑的进步实际上已经不能解释社会系统究竟是如何运转的了。**能够用来解释社会机构的新的潜在法则包括自组织、可能性和生成等。**在日常生活中，我们非常自然地运用了很多自组织原理，例如当为了我们的个人健康而与医生打交道时，当处理自己的财务问题和银行机构打交道时，当考虑自己在周围的政治环境中扮演何种角色时，都是如此。但是，诸如学校这样的公共机构却在很大程度上依然为已经过时的种种假设所支配，这些假设认为，成功之路是可控制的，是按部就班的。事实表明，对于我们各种社会系统的生存而言，实际上有赖于领导者对复杂性以及对环境中瞬息万变之非连续性变化的适应能力。

我们必须面对真理！造就“官僚主义”组织的机械模式，既不能解释或预见单元内部及单元之间的自然运动，也不能解释或预见发展过程中的时间变化与意外事件。它忽视了培育人类好奇心、梦想、成长和创造性之间的重要关系。机械模式也不能说明，当专业群体协作起来进行一些新的项目尝试时，组织中将会发生什么。我们发现，当学校与学区内部或学校与学区之间，
64 群体的自然生成一旦被激发，各种专门的网络和合作关系就会完全自然地发展起来去探索新的可能性。在这些充满了风险的行动中，似乎没有人告诉别人应该怎么做，也没有人认为谁应该为预想的结果负责。恰恰当主要参与者是鼓励而不是控制时，各种网络就会自然生成与运行。然而，当任何一方参与者攫取控制权，并试图将权力施加在改革过程与内容之上时，这些结构也会毁坏。当变革的旧观念被抛弃，自然的原动力被鼓励时，涌现才会自然发生。

混沌理论的早期研究

混沌理论的实际开端很难确定。很多作者将亨利·庞加莱的工作视为开

端（Henri Poincare，1892/1962/1990）。100多年前，他发现可观察能量是由两种要素形成的：一是单元具有的动能，一是与单元之间相互作用和谐振相应的**势能**（Prigogine，1990，p. 58）。这一新概念把能量放在一个动态的而不是静态的宇宙中进行思考，为科学家们重新考察自然界普遍的基本相互作用及其动力学铺平了道路。

很多混沌与复杂性理论的作者把位于新墨西哥州洛斯阿拉莫斯的圣菲研究所（Santa Fe Institute）视为研究动态非线性系统的发源地。这个最初为J. 罗伯特·奥本海默（J. Robert Oppenheimer）在20世纪40年代主持的原子弹计划所选的位置——洛斯阿拉莫斯，现已成为100多位科学家与数学家受到资助探索科学前沿的地方（Gleick，1987）。正是计算机的出现，使这些人能与另一些科学家一起，去探索自然界不规则、不连续与不稳定的方面，他们相信可以通过数学的方式来进入研究（p. 3）。**这样，混沌已发展成系统的综合性自然科学，一种过程的科学而不是状态的科学**（p. 5）。早先科学家对观察到的貌似随机性与复杂性的现象很感兴趣，那里参差不齐的边缘和突然的跳跃是完全正常的。为了解释不规则性而进行整体研究时，科学家们发现有序是自发产生的，它与混沌密不可分，并发现自然系统具有学习与适应环境中不断变化情况的固有能力。

什么是混沌理论

研究混沌、复杂系统及其历时性变换的科学家聚焦于非线性关系（Begun，1994）。然而，紊乱与混沌是完全不同的；紊乱是一种在所有尺度上不稳定的失序，它耗尽能量，制造障碍物。在紊乱中，运动打破所有规则而变得随机（Gleick，1987）。而混沌中系统的变化可以是迅速的、根本的、自生的、跨越层次的；在这个过程中，系统可以发展自我更新与自组织的能力。65
因此，这种随机性最终被重新命名为混沌（Peitgen，1990，p. 37）。

那些研究复杂系统非线性关系的科学家将注意力集中在动态模型，而不是稳定模型上。数学家曼德尔布罗（Mandelbrot，1990）为混沌系统研究发展出了一套语言，他认为**非线性**是混沌新含义的中心。而在旧词义中，**随机性**是混沌的关键。非线性系统本质上是不可预测的，但仍然包含有规则的图形。当系统在组织自身、学习与记忆、演化与适应时，动态系统的共同模式与基本原理符合它们的行为（Ruthen，1993）。

诺贝尔奖获得者普利高津（Prigogine，1990）指出，现实世界的绝大部分不是有序和稳定的，而是无序的“沸腾”过程。一切系统都含有不断涨落的子系统，有时很小的变化就能导致整个系统在不可预测的方向上重新组织，或者走向有序，或者走向混沌。但是，普利高津和斯滕格（Prigogine & Stenger，1984）发现，有序和组织可以通过自组织的过程从无序与混沌中自发地产生出来。他们还进一步发现，在社会系统中，那些远离平衡态的系统具有创造新秩序的最大潜能。

我们每天与复杂性相伴，并适应着这种复杂性，我们对其不规则性或不稳定性并不惊讶。当容许自组织的动力在我们的环境中涌现时，我们会很好地适应涨落与危机。当我们留意商业上的来来往往、家庭间的分分合合、社会机构兴起面对新挑战或其机能开始迅速失调时，我们会不断观察到这种基本的自适应现象。人类组织是适应变化环境的一种选择，而所作的选择却具有走向毁灭还是继续生成的后果。

当不可预测性这一自然法则实际取代完全控制的错误实践时，社会组织的领导者就能探索生活中以往被忽视的维度，这些维度昭示着社会组织迅速适应变革的希望。这些关于生长的新法则对我们如何看待学校教育的转换有直接影响，因为**在组织选择应对各种变化情形的方式时，具有持久能量的动力恰恰是从组织内部产生的**，例如学校和学区这样的复杂系统，本身就具有实行并调整最复杂行为的能力。

混沌理论的中心要点是：无序是自然的，而随机中蕴藏着稳定的结构也是自然的（Feigenbaum，引自 Gleich，1987，p. 183）。正如我们从许多科学家及其著作中所得到的，以下是我们关于混沌理论的一些基本主张：

1. 自然关系不符合线性模式。
2. 混沌蕴涵着随机，也蕴涵着有序和结构。
3. 系统中自然的原动力引发生长而不是稳定性。
4. 自然系统的生长实质上不可预测。

5. 动态复杂系统中存在着自我更新与自组织。
6. 系统中的变革可能是迅速的、根本的、自生的。
7. 混沌状态为自然系统提供了机遇。

什么是复杂性理论?

最近出现了一门复杂性的新科学，来探索时下人类生活的正常情形（Coveney & Highfield，1995；Casti，1995）。本书作者认为，传统科学对复杂现象间的联系视而不见，只拘泥于对单一学科分支之某一细小方面的琐碎研究。然而真实世界中的问题多半都没有明确的边界；它们以令人惊讶的方式结合为一体。对复杂性生成来说，两种因素必不可少：**时间与非线性**。

潜藏的规律性自然地存在于所有种类的复杂系统中，就像在股票市场、经济体系、气候气象、人口增长、商业周期、商品买卖、城市发展以及国际证券等领域中表现的那样明显（Holte，1990）。例如，任何一天的天气状况都依赖于气温、气压、湿度、风力以及云量等。尽管可以预计瑞典北部的天气情况与佛罗里达的截然不同，但任何一个地方每天实际的天气状况，却至多只能在三个星期之前进行预测。**潮汐**与海岸线的地形、海水的温度及其盐分、气压、洋面的波浪以及太阳、月亮和恒星所处的位置有关。**学校的学习**很大程度上依赖于学生的身体与心理健康状况、对学习的准备程度，以及那些能够滋养成功体验的家庭与学校环境。**复杂性**自然地围绕在我们周围，正是这种潜藏着规则的**生成动力**与我们**每日共存**。

对地球上生命的新理解使我们看到，在整个人类历史上，激进的变革比持续的改良更普遍。科学家们现在估计，99% 到 99.9% 曾经存在过的物种现在都已灭绝，而且这种灭绝还会永远继续下去。这一观点与持续改良的达尔文法则形成了鲜明对比。物种并非随时间推移而持续进化。科学家们现在认识到，寒武纪与二叠纪生命大爆发之后的每一个后继阶段，都有新的动植物出现，这些动植物具有非同寻常的适应新环境的能力。

坎夫曼（Kauffman，1995，p. 233）告诉我们，当一个物种被驱向灭绝时，该事件会触发一场或大或小的**绝灭雪崩**，这种雪崩会席卷整个生态系统

67 或其中一部分。让我们考虑一些能够激发连锁反应的事件吧：**新市长的选举、城镇中的一家沃尔玛商店的开市、双亲的故去、开办福利事业的法律、一所学校的新校长、一台时兴的个人电脑、一个 E-mail 账号、教室中的万维网，或一位新教育局长**。在事件的自然发展过程中，每一变化都可能引入激发的刺激因素，其后，迅疾的变化会接踵而至。

在个人生活中，当进入生活的新阶段，搬迁新居或更换工作时，我们也会寻求适应。生活在海洋或大湖边，我们就会形成周末或暑期划船的习惯。生活地点的变更可能会使我们学会一些新技能，诸如骑马或溜冰等。在人类组织内部，我们可以看到有关幸存与灭绝的其他趋向。某份工作可能只要求与同城的少许工作人员或其他人接触，而同一领域内的另一份工作则谋求在世界各地建立各种新的联系，从而可能创造出一种在全球飞行与旅居（来回穿梭）的国际化工作环境。

在我们的组织机构中可以看到，各种极端的创新与计划在新工作体系的重建过程中被消除，只有少数经得起时间考验的新体制幸存。后续的创新则集中于改进这些少数保留下来的原型（Lewin，1993，p. 70）。当各种创新此消彼长时，复杂适应性系统中的创新模式有些看来是可预测的。外部环境总是会对消除某些吸引子的稳定性和促进另一些吸引子的稳定性起作用（p. 73）。**创新若要随着时间的流逝而幸存，需要强有力的相互联系与相互依赖，以持续响应变化的环境**。这种对生活发生的响应，正是在日益复杂和迅速变化的环境中幸存的关键。

传递给教育工作者们的信息是，在塑造各种复杂的学校教育环境时，我们作为共同参与者要比作为**发号施令者**更有力。通过在组织内部日常收集信息，而后组织各种应对策略，我们在指导新体制的生成中扮演着重要角色。这是生命之舞，是我们现在的机遇。信息是组织催化的命脉，因为它影响着有关促进自然社会系统生成或消亡的决定。

信息如此重要，以至于任何系统的幸存都有赖于了解环境的微妙变化，而对重要信息的无知或忽视已导致很多事情失败。卡普拉（Capra，1982，p. 87）指出，最复杂的响应都发生在混沌边缘，这些响应既足够有序能确保稳定，同时也富于灵活性与新奇性。**使组织具备并保持响应复杂性的能力是**

领导者面临的新任务。组织内部与组织之间各种随机而复杂的相互作用的强度与健全，蕴涵着变革的力量。

下面是我们从曾经提及的很多作者那里得来的有关复杂性理论的一些基 68
本主张：

1. 复杂系统不能被控制，但它们能适应外部环境。
2. 生命系统永不处于平衡态，它们是天然不稳定的。
3. 生成的创造原理是复杂动态系统最深的奥秘与特性。
4. 原动力源于系统内部，而不是外部。
5. 日渐增长的复杂性是复杂动态系统最基本的特征。
6. 系统的生存与其所收集的关于环境的信息及其响应密切相关。
7. 内部生成的概念是理解复杂自然系统整体的核心。

基于各种内部力量与外部力量的存在，这一新理论主张，**复杂性的不断增加是动态系统的一个基本属性**（Holte，1990）。事情变得更加复杂，而不是更加简单，但不断增加的复杂性并不必然等同于进步；系统的生存与它所收集的关于环境的信息，以及系统对信息的响应方式密切相关。作为理解系统生长过程的框架，混沌与复杂性理论在管理学的文献中才刚刚出现。约翰逊和伯顿（Johnson & Burton，1994）意识到，要进入提出解释乃至建设性干预这一组织发展阶段，尚为时过早。我们必须由事物发展的自然过程来塑造自己的思想。

自然系统的基本法则

对各类学生及其课程学习项目进行管理，同时使他们为未知的 21 世纪作准备，其复杂性是教育工作者关注的一个主要问题。学生为学校学习所做的各种不同准备，以及各种年龄阶段的学生在智力、情感、身体、社会和心理上所具有的各种特征之广泛多样性，促成了多样化的学校新服务项目的出现，这些新的服务项目都是由各种不同的角色团体共同管理的。为了支持并有效管理这些服务的部署与安排，联邦和州政府已经为众多单位的很多专门项目分派了资金，并辅之以一些有关资金使用和问责的专门政策。因此，今日学
69 校教育不断增长的复杂性，部分源于为一个处于不断成长中的、多样性的学生群体所提供的各种专门课程学习项目的制度化。希尔斯伯勒县地方教育官员厄尔·伦纳德（Earl Lennard）说，“这就像一边在不断给列车加煤以保持其前行，一边又在为新的目的地铺设新铁轨一样。”这如何可能？这不正是社会机构中的变革所具有的内在矛盾之本质所在，以及“生活在混沌边缘”的复杂性与混沌所处的背景吗？“在永无止境的变革之旅中，生活的车轮滚滚向前，伴随着大大小小生活的急剧转折、消亡的突然出现，伴随着除旧与布新。”（Kauffman，1995，p. 14，p. 15）

当一个新的国家或州立教育机构官员被任命，而他具有与前些年不同的改革设想，我们就能体验到这种除旧布新的雪崩现象。变革行为的突然转向开始遍及各州，接下来可能就是政府机关一批老人退休，而这又进一步促使各大学、学区和教育服务机构内一些关键职位上的大批退休、复职、调动以及新任命。最后，新的势力会使集体力量转向学校变革启动的新方向。事实也确是如此。**多样性推动了复杂性的发展**，因为一旦多样性被激活，系统所蕴涵的复杂性将会持续爆发出来（Kauffman，1995，p. 296，p. 297）。

当把学校教育后现代模式的性质放在其所有复杂性中进行考察时，我们看到教育系统总是以戏剧性的方式响应不断变化的环境。今日的学校教育远比半个世纪之前复杂，这已经由大量各式各样的课程学习项目所证实，这些项目是为落在一些常规标准之外的学生准备的。然而，问题在于，当孤立的课程学习项目的标准逐步升级时，学习的结构和过程实际上仍与所有其他学生一样。当学校应对学生不断变化的新需求时，教学与学习的过程必须变得多样化，就像为应对复杂性问题而提供的学校服务的多样化类型一样。这使我们想起学校教育的朴素岁月，例如20世纪50年代，已将一去不复返了。学校教育的未来很可能比现在远为复杂。我们必须设法以更自然的方法发展人类能力，并沿着将提高（而不是控制）人类状况的方向理解与推动学校教育的成长。

自组织系统

在混沌理论中，分形的基本原理为我们理解组织变革的部分的、破碎的方法之错误提供了线索，并能指导我们关于系统变革的思考。1975年，IBM的数学家曼德尔布罗（Mandelbrot，1990）发明了一种研究非线性几何学的新方法，并把这种新方法称为**分形**（fractals）。他创造了一种语言和形式，使我们能以一些新的方式去理解自然界。曼德尔布罗说："分形是一种天然形态，它的粗糙性和破碎性既不会突然消失，也不会上下涨落；当系统最小部 70
分上的一个图像放大时仍保持实质上的不变"（p. 10）。**分形几何学**（fractal geometry）是用以描述这些非线性自然系统中混沌状态的一种数学语言；它不是欧几里得几何学中规整的线、圆、球的几何学，而是描述自然现象的几何学（Mandelbrot，1990）。分形的根本法则是，一个系统（例如一株花椰菜的一段）中任何一个片段的结构都蕴涵着打开整个结构（整株花椰菜）的钥匙，他把这称为**分维**（fractal dimension，Lauwerier，1987，p. 80）。

当分形聚集生长时，其边界因生长过程的动力作用而连续变化，该过程最终趋向非同寻常的结构（Mandelbrot，1990，p. 30）。分形聚集是不可预测的；更确切地说，它是生成，就像在一场风暴、一片森林、一个家庭或一个学习型社群中所发生的那样。分形的未来形态与图案不是在最初设计，而是在其自身不断生出下一迭代的过程中决定的。分形的形态由不断重复的自我迭代创造出来，它给出了被很好界定的无限世界，以及复杂性自身反馈所创造的美丽的复杂世界（Wheatley，1992）。

我们难道不对日暮西垂、整天变化无常的海水颜色、或十月初走在佛蒙特寒冷乡村路上的所见所闻惊奇满怀吗？然而，在这些生成的分形中，却并无出乎意料的新奇。非线性系统的最细微部分具有与整体相同的特征，这意味着一棵花椰菜永远不会长成甘蓝，一片枫叶不会发展成一棵橡树，一个孩子也不会转变成一只狐狸。然而，它们各自在时间之河中发展，从头至尾，其形状和大小都是不可预测的。

惠特利（Wheatley，1992）指出，重要的是一类独特分形系统的性质：它的复杂性与特殊形态，及其如何与其他分形区别。研究复杂性的性质既需要用量的、也需要用质的测量方法。正是多维与整个系统的形态——或分形——关系到系统如何发展、变化，并与其他系统比较。分形的生成特性提供了指导组织生长的思路。第一个思路是，**必须关注整个新系统**，所有部分同时工作，因为创造整体动力并决定了整体生长潜力的，是所有部分的相互作用，而不是所有部分的累加。第二个思路是，**系统的形态根本上不可预测**。

当内在动力在组织的情境中释放出来时，自然系统的生成现象便会充满新奇事物。例如，教学团队以出乎意料、有时是令人惊讶的方式发展起来；合作关系与网络孕育着创新；协作学习在成绩上创造出无法预料的飞跃。卡普拉（Capra，1982，p. 270，p. 271）告诉我们，自组织系统具有高度的稳定性，但这种情况下的稳定是动态的，而非静态的，不能与平衡态相混淆。不
71 管正在发生什么变化，任何自然系统都保持着自己不变的整体。教师和校长们需要自由，以便激励学校教育的自然动力在新系统的生成中都发挥出来。

从对学校变革过程的研究中，我们已经发现，一旦出现新的期望，一旦领导者收集有关那些影响学生的环境状况的信息，学校未来的发展方向就要在多种选择中作出决断。凡是专业人员理解他们对学生所负道德责任的学校，在很多方面都表现出色。因为当持续保持对生成过程的灵活与开放时，他们能将新信息整合到自己的决策之中。而在其他一些学校，学区的行政管理人员或学校校长们在教职员工讨论之前，就已事先决定了对新信息将要作出的应对措施，各种专业工作体系至多保持静止不变，而且反应迟钝。在这种情况下，学校中专业人员简直无法参与策划其生活的自然过程。教师和校长都需要自由地对自己充满变化的发展过程与未来选择作出自然反应。卡普拉（Capra，1982，p. 279）报告说，对健康生态系统的研究表明，生命有机体之间最有生命力的关系实际上是协作关系，这种关系以共存、相倚、共生为特征。

那些能够管理复杂行为的系统，具有决定性的超过其他系统的生存优势，因为自然选择发现，它自己是自然秩序的铸造者和策划者。这一关于生成以及信息使用的事实有助于解释，为什么不是所有的自然系统都能随着时间推移而进化发展，为什么有些自然系统不能对不断变化的外部环境作出响应。或许，这就是为什么如此多的学校继续像他们40年甚至更早以前那样行使职

责。**只有那些能自发地把自己组织起来的系统，才有可能进一步进化发展，**包括社会系统在内的各种伟大组织之所以能够脱颖而出，就是因为他们的领导者和员工能够齐心协力，共同策划如何最好地响应不断变化的情况。

诸如学校和学区这样的自然系统，其进化与生成之所以会发生，不是因为个别个体所作出的反应，而是与整个系统的网络性能直接相关。网络是各种相似组织或作用群体的簇，它们的成功在于通过跨系统联系而产生的能量。正因如此，网络具有自己独特的生长动力，它们以以下三种方式中的一种而存在（Kauffman，1995，p. 103）。（1）**联结不足的网络**展示系统的内部秩序；（2）**联结密集的网络**转向混沌；（3）**仅有单一联结的网络**拘泥于无头脑的愚钝行为（p. 87）。坎夫曼发现：只有那些在有序与混沌之间保持动态平衡的网络，最能采取有序而又灵活的行为。

帕斯科县学区在20世纪90年代中期所获得的成功，应归功于其高层领导团队数十年如一日的精诚团结：托马斯·韦特曼（Thomas Weightman）、玛丽·杰拉、约翰·朗（John Long）和米纳达尔·斯坦菲尔（Myndall Stanfill）。他们的学区在佛罗里达是一支如此强有力的力量，以至于托马斯·韦 72
特曼在做了30年的教育局长后，现在担任了佛罗里达学区教育局长协会的执行主管，约翰·朗全票当选为帕斯科县的新教育局长，且指定三位校长［桑迪·拉莫斯（Sandy Ramos）、苏珊·里纳（Susan Rine）和鲍勃·多恩（Bob Dorn）］组成了学区的新领导班子，两位学区的前任领导［查克·鲁舍（Chuck Rushe）和约翰·盖恩斯（John Gains）］担任其他领导职务。今天，随着退休和适于学区总体文化的其他领导被任命重要职位，那些角色已再次改变。帕斯科县具有强大内聚力的文化能在外部力量的压力下存活，今天在希瑟·菲奥伦图（Heather Fiorentino）领导下茁壮成长。随着时间的流逝，在帕斯科县各角色团队内部及其之间建立了强大的联盟系统，今天，由于学区领导身份的连续性，那些联盟也得以延续。不但每一个联结都以某种方式有了发展，也都支持了这一学区**联盟学校的战略之舞**，而且这些联结还孕育了种种创新措施，这些创新措施拓展并超越了原先计划的改革议程。

经过12年或更长一段时间后，在帕斯科县，网络运转的原理已经产生了改变整个学区运转形势的充足能量，而且，至20世纪90年代末，传统的

（拖后腿的）力量已基本上克服。网络运转孕育了建立学区能量系统必需的动力，以改革等级非常不同的所有学校。现在学校**知道了前进方向**，每年，每个学校的综合规划都会谈到它们在战略上向学区愿景迈进的方法，该愿景是每个人都参与塑造的。前进中一个新的大跨越发生在 1996 年，当时所有的中等学校都遵从了一套由小学和初级中学建立起来的新运作模式。高级中学对学习共同体中的不分级组织结构、持续性学习进步体系、跨学科教学等进行了探索，并逐渐使之制度化。为了实现这一里程碑式的目标，很多年来，中学的校长和教师一方面在学区的领导下，在小学和初级中学参加创建这些新典型，另一方面又一直都致力于塑造和探索这一新体系的最初特色。

一个需要考量的问题是，单个学区这种类型的变革措施是否能够带来学生学业成就上的变化？证据何在？最近，帕斯科县的一项纵向研究课题发布了自己的研究结果，这个研究从 1994 年开始，对那些采纳了持续性进步体系之学校中的 1 000 名学生进行了追踪，而持续性进步体系则是这一学区变革过程中的最重要一环（*St. Petersburg Times*，1999 年 4 月 4 日）。这些学校里的学生非常拥护学区的变革，他们比那些还没有启动变革措施之学校的学生在阅读和数学方面都表现出了更加巨大之进步。在过去 5 年，传统班级中学生的阅读成绩提高了 30%，而持续性进步体系中的学生阅读分数则提高了 57%。在数学方面，持续性进步体系中学生的分数在过去 5 年提高了 74%，而其他学生只提高了 56%。

73 生活在混沌边缘

过去的几年中，我们已经同世界各地的教育领导者一起分享了混沌理论的理念。对学校中的美好生活是**生活在混沌边缘**的见解，大家已有热情的肯定，对生成的自然法则，看来也有广泛的认识与认同。正如我们已经认识到的那样，领导者很容易就能感受到学校这种不断发展的混沌情势，而让人备感欣慰的是，他们对这一问题的讨论也是完全自发产生的。教育领导者管理的是一个本质上无法控制的环境，总结和推广他们在管理过程中积累的经验，可以让教育工作者获得解放，让他们去追求更多天赋的选择自由。

今日教育面临的挑战已经超过人类的控制能力与传统的工作体系，承认这一点是对学校教育彻底重建的第一步。很多人心中的迫切问题是：“哪种体系比我们已与之打了多年交道的体系具有更高的回报?”换句话说，在将有知换成未知时，会给教育者带来足够的回报吗？我们相信，当专业人员看到存在一条顺利通过复杂性迷宫的途径，并描画出走向未来的希望之路时，他们会选择一条更有前途的道路，尽管此前途充满未知。

关于自然动态系统的一个重大发现是，非平衡态而不是平衡态才是它们最活跃、最有生机，最敏感，最具创造性的状态。最好的生活是生活在有序与意外事件之间的混沌边缘（Kauffman，1995）。与早期量子理论家所确信的相反，混沌理论的新发现是，自然界中平衡态对应着死亡。我们一直渴求有序，但这种直觉已被两千年来的历史证明是错误的，因为，正如其业已表明的那样，人类的创造性来自与要素相互作用的极端复杂网络的通信，这些错综复杂的网络看起来是相互联结的；而人类往往会想出该如何响应它们（Kauffman，1995，p. 84）。普利高津（Prigogine，1990）告诉我们，生命本身是一种生成现象，这主要因为，多样性驱使系统超越自身限度，并促使它适应新的情况（Kauffman，1995，p. 21，p. 24）。**生命的生成是整体性的**。

早期的量子理论家发现，各种自然系统并不像数百年来人们所相信的那样是静态的，它们总是处于一种动态平衡之中。随后，混沌理论家认识到，甚至更引人注目和更大的变化是非平衡创造的，因为无序作为新秩序之源是有益的。为了探索更适应变化情况的新形式，自然、健全的系统往往更倾向放弃现存形式。非平衡态充满大量复杂的联结，这种联结为创造新的有序提供有力而健康的能量。演化中的系统知道如何响应自身的内部动力，这些内部动力常常是不可预测的。汉迪（Handy，1994）提出，**混沌边缘存在于稳定与混乱之间，这是复杂系统最具自发性、适应性且最有活力的地方**。

为什么具有非平衡与混沌的事物恰恰不会崩溃？科学家告诉我们，**处于** 74
非平衡态而远离平衡的系统具有自我更新与自组织的动力。那些在混沌边缘保持动态平衡的系统首先被称为耗散结构，就是为了强调远离平衡是自组织之源（Coveney & Highfield，1995，p. 162）。惠特利指出，耗散结构证明了，无序可以是有序之源，生长是在非平衡态而不是在平衡态出现的（Wheatley，1992，p. 20）。科学家已经认识到，自然系统在混沌边缘不仅最富生气，最有力，而且由于**自组织原理**，它们还具有改变自身结构来处理新信息的天然特性。

给出了这些自然系统中生成的新的基本原理，领导者面临的挑战是，在注意迅速变化的外部压力时，必须研究存在于组织内部的根深蒂固的文化模式，然后要在推动自然生长过程的形成中成为一种内在力量（Holte，1990）。要成功处理各种矛盾，需要“倾听不同吹鼓手的声音”，这意味着要把重心从外部政治压力与行政强迫命令，转移到学生以及为客户群体提供服务的专业体系的内在需求上来。

1996 年 9 月 22 日，《60 分钟》（60 *Minutes*）电视节目播放了纽约市一所公立学校富兰克林·道格拉斯中学（Franklin Douglas Academy）的一档特别节目，这所学校在学生的日常家庭生活中有效利用了非平衡态。学校里的学生有 80% 是非洲裔美国人，20% 是西班牙裔美国人，这些通常穷困且处于不利地位的学生面临着严峻的生活挑战。校长门罗（Monroe）博士说，学校的愿景是让每个孩子都能进入有声望的大学，让他们成为世界领袖。他反复要求统一着装的学生：**你们的家庭有什么问题不重要，所在的街区有什么问题、存在着什么样的危险——没有父亲或很少见面、毒品泛滥——也不重要。你们不用为这些问题负责。但你们要为准时来到此地负责，这样，我们就能与你们一起努力！**学校通过各种方式，使这些孩子在校期间，能撇开生活中那些不利的家庭与社群因素，超越这些困难并直面各种挑战。学校花费了大量金钱，为孩子们提供社会有利条件。学生有国际旅行，这样，他们将有与在街区不同的自己的阅历，从而可与大学的同伴分享。这种方法无疑很大胆，它看来对绝大多数学生都起作用。这所公立中学里的孩子正在打破不平等的枷锁，因为他们被给予了迈向美好生活的机会。

我们的观点是，如果懂得给予充分的变革压力，非线性/自然系统实际上可以成为自组织与自调节系统，那么学习与学校教育中表面上的无规律现象
75 就能够预测，能够厘清、测量，以及理解与规划了。换句话说，自然的是不能控制的，能控制的不是自然的（Prigogine，1990）。如果我们把学生的学习

看做个体的生成过程，那么这个过程无疑是因人而异的。有些人通过音乐进行学习，另外一些人通过艺术进行学习，而有些人则通过角色扮演、体育运动，或针对某一话题创作一段视频才学得最好。对大脑学习及其启示的新探讨，为重新思考学校学习提供了证据。现在，继续指望所有学生通过短短几年的学校教育，仅仅在言语主义教学的枷锁中就能取得成功无疑不可能了。如果我们是真的全心全意为所有学生着想，那么有关自然系统生长的新知识就会让我们实现心智与精神转换，这种转换将会给所有学生带来成功。我们需要多元学习与工作模式的学校环境，能让专业人员与学生在其中自由探索自己的潜力与才能。

各种整体性问题是如何在整个学区范围或学校范围内得到处理的呢？接近混沌边缘的情况孕育着非平衡，它为变革提供了能量。系统的变革从来不简单，它以复杂的方式包含着许多特性。坎夫曼（Kauffman，1995，p. 240）解释说，简单系统也不是孤立演化的，而是共同演化之复杂网络的一部分。比如，使用马匹作为交通工具，促进了对马车、鞭子、铁匠铺、马具店及马具制造商等新需求的产生。作为交通工具的汽车则孕育了其他一些事物，诸如石油与炼油工业、加油站、汽车旅馆与速食店、石板公路、交通法庭、城市郊区与购物商场等。经济网络带来了新的工作和任务，新的功能、产品和消费；各种技术网络导致了各种商品与服务的雪崩，它们有些消失，另一些则共同发展。学区中特殊的服务机构有时会推动新项目、新任命、新资金和责任的新方面。如此而发展，共同进化之网非常自然地将教育事业带向了新世纪的黎明。

如果通过上下各层领导集团首领共同决策，仔细考查系统的非平衡，将会自然引导所有层次及其功能走向工作的新体制。为了让帕斯科县为学校教育的新时代做好准备，尽管很多创新措施已经自然而然出现了，但在采取正式行动之前，多年来，所有校长、主任和大量教师还是参与了各种阅读与研究小组。教育局长助理玛丽·杰拉（Mary Giella）和米纳达尔·斯坦菲尔（Myndall Stanfill）（1996）特地安排了这一**战略之舞**。在整个学区情境中，多种角色群体的研究团队与计划开始成形，并检验了课外自修试点项目，以探索对学生工作潜在有益的体制。信息是明确的。所有发展都推动了学区向其长远理想迈进，这一理想就是让学生在联盟学校共同体中持续进步。

76 最终，由所有角色集团组成的策划小组利用最好的原型来创建各种相互依赖的工作体系。从幼儿园到 12 年级，各种打破年龄界限的持续进步学习共同体在所有学校中都建立了起来。面向幼儿园到 5 年级、6 年级到 8 年级、9 年级到 12 年级等各不同年龄阶段开发了持续进步课程；在教师和学生的学习共同体内创建了团队教学和协作学习机制。学生报告体系与教师责任体系也被重新设计并逐渐制度化。为整个学区范围内所有的角色集团提供了各种培训项目，这些培训项目以**系统思考**作为发展的基础，涉及学区重大规划的每一个维度。他们的变革已成为一种动态之旅、一个有关强相互联结系统的故事，这使他们能够创建一套支持 50 所联盟学校共同体的基础结构，尽管并非所有服务与课程学习项目的转变都已完成，但每个学校和部门都正致力于自己的战略之舞，都在为帮助每个人进行创造的学校教育模式的阶段性转变作准备。

像帕斯科县这样学区范围的协作创新，如何能在此时期启动并保持下来？我们看到，为促进学区范围内的学习而创建的组织结构与领导小组的愿景和推动具有同样的重要性。一种嵌套式工作计划总体上对全面变革启动的成功是有贡献的。筹划指导委员会为四个主要的委员会以及这四个委员会麾下为数众多的工作小组的工作结果负责。通过组织起来的联结结构，学区能保持将力量围绕同一重点达十年之久。学区每个方面的所有角色群体都参加了设计、发展以及对试点的评估。因此，嵌套式结构对学区所有工作体系与服务机构的成功变革如此重要，以至我们急切想了解其中可能的科学原理是什么。

解释为什么这种结构与其他类似结构会在细胞生物学与基本科学原理中发现，加强了**嵌套式群体工作体系**作为后现代组织机构生存方式的继续与扩展。坎夫曼（Kauffman，1995）从他对细胞生物学的研究发现，当情况的复杂性增加时，细胞中会发生自然的聚集。当问题充满复杂性与相互冲突约束时，细胞形成**膜片**，每一膜片都能以帮助所有膜片共同进化的方式完成自己的工作（p. 262）。当任一细胞系统成为被很好挑选出来的膜片，每一膜片都会为自身利益适应环境，而每一膜片也都会以**适当的能量**为膜片网络作贡献。坎夫曼注意到，这些小膜片能在处理复杂性中起作用的原因在于，它们具有迅速探索各种选择的自由，而大膜片则缺少灵活性，并往往趋于僵化而苟延残喘。在**接近混沌边缘**，膜片能起作用是由于作为完全自然的聚集过程涌现的内部稳定和有序。此时系统变得自适应，而且能为膜片和膜片系统相互调
节。坎夫曼进一步发现，当复杂问题被适当分为大小正确的膜片时，就能很 77
快卓有成效地协调解决（p. 266）。

分片比传统的工作等级制度能更快更好地促进变革。然而，没有愿景与目标的组织结构是不足的。领导者在激励非平衡与设计促进自然生成的工作体系时，需要具备一种本土化的智慧。从根本上讲，领导者的唯一选择就是要按照自己的步骤，去创造促进灵活性与创造发明的条件，推进经过检验和提炼的试点。这可以成为我们最美好的时光，正在演变的学校教育新形式是自发有序与自然选择的联姻；而我们则是引导与创造学校教育新范型生成过程的一部分。让我们像坎夫曼那样，"向苍穹中伟大的非线性之图"致敬吧！（Kauffman，1995，p. 304）

生成变化的原理

当我们回顾自然系统中生成的新规律时，看来存在一些能指导学校与学区以及所有其他形式的企业与社会机构中变革的基本原理。吸收基本科学原理，譬如收集混沌与复杂性理论的很多讨论，我们发展出了以下指导方针，这些指导方针具有改变组织中发展路线的潜力，在某种程度上能使系统幸存，并能使其对不断变化的环境的响应日益敏感：

1. 当系统适应正在变化的环境时，有序与稳定性会从系统内部生成。
2. 自然生长过程是无规则的、随机的、非连续的、不稳定的与复杂的；然而，它也是稳定的、有结构的。
3. 强有力的相互联结与相互依赖对于自然系统的幸存是根本的。
4. 信息是未来成功的命脉，并且是非平衡的根源。

5. 自然系统最有生命力的状态是生活在混沌边缘。
6. 无序是新有序之源。
7. 自然系统生长时，它们的边界因生成的动力而不断改变。
8. 自然系统中的自组织是演化的必要条件。
9. 非平衡为自然系统中的生长创造了最佳条件。
10. 生命是一种生成现象，它在**混沌的边缘**繁荣兴旺。

约瑟夫·伽沃斯基（Joseph Jaworski，1996，p. 2）提出，基本选择是为生活服务："我作为领导者的能力来自于自己的选择，那就是生活可以因我而灿烂。"进步有赖于我们如何齐心协力地共同塑造未来。他继续写道："成功的领导有赖于生命的根本转变，包括对理想的深切信奉和对服务的激情，而不是让生命被地位和权力的追逐所驱使。"伽沃斯基引述一位西班牙诗人米恰多（Michado）的话说，"流浪汉啊，世上没有路。你所走的地方就是前行的道路"（Joseph Jaworski，1996，p. 134）。根本上，这就是我们的生活。我们每个人将做什么选择来为改善人类的生存状况服务呢？

第　二　篇

指导变革的新心智之舞

在这个生活与工作日益全球化的时代，联结、合作和权力是关键要素。教育工作者需要建立起一种与全球化相适应的学校教育之心智模式，尽管贫困和种族问题会浮出水面，挑战我们当中那些最勇敢的人，但能量、权力和资源的问题将会继续耗费领导者的大部分时间和心力。对于这样一个时代而言，联结所需之新技能被扩展到了创建社会性网络这一新舞台，在未来对学校教育进行再造和复兴的重大任务上，社会性网络将会提供各种能量和资源。为此有必要对权力问题进行强调，因为在当今绝大多数地方，迈向共享式的权力共同体是成功不可或缺之条件。那些拥有共同参与之心智模式的教育工作者将有能力成功解决贫困和种族等让人备感不安的问题，这是人类社群拥有可持续发展之未来的一个必不可少的条件。

第 5 章“生活在混沌边缘：组织变革的新理论”揭示了发现于自然系统之中的六大动态行为，这是我们从混沌和复杂性理论的文献中筛选出来的。这六大动态行为给领导者提供了一个整体性的行动框架，让他们能够带领自己的机构生存下来，并实现可持续性的成长。同时，在如何应对生活的矛盾和复杂性上，这六大启示给读者提供了新视角，学校教育的工作是我们面临的一种非常迫切之现实，而且它还需要一套激动人心的学习新体系。

第 6 章“直面权力问题”考察了**支配型权力**的历史和传统定义。在官僚主义管理者的视野中，人们对权力的定义与合作型权力形成了鲜明对比。在组织权力上的新视角为我们塑造转型之旅提供了新选择。不同类型权力观的比较为设计一条走向未来的道路提供了线索。

第 7 章“权力的河流”为刻画处于官僚主义和统治型权力之各种不同框架之下的权力所具有的那些细微差别提供了一种隐喻：**统治型权力、合作型权力、共享型权力和共治型权力**。对权力和赋权问题进行的四项研究的发现，揭示了教师在权力和赋权问题上持有的观点是如何受到多样化背景和不同权
80 力关系的深刻影响。为了推动变革，必须改变学校中科层式的权力关系，转而采取一种更加具有相关性和合作性的工作方式。

第 8 章“应对贫困和种族问题的本地行动与全球思考”是教育在步入新世纪时面临的一项重大挑战。贫困和种族已经成为一个全球性的议题，现在需要各国联合起来共同做出应对。教育工作者需要与政治家和商界领袖一道，为每一个地方的每一个人创造社会公正的标准。在为人类共同体创造一个可持续发展之未来的过程中，面向所有人的教育是一个首要和基本的要素。美国《不让一个孩子掉队》（*No Child Left Behind*）法案带来的挑战表明，当教育工作者在本土和全球这两个层次上创建富有同情心和行动精神的共同体时，未来还有很多重要的工作要做。

第 5 章

生活在混沌边缘：
组织变革的新理论 81

我们必须正视这样一个现实：面对急剧的变化，如果学校和学区依然无动于衷，不从根本上采取行动，那么学校教育将失去生命力，从而可能被淘汰。我们有机会创造新型教育，使其能利用信息得到蓬勃发展，并对新出现的社会职能作出响应。说到底，对事实的正视是个如何选择的问题，既可以选择促进学校教育发展的行动，也可以选择导致其衰败的行动。换句话说，**生活在混沌边缘是生存之道**，做得稍差一点，就必然会导致不好的结局。

要想在未来几十年做一个成功的教育领导者，就必须懂得社会系统在复杂而又快速变化的政治经济环境中是如何运作的，并且要相信教育工作者有能力促进变革。如我们现在总能听到的那样，**模糊思维**有可能帮助我们在越来越复杂的随机非线性环境中前行。这一新兴科学的专家科什科（Kosko，1993）认为，模糊思维处理的是自然中必不可少的灰色地带以及我们经常都能够经历到的意义之多重性，所谓意义的多重性，即有三个或多个选择而不是只有两极世界中的非此即彼。科什科说，哪怕事实模糊或不精确，科学也将事实当做黑白分明的（p. xv）。而模糊思维的核心则是从将现实看做黑白分明转换为将现实看做灰色的，是从两极观点到多种可能性的转换（p. xvi）。

现在我们认为跨学科课程、使用多种语言的人、多元文化社群、拥有多种才华的领导很正常，这就要求我们对生活中非线性、模糊的社会现实不断加深理解。

模糊性大约在40年前进入科学词汇，它起源于亚洲。日本的管理人员强调实用工程学，韩国学者讨论模糊社会，印度和中国则出现了以模糊性为导向的理论家。科什科（Kosko，1993）认为，模糊知识（即事物的相对性）在条件语言中就成了模糊规则：如果交通拥挤，就延长绿灯亮的时间；如果学生需要更多资源和时间制作太空船，就给他们资源和时间。模糊系统将所
82 有信息综合起来，给出含有**倾向于、很可能**以及**预计**这类词的答案。

科什科（Kosko，1993）指出，许多数学事实上是非线性的，它永远都没有终止的时候，并在此基础上建立了模糊逻辑的论据。如同经过计算机处理过的信息在许多自然科学中倾向于证明的那样，与人们通常认为的相反，数学中很确定的事情并不多。领导者要在存在不规则形状、模式和矛盾体的自然环境中寻找稳定并促进自组织。为了革新学校教育，领导者需要**牺牲**秩序、线性以及一些传统的对错规则，利用新出现的结构与模糊逻辑。这些都是如何看待和处理事情的方法论问题。我们逐渐认识到，领导自然社会系统不仅需要对组织生长的动态本质以及**在混沌边缘生长**的优势持有最先进之假定，而且还必须具有在建立积极响应之人类能量系统时倾听环境变化并对其作出响应的潜力。

83 在过去的几年中，全球教育领导者对混沌理论概念的热烈反响向我们证实了它与教育大变革的相关性。看来这种关于事物运动变化的新思维和新方法论确实有其深刻道理。教育工作者的反应让我们洞察到，这种思维方式在促进教育系统形成快速反应能力方面具有的潜力。我们在不断阅读文献的过程中开始梳理这些反应，得出了几条关于变革复杂教育系统的经验。

对学校领导而言，混沌与复杂系统理论的原理有什么意义呢？领导学校走向新型教育的至关重要之新法则是什么呢？图5.1的原子模型来自于和学校领导的无数次讨论，它提出了**生活在混沌边缘**的六条经验。本章将对每一条经验逐一进行分析讨论，并给出一些实例，这些例子来自许多在混沌中蓬勃发展之机构的领导者。

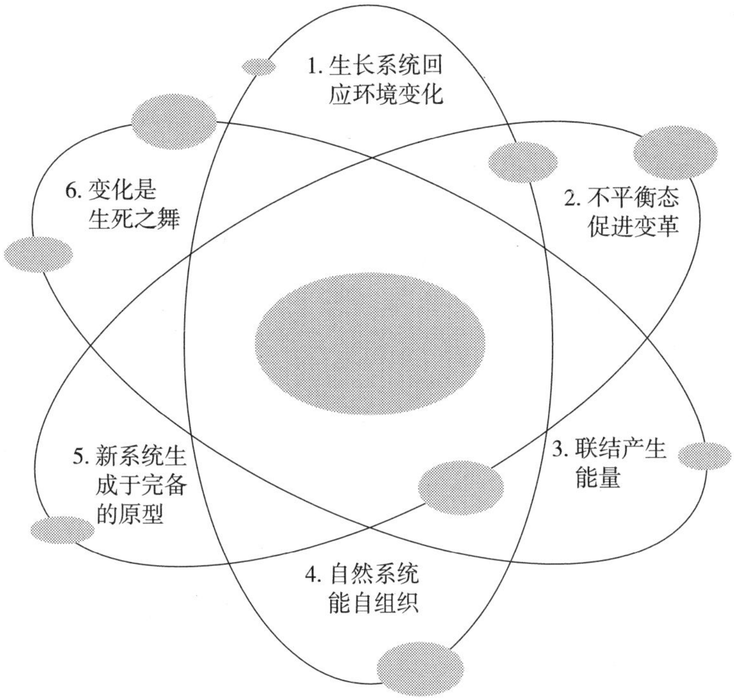

图 5.1　生活在混沌边缘

经验一：生长系统回应环境变化

对人类组织产生影响的外界力量总是众多且复杂的，并且随着时间的推移越来越复杂。领导阶层的作用就是承认内在和外在矛盾，既影响组织对于变化条件的反应，同时也去影响外在环境。

确认全球化发展过程中出现的各种矛盾需要时刻了解变化的形势和标准，并作出适宜的制度响应。为了促进系统变革，许多发达地区及其学校正在想方设法避开阻碍其发展的政府规章政策。为了与时俱进，让学生为**地球村**做好准备，我们将不得不抛弃学校原有的许多做法，并用新的实践取代。如果我们正视现在的生活现实，那么变革学校的复杂性将不言而喻、势不可当；我们的确没别的选择，如果想让学校教育存活下来，只有创造性地作出回应。

我们面临的一个重大问题是：**公共机构能否在遵守相关法律的同时创造出全新的学校教育形式**？教育工作者能否在不违反现行法规的情况下摆脱因循守旧的官僚体制之束缚？有些州，如佛罗里达州，颁布了**具有豁免性质的法律法规**，让学校可以为学生做他们所需要的任何事。佛罗里达州的帕斯科县学区是最具革新精神的学区之一，在学生培养上高度成功，其出色的实践并没有违反政策，它完全服从州政府每年对其进行的检查考核。它是如何在
84 最为遵规守纪的同时又最具革新精神的呢？学区领导者说，这关系到将学校教育之真正目的放在核心的同时，如何看待这些矛盾。学区领导把注意力集中放在了需要为学生做的事情上，然后想办法充分利用每一次立法会议通过的新法规。这表明，**倾听并系统回应全球形势和外界压力是向前推进教育机构变革的根本。**

我们国家面临的一些矛盾将在一段时期内继续产生变革的动力。例如，虽然美国被认为是一个世界强国，拥有全球最好的教育系统，但很多学生在国家和国际的测试中却表现不佳。在第三届国际数学与科学评测中，有 41 个国家 50 万学生参加测试，而美国 8 年级学生的分数低于世界平均分（*Newsweek*，1996 年 12 月 2 日）。在 2003 年进行的 TIMMS（国际数学与科学测评趋势）中，美国学生在数学方面的得分虽然高于平均分，但排在新加坡、香港、日本、中国台北、荷兰、拉脱维亚、立陶宛、俄罗斯联邦、英格兰、匈牙利之后。在其中的科学测试中，美国学生的分数虽然也高于平均分，但同样排在新加坡、香港、中国台北、日本、英格兰之后（http://timss.bc.edu）。

与其他国家相比，美国学生的上课时间和家庭作业更多，但课程要求却较低，且教学方式主要以讲授与练习为主，这与参与 TIMSS 评测的其他国家不同。虽然近几十年来学校在课程和教学方面作出了许多改变，但这些改变显然还不足以弥补其负面效果。世界各地发生的变化快得让教育工作者无法应付。

许多教育传统根深蒂固，需要有异常强的反作用力来改变。佩尔·达林（Per Dalin，1995）在一本用瑞典语出版的关于学校改组的书中指出，美国要变革其学校，会比很多其他国家遇到更多困难，因为控制美国教育环境的官

僚制度很复杂，还有法律限制因素。我们不仅受传统的限制，而且受法律限制因素的束缚，要在法律限制之下寻求新的学校教育方式。这就提出了实践中一个非常严重的矛盾。许多美国传统继续控制实践，阻碍其发展，而其他国家却能更好地改革其学校教育，以适应复杂环境。

当教育工作者将重心从传统教学以及测量孤立之分级科目的细小片段转移开来，注重现实生活的表现能力时，就会发现自己将很自然地会重新设置课程、教学、学习及领导方式。这样一来，他们就进入了学校教育之重要维度的生死之舞，抛除不合时宜的实践，按理想方式重建学校教育事业。为**新** 85 **的工作标准及动态变化之全球市场**而工作所需要的东西将完全不同于 20 世纪提供的学校教育。

如果要作为有用的社会机构生存下来，很多学校需要从头到尾进行彻底检修。劳工部 21 世纪就业技能调查委员会（SCANS，1992）发布的一个报告，提出了步入成年后成功所需之基本技能。包括与人协同工作的能力；应用多种信息、资源和技术的能力；理解各种系统及其工作原理的能力。因此，13 年的学校教育应该集中关注这些工作模式是如何永不间歇地与每个学生发生交互的。由于技术驱动着企业界的工作，因此它应该也渗透到学校学习环境中，让每个学生每天时刻都能接触到。如果美国学生在全球学业成就测验中表现不佳，那么教育工作者应该分析这一信息并作出回应。**对领导阶层的挑战是：关注外部压力，然后获取资源与支持，作出相应的内部回应。**不作出回应就是坐视公共教育最终被发展的现实淘汰。

学校教育中的一个矛盾是：在全球范围内**信息通信**对人们生活及工作的改变程度与它在课堂中的影响极不相称。据我们观察，学生在学校每天最多与技术交互几分钟，其学习曲线稳定但缓慢。然而，当最新的技术渗透到学习环境中后，学生可以接触到全球的人、思想和资源，因而可以随时追求他们的兴趣爱好。在技术密集型学习环境中，学生和教师的学习不再受制于课堂和学校，因为通过技术他们可以找到与所在社群甚至全球范围内之资源和人进行联系的方法。当学校教育将信息技术纳入到每个学生每天每刻的活动中时，它就具有变革性的力量，可以促进学生成功，让他们为未来做好准备，而未来必然是更错综复杂而且是以新技术支撑的。

随着技术的进步、信息与知识获取渠道的多样化（目前这类渠道已经存在并且很普及），我们所熟悉的20世纪的学校将成为过时的学习中心。挪威新出台的教育政策昭示着这一重大转变，新政策规定高中最后两年要去工厂或企业实习。学校教育将从有固定地点、固定时间的学习转向更灵活的安排，将包括多种职业与技术领域，有进行国际交流的学习机会。今天还很难想象学校从一个有形的可运营单位转向在全球能量场框架内运作。如果像科学家告诉我们的那样，现实在时间和空间上并不是固定不变的，那么我们十有八九就会改变关于学校的概念，不会再将学校看做是一个有着特定场所、当地

专业人员和学生都有特定日程、课程都经过了标准化、要经历13年分阶段学习的地方。

下面将举例来说明这一点。在过去几年，我们参加了国外大学的一些研究生科研项目。作为一种影响力量参与他们的研究看起来非常自然，特别是当他们的研究是基于**产出性学校管理**之实践及其系统理论之基础时更是如此。学生不必为接受我们的指导而付费，我们的大学也不因他们的“工作”而得到什么金钱上的收益。然而这种教授/学生关系在不断发展，我们发现自己在与全球的学生和学者共同创造新知识的同时，也在不断与他们以新的方式进行联系。我们有时在国外开授课程，有时国外的学生和教授访问我们的大学并与我们共同工作一段时间。这种交流的一个特色是没有金钱的交换。长期以来，他们通过传真机、电子邮件、电话与我们分享自己的工作，而我们也通过同样复杂的通讯系统给这些国际学生提供反馈，这一切似乎比我们与自己大学校园内学生交流的工作效率更高。

作为教授，我们还处于新的**意义建构**、开发跨越地区及经济资源的共同学习模式之过程中。与学习者和思想建立自然联系是令人愉悦的，它使我们不断了解国外学校教育以及我们研究成果的应用。在人们追求他们共同兴趣的过程中，联系与影响的力量正在打破时间、空间、声望与资源的壁垒。我们是否能从这类不涉及费用的工作中受益呢？答案是肯定的，我们不断学有所得，对关注的各种议题与概念之理解不断加深，这都不是用金钱可以衡量的。我们在广阔的新联系中体验生命，每一个联系都为我们作为终身学习者的生命增加了一份价值。对于专业教育工作者，还有什么比这更令人高兴

的呢？

为了让学生为现今工作场所面临之现实做好准备，在校学习的许多时间都应该与工作相关甚至应该模仿工商界，因为这样不但会促进个人发展，而且会加强好奇心以及终身学习的欲望。幸运的是，许多学校彻底抛弃单一课本/单一科目的学习方式，转而倡导更复杂的方法，利用现实技能与工作习惯，让学生参与到现实问题中。我们在 1995 年访问瑞典松兹瓦尔（Sundsvall）的斯迪克优（Stickyo）学校时，了解到几年来这所学校的全部课程都围绕着校产中一个正在消亡的水塘。学校校长莱娜·黑尼克松（Lena Heniksson）介绍说，学生不仅通过取样来研究水，而且对水塘的消亡过程进行干预并研究其干预效果，希望能挽救水塘。在这个过程中，学生在获取支持和资源来清理水塘的同时，积极参与到镇上的政治生活中。他们所有的交流活动 87
和数学学习都包括了重建水塘生态平衡的现实问题。各个年龄段的学生都参与到专门的工作项目中，这些项目都是互相联系在一起的，这对于每一位作为学习者和学校社群成员的人都非常重要。在学校学生了解社会和自然环境并发展许多终身受益之技能与能力的同时，学校已成为镇上的一股进步力量。

如果我们不能认识到学校今天所处之复杂环境，那么所作的其他重大决策是好是坏都无所谓，因为它们维护的是已经过时的学校教育，而这种学校教育最终会让社会失望。不仅学生个人一生会失败，他们所在社群和国家也会失败。是向世界打开学校大门，让学校看看世界的时候了。我们相信学校的专业人士能想出组织方法。大部分学生对此可能会很适应，但对于习惯了老一套的教育工作者来说可能未必如此。无论有什么暂时的负面效果或副作用，都值得冒险去尝试一下。事实上，未来取决于我们能多快多好地将学校与全球快速变化之系统中的过程联系起来。让我们的学生参与到变革学校中来吧。这难道不是他们在复杂时代应该为未来生活所做的准备吗？难道他们以后不会在一个具有多种可能性而没有标准答案的世界中工作吗？

我们当中有谁会明知某个牙医完全用的是 20 世纪 50 年代的技术还去找他看牙呢？有谁会信任专业技术过时的外科医生、汽车技工、管道工或律师呢？许多学校领导担心，不知道该怎样与那些希望孩子接受旧式教育的家长打交道。这种态度反映家长对学校教育知之甚少，不知道学校在设法跟上变化的时代，因此教育工作者必须努力帮助家长认识到并重视教育更现代和更本质的定义。说服我们去购买新车、新衣服、新电器和新技术的市场营销策略也许可以帮助我们推广学校教育的现代方法。

倾听是双向的；有时社群需要倾听学校和地区内部的变化与需求。由于近年来人口膨胀，佛罗里达的希尔斯伯勒县（Hillsborough County）学区（现在是美国第8大学区）急需发行债券以修建学校。1994年，债券发行没有成功。因为选民不赞同给债券加半美分的销售税。教育局感到不可理解，一开始将此次债券发行失败归咎于策划不力。1996年，厄尔·伦纳德（Earl Lennard）就任教育局长几个月后，此项提议又出现在选票上。这次，伦纳德发起了一次运动，通过每个学校的家长教师协会和当地网络向选民提供有关学校需求的信息。受地区网络系统提供之信息的影响，债券发行提议在第二次投票中获得了通过。建立渠道来听取学校需求是当今领导阶层面临的又一大挑战。

88 经验二：不平衡态促进变革

刺激系统以最动态、最根本和最引人注目之方式作出反应的是不平衡，而不是稳定。领导者的任务就是用信息来促进不平衡，因为不平衡提供了变革的能量。

混沌理论表明，所有持久改变都来自于组织内部，受确定的需求及要求变革的内部力量驱使。对学校来说，这意味着要有一种富有远见与力量的高能工作文化，以抵消传统的力量。然而，这并非什么新鲜事。早在1972年，格伦·希瑟斯（Glen Heathers）就写道，在失败的革新中，目标、方法与成就之间存在较弱或不充分联结，这主要是人为因素，因为人们没有能够把变革行动的方方面面整合在一起。为什么人为因素经常会被忽视呢？为什么领导者发布命令的时候依然喜欢利用人们害怕受罚的心理，但却希望该命令会创造美好未来呢？从20世纪四五十年代以来我们就知道，工人应该参与到组织的塑造中来。然而，不管是为什么，变革依然是今天组织生活中最虚幻的特点之一（Dubinskas，1994）。

最近一些有充足资金的大型改革项目都很失败，传统有计划之变革模式的可行性因而遭到严重质疑。例如，安妮·E. 凯西基金会（Annie E. Casey Foundation）曾投入 4 000 万美金给四个城市，以改变其高危青少年的生活机会。项目要求城市中的所有社会机构与学校协同工作，以改变其所提供之服务的质量和效果（Welhage，Smith & Lipham，1992）。这种跨机构活动进行 3 年后，威斯康星大学对它为城市青少年提供的新结构、项目与服务的效果进行了研究，结果发现没有任何城市的任何社会机构，包括学校在内，有任何根本改变，也没有发现任何关于目标青少年的愿景式领导力。他们认为投入更多资金不是解决办法。

另一个例子是美国新学校发展协会（New American Schools Development Corporation，NASDC）资助的联邦项目，该项目给伊利诺伊州的本森维尔（Ben senville）地区提供 120 万美金，希望其能开创出 21 世纪学校教育的系统方法（Mirel，1994）。然而，还没到项目的计划年限，该地区的教师工会就罢工了，由此结束了该社群关于学校的梦想以及政府未来的资助。从米尔（Mirel）的报告中无法得知工会这么做的原因，但其事实却显示：仅有（足以在激烈竞争中获得资助的）好想法、大把的金钱以及战略计划这些因素还不足以改变传统的学校教育。另外一种革新思维模式也许会产生更好效果。

多年来，科学家都没有认识到正反馈及不平衡在推动系统向前发展中的 89
作用。普利高津提出了**耗散结构**理论，并因此获得 1977 年诺贝尔化学奖（Wheatley，1992，p. 10）。他证明，活系统能够在无序中获得新生，事实上，他认识到无序在产生新的、更高层次的生命中起着关键作用（Prigogine，1990）。“我们周围的世界”，他说：“充满着不平衡和混沌，这就要求我们从根本上修改物理学中的一些基本概念”（p. 82）。例如，环境中的动力学对于产生新结构非常重要。环境变化引发响应，当环境变化产生的干扰达到显著水平时，这个系统就再也不能被视而不见了（Wheatley，1992，p. 19）。对干扰的响应通常会以某种方式自组织以整合新信息，因为开放系统通过不平衡来避免退化并保持生长。不平衡是变革的杠杆支点。

普利高津的思想给我们的启示简单明了，如惠特利（Wheatley，1992）

极力主张的那样，我们必须创设新组织。在这些组织中，允许各种流程有自己的节奏和舞步，允许生成新结构，终止无用的结构，并产生新的形式以支持一些必要联系。在稳定条件下，变革很少显得重要。当联系的密度达到不平衡状态时（高强度、高密度的联系最重要），变革的重要性才凸显出来。危机往往会创造快速变化的环境，蕴涵大量交互作用，为长久而复杂的变革创造成熟条件。然而，领导者面临的挑战并不是进行变革，而是**为变革创造条件以使其自然生成，并管理好可变性**（Hurst & Zimmerman，1994）。我们关注的重点开始从简单系统和稳定状态转到随时间而变化的复杂性和变化上。贝古恩（Begun，1994）认为，复杂关系不适应于线性模型，因为混沌系统会学会如何自发地应对不可预测之变化。

如果一个组织能发展并应用这些新概念，如变革能量、不平衡状态中存在生机等，那么它就会赢得竞争优势，因为急剧变化的环境需要快速变化（应变）的组织（Nadler et al.，1995）。有些变化比较简单，而有些变化更急剧且影响到系统的各部分。纳德勒（Nadler）和他的同事发现，组织中有四种变革，每种变革需要不同的领导策略和员工响应：（1）**渐进型变革**（incremental Change）在现有工作模式或框架中进行；（2）**跳跃型变革**（discontinuous Change）改变现有框架；（3）**折服型变革**（frame bending Change）修正并改造工作模式；（4）**破框重建型变革**（frame breaking and rebuilding Change）打破系统中的现有要素，然后大规模重新设计所有结构、流程和服务。

纳德勒及其同事认为，在**渐进型变革**中，当条件的复杂性和强度都低时，
90 线性变革过程是可行的，例如在全校范围内引进一个新的阅读系统以提升学生的理解能力；第二种变革，即**跳跃型变革**，适用于生长突然加速或暂停的情况，例如在课堂中推行合作学习机制；**折服型变革**考虑用新的规则进行业务管理，例如不再期望所有学生在规定时间内按同样步骤学习某一技能。这三种相对简单的变革方法产生的责任可以逐一让渡给别人，如订购新的教学资料，对教师进行合作学习的培训或训练，或鼓励教师转换思维，允许学生用 3 年而不是用 9 个月来掌握一门技能等。

和前三种相比，**破框重建型变革**更激进，因为许多旧有的工作体系可能

不复存在，而由可以满足需求的新体系取代。今天许多学区都在进行这种激进式的变革，而这种变革远非仅仅通过给某类角色赋权就可以实现。当我们考虑改变对学生学习时间的限制，在连续升级系统中给他们提供跨学科课程项目时，方才意识到这种变革方式远远不是一个或几个教师能管理得了的。组织中的基本工作机制需要最高领导者来设计并管理复杂的重新设计流程。这种变革方式是整体性的，需要将系统中的所有变革整合起来。在高度革新的机构中，这四种变革都存在。然而，具体选择哪种变革方式取决于具体需求。在对整体表现要求比较低时，可以选择较简单的变革方式。在不同的地方，不同的时间，变革的表现也不同（Hurst & Zimmerman，1994）。有时变革连续而顺利，几乎是线性的，以不同速度进行；有时变革则不连续，相对稳定、快速和非线性。它需要解构，并通常以自组织为潜在原则。

在写到跳跃型变革时，纳德勒和他的同事（Nedler et al.，1995）指出，**大规模变革不可避免地会遇到反对者**。如果变革要成功，就必须转变反对者的态度。在我们所做的一个涉及 28 所学校的研究中，那些有着高参与度工作文化的学校都不同程度地做了反对者的转化工作，而在低参与度的学校中则依然存在各种反对声音。这种状态大大影响了这些学校变革的质量和可持续性。作为一个整体系统，其应变能力与其在使用信息之过程中建立起来的正联结所具有之力量直接相关。在管理者传递关于未来的清晰图景、利用多种多样的杠杆点、为转变进行各种组织上的安排和准备、在转变过程中建立反馈机制时，**需要对转变进行控制**。当有明确作出回应的意向时，关于学习条件的信息创造出了最强形式的不平衡。

工作中最重要的动力是**不平衡**，它创造了系统变革的能量与方向，因为 91
它同时急剧改变了角色、工作文化、权力关系、服务和项目的设计等。它提供的能量还不足以推翻稳定模式并推动系统向前发展。相比之下，当人际关系很复杂、很强大并具有活力，甚至接近于湍流时，就有足够能量与权力来扰乱惯例，将旧组织转化为变革的新原型。**生活在混沌边缘是转型式变革开始的地方；明天的领导者将是那些能在混沌中发展，有信心推动变革向前，提高变革质量的人。**

经验三：联结产生能量

内部交互网络越强，变革的力量和人类能量就越强。领导者的作用是发展专业能力与专业网络，回应系统中出现的挑战。

为了转变彼此隔绝、实践与项目互不相关这些老传统，新联结系统的强度要足以改变系统的运行轨道。我们认识到，合作与伙伴关系能产生能量，联结能使自然能量滋养有前景的新思想和新关系。

目前迫切需要发展强有力的内部联结系统。借助常规的工作团队，许多组织正在通过培养多角色任务组、跨学科项目组、网络、与外部小组建立伙伴关系等方式来发展内部联结体系。面向协同工作的专业发展不仅需要得到上级许可，还需要能够进行协作活动的各类工具和技术以及针对具体项目的新知识。今天，最出色的学习往往发生在跨学科团队利用已经习得的、经过实测证明可靠的个人知识来处理问题和创建原型时。

几年前，有位核科学家和大家一起分享了与一项长达 50 年之久的国际科研项目有关的信息，该项目旨在利用一种叫**核聚变**的能量来无限制提供能量。当时，美国、日本、俄罗斯和欧洲国家已经投入了 50 多亿美元。因为作为能源的煤和石油正被耗尽，所以要为 21 世纪在全球开发新能源。研究团队正在努力制造极其复杂的机器，以生产清洁、便宜而且取之不尽的核聚变能。

科学家解释说，**裂变**是我们更熟悉的一种能源，因为它产生的是核裂变型能量。要产生核裂变能量，需要用外力来分裂原子。中子将较重原子的原子核分裂成两个较小的原子核时能释放出能量，因而从昂贵的燃料如铀中能产生能量。要产生裂变需要外部力量，因此在这个过程中自然资源会被耗竭。这种做法还会产生废弃物以及副作用，带来新的环境问题。

聚变是一种新方法，它是两个小原子的原子核结合成一个大原子核并释放出能量。当氢原子加热至特高温时，它们就会以巨大力量相互碰撞，从而聚合在一起。在这个过程中释放出来的能量清洁、安全并且可以无限供应。最主要的原料是氘和氚，它们可以从世界各地的海洋（无穷无尽的能量来源）中提取，氘、氚聚合形成氦。整个过程既没有污染也不存在危险。

为了创造这种复杂的能量形式，在接下来的 50 年里，国际跨学科科学家团队将共同工作。当我们问科学家是如何学习完成任务所需之知识时，得到的回答有些让人惊讶。通过研究核聚变的发展，再加上集体创造性解决问题的能力，利用已有知识，科学家期望发现新的产品和过程。这个故事告诉我们，当专业人士遇到前所未有之困境时，如何利用知识创造未来，发现新知识。

几天以后，全球各地的新闻头条纷纷报道说，经过半个世纪的努力以及数亿美元的投入，来自 14 个欧洲国家的科学家创造了两秒钟的聚变。这个尝试产生了 1.7 兆瓦的能量，足以点亮 17 000 个 100 瓦的电灯泡（*USA Today & The New York Times*，1991 年 11 月 12 日）。美国能源部预测，到 21 世纪中叶，将可以把聚变产生的能量搬上电网（www. ofes. fusion. doe. gov/performancetargets. shtml）。

这个故事有两点比较有意思。第一是两种能量制造过程之间的差异。**裂变**（核能）的产生需要借助外部力量使原子分裂。铀的使用将逐渐耗竭全球资源。我们不能忘记三里岛（Three Mile Island）和切尔诺贝利的核能事故以及这种能量对自然环境产生的实际危害。制造裂变的过程对原子及自然都具破坏性，并且它耗尽了全球的燃料供给。另一方面，**聚变**（水能）是结合两种力量而产生热量，整个过程不产生副作用，也不会留下辐射尘。并且在聚变过程中，能量是自我创造的，是无穷无尽的。概括来说，裂变产生于外界，生命力有限，依靠外部能量，有副作用；**聚变**来自于原子内部的联系，地球水资源可以无限供应，产生更多的能量，没有副作用。

这让我想到，也许我们多年来的学校改革都在用**裂变方法**来创造能量。 93
例如佛罗里达州颁布的新法规要求，学校要能够证明经过一学年的学习，所有学生都有一定收获。为此，有些学校在加大力度进行基础学科的艰苦训练时，实际上已停止维护与家庭和社群机构的联系了。与之相反，有些学校则应用**聚变方法**作出全然不同的反应。持续进步项目继续扩展并且与团队教学、合作学习以及不分级结构联系在一起。天然的联结系统可以自我维持并产生能量。

裂变/聚变故事让我们感兴趣的第二点是，寻找新能源之科学团队的专业发展。这支**国际科学家**团队本质上是**跨学科的**，其成员在此项目几十年发展的许多阶段中共同工作。这个计划预计，在全球能源供应问题解决之前，至少有 10 个科学家团队共同做项目，每个团队工作 10 年。最早开始做项目的人将不会是那些最终**制造出聚变**的人。甚至也不会有某一类科学家知道制造新能源所需的全部知识。进步取决于**下一阶段**通过多学科视野要解决的**问题**。当我们问到这些团队的持续专业发展时，得知因为所选科学家在创造新事物，并且没有任一领域的训练能派上用场，所以专业发展每天都发生于团队利用已有知识创造长远之全球能源这一过程中。

这个故事可用于类推加强组织生活的官僚方法和系统方法，不是吗？在过去 40 年间，教育中的专业发展项目多数都是从外部驱动、设计和传递的，只有极少数项目重视教育专业人员解决日常问题的能力。换句话说，他们的专业发展受裂变的基本原理驱动。很显然，将持续发展作为组织任务，需要有更加持久之增加学校能量系统的新方法。

有人可能会像刘易斯·罗兹（Lewis Rhodes）一样（在他 1996 年为威斯康星州翼幅会议中心的一个研究小组所写的一篇文章中），认为学校没有能力解决自己的问题。即使可能存在多种有创新性的项目，隔离与分裂的传统也会让变革处于不可持续之状态。没有持续的在职培训和解决问题的能力，学校似乎没有希望生存下去。罗兹呼吁，教育系统要成长为合作型的知识建设社群，在设计良好的合作型基础设施之中运作。

94 在所有学校和学区领导都完成了有关系统思考的“**产出性学校管理**”培训之后，帕斯科县学区在全区范围内开展了减少辍学率的运动。开始时该运动叫“**增加毕业**”。所有校长、学区领导都参与了一个为期两年的学习变革。成百上千的人组成小学研究团队、初中研究团队、高中研究团队、升级/留级研究团队。各团队阅读和讨论有关学校变革及相关领域的文献。在这一知识灌输阶段，没有做任何战略规划，没有启动任何新项目，也没有做任何重要的政策性决策。学区领导的主导思想与假设是：“假如领导者知道如何改变思维方式，学校将会大不一样，更多学生将选择留在学校。”

这一策略展示了混沌理论所说的**蝴蝶效应**，因为无计划的自发变革行动开始在全区内同时出现。“**先一起学着再说**”这一策略太强大了，以至于校长决定在他们的专业职员中也开展同样的活动。经过跨角色团队的学习以及领导者团队的协同工作，几年后这一地区退学的情况大为减少，同时还发展出一套 K-12 的多学科持续进步之课程，各个层次都有相应的档案袋评价体系，所有教师在学习共同体中教学，而学生则不分级。这一试验的原型在各层次都有，现在又出现了第二批和第三批试点。这个学区成为一个凝聚力很强的大型学习共同体，并因此有能力为学生和专业人员改革许多主要的学习和工作体系。最重要的是，它创造了一场可持续性的运动（基于聚变原理）。

创造内部变革能量包括让工作环境中充满关于变革、系统思考和重大创新的书、录音带和录像带以及杂志、文章等，这样日常专业对话与问题解决就能体现出最佳水平。还应鼓励专业团队成员去参观学校、学区和其他各种类型的创新型组织，通过观察和与其他专业人士进行对话不断学习。通过文献研究、实地考察、从学校内部收集信息，每个学校的专业队伍都能成为高质量的学习共同体，形成一套解决复杂问题的方法，并最终有能力按惯例解决复杂问题。通过利用各种自我考核形式，教师专业队伍的应变能力将不断增强。

正如其专业人士的能力在应对不断变化之形势和需求时很有用一样，学校或任何其他组织对其客户也同样有用。**建设自适应的联系机制，应对不断变化之环境是自组织领导力的核心。**当我们在自然系统中接受有关变革的新规则时，就会发现这一目标并非遥不可及。

经验四：自然系统能自组织

自然系统有很强的能力去对各种内部和外部力量作出响应，进行自组织，并自己作决定。领导层的作用就是回应并发展组织进行变革的内部意愿和动力。

专业人员对改革的抵制是阻碍学校变革、跟不上社会其他部分发展的最强大力量之一。大多数这类反应都是有理由的。然而，有些领导者还继续装作没事一样，认为事情并不是那么糟糕，而事实上周围环境变得日益复杂，全球电信正在编织着快速变化的网络。混沌理论认为，**生长的**系统在自由状态下，能自然地应对环境信息，这正是它们的生存方式。学校领导者的工作就是建立专业化的学习共同体，利用并应对不断变化之条件，同时倾听来自内部的需求，并捕捉变革的内在动力和能量。在生长的组织中，响应往往是内部驱动，而不是外部指导的。我们需要有勇气放弃许多旧的思维方式以及某方法是有用还是无用的成见。我们需要采用新方式培育组织的**深层文化**并滋润新生文化。

产生矛盾的部分原因在于，人们并不认为处理内部需求是帮助学生成功的一种策略；控制的习惯依然很有影响力并且很普遍。1995 年佛罗里达州教育部长在全州所有报纸上公布了成绩不好的学校名单，要求这些学校借助当地学区的帮助短期内在全州标准测验中取得进步，否则教育局长就要向州里解释没有进步的原因。毫不奇怪，这些成绩不好的学校来自社会经济条件差的地区。州政府的新政策引起了专业人员的全面恐慌，但它同时提供了有利于学生之改革和发展所必需的不平衡。

在这个通知下达之前，有些学校已经开始帮助家长和学生，但对考试分数的关注使这些学校放弃创新，又回到了**老地方**。在低的测试成绩面前，它们的成功策略引不起州政府官员的丝毫兴趣。结果有些人彻底放弃了自己的职业，与此同时，新的抵抗方式出现了。有的校长退休，有的调到了其他学校。教师也有退休的，有的离开原来的学校，去了社会经济条件比较好的社群，因为那些地方的学校对学生成绩的要求没那么复杂且相对容易达到。继续留在差学校的校长告诉记者，他们如何不得不放弃一些额外的**关爱**策略，
96 代之以铆足了劲去学习那些**老旧的基础知识**。然而，对于一些差学校，教职员工和学生面临的挑战给了他们能量与方向，使其能用对学生有帮助的方式去应对挑战。比如坦帕的克利夫兰小学（Cleveland Elementary）就大大提高了学生成绩，被州政府从成绩很差的学校名单中删去了（*St. Petersburg Times*，1996 年 5 月 11 日）。

在佛罗里达，所有学生的成功首次成为公开的事情。在全州测试中学生学业成绩没有达到某一水平的学校要成为州里持续管理的对象，直至其成绩

达到可接受水平为止。1996 年 11 月 26 日，《坦帕论坛报》和《圣彼得斯堡时报》同时报道 93 所学校已经证明自己的学生在阅读、写作和数学方面取得了重大进步，从而被从成绩很差的学校名单中删除。还在名单上的学校则面临政府干预学区管理的危险，因为最终是学区就学校的表现向州里负责。学校有责任定期证明学生学业成就的提高，有这种期望是对的，因为许多社会经济水平低下地区之学校取得的成绩比这些年人们所期望的还要大。但有一点值得商榷，那就是证明发展的时间限制，特别是对于流动人口很多，每年流动性达 100% 的学校来说更是如此。也许下一个重大挑战就是在一个不但能促进学业也能滋润精神的学校环境中让所有人都成功。

一个组织的生存及其对社会的价值取决于它对有关条件变化之信息作出反应的好坏程度。科学家报道说，世界上曾经生存过的 99% 的物种现在都已灭绝。这一信息对于组织来说有几点实用启示。除非我们想出如何应对不断变化的环境条件，否则作为一种社会职能的学校教育很可能灭亡。在很多社群，我们可以看看那些曾一度辉煌但现在却已不复存在的商店和工厂。在这些单位中，有的选择不理会环境或变化之市场中出现的某些重要信号。再来看看那些以前在某一行业但现在却转战另一行业的单位吧。50 年前，胜家公司（Singer Company）是全球处于领先地位的缝纫机生产商，但越来越多的女性为家人购买成衣，她们越来越少在家缝纫。因此胜家改变了自己的使命，转向宇航工业并生存下来。西尔斯·罗巴克（Sears Roebuck）公司也是一个很好的例子，它调整自身，适应环境，最终生存了下来。有一段时间公司只销售产品，但现在公司既销售产品也销售服务，以满足不断变化的市场之需求。

公共教育也面临灭亡的潜在危险。巴尔的摩、密尔沃基、明尼阿波利斯这些城市已经将一些甚至全部学校交给私营企业运营。这一趋势能否成功暂
时还不知道，但私营企业很可能比政府机构，例如学校和学区，具有更强的 97
应变能力。私营企业认为，当面对既要应对变化之环境又要遵守法律的严峻挑战时，公共机构不必感到无能为力。特许学校运动可以成为学校教育的一种实验模式。这种思路至少值得探索：将一些学校从固有的政策中解放出来，看看会怎么样。我们都可以从各种尝试中学到在更大范围内寻找生存发展的

多种可能性。

我们在研究中注意到，当校长在学生、教职工、家长和社群之间建立起密切联系与网络时，改革就能成功进行。任何时候，变革策略的内容和强度都取决于教职员工学习与探索的意愿。许多校长都说，当给教师传授新思想和技能时，这些教师都希望能参与项目的策划。但仅仅在传统系统之外零星增加少量项目不能从根本上改变课堂和学校教育效果。真正重新构造学校学习与工作的基础已经成为专业挑战。成功的关键在于，把能量的方向引向何方。传统产生的惰性需要很强的能量系统、学习共同体以及外部网络和伙伴关系来克服。

几年前，苏珊·里纳（Susan Rine）给我们讲了她们学校发展的故事。那时候，她是佛罗里达州帕斯科县一所持续进步示范学校的校长。在花了五年时间进行培训、训练并取得许多合作行动的小小成功后，教职工才做好准备去解决高危学生人群这个难题。教职工对合作工作体系很有信心，决定采取不分级/团队教学的结构，并同时进行持续进步教学项目，后者给他们提供了重建的境脉。虽然这些创新没有提供问题解决之道，但它们却提供了可供教师随着时间推移对各种选择进行探索的背景。

如果**倾听**和**响应**是对新型领导力的重要要求，那如何用有别于官僚制度中的方法来达成目标呢？许多混沌理论研究方面的作者都宣称，**对于不断进化的动态系统来说，信息是最基本的原料**。没有信息，系统也可能变化，但很可能朝错误的方向转变。另一方面，如果有大量信息，组织成员就知道需要作出什么样的反馈，哪种反馈最能带来希望。这是一个选择的问题：要么利用信息并生存下来，要么忽视信息走向灭亡。惠特利（Wheatley，1992）将信息称做**生命的燃料**，它打破了舒适的宁静。学校已经开始探索使用各种形式的信息，这将成为组织中的**太阳能**。但惠特利说，要让它流动起来，我们必须放弃控制，学会信任自组织原则。信息是组织营养的来源，它是组织
98 健康状况的重要表征。我们必须如饥似渴地汲取信息，信息的密度会让我们充满勇气和信心地去行动。

有的校长对信息的忽视程度令人吃惊，有时变革是排在他们日程最后的事。每个学期，我们大学的研究生都要在他们所在学校或学区单位作有关学

校教育方面（改革、文化、动机、组织、领导力、战略规划等）的个案研究。在这个过程中，会邀请这些学校的教师和管理者参与研究。大多数校长都支持研究，但总有一些学校要研究生保证只让教授们看到研究结果。在这些学校里，校长似乎不想让任何事物来破坏现状，他们喜欢一切都按部就班。有的则害怕如果结果不突出会受到核心领导层的谴责。具有讽刺意味的是，大部分抵制变革的学校自称是**校本管理**，并且有学校促进委员会。研究生收集的其他资料证明，在这些抵制改革的学校中，在现有领导力状况下进行任何形式的改革都不可能。

然而，有的研究生带来的故事却全然不同，因为在他们所在的学校里，校长和教师都迫切想知道研究者发现了什么。他们通常会邀请学生在教职工会议上向大家汇报个案研究发现。这样的汇报，加上用分发的资料和幻灯片展示研究成果，自然会引起讨论并几乎经常激发一定形式的行动。关于这些学校的其他资料显示，共同学习被认为是一项集体工作，因为他们懂得变革信息的作用并积极改进自己学校学生的状态。

当学区领导认真对待建设成功学校一事时，他们会选择并发展那些看起来对学校革新过程有激情的校长。充满活力、高要求的校长选拔、发展、评估、薪酬机制能驾驭新的学区标准并奠定成为**世界一流学校**的气度。在这些充满活力的地区，人力资源发展体系会清除那些不能或不愿面对学校持续性革新的校长，吸引新型的教育领导者。学区领导的一个主要任务就是确保校长是新命令的促进者，因为这决定着学校的成功。**是对那些不促进学校工作机制和文化之自然变革的校长采取零容忍的时候了；我们国家的存亡也许就取决于这些变革。**

如同**变色龙**一样，自我更新的结构有自组织的能力去适应时势（Wheatley，1992，p. 90）。当专业人士能掌握有关外部因素、内部条件和资源的信息时，诸如任务团队、临时工作组和讨论组之类的流动结构所具有的灵活性也会随之增强。当组织成熟并在新条件中稳定下来，它就会变得更有效，并 99
建立起支撑系统发展的基本结构。当它们对来自外部的信息采取开放态度，并利用信息来改造服务和项目时，就会出现高层次的自治和认同。在自我更新的过程中，界线会自然形成，并不断改变。

坎特（Kanter，1995）说，要想成为世界一流，就必须反思在任何地方存在的有关成长、竞争、运用资源跨边界跨领域运作的最高标准。这告诉我们，不但学校需要改革，就连衡量学校绩效的标准也必须不断大幅提升。组织的成长与它吸收的有关外部条件的信息量以及它以新结构、新过程和新机制体现出来的反应成比例。也许到了弄清楚并严格对待创造内部生长之条件，并提高变革之标准和期望的时候了。否则，仅对系统修修补补不会产生多大效果。在那些提高了标准、学校成为充满活力之学习中心的地方，几乎每天都有奇迹发生。现在的学校教育之所以差强人意，难道不是因为人们自己的选择和意愿而导致的吗？我们要么对新信息和挑战作出充分反应，确保有机会生存得更久一些，要么就忽视这些重要信号，糊里糊涂地走向灭亡。

经验五：新系统生成于完备的原型

对原型的创建最终会导致由各种各样此类原型构成的总体系统之产生。领导者的任务就是支持全新形式之学校教育在各个方面的发展；整个系统的服务和实践都要转型。

校本管理（SBM）曾一度被当做打破壁垒、改进学校的问题解决之道。但相关文献中到处充斥着官僚式决策从一个地方（主管部门）转移到另一个地方（学校）的故事，而始终没有重视学生成功的问题。我们研究生的研究项目每个学期都在讲述着同样的故事：许多学校的校本管理完全是改进驯服模式而不是发起创新以帮助更多学生获得成功。这些学校的教师说，虽然教师、家长和企业界人士都参与了讨论与计划，但学校深层结构很少得到审视或改变，学习模式还是原来的。

如何看待在高参与度学校中出现的一系列创新呢？一个有用的办法是将
100 学校想象成一张关系网。某种做法的创造或灭亡会引发大量的灭亡或创造现象（Kauffman，1995，pp. 292－294）。网络自己推动着自身的转化。一个基本原理是多样性产生多样性，从而引起生长。随着多样性的增加，系统中各种类型的产品猛增。其中一个例子是学校里针对特殊学生服务的迅速增长。

我们在考虑学校各种需求及服务网络时，需要处理一系列互相影响的创新。如果它们有希望产生新型的学校教育，那么会随着时间的推移自然而然地出现。

斯图雷·诺林（Sture Norlin，1996）曾在 20 世纪 90 年代初开发过一个 21 世纪学校的原型，那时他在松兹瓦尔（Sundsvall）当校长。学校设施陈旧，但这所以社群为中心的学校转变成了一个系统思考的典范。全体教职工以及很多家长从一开始就参与了新型教育的创建。在规划阶段涌现出来的成果包括硬件设施的重要改变，以及把课程与组织整合于由教师和学生组成的不分级学习共同体等。为了真正实现这个原型，物理环境以及学习和工作体系都由一组学生和教师同时进行重新设计和试点。对于每一次试点，学校所有教师都要对少数人的经验进行研究并从中学习有益经验，这样就有助于模型的下一次重复使用。这里不存在失败，只存在学习机会，因为这个原型不断被改进并逐渐在全校推展。结果，这一创新集群的概念传到了许多其他学校。

创新集群在学校是什么样子呢？在我们研究的 28 所学校里，发现在发展的不同顺序和阶段中存在着一个共同的创新演化。在每个案例中，最终出现的创新集群都包括**持续进步项目和不分级结构、团队教学、课程整合、档案袋评估体系**等。在每个案例中，学校都从一个创新试点开始，这一创新自然会导致所有其他创新，而这些创新一直都相互关联着。没有完全的原型复制，但每一个原型的重要维度都被整合到学校自然出现的新生事物中。

学习世界一流创新原型对于提高本土创新和原型集群的质量具有实用价值。对机制、结构及服务以试点方式进行彻底改革的做法，将一些重大问题消灭在萌芽阶段，从而预防了许多导致改革失败的共同原因。试点不仅仅是尝试一些新东西，而是要通过不断学习研究去适应当地条件。

分形的概念也许会对我们有所帮助，因为它告诉我们，即使在最低级之层面，变化也非常复杂，这进一步强调了通过试点来进行革新的重要性。改进学校的原型方法确保了整个原型成为新型的学校教育。分形理论告诉我们，一滴水无论怎么增长都不可能成为大象；一片树叶不可能成为高山；海滩也不可能成为森林。原型的每一次复制都服从系统的规定，虽然其生长的形状 101

和大小依赖于生长过程中的环境条件。学校教育原型永远都不可能成为交通系统或医院，它们符合对学校的自然定义并逐渐发展出更多原型。

经验六：变化是生死之舞

创造与毁灭的过程是自然系统中的和谐之舞。在这个过程中，旧的能量模式终结，新的能量模式形成以适应新条件。从这个角度看，领导者的任务就是促进工作机制、结构和服务的终结与开始。

自然系统的一条基本法则是永不停息的生死之舞贯穿于进化过程中，这是一个既动态又稳定，既淘汰又创造的过程。学校中到处都是早已过时，不能满足需求的结构、机制、课程和服务，然而学校对很多改革行为无动于衷，不受其影响。尽管学校周围的世界已经发生了翻天覆地之变化，但许多地方的学校还像多年前一样在运作。为什么学校和学区如此固守着这些已不能帮助学生甚至阻碍学生成功的实践和结构呢？

例如，人们极力维护按年龄分级的结构，然而我们知道，学生学习速度不一样，学习程度也不一样，并且还可以向不同年龄的人学习。我们按年龄阶段开设课程，这些课程之间缺乏联系，但我们知道，生活技能是复杂的，并且需要将知识与技能综合起来才能解决问题。我们的课程项目是简单技能的线性累加，并为此辩护说，掌握一种技能是学习下一个技能的前提，但我们清楚，学习并不是线性的，并且几乎是不可预测的。比如儿童经常会很神奇地教他们的老师和家长计算机知识。我们总是用竞争性的评估体系，然而我们自己也明白，在合作环境中，大家互相帮助对方成功，其学习效果更好。我们总是用恐惧来推动学生和专业人员向前走，可是我们知道，和谐的环境虽然会有一些不平衡，但却能刺激产生最大的收获。也许有人会说，这当中有例外，但这些依然是最通用的模式。学校和学区中依然充斥着与我们关于学习之知识及组织生命力格格不入的体制。现有的东西是要保留，但我们更应该做的是自下而上重建整体学校教育的大系统。

赫斯特和齐默尔曼（Hurst & Zimmerman，1994）就森林的**生态循环**作过深刻分析，想一想他们提出的关于生长与死亡的不同阶段也许会帮助我们在学校教育的目的下理解生死之舞。他们注意到，**森林的诞生**即第一阶段的特点是在集群内生长的同时开拓可用的地盘。在这一早期阶段，各种植物获得能量与养分的机会是一样的，它们迅速占领可用空间。**森林保护**阶段即第二阶段的主要特点是保护现有能量与模式，此时森林生长达到高峰。在第二阶段，森林中占统治地位的主要是大的层级结构，正是这种层级结构将下面的空间控制在稳定状态。这一阶段积聚大量的可燃物质，然而由于外部压力的存在，人类不可能任由森林自由发展，这其中包括防火。但火是森林生长循环中的一个必要部分。**森林大火**即第三阶段可以成为毁灭性创造形式，在森林大火中部分森林被破坏，给新的生长腾出空间。森严的内部结构、废弃物和较弱的系统被这种大型毁灭形式创造的危机破坏。**创造与产生新森林**阶段即第四阶段调用所剩资源以达到再生目的。虽然森林被夷平，但上一茬森林产生的腐朽物让土壤变得肥沃。在生物元素形成的庞大而松散之网络帮助下，这一阶段森林开始重生。在这一阶段，一切都有可能，因为此时的条件**远离平衡**。能量已被激发出来以重建并维持一个新的且更健康、更能适应变化之环境的森林，而条件也利于自组织以及存留下来之种族群的生长。

外部环境是影响自然变化方向的重要因素。因此，建立学校与社群的共栖关系非常必要，只有在这种情况下学校教育才有可能得到持续发展。需要有标杆或世界级的成功标准来衡量学校发展的好坏程度，以及学校生活能在多大程度上培育在其中学习和工作的人。教师、学校领导、学区领导以及教育局成员正在学习如何倾听学生的声音，互相倾听，倾听不断出现的全球需求，而不再依赖传统的展示这个与那个学校、学区统计数据之类的信息。他们从多角度的广阔视野提供了一个更可靠的影响系统内变革方向的舵。现在面临的挑战在于，如何收集多种信息以更好地理解学校教育之复杂性。这样，领导者和工作者就能知道如何相应地打造学习环境。

中心问题是：**工作文化会对学生的学业表现模式产生什么影响**？信息可以不断产生，用来指导每天都要进行的调整，并给针对系统的变革提供方向。
学校及其服务对学生产生的影响指引着愿景、战略规划、工作体系、信息系 103
统、人力资源计划、学校项目和服务评估等变革的方向。教育质量标杆体系建立在整合的有目的的工作这一理念之上，其应用所产生的信息进一步指导生长过程向正确方向发展。在这个过程中，过时的机制自然让位于那些更动态、更有潜力让学生为地球村做好准备的机制。

小结

生活在混沌边缘这六条经验为思考如何领导学校进入21世纪提供了一种新的方法论。留心变化的环境并作出反应意味着生死抉择。新信息产生的不平衡大大激发着变革。组织变革的能量来自于日积月累形成的紧密联系。组织因为自然系统中的自组织原则而具有应对能力。通过原型及其生长，自然系统会发生变革，而变革天然地具有生死之舞的特点。究竟采不采纳这六条原则在于人们自己的选择，但采纳它能让组织生存并发展起来。

任何组织成功的条件之一是改变权力的结构与功能。如果没有专业人士参与建设原型系统，学校教育事业将没有未来可言，正如我们所知的20世纪教育一样。在下一章，我们将与您一起探索权力的各个维度，并对占据了一个多世纪统治地位的官僚体系中的权力之功能进行思考。作为一个组织，要在今天这个世界获得成功，就必须让来自系统各单位的角色团队看到它们有权力参与重新设计及传送适应性服务和项目，有权力参与所需的工作体系。如果权力问题得以解决并被改造成一种使能（enabling）的力量，那么学校和学区就有机会变成更具生机和活力的社会机构。

第6章

直面权力问题 105

我们对权力的很多认识都植根于一种机械论的组织隐喻，这种隐喻认为组织井然有序，是结构性与科层式的，其焦点在于对工作及工作人员的控制。这一隐喻隐含着一个不可改变的世界；它是预成的、分等级的，是以一种永恒不变之环境组织起来的，权力在这里只是一种按既定规则、由既定人员展开的游戏，它毫无悬念可言。这种组织观到处都渗透着加诸资源和人员身上的控制、权威和命令等。

混沌理论的形成则正与之相反，它遵循的是非静态、生成性、变动不居、有机论的隐喻，在这些隐喻中，人们面对的是不断变化的情境。这一隐喻预示的是一个动态变化、具有开放性和生成性、人员在其中能不断流动、通过包容性愿景组织起来的世界。合作性的关系为成员在一起共事提供了指南，塑造了他们的信念与价值，并鼓励专门知识的共享及其在决策中的应用（McLaganand Nel，1995；Seiling，1997）。这样做的结果不但使成员高度守信重诺，十分尽职尽责，而且还使其在对新项目与新服务进行检验以更好地满足客户需求的同时，促使他们就资源支配的轻重缓急达成一致。

在这种世界观下，**权力**使个人的**行动能力不断加强**，使其能以有效方式履行职责；而个人则因此长缨在手，觉得自己的工作更加灵验有效，能更好地服务于客户，并相信自己可以让未来变得更美好。对个人力量和专门知识的倚重，预示着一种支持学无止境的组织文化，并有助于个人加强在展开行动、解决问题及随机应变方面的能力。与这种组织文化相对的则是一种死气沉沉、让人尴尬不已的组织文化，它抑制了随时对客户需求作出机动反应的可能性。因此，权力能够自由给予成员的程度**以及**组织成员对权力的接受程度，构成了衡量组织之行动、责任与义务的标准，当然也构成了衡量组织之学无止境的标准。

权威若是被赋予那些真抓实干且有明确目标的人，就可以让他们不受束缚地采取各种有力行动，处理大家共同关心的问题，并下定决心去解决各种能够惠及主顾对象的全局性难题。如果权力被剥夺或削减，集体承担的义务
106 和责任也随之缩水。或者，换一种说法就是，如果**上司**用别人提出的思想来博取自己的名声，而且所有合理的思想只有集中到**上司**那里才能得到认可与支持，那么其他人对决策的参与将会非常有限。成年人常常希望上司**允准**自己采取行动或参与决策，但他们在这个问题上却过于依赖上司的仁爱之心。助长惰性文化的等级关系使处于这种背景下的权力不能充分发挥作用。这让我们常常可以看到，一个官僚主义者要做的就是确保平安无事。

本章是对权力问题进行探索之三章中的第一章。在这一章，我们研究了历史上对权力的各种界说，及其对个人和组织产生的影响。我们考察了统治与合作这两种不同的权力架构，为迎接一个新时代的到来奠定了基础。在接下来的一章，我们以**权力的河流**为隐喻，对权力架构从统治转向合作这一过程进行了探索，并在探索过程中分享我们对新的权力原型所做的研究。权力的新表现形式为从社会角度理解不同寻常的权力关系构建提供了框架，这种新的权力关系可以发展个人和组织的能力，促进专门知识的共享，推动合作关系的施行。我们对传统的权力关系观发起了挑战，反对马基雅维利式的权谋以及对别人思想横加剥夺的做法，不是把权力视为一种零和博弈的游戏，也没有从成王败寇的视角来看待我们的主顾对象。而第三章则从本土化和全球化这两个角度对贫困和种族问题所作之应对措施进行了探索，向当前让权力实践制度化的范式发起了挑战，因为这种权力实践虽然能让某些人得益，但却让其他人被系统化地排除在外。

原生家庭中的个人权力

家庭隐喻有助于我们理解在人类社会成熟过程中自然出现之权力交接现象。尽管这个类比很适合用来描述父母/监护人和他们的孩子这两类角色之间最初的关系，但却没有考虑到成年人对权力的认识，他们对权力的看法是**经由**共享专门知识和行动而形成的，或者是**超越**等级与依附关系而存在的。然而，原生家庭是理解权力关系的第一站，因此对我们颇有教益。很多时候，我们通过其他关系对家庭的发展动力进行再创造，但这些新的家庭发展动力却常常病弱不堪。

心理学家勾画了一个**从功能紊乱到功能良好**的行为连续体，而家庭则提供了一条沿着这一连续体对权力关系进行描述的路径。功能紊乱的行为限制了个人权力，继续着无助感，并对个人力量或我们用灵验有效的成年人方式行事的能力有一种消极影响。在家庭中，我们可以体验到一个从依附到自主、从控制到自由、从惩罚到自律、从疏远到认同、从审视到接受的权力关系连续体。这些变化影响着我们以后在其他背景与关系下，对个人权力之使用的看法。随着获取各种权力资源的机会越来越多，比如掌握知识和专长，参与 107
各种决策，以及获得各种支持等，我们发挥作用的潜力就越大。

我们可以作出这样的推断，即个体早期在家庭中经历的权力关系影响着其后与同事和权威人物结成的关系。这些早期关系为我们提供了最早的获取诸如教育和文化陶冶之类的权力资源的机会。在出生时，我们完全依靠抚育者的养育和扶持；他们对我们的生存拥有完全的**统治型权力**。随着我们的成熟，家庭大概会帮助我们发展个人技巧和能力，以行使超越肉体生存的其他选择，而**统治型权力**则变成了推动青少年成长的**合作型权力**。我们在某些特定规范、期望和界限之内的成熟是家庭信仰与价值的镜像，反映了我们有能力把资源投入使用，并使其他人对我们行使选择持有信心。如果被认为具有灵活应变的能力而且值得信任，那么我们就可能会被获准拥有更多不超出家庭规范和期望的自治或自由。

毫无疑问，我们的监护人可以一相情愿地认为，他们拥有从我们而不是从他们的最大利益出发来进行决策的合法权利。有些决定的执行是在通情达理的“关怀伦理”（Noddings，1993）这一框架内进行的，这标志着我们从依附到自主的渐次转变。随着对自治和自主的内在追求不断增长，我们自然而然地发现，自己正变得更独立自主，更精明能干。

应变与成长的自由对我们的生存来说非常重要，但家庭结构却被认为是功能紊乱的，这种功能紊乱使我们创建健康的互助关系的自由受到了限制。家庭结构中功能紊乱的存在阻碍自治，并招致无力感。无助、疏远、暴力、愤怒甚至沮丧的征兆则常常以这种无力感为伪装，这种无力感大大限制了我们在当前和未来之各种权力关系中能够作出的健全反应。**这种**现象被称为“**习得性无助**”，它消磨着我们对在未来形成健全、互助的成年人关系所持的信心与乐观。

互助关系只在有成熟的权力交流的地方才会出现。作为儿童，对抚育者的依附对我们的生存发展而言是必需的。独立的技能是接下来的那一套权力交流的关键，我们一旦拥有它们，就算是有所准备了，而这正是互助关系的关键。因此，互助关系是随着时间的流逝，逐步建立起来的，是按照互惠这一共同规范形成的。我们在一种关系或一个社群中成为一个有贡献的成员所需要的能力受很多因素影响，但至少应该包括对权力资源的获取在内，这些权力资源让我们为参与这些关系而有所准备。因此，互惠型的权力关系为了超越**一己私利**，实现共同目标，需要对双边责任和义务的认可。公平地获取诸如信息、知识和专长之类的权力资源，为分享和参与的不断增加开辟了场
108 地（Toffler，1990）。在家庭中，对权力的分享使我们可能开始逐渐意识到以下三件事：（1）对别人的依附；（2）不约而同产生的需求，即学习如何独立采取行动，以便为互助做好准备；（3）对互助的认识，即它能帮助我们比孤身一人更顺利地实现目标。

尽管原生家庭夺走了我们对权力的早期体验所具有的某些洞察，但家庭还是反映了我们作为其中一份子的亚文化以及我们所处时代的结构。因此，在如何扩展个人的权力基础以形成互助型关系上，我们有很多选择。随着我们的不断成熟，存在于成年人（上司）和儿童（下属）之间的那种培植不健

全依附的关系已经变得不正常了。这种组织隐喻看来阻碍了在一起共事的成熟的人们之间的成长与发展。现在是对这一隐喻重新思考，并启用另外一个组织隐喻的时候了。

组织内部的权力关系要进行改革，为此我们建议组织成员：(1) 理解权力的旧传统；(2) 考察权力的新架构；(3) 畅所欲言，交流彼此关于组织内部权力关系的看法和经历，以找出大家默认的权力关系潜规则，正是这种潜规则造成了不健康的权力依附关系；(4) 超越家庭隐喻，在人与人之间建立互助型的关系体系。

超越家庭隐喻

早期对权力的界定没有认识到我们在互助型关系体系内部存在的联合。正常的权力已经陷入了官僚化和等级制的陷阱，如果不能直面这些问题，我们的关系将还是上司和下属这样的关系，还是会强化孤立和疏远的行为准则。现代的权力安排制度正竭尽全力把权力**加诸**资源之上，限制着学校、学区、州教育部门、教育机构和大学中的信息获取。没有对信息的获取，我们自然就没法以有意义而且互助的方式采取行动。

在历史上，**对人与资源的控制**是关注焦点，这意味着我们对联合所做的正常反应被一种不正常的工作体系取代了，这种不正常的工作体系使我们在畏惧、孤立、依附这一套规范面前要么寂寞无声，要么曲意顺从。这样的组织牢笼让我们感到无力，使我们与组织渐行渐远，阻碍着我们的学习。在社会经济水平不同的所有年轻人身上，抑郁症的发生几率都在不断上升，不同社会层次上的暴力行为有增无减，这就是我们看到的制度化了的无力感产生的影响。人类对联合的企望饱受社会达尔文主义的市场心理（比如适者生存）的摧残，已经使我们中间有些人开始对现存之权力关系产生了根本怀疑，他们开始思考：如何采取行动来促进一种解放而不是控制人类精神之整合性权力关系的形成（Nemerowicz & Rosi，1997）；如何才能让我们的社会状况乐观起来；还有，最后一点，如何才能超越乌托邦迷梦，构建新型的权力 109

模式和框架，使我们为所有人而不是一小部分人的美好未来创建新愿景。与**官僚化的、统治权力**支配下的组织结构相对抗是一个充满了严峻挑战的过程，这里不需要胆小懦弱的人。只有坚韧不拔的精神和矢志不渝的决心才能把你领向新境界。

取得权力只是三部曲中的第一步。对权力的理解和使用是在我们的组织结构中可以看到的文化规范的反映（Bennett & Harris，1997）。因此，权力、文化和结构是三个相互影响、相互促动的概念。这三个领域盘根错节地纠缠在一起，权力关系的变革常常由于对此认识不足而遭到失败。要想有效变革权力关系，必须对权力关系的深层意义有更深刻认识，必须对当前社会、历史、政治和经济模式中的底层结构有所把握。克服权力关系中存在的这些问题，不可避免地会让我们与正统观点和习惯短兵相接。权力关系的转型无外乎抵制在历史上、在传统中存在的**统治型权力**（power over），而转向**民有、民享、民治**的权力新体系。在这一权力关系转型的过程中，我们首先要做的是反对那些植根于自己的组织传统之中的陈旧的权力体系。

权力的历史和传统界定

过去对权力的各种认识我们都已耳熟能详，无须再做解释。因此，本章的这一节就把考察重点放在了权力的官僚主义传统为什么与学习型社会背道而驰这一点上。韦伯已经以一双慧眼预见到了官僚化的权力结构是限制行动自由和自治的**铁制牢笼**，但他却没有能够为我们找到进入现代工业社会时摆脱这个**铁制牢笼**的新方法（DiMaggio & Powell，1983）。韦伯无法预见出现在21世纪地平线上的专业化、知识型社会。伴随着在通讯系统、日益发展的全球化以及信息获取方面发生的革命，现在已经到了必须要对我们社会中存在的传统之权力关系进行重新界定的时候了。

那些依然鼓励曲意逢迎并维持现状的奖励机制压制着创造性和创新。灌输畏惧、限制行动的胁迫策略妨碍着学习与适应。更具整合性和互助性的权力形式需要不同的领导方式，这些不同的领导方式要对个人和组织有促进作

用，要有利于个人参与，并承认个人权威的存在。那种畏惧的工作文化，与 110
胁迫其他人曲意顺从的心理学策略结合在一起，压抑着互助关系的形成，并日渐被视为一种守旧过时的存在方式。

我们来简要看一看邓拉普和戈德曼（Dunlap & Goldman，1991）的观点，他们认为西方教育组织方面的著者用诸如韦伯等人的思想来解释教育机构中的权力运转。权威和对统治地位的维持已经被转化成各种形式化的角色和规章，这些角色和规章以结构和等级为基础，并从属于这些权力结构内的制度规范。一直到最近，领导者的道德规范、他们分享权力的能力以及创建行动共同体的水平还没有在组织研究的文献中得到强调。有限参与的决策过程、简单粗糙且有欠公平的资源获取，以及对组织变革的抵制近来遭受了挫折，这促使组织理论家开始怀疑时下的官僚权力结构的寿命。把**我们**与**他们**对立起来的这样一套权力安排限制了变革与发展，并阻碍了组织的学习及其对环境的适应。

在这种对权力的传统认识下，出现了诸如安东尼奥·葛兰西（Antonio Gramsci，1971）的**霸权**理论之类的理论学说。我们对生活现实的某种理解是通过一个社会的经济和政治机构而得以普及的，而葛兰西的霸权理论阐释的则是生活与思想的某些特定方式是如何支配着我们对生活现实的理解的。

通过在诸如宗教、文化、教育、传播和媒体之类的社会主要意识形态机构之使用上享有的特权，这些处于统治地位的思想得以传播。这涉及“对新的信念、价值和世界观所进行之合法讨论与争辩涉及的各种限制性因素进行界定的能力。”（Sallach，1974，p. 44）

对权力的传统认识使组织丧失了促进组织上上下下都进行学习的希望。共治与合作规范下的权力呼唤着一种不同于传统**统治型权力**的权力关系。开诚布公的沟通与交流、以**重大**议题为关注中心的领导能力、对信息的共享、对权力资源之控制的放弃、吸引更多的人参与以及合作等促进了个人力量和效能的提升。不是只有一种占据统治地位的文化视角，其他文化视角也得到了公开承认，并被引入思想的碰撞与交流之中。

接下来，我们要介绍两种截然不同地看待组织权力的视角，我们对这两种视角进行了比照，以阐述自己对组织中协同工作的前途所持的看法。第一种形式的权力观所持的是官僚化和结构性视角；第二种形式的权力则从后结构、后现代和社会建构主义的视角出发来认识与创建各种权力关系。在这两种视角之后，我们对统治型权力框架与合作型权力框架进行了比较和对照，企图从个人角度出发去理解我们自己那些常常在这些视角和框架中不易发现的对权力的体验。

111 组织权力的两种视角

官僚化和结构性视角

官僚化模式部分地是建立在置身于现代性时期的结构主义认识论之上的。结构主义和现代性与自上而下的等级制的世界观是一致的（Piaget，1970），在这种世界观下，特定机构和个人对那些事关全体人员之福祉的项目、服务和政策拥有生杀予夺的权力。少数人为了多数人利益创造了这些权力结构。处于这样一种范式中的所有人都有责任去尽可能地维持对系统中控制力量的支配，以实现既定目标（Parsons，1966）。结构主义是20世纪的产物，学校和政府中的结构主义导向决定了哪些联邦政策和项目要在全国范围内推行，并让各州和学校负责满足联邦政府提出的这些要求。正如以前那些失败了的教育体系与改革运动暗示的那样，历史已经表明：结构主义已不再是学校管理或学校改革的一种好方法了（Sarason，1996）。对外部专家的依附并不能促进本地教育领导者学习能力的发展。相反，教育工作者准备着下一波乱糟糟的强行推行之变革风潮来临，并沉潜下来抵制任何实质性变革，因为每个人都知道，随着新领导班子上台，新一轮风潮还会再来。消极抵抗和曲意顺从在很多工作场所成为常规。

很多人都已经认识到，项目发展与学校运作的官僚化方法陈腐不堪。教育工作者和学生被当做机器对待，他们有责任让学生拿高分，以使学校和学区“看起来还不错”（Sarason，1996）。对政府政策而不是对健康学习环境的重视鼓励了竞争，而不是激发合作与协同。改革的努力由于缺乏一种系统化视角而把注意力焦点放在了一个系统中各个相互割裂的部分上。

现在已经到了采纳一种学校教育新范式的时候了，这种学校教育新范式把集中式决策的权力从联邦政府和州政府那里，让渡到了认真负责且拥有合法权威、为服务对象提供服务的教育工作者手中，以创造更好的学习机会。当把学校视为一个由在其中工作与学习的人塑造的活生生的有机体时，我们认识到，使这些人自由应对面临的情境，可以让他们变得更有力量和办法。

后结构主义、后现代和社会建构主义视角

社会建构主义植根其中的这段历史，使后结构主义远离了结构主义的有序和等级。后现代分析家提出了新问题，并赋予了权力关系新意义，而不是对客观且价值中立之现实具有的各种情形信以为真。他们试图**动摇**我们对知 112
识和存在的理解（Foucault，1984），并为设计不同于以往的、社会性建构的项目和服务开辟了新方向。这一取向企图帮助我们**超越**现代主义和官僚化视野中的权力定义，以更好地理解当前实践。后现代主义的透镜完全颠覆了学校，提出了一些大胆的问题，以探索直到现在都还一直被禁锢着的新道路。

后现代/后结构状况通过不确定性和矛盾性、而不是连续性得以反映（Sarup，1993）；而混沌和差异则是对这个时代最贴切的描述（Derrida，1976；Hargraves，1994）。不再有以理性为基础的对所有人来说具有普适性的知识存在，因为不是只有一种理性，而是有很多种理性并存。随着多样化的意义创造方法发展起来，知识和真理的界线变得模糊不清（Sarup，1993）。对意识经验的个人叙事取代了科学论证或使知识合法化的努力。因为具有复杂性并蕴涵着非线性关系，隐喻成为意义共享的一种流行机制。

对学校来说，与后现代/后结构状况联系最密切的哲学是社会建构主义范式，社会建构主义认为，人类经验是意义生成的场所，重视对人类经验的共享。过去有一种外部权威，他们知晓所有学校中所有教师和学生的最佳利益所在；而现在对这种外部权威的信任已不复存在。组织的社会建构性则成为真理的中心内容。组织成员在传统等级制的界限之内并不断超越这种界限获得着对多重视角的体验，并对多重视角的发展作出自己的贡献，正是这种体验和贡献才使其所作的决策有意义。

社会建构主义重新界定了人们交互和决策的方式。它假定结构、项目、政策、角色和关系具有的意义是由所有成员一起根据多重因素赋予的（Lincoln，1990）。在这一框架下，教育改革是由学校、社群、州、地方政府和工商业界（利益相关者）共同塑造的。利益相关的各方通过合作与共治，决定他们自己的需求以及满足这些需求的最佳手段。社会建构主义的中心内容是在整体上对系统思考进行强调。这种对系统思考的全面重视有助于所有利益相关者摆脱一个支离破碎之官僚化组织模式带来的条块分割和各自为战，从而实现统一性。

系统论的支持者赞成从科学理性主义、官僚主义和机器隐喻的过时世界观转向社会建构主义、整体思考和共同体隐喻的世界观。卡普拉（Capra，1994）对此社会转型进行了概括，称其是“一种由某一社会群体的观念、价值、认知与实践共同体现的社会模式。该社会模式形成的实在观构成了社会群体自我组织管理的基础”。他进一步指出，这种正处于倒退中的社会范式已经统治我们的世界观有几个世纪了，它把人视为机器，把宇宙视为客观和机械的，把竞争视为促进发展的途径，已经过时了。现在正在发生的这场范式转变建立在一种共享的哲学基础之上，这种共享有助于促进互惠循环型关
113 系的形成。卡普拉把这一转变概括成生成性、整体性的转变，他说这种转变“承认所有现象之间存在着根本性的相互依赖，并意识到互惠循环过程中的个人和团体对自然界来说存在着嵌入性”（p. 355）。

对学校以及其他社会机构而言，这一范式转变体现了一种与以往截然不同的联结与行事方式。等级和统治不再是主流的权力结构。合作与共同决策反而成为民主原则指导下的行为新架构。由于角色关系的改变以及组织之间与组织内部权力的转移，组织决策具有的关键影响也发生了改变。在官僚化、结构型的组织模型中，权力被视为**统治型**的权力：少数人手中的权力统治着大多数人。随着科层在一些组织中的消亡以及在另外一些组织中的逐渐削弱，**统治型权力**逐渐失去了它的基础。正是在统治型权力的地盘上涌现了以**民有、民享、民治**为导向的新型权力，这种新型权力成为能量的源泉，而不再是腐败的渊薮。**统治型权力**在那些拥有权力的人和那些没有权力的人之间强行筑起了一道壁垒。**民有、民享、民治**的新型权力则是一股以整体性为导向的力

量，它建立在现存的合乎自然规律的关系之上，正是这些合乎自然规律的关系培育了组织及其利益相关者，并促进了他们的发展。这种新型权力可以消除无能感，并改变我们与其他人之间老死不相往来的状态，它促进了整合与互助的形成，有利于形成强有力的关系，并促使我们联合起来。

葛兰西（Gramsci，1971）、弗莱雷（Freire，1973）、阿普尔（Apple，1982）和胡克斯（Hooks，1995）等人把现代组织结构与统治中的制度化霸权实践称为**主义**（*isms*；例如，种族主义、阶级主义和性别主义）丝毫不令人觉得奇怪。我们面临的挑战是对抗这些以统治为基础的霸权做法，并走向一种新的生活、行动和求知方式。为此，我们从雷恩·艾斯勒（Riane Eisler，1987）提出的**文化权力的统治—合作**中找到了一个可能原型。她的两种社会文化范式模型把权力放在一个充满了各种互相对抗之意识形态的历史辩证法中，并就这两种范式对经济和政治政策与实践的意涵进行了考察。这两种统治与合作的权力架构为是否有可能考察统治型意识形态的潜在价值并以一种系统化和整合性的视角引入合作型权力打开了对话的大门。

两种权力架构：统治与合作

在与学校和学区有关的工作中，我们已经发现，无论在机构内部还是在机构之间，工作文化的状况和变革的过程都各不相同。通常，针对创建新产品和新服务的合作关系与赋权行为会演变成对个人和政治议事日程控制权的 114
权力斗争。之所以如此，部分原因在于权力是被给予的，既然权力是被给予的，那么也可以在变革过程中的任何时候收回。在合作关系创建中的这些令人惊讶之扭曲常常会使我们对变革的华而不实以及教育机构转型的潜力产生根本性的怀疑。在对变革的重新认识中，我们已经比以往任何时候都更加认识到，变革很少是以线性方式进行的，它也几乎从来不会按照我们创建的各种模型不折不扣地进行。在更多情况下，变革屈从于对权力的追逐，倾向于对变革的努力进行控制，而不是去满足顾客需求，这使社会体制和工作环境更加恶化。

在最近30年间发展起来的艾斯勒（Eisler，1987）提出的统治型与合作型社会理论，源自她作为一位历史人类学家所做的工作，《圣杯与剑》（*The Chalice and the Blade*）是她在这方面的重要著作。她对过去6000年间的文化模式以及文化背后的基本价值观进行了一项历史研究，她在这项研究中的发现，使我们对时下教育变革所持的种种过于简单化的设想产生了根本性怀疑。在对历史的理解中，我们会犯过于简单化的错误，而艾斯勒的权力理论则是一种有助于我们克服这种错误的新方法。

一方面，艾斯勒（Eisler，1987）勾画了**合作型文化**（现实化权力）的基本面貌，它以联系（而不是分等级）、合作、培育、参与、分享、灵性、创造性技术以及男女之间的角色平衡为特征。另一方面，**统治型文化**（统治权力）的特征是一种性别统治着另一种性别（在大多数国家，是男性统治着女性），不同角色集团的等级划分形成了制度化，集团内外的思维方式相互对立，财富和资源的获取伴随着贫困的发生，暴力被以制度化方式确立了起来。艾斯勒的研究发现，人类文明在早期是合作型的，只是在过去4000—5000年这段历史中，统治型文化才在世界范围内各个国家的生活方式中逐渐占了上风。我们今天了解的自上而下之组织结构早已深深植根于其古老的统治型传统，但只是在最近的100年间才逐渐被打磨得越来越精致。

按照艾斯勒（Eisler，1993，1995）的观点，这种历史视角体现了在20世纪行将结束之时日益成熟的这样一种社会状况，即对统治型文化模式的反叛和对合作型文化模式的弘扬，挪威和瑞典就是其中最好的例子。尽管统治型文化模式也在不断改头换面，有时甚至令人惊惧不安，但合作型文化模式的很多重要特色还是正在世界范围内日益得以显现。

统治型文化

人与自然之间的这种统治关系可以追溯到启蒙时期，人和自然正是在启
115 蒙时期才开始分离。人不再被视为自然的一部分。诸如弗朗西斯·培根、雷内·笛卡尔、艾萨克·牛顿之类的哲学家和科学家把世界视为一个有待人们去研究与解释的客观且独立之实在（Merchant，1994）。人定胜天的信念开始成为流行范式，这一直持续到工业时代，并最终成为官僚作风和科学理性主

义或统治型文化的基础。

统治型权力借助于统治型文化表现出来的下面这些特征，指引着组织变革（* 号由艾斯勒所加）：

* 一种性别凌驾于另一种之上	严格的界限
* 分尊卑等级	派系林立、内外有别的思维方式
* 制度化了的科层	二元式的思维方式
* 制度化了的暴力	财富与资源的获取

在这种观点之下，只有**一部分人**才拥有决定变革方向并影响变革进程的权力，而这通常只对那些处于领导地位的人才有利。维护现存权力基础的各种传统势力把成长控制在一个可以允许的限度内；统治型文化模式不能容忍任何无视权力中心之存在的行为。没有哲学取向上的转变，统治型文化模式依然会在我们面临的各种社会、政治、经济挑战中大行其道，在统治型文化模式下建立起来的项目，对业已存在的各种结构化问题也只能是暂时应付一下而已，因为它们从来没有形成过更深层的文化与权力关系。

在以统治为取向的组织中，不会发生任何实质性改变。权力扮演的角色依然是让上司凌驾于下属之上，让政客凌驾于教育工作者之上，让所有者凌驾于一无所有的人之上，让人凌驾于自然之上。致力于改革的学校看起来似乎是**为社会公众**而启动变革，但事实上面对的却是没完没了地满足政客交代下来的事情。统计性数据资料的收集依然是评估的标准规范；决策依然出自少数人之手；一己私利依然是关心的重点；整个工作文化中弥漫着不敢承担风险的气息。对资源的控制引发了竞争，而高压政治和选举则操纵着曲意顺从。统治型模式中的变革演变成一种政治角力，变革已经成了争权夺利的幌子，而不是从新顾客的需求出发，重新设计各种关系、项目和服务。任何实质性的新东西都不会出现。

合作型文化

当各种角色集团和关系被重新界定时，合作型文化模式中的权力就变成了**民有**、**民治**的权力。当越来越多的人开始参与组织决策时，合作取代了高压政治和选举。对权力的理解与运用也实现了从西方视角向东方观念的转变，
116 西方从统治的角度理解与运用权力，而东方则注重对自身内在能力的提升以及与其他人之间的联合。当每一位成员都认识到内在力量才是权力增长的源泉时，他们就会携起手来共同创造出组织发展的巨大能量。进一步讲，当**民有的权力**变成**民治**的协同行动后，人们都在他人思想的基础上添砖加瓦。

在很多学校改革计划中都看不见合作型模式的踪影。学校现在对他们面临的一些诸如已经成为社会、政治与经济问题的高危人群之类的挑战缺乏应对准备。不幸的是，学校是由政府和工商业界挑选出来**收拾烂摊子**的社会机构。如果学校真的要承担这项任务，那么就迫切需要一些截然不同于以往的运作模式，这些新的运作模式是与系统论和合作范式联系在一起的，如此一来，学校就可以自然而然地与其他社会机构建立起联系。**拯救**官僚化、统治型权力结构中的受害者已经不再可行了，因为受害者的人数正在不断增加。我们必须找到问题的根源，并把权力重新界定为一股把我们人类联合起来的力量。我们已经有了一个成王败寇的体制，这个体制中的输赢双方都是受害者，他们不但在集团内伤害了自己，还会在集团外伤害到别人（**高危人群**就是如此），认识到这一点对重塑教育组织来说非常关键。

合作型权力借助于合作型文化表现出来的下面这些新特征，指引着组织成长与变革（＊号由艾斯勒所加）：

＊联合
＊分享
＊灵性（Spirituality）
＊性别之间的角色平衡
＊创造性艺术（Creative arts）
＊培育
＊合作
通透性的边界
系统思考
参与

因此，教育工作者面临的挑战首先是认识到语言（例如像**高危**之类的词语）具有的深层文化意义和结构意义，并理解它们。利默里克和坎宁顿（Limerick & Cunnington，1993）提出，在新组织的组织变革阶段，领导者要

采用行动学习法，来作为一种考察现存信念并创造思维新模式的策略。这两位著者还进一步主张，现在的人首先应该关注的是**赋权**和有意义的工作。因此，在教育领导者企图对下属进行**赋权**前，应该帮助下属正确**理解**权力，要让他们**理解**在当前组织实践中存在着的权力所蕴涵的文化意义与结构意义，与以前相比，做到这一点现在变得更加关键。改变我们彼此之间的相互关系需要新的技巧和能力。

存在于权力的新定义及其相应之可能的表现框架之中的，是不同于以往的认识论和世界观。对权力的新定义反对学校中保守排外、论资排辈、袖手旁观的价值观，鼓励兼容并包、相互平等、共同参与的价值观。通过对话， 117
教育工作者得以开始创建一种新的话语体系，它囊括并鼓励求知、存在与价值评估方式的多元化（Cherryholmes，1988；Senge，1990）。这种话语体系是对权力理解的多元视角的典型体现，它能够向一个集团凌驾于另一个集团之上的统治与控制所蕴涵的深层文化预设发起挑战（Eisler，1995）。

小结

我们鼓励教育工作者以及社会公众对以下四个领域进行研究。第一，变革过于经常地由地方、州和国家的政治文化驱动，这种驱动通过来自外部的指示、而不是去寻求促进内在成长和发展的方法来完成。第二，我们需要既有伦理关怀、又能促进生成型领导力之宗旨、还能使人们之间相互信任的领导者来开始权力关系转型的征程。他们必须与下属一道分析要采取哪些行动才能改变对权力结构和权力文化的看法，突破霸权主义的堡垒，并发展向新体制跃迁所需的能力和技巧。第三，领导者要对微观政治行为有更好的理解，以把其自私自利的影响限制在最小范围之内。第四，超越官僚性和统治型权力模式的理性建构，挑战那些束缚我们手脚的政治文化与微观政治实践之时机已经成熟。围绕权力的分享和民主的理想，我们的社会渴望具有更多民主和更多开放性的工作体系。生成型领导力与合作型权力使观念从“**被动的我**”转向了“**主动的我们**”，用一种符合人性、有机论的隐喻取代了机械论隐喻。

在时下的组织中，权力关系可能正在发生着最寂静无声的革命。在成王败寇式的权力的零和博弈中，**赋权**毫无意义，只是无情地挥霍着人类的潜能而已。只有**拥有特权的人**才能赢得这场游戏；而失败的人则更是大多数。在这场权力游戏中，人是可以牺牲掉的。但是，我们还有其他选择！

第 7 章

权力的河流 119

本章把**权力的河流**作为对权力的一种隐喻加以介绍。这条河流是考察从官僚性、统治型权力的传统观点，走向学习型、合作性权力文化的一个手段。当学校和学区打算迈向优质工作文化时，我们在权力安排和权力关系的**预期目标**上面临着各种选择。这些选择会延续富人凌驾于穷人、男性凌驾于女性、内部人凌驾于外部人、有特权的人凌驾于较少享受特权的人这样一种权力的二元论吗？权力和新的工作谋划会在一个更为广阔的变革愿景中促进所有相关人士走向成功并感到满意吗？我们对摆在自己面前的各种选择有争论，这些问题和其他另外一些问题都是争论的中心问题。

作为合作型文化的学校

前面一章提出了统治型视角和合作型视角，是选择统治型视角还是选择合作型视角给组织带来的后果截然不同。统治型文化企图借助来自外部的指示改变人，只使用统计工具这一种方法度量变革，而且通常采用的都是标准化测验得分的形式。政客常常利用畏惧心理引诱人们变革，并且迅速致力于建立一套奖惩制度，而不是出于成长的目标认真考虑专业发展的问题。按等级给学校排座次，诸如把学校定级为**不成功的**学校，或者**时刻准备**让政府来接收它，这都是在把学校视为解决社会弊病的一个政治角力场。

合作型文化从以**被动的我**为导向转变到以**主动的我们**为导向，注重更加广泛的社群参与。不断进步以及全员参与的信念每天都会促进和激励变革。不是一味把过失归咎于体制内的教育工作者，学校教育的愿景着重强调学生生活的成功，并且让社群也参与决策如何才能最好地实现这一愿景。如果能够在如何解决各种复杂性议题上同心协力，就能将仅仅由教育工作者承担的责任扩展到更广泛的团体中。

120 历史上，不乏对一种新生活方式的大声疾呼。民权领袖呼吁种族之间的平等；女权主义者要求男女之间更进一步的公正；政策分析家鼓励学校超越政治上的花言巧语而臻于实质性变革。如果我们想步入一个学习型社会，还有很多工作要做。对于学校来说，选择维持这种统治型做法只不过是日益加强对人的控制，必然会导致停滞和衰退。

与之相反，合作型权力需要一个根本性的心智转变，从官僚型和统治型的做法，转变到系统思考和社会建构主义信念引领下的学习型、合作型价值观上来。在这里，个人权力和组织权力之间的平衡被视为对统治者控制的官僚主义界限的超越，以及对革新型和促进型权力的追求（Dunlap & Goldman，1991；Wartenberg，1990）。按照他们的本性而形成的合作型关系，利用所有个体独一无二的技能和才智来实现集体和组织的目标；他们鼓励其他人超越一己私利而对所有成员所珍视的共同利益负起责任。

我们对合作型权力的兴趣来自于一个共同体验，即被我们视为**不成功的合作关系**（failed partnership），这是一种矛盾修饰法。我们纠缠于如何用自己所学帮助别人。我们发明了一种隐喻来描述正在迈向合作型权力的人们在组织中所处的境况。作为一种组织发展的能量源泉，权力需要反映行动，需要反映组织发展潜在的能量源泉，需要反映权力运用可能面临的陷阱。通常，我们懂得如何在权力受到约束的地方纵横捭阖，把更广泛的权力源泉联合在一起。**权力的河流**这一隐喻体现了当从统治型权力转向合作型权力时，各种各样的机构和组织是如何可能在一起规划他们的行动计划的。除非我们愿意彻底改造自己扮演的角色以及彼此之间的相互关系，否则就无法开始迈向合作型权力的新旅程。

权力的河流

权力的河流（图 7.1）描述了现行权力关系是如何在官僚型和统治型权力实践中得以显现的。这条河流的前半部分描述的是由少数人把持的权力。权力的源泉表示的是加诸资源和机会之上的**统治型权力**；这是一个很多成员都感到无力影响变革的地方。牛轭湖[①]剥夺了他们享有河流中资源和机会的权力。这通常是因为人们对权力资源的享有是受到限制的。当官僚性组织想沿着权力之河顺流而下时，有很多以支流形式表现出来的新思想要重新恢复这条河流的面貌并带来活力。支流描述的是各种各样之活力源泉是如何把各种力量联合起来，使这条权力之河成为一股令人敬畏、不可逆转之强大力量的。

当组织企图采取一些更具参与性的做法时，从乐观角度看待组织发展的历程，要实现从统治型权力向**合作型权力**的转变，需要**工作人员技能的发展，这有助于促进他们对组织发展的投入**。然而，在通常情况下，来自工作人员的投入却往往是贬值了的。我们从佛罗里达州 67 个县中精挑细选了几个县的年度优秀教师进行了访谈，他们的经历表明，所谓参与只是浪费时间而已，它所能反映出来的也是华而不实的投入。有个教师委员会花了一年时间对各种不同的课程安排与设置进行考察，最后得到的结果就是如此。在这一年时间里，委员会开展了研究，参观了其他的学校系统，并用不同方法收集了他们自己学校以及其他学校中有关学生学习结果的数据资料。年终时，委员会向校长提出了几项建议。意想不到的是，所有这些建议都被搁置不用，因为

① 平原地区的河流，因水流对河面的冲刷与侵蚀会越来越弯曲，最后导致自然截弯取直，河水由取直部位径直流去，而原来的弯曲河道则被废弃，形成湖泊，由于这种湖泊形状恰似牛轭，故称为牛轭湖。——译者注

121

图 7.1 权力的河流

对管理者来说，实施这些建议需要耗费太大精力。在一个简短会议上，委员会一年的心血就被一个简单的“不”拒之门外。没有对各种选择的进一步思考，没有对新信息的寻求，没有为试行这些建议制定一个切实可行的计划，
122 最后什么都没有，一事无成。乐意从事这项工作的教师很快就大失所望，此后也不再会愿意参与学校委员会的任何工作了。管理者不想进行任何一点儿变革。这件事情说的不是管理者推着教师进行变革，而是人们是如何因为一事无成而陷入无聊工作这样一种泥潭之中。这是一种对教师合作团队建议无

动于衷、置之不理的工作文化。

当前官僚政治和集权体制下的权力关系给人以一种**权力下放**的表象，他们欢迎教师的意见，但现在一些学校的实际情况却是另一回事。正如另外一位年度优秀教师所言：

> 我们被要求对某些糟糕的事情建言献策。假如你真的有勇气去畅所欲言，出主意，想更好的法子，或者认为自己可能对此事有所帮助但事情却并非向我们期望的方向发展，那么你要么就需要痛定思痛，洗心革面，深刻反省，要么就会变成孤家寡人，被边缘化。还有，如果你一直畅所欲言，就会遭受打击和压制。而这都是因为没有辩论的空间所致！

这个事情以及另外一些与之相似的事情意味着，如果学校有成为一个学习型和合作型场所这样的抱负，那么它们就应该有另外一番表现，以告诉人们，这些学校中那些有人情味、富有同情心、受人尊敬的领导者是如何帮助它们达成共识的。如果教育工作者真的对那些学习型、合作型做法感兴趣，那么针对不同观点而展开的对话，对于倾听各种不同意见来说是基本的，而且也是必不可少的。这需要我们在对待权力之河的力量流转上实现一个心智转变，以迈向合作型的权力关系。

水流湍急而海拔下降，这意味着权力之河中的权力关系正在发生着一场意义深远的变化。一旦成员在组织内部得以享有**民享**和**民治**的权力，那么权力就开始成为一股变革的力量。随着各项工作以协同方式得以完成，个人权力开始借助组织进行扩展，被用于解决整个组织范围内的问题。新的工作流程支持共同决策这一意图，并给个人以内在动力，使他们致力于永不停息的进步。**民治**使人们可以围绕共同目标自由决策。组织成员提出的各种问题以及他们的心之所系已经超越了一己私利，而臻于广阔的团体利益。不是像在统治型体制内一味地对人们求全责备，新的工作流程把人们从各种不必要的约束中解放出来。信任、沟通和愿景是推动权力之河奔向大海的无形潜流。

对权力关系的关注以及用河流来隐喻权力，使我们可以构造一种权力关系以发展组织的各项能力，以使组织成员可以运用他们拥有的天然力量来解决各种复杂问题。这需要高水平的自我超越（Senge，1990），还要求组织对
123 协同工作做好准备。作为研究人员，我们感兴趣的是，教育工作者如何才能描述出当前学校里存在的权力关系。我们希望对教师在权力问题上的看法有更好的理解和认识。我们发现，权力之河这一隐喻可以很好地描述合作型价值观和统治型价值观的各种不同视点。我们的目标是对这些视点进行阐释，如此一来，教育工作者就可以沿河而下，开始致力于制度权力实践中的一些根本性变革。要走向合作型权力，就需要知道哪个地方会让我们陷入涡流而举步维艰，哪个地方会让我们滞于沙洲而难以前行。在这里，我们与您一起分享自己的两项研究发现，希望能够引起您的注意，采取实际行动改变学校中的权力格局。第一项研究开始只是个试点，目的是为了从现象学的角度对权力有所认识。这些描述性的研究发现为构建权力的一维模型而实施的几项调查奠定了基础（Acker-Hocevar，Bauch & Berman，1997；Acker-Hocevar & Bauch，1998）。

教师眼中的权力安排

通过对一份开放性问卷中几个问题项的回答所作的分析，**第一项**研究试图对教师在权力问题上的看法有所认识。大概 100 名在教育行政管理专业从事高年级本科生和硕士生教学的教师填写了这份问卷。研究结果报告了男性和女性针对每一个问题围绕共同主题和模式的看法（Acker-Hocevar，Touchton & Zenz，1995）。1995 年参与这项研究的小学、初中和高中教师年龄从 20 岁到 50 岁不等，教学经验从 3 年到 9 年不等。回答问卷的人中，有 95% 是欧洲裔美国人，只有极少数是西班牙裔和非洲裔教师。在所有回答问卷的人中，大概 2/3 是女性，1/3 是男性（事实上，我们选择的这些教师中，男教师多于学校中 80% 为女教师和 20% 为男教师这一整体比例）。焦点组一致认同问卷所得结果，这使我们可以相信研究结论的真实性。问卷中各问题项的主题反映了不同性别的人对权力关系所持的不同观点。参与回答问卷的人认为，

如果问卷结果可以从整体上进行解释，那么男性和女性都可以从一个综合性的权力模型中受益。正如您所了解的那样，您可以对这些研究结果有自己的认识，并得出自己的结论。我们会在第一项研究的结尾部分和本章的结尾部分提出自己的某些结论。

问卷中的**第一个问题**是要求教育工作者**描述一个得到赋权的教育工作者是什么样子**。女教师从决策机制的角度看待赋权问题，认为赋权可以**给予**她们决策自由和自治权力。回答问卷的这些女教师把决策界定为决策过程中的**发言权**和对决策过程的**直接参与**，正是决策过程中的发言权和对决策过程的直接参与导致了决策的**执行**。女教师认为，一位得到赋权的教育工作者应该享有决策权威，但是需要来自行政方面的支持以执行这些决策。这些女教师还详细阐述说，一位得到赋权的教育工作者要会运用**良好**的沟通技巧、专业 124
特长以及影响力来影响决策过程。男教师则把赋权描述为：在一个**摆脱**了行政管理人员之**束缚**进行变革的社会中有关趋势和变革的知识。他们希望拥有以最低限度之监管来完成自己的工作以实现教育目标的能力。

第二个问题问的是，**责任是如何与权力联系在一起的**。女教师认为，责任与自己在承担责任上的积极性直接相关。承担的责任越多，权力也就越大。因此，权力是一个交互过程，对责任的承担为你带来更大权力。男教师也把责任和权力视为一个硬币的两面。责任中有权力，权力中有责任。男教师认为，他们有自由去承担更多责任，并拥有更大权力。男教师和女教师都把责任换算成与权位有关的科层权力。

第三个问题要求教育工作者**描述一下权力背景下的问责**。女教师和男教师都认为，个人和组织都需要进行问责。对女教师来说，个人的问责具有更多道德色彩，考虑的是在以各种符合伦理道德之方式行事时，彼此之间应该承担的义务。从组织视角来看，女教师认为，接受问责意味着**下放**给组织成员更多权力。然而，在当前改革所处之背景下，很多女教师觉得由于改革中更加苛刻的问责措施，行政管理人员怕冒风险。她们认为，所谓问责就是要取得预期成果，并满足学生需求。有些女教师还表现出对几乎任何事情都要问责的这样一种普遍认识。

男教师则在支配他们行为的组织实践的背景下认识问责问题。问责是与法律、功效、职位联系在一起的。他们认为，问责是自己要对那些职位比他们高的人所作出的交代，而对那些地位比自己低的人则无此必要。他们也认为，问责就是为了提高学生的学习成绩而必须全面达成的各种各样的结果。

第四个问题是要求教育工作者**描述一个强有力的教育工作者**。在对这个问题的回答上，男教师和女教师之间存在着区别，这种区别比在对其他任何一个问题的回答上存在的区别都明显。尽管女教师和男教师都认为，一个强有力的教育工作者应该是一个受到普遍尊敬的教育工作者，但男教师比女教师更加这样认为。男教师认为尊敬可以推动系统有效运转，可以在系统内部发挥影响，而女教师则从诸如做一位**好的倾听者**、**满足其他人的需求**、**洋溢着自信**之类的有效人际交往技巧这一角度看待什么是尊敬的问题。男教师把尊敬和权力理解为影响力，而女教师则把尊敬和权力理解为知识和行之有效的沟通技巧。

特别值得注意的是，女教师认为，强有力的教育工作者应该知识渊博、教育良好且有一技之长。她们认为，强有力的教育工作者要通过倾听并满足其他人的需求来从别人那里赢得尊重；她们觉得强有力的教育工作者与一个
125 更大的整体联系在一起，并满怀兴致地鼓动其他人。最后，女教师还认为，强有力的教育工作者应该是勇敢无畏、敢于冒险的人。相反，男教师则认为，强有力的教育工作者应该是一位不受约束的人，他能赢得尊重，影响他人，知道如何在体制内行事，对变革进行筹划，在官僚政治的官样文章中游刃有余，与**合适的**人携手共进，并启动变革。他们把领导能力视为领导者对他人施加影响的能力或魅力。

第五个问题要求教育工作者**从他们所处的背景和当前所处的位置出发描述一下权力**。女教师认为，权力就是她们通过课堂教学、课程选择、材料选取以影响课堂变革的专业权力。她们认为，权力与教师参与的各种委员会之数目以及她们在学校中担任的正式领导职位——诸如团队领导者——有关。大概有 1/4 的女教师在共治和共同决策这样一种背景下来理解权力。男教师在对这第五个问题的回答上与女教师的看法高度一致，但他们却没有把权力与共治和共同决策联系在一起。事实上，男教师倾向于认为，因为地位低下，教师其实并没有什么权力。然而，男教师和女教师都从他们在课堂中的造诣

这一角度出发，把权力作为一种发挥更大影响力的手段。

第六个问题询问的是他们对**当前教育实践中的权力持何种看法**。因为当前的改革情势，特别是考虑到决策体制、权力分享、决策制定与学校整体愿景相结合时，女教师认为，对权力的理解是不断变化的。男教师则认为，权力与个人所处的地位以及与他人的联系有关。在对权力的认识中，他们并没有提及变革的问题。男教师和女教师在对权力的理解上，都毫无二致地把它与自己在学校中所处的职位联系在一起。

第七个问题是让教育工作者描述一下**权力和资源两者之间的关系**。女教师认为，所谓权力就是对资源的掌控与使用，她们从控制、犒赏、酬劳的角度讨论权力。她们把资源看成是不断生成的，诸如技术、职员信息和知识等。非常有趣的是，男教师则往往想当然地认为自己已经拥有了资源，并认为利用资源的目的就是为发挥影响力提供更多机会。

教育工作者被问到的**第八个和第九个问题是信息是如何在他们的工作/学校环境中散播的以及现在在他们的工作环境中掌握权力的是谁**。所有对这两个问题作出回应的人都回答说，行政权力借助书面通信和口信的形式控制着整个学校系统。通过信息传达和更改议程，行政管理者牢牢掌握着权力之门的钥匙。

在对权力的理解上，所有结论都表明，男教师和女教师各自所处的权力关系存在着细微差别。与两者之间存在的显著相似之处相比，在他们之间存在着的不同点，有很多也就变得无足轻重了。权力基本上是被放在当前强化了科层式角色与关系的这样一些体制下进行认识的，而科层式的角色与关系则再一次铭刻了服从与统治的性别视角。教师认为自己的影响所及的范围主要局限于课堂之内和同事之间。男女教师之间也有所不同。女教师讨论的是 126
接触并**被允许**拥有更多的权力。她们关注的是**问责的道德层面**以及**对他人的赋权**。男教师则倾向于把**破除束缚**的赋权作为关注焦点，并**想当然地**认为，**有权利用**各种资源来承担更多责任从而获取更大权力。他们在等级关系的框架内看待权力和问责；另外，尽管女教师也在等级体制内看待权力，但她们强调的是体系内部的相互联合，而男教师看重的则是如何**选对人**，并与之携手获取更大权力与更高地位。

这些研究发现揭示了组织中的**性别化过程**（gendered processes）是如何被强化的。阿克（Acker，1992）得出结论说，各种隐性和显性的体制与文化特性继续维持着男性加诸女性身上的统治与服从这样一种关系，不是“切实具体的，就是象征性的”（p. 463）。她认为，权力和性别是与由不同种类的参与形式构成的体制和文化特性联系在一起的，这些参与形式不仅存在于工作中，而且还存在于社会中的很多其他场合以及各种社会关系中。这些性别化过程因一套原理的认知心向而有所不同，这套认知心向作为存在或行事的性别化方式（如态度和行为）而被强化，性别由此被视为一个“权力的普遍象征”（p. 463）。性别化的求知方式影响着男性和女性是如何认识、获取和使用不同形式的权力资源的（Belenky，Clinchy，Goldberger & Tarule，1986；Gilligan，1982；Shakeshaft，1986）。鲁施和马歇尔（Rusch & Marshall，1997）坚信，这些性别构造物是限制与抑止我们创造自己所期望之物的能力的**过滤器**。她们提出，这些过滤器还会通过把性别在组织中的影响最小化而压制和否定差异化。

其中的一个性别过滤器可能就是通常情况下女性对社会和组织中各种经济性和政治性权力资源的获取与使用的可能性。坎特（Kanter，1977）认为，所谓对权力资源的获取就是获得支持、信息以及各种补给。她作出结论说，很多女性，尤其是中层管理人员，缺乏这种对权力资源的获取，并因此而无法在组织面临的情形需要她们迅速作出反应时足够敏捷地采取措施。

教育领域的成功女性是如何围绕性别对各种政治性议题进行磋商的呢？一直到最近都几乎没有什么研究对此进行过考察。如果假定阿克（Acker，1992）的断言是正确的，组织中确实存在着**性别化过程**，那么男性和女性是如何进入权力的各种回路之中的就是个需要考察的问题。布伦纳（Brunner，1993）对某一社群中的这种过程进行了描述。在这个社群中，成功的教育局长是一位女性。在她的研究中，女性把权力定义为通过集思广益、齐心协力而使各种事情得以完成的能力。这位教育局长认为，权力置身于和他人的互动之中。与此相反，在布伦纳的研究中，男性则把权力视为获取具有影响力的职位，并利用自己的职权把权威施加于他人身上。他们认为，权力就是承担更多责任，使用信息和知识来说服他人信服于自己的观点。布伦纳报告说，她研究中的这位教育局长在对男性和女性参与权力运作的理解上能够“从文化角度形成不同认识”（Brunner，1993，p. 198；又见 Clegg，1989）。布伦纳 127
作出这样一个结论，即教育领域的成功女性“能操男性在权力运作中所用的语言，同时又能保持女性自身的阴柔之美”（p. 198）。

在对性别化沟通方式的研究中，坦嫩（Tannen，1995）把男女之间的差别减少到了最低程度。她主张男女两性应该使用一套新的话语体系来描述一种相似的权力现象，无论它指的是共治还是特权。她阐释了女性如何在各种关系中建立起有意义的联结，即她们所谓的**联合**，而男性则把它称为通过**权位**而形成的携手共进。针对女性而言的联合是通过**合作**实现的，而男性则通过**权势**或通过把影响力或权威加诸他人之上来维系权力关系。

女性和男性在相同体制下通常使用不同政治策略来博取影响力。我们可以认为，权力话语是由男女两性之间的不同之处与相似之处共同构成的。如果有机会，女性可能更乐于就共治型权力关系展开磋商，而男性则可能用权威来建立统治型权力关系。在不同情形下，权力或赋权既与关系有关，也与权位有关。女性使用的话语体系体现了加诸她们之上的统治与控制（例如，**有权使用、被允许、被给予**等），而男性使用的话语体系则体现了他们拥有控制的权力（例如，**利用、随心所欲、资源充裕、施加影响**等）。

顺流而下

在本章的开始，我们提出了**权力的河流**这一隐喻，以此来考察各种体制对权力所持的不同观点是如何表现出来的。惠特利和凯尔纳—罗杰斯（Wheatley & Kellner-Rogers，1996）坚持认为，我们要选择使用图像来交流自己的经验，因为它们以非线性、复杂性、难以预言且具有整体性的方式，“把我们看到的东西联在了一起”（p. 12）。如果使用线性、复杂性较低的语言、图像和隐喻，就难以描述各种细微差别和微妙之处，让读者形成自己的理解。

在权力的河流这一隐喻中，不难想象河流是如何应付水位变化的。有时会水漫堤坝；而一旦发现了新方向，河流就会突然改道，并继续奔流而下。在河流将会如何重塑边界这个问题上，我们的预测肯定没有事实上发生的那样准确。过去的模式为河水将要流向何方揭示了各种阻力最小的途径。在学校中，教育工作者可能会四处寻找那些以往观察到的模式，他们觉得在这些模式中变革的阻力荡然无存，大家因而能够联合起来；同时，他们也意识到，各种细微分歧是如何让那些重要的深层文化模式和体制模式变得至关重要起
128 来的。我们能够学会对尽管分歧很小但却是变革显著的那些地方更警惕和更敏感。通过认清这些地方并让它们能被看见，我们就可以开始把自己从科层式的统治者做法中解放出来。高压政治被可能性、希望和激发一种新生存方式的能力取代。沿河所至的新地方使我们能够共同探索在每一个转折点上共同体究竟意味着什么。

从统治型权力到共享型权力

在一项对400多名阿拉巴马州与佛罗里达州教师进行的研究中，研究人员使用权力的五维模型实施了一次调查，这五个维度分别是：（1）自治；（2）责任和义务；（3）资源；（4）等级化的权力观；（5）政治功效和专长（Acker-Hocevar，MacGregor & Touchton，1996；Acker-Hocevar，Bauch & Berman，1997；Acker-Hocevar & Bauch，1998）。教师被要求对三个开放性问题作出回答，他们在对这些问题的回答中，描述了自己认为的支持赋权的各种**条件**。下面这些回答聚集在**统治型权力**（power over）上：

- 行政管理人员乐意分权；
- 没有无望感；
- 较少注重自上而下、组织管理严密的权力体制；
- 行政管理人员更民主而不专制；
- 有表达意见与愿望的自由，而不会遭到处罚；
- 可以无拘无束地对关心的情形进行质疑或要求澄清。

统治型权力限制了他们成长、开放和学习的潜力。在对那些冷冰冰且令

人敬而远之的地方的描述中，我们可以看到这样一种类型的学校的影子，它们促进权位的高低分化，在制定政策和规则时把成员排斥在外。缺乏关怀、权位分化、参与受限使这些学校成为难以开展工作的地方。这些统治性的做法限制了学习。

教师还描述了在得到赋权的教师身上表现出来的**行为**。下面这些回答聚集在**合作型权力**（Power to）上：

- 自信，可以坦率地进行沟通，可以不受约束地在课堂上把事情做到最好；
- 教师在尝试各种创新性的方法与技术；
- 热情洋溢，和蔼可亲，在所有层次上都可以坦率地进行沟通，有一种践行学校教育理念的愿望；
- 交流，合作，灵活机动，确立目标，实现目标；
- 感觉能够受到行政管理人员和教育局长这一系统的尊重、信任和赏识；
- 行政管理人员乐意让教师参与决策过程，而教师也乐意承担领导责任；
- 教育局能倾听教师的声音并尊重他们。

合作型权力把能量让渡给整个组织以促进变革。它的表现就是越来越多的倾听、对变革的支持、尊重、信任、赞同、不断的反馈、花时间进行反思、对自知之明的呵护、对承担风险的鼓励、致力于解决难题、沟通、化解冲突、创建团队、学习共同决策的技能等。这为权力**切实发挥作用**做好了准备。就好像把鱼苗放进河中以待其成长与发展或播下种子等待其后的收获与收割一样。没有组织的发展，权力的河流不可能为组织将要发生的学习做好准备。

同侪、家庭、学校和社群具有的某些特征有助于培养组织的韧性，这些特征包括促进相互之间更加密切的联系，养成鼓励合作、提供领导、加强决策、为有意义的参与孕育机会这样一种文化。有韧性的组织有助于组织中每一个人才干的发展。

共有型权力就是一个组织中业已现实化了的权力。当组织的最深层体制发生变革时，权力的现实化就发生了，我们的文化价值与文化观念也反映了这一点。当在为权力的现实化这一股力量集聚支持时，权力的河流发生了一个大转弯。现实化的权力是经由人们一起共同工作才得以实现的。

教师们还描述了得到赋权的教师是**如何**行事的。下面的这些回答聚集在**共有型权力**上：

- 教师积极参与那些影响其学生与学校的决策；
- 教师尝试新想法，向行政部门作出反馈，并且知道行政部门业已听取了自己的想法并认真考虑它们之于变革的潜在价值；
- 教师从同侪身上看到并学到了什么有效而什么无效；
- 教师认识到整个团体从自己个人权力的加强中受益；
- 教师与学生一起工作，积极地让他们投入到学习当中；
- 教师聚首商讨并分享对学习的各种想法；
- 130 教师相互沟通，致力于团队合作与共同决策，并可以不受约束地与心胸开阔的行政管理人员讨论各种议题；
- 教师一起携手帮助学生走向成功。

共有型权力是一条不可能回头流转的权力之河。人们开始感觉到了跨越传统之界限（例如，各种孤立的角色集团和等级划分），在团队中（例如，跨职能和混龄学习型团体）工作焕发出来的活力。学习是非竞争性的，其焦点针对的是真实生活中面临的各种挑战。学校则是所在社群的伙伴，它们在社群中互助合作。清晰明了的高绩效标准成为行动指南。讨论、探究和学习是核心价值所在；人们不再害怕自己的想法会被剽窃或抹黑。他们代之以携手共进，把自己的想法联合在一起，形成综合性的创新举措。

目标设定和自我超越鼓励的是诸如利他主义之类的忠实于既定社会道德准则的价值观。组织对每一个人身上具有的独特才华都心存赏识。人人都有一个内部控制点，都有自治，都乐观地看待自己的未来。他们自尊且自信，有与他人联合起来共同学习的能力。

共享型权力（Power through）是一种训练有素的权力，它的表现形式多种多样，例如留心丰富的信息网络，拥有促进**成长**（becoming）的权力关系，能充分认识到共同的价值观，维持开诚布公的沟通与交流，鼓励团队之间彼此相互学习，有多样化的数据资料和反应回馈来源，支持适应性系统灵活机动地应对变革等。这个共同体自我滋养，茁壮成长。

教师们被要求描述给教师赋权**让谁受益**。下面这些回答聚集于**共享型权力**上：

- 学校所有的教师、职工、学生、家长和行政管理人员都能从中受益，因为给教师赋权提高了他们的工作效率、创造力、包容性和责任感。在一个教师确信自己拥有权力的工作环境中，存在着一种特别的生命活力。
- 学生、教师、行政管理人员和社群都能从中受益，因为如果你拥有一些“坐而论道且起而行之”的教师，那么整个学习环境和社群就会因为有更多机遇可资利用而受益匪浅。
- 行政管理部门、教师、学生和家长都能从中受益，因为人人都齐心协力地工作，竭尽心力地参与决策，这为每个人都创造了一个更好的环境。

共享型权力把权力转变成了另外一些新东西。信息网络、跨越传统界限
之关系、可以共享的资源、风雨同舟的信念、非正式的学习、个人权力的行 131
使等都是关键。组织超越了过去那种束缚团队学习的权力定义，而迈向一种合乎伦理的共同体，这个共同体把首要事务放在了不断学习与不断适应上。

小结

系统思考是推动**统治型权力**向**共享型权力**转变的组织学习的主心骨。科层式、官僚型的统治让系统支离破碎，使人们相互孤立，让资源和机遇掌握

在少数人手里。一个权力精英少而又少、而共有权力无处不在的共同体鼓励对资源的获取、配置、利用和优化，这意味着开始塑造一个新的未来。我们对共同体面临的各种不同的优先事务分别进行了探讨，认为小组深度会谈、系统思考和良性互动关系为在组织中学习和生存奠定了基础。

在组织内部与组织之间创建生机勃勃的学习共同体，需要一些变革的心智模型，这些变革的心智模型使我们有可能破除统治的科层式堡垒。充满了生机与活力的学习型组织在组织内外的各种合作团队与角色集团间，甚至在合伙项目与服务中建立起强有力的联合机制，以满足学生需求。学习共同体要想生存下去，一个必要条件就是在资源和机遇面前拥有行使民有/民享/民治权力的自由。要精心构思采取什么措施才能适应不断变化的工作环境，才能有助于形成合作型权力。共同体形成了强有力的倾听与应对机制，正在塑造着一个人类体验与希望的新世纪。

我们要采取行动提升学生的学习，要形成开放性沟通机制以产生信任，要锻造自身的水平与能力，而权力则帮助我们有意识地作出这些选择。如果我们知道旅途之中将走向何方，就可以开始形成新的权力模式。缺少任何一个条件，组织的成长都会受到阻碍，并且最终都会随着时间的推移而走向衰退。促进所有学生在生活中取得成功需要新的工作机制，而新工作机制的生成则需要不同于传统的以控制为导向的权力模式。如何实现从以控制为导向的传统权力模式向新的权力模式的转变？本章提供了一个思路。

第 8 章
应对贫困和种族问题的地域行动与全球思考

在美国教育研究协会（the American Association for Educational Research，133
AERA）2007 年年会上，有位社会学家报告了自己的研究发现，那就是移民到美国来的牙买加人，在学业表现上都优于非裔美国人。对于我们中间那些在过去 5 年曾在牙买加有过广泛工作经历的人来说，这一点尤其显得有意思。我们已经注意到，那些从牙买加毕业的学生是如何地敢于向教授或同侪所持的观点发起挑战。这些牙买加学生期望自己的工作能获得批判性反馈，寻找各种办法来对其进行改进，并不满足于只是符合基本要求。

对于学生学业表现的基本趋势而言，另一个例外与西班牙语系学生的学业成就有关。我们发现，在佛罗里达州的迈阿密—达德县（Miami-Dade County）以及得克萨斯州靠近美墨边境的地方，有好几所学校的学生在学业表现上要优于他们所处的种族和社会经济状况。这两个地方有一个共同之处，那就是学校里都存在着非常浓厚的西班牙文化。

为什么在迈阿密—达德县有更多的小学，在得克萨斯州沿美墨边境一带有更多的学校，能够克服种种不利因素，让贫困和说西班牙语的学生获得优异的学业成就呢？在这两个地方（迈阿密和得克萨斯靠近墨西哥一带），教育工作者以前就对学生和他们的家庭给学校带来的文化和社会资本有所了解和认识，并且对这些文化与社会资本持欣赏态度。很多教师和校长都能理解学生和他们的家庭，与他们一起分享这些文化与社会资本，而且都能流利地使用两种语言。通过使用相同的语言以及对其文化传统表示尊重，教育工作者与这些学生及其家庭之间建立起了联结，这种联结创造了必要条件，让学生能够感觉到受重视，从而让他们产生一种归属感。就像在得克萨斯州靠近墨西哥边境一带其中一所学校的辅导员所说的那样，“这些学生的父母道德高尚，令人钦佩。我对他们报以十二分的敬意。他们背井离乡离开墨西哥，就是为了让自己的孩子能有一个好生活。他们生活在边境地带用硬纸板隔出来的西班牙语居民贫民区中，做饭都是用明火。他们把教育视为摆脱贫困的通行证。”

134 贫困、种族和价值观之间存在着何种关联？

和很多求学的美国人相比，大多数牙买加人都没有像他们那么宽裕的金钱和物质条件，所以我们开始怀疑，牙买加学生的自我意识或身份认同是如何以截然不同于很多美国学生，尤其是非裔美国学生的方式构建起来的。为什么在某些地方，比如在迈阿密—达德县和得克萨斯州靠近墨西哥边境一带，学生可以做得很好？已经被制度化了的种族主义做法是如何影响非裔美国学生和西班牙裔学生的学业表现的？都是来自黑人国家（比如，他们都掌握着自己社会、经济和政治体系的命运），牙买加黑人和非裔美国人的学业表现为何会不同？牙买加人的价值观念是如何影响牙买加学生对待知识和能力的态度的？那些教育工作者理解学生所处之背景（比如他们学生的社会和文化资本）的学校是如何做到卓尔不群的？

随着对影响种族和贫困（比如阶层）的那些变量之间的关系进行研究，以及对这些变量与教育工作者价值观念之间的互动进行考察，我们发现在这些变量之中，每个变量都有潜在的可能与其他变量相互之间发生互动，对学生的身份塑造及其结果产生各不相同的影响，进而影响他们的学业成就。

在种族主义和阶级偏见上，存在着一套根深蒂固的实践和信念，并形成了一种体制，那些打破了这种体制的教育工作者似乎有助于学生积极正面的自我概念的养成，可以促进学生学业成就的提升以及学校整体工作的改进。那些能够理解学生的文化背景，甚至就是这种文化背景一部分的教育工作者，创造了一种文化和氛围，有能力促进学生的成功，而不是让他们遭受失败。在来到美国之前就已经建构起一种强烈自我意识的学生，则更有可能走向成功。

他们的信念和实践创造了一种看不见的文化，从而使黑人和西班牙裔对自己的期许要么较高、要么较低，这也是为什么尽管黑人和西班牙裔通常都很贫困，但在学校里有的学业表现比白人差，有的和白人差不多，而有的则优于白人的原因所在。我们感到困惑不解的是，教育工作者是如何开始意识到，采取何种措施能够影响那些更深层次和更大范围内的社会与文化价值观，以促使学生在学习上取得成功，并让所有学生都能有卓越表现的。有些社会价值观念固守着令人倍感压抑的体制，而在这些价值观念背后又隐含着些什么呢？《不让一个孩子掉队》（2001）的联邦法案为什么没有能够解决那些能以更积极正面而不是苛刻惩罚之方式影响学校学习的、更深层次的社会与文化议题呢？

对于我们来说，随着美国人的眼睛越来越往里看，而不是放眼全球，那些有可能成为问题解决措施的做法，特别是那些对某些特定的学生亚群体来说有效的做法，业已带来了新问题，比如“学业成就差距”等。官僚主义的强迫命令回避了深层问题，只关注所有亚群体测验成绩各自的百分比增长，而完全没有注意到他们相互之间在学业成就上存在着越来越严重的整体性失衡与悬殊。美国的体制给那些学业表现不良的学校打上了失败的标签。解决这个体制内存在的社会不公、歧视和不平等的艰苦努力，需要在学校改进上 135
换一种不同的心智模式——目光向外，放眼整个社群，直面那些艰难课题。

尽管有些国家正在重新界定面向 21 世纪的技能体系，但美国政策规定的不合理、令人生厌的衡量标准却创造了一种考试文化，让我们深受其苦，特别是在像佛罗里达这样的地方更是如此，那里的教育工作者抱怨，课程的“教学就是为了应付考试。”[1]在欧洲，欧盟教育委员会（European Union Commission on Education, 2004）制定了八项能力标准。它们分别是：用母语交流的能力；用外语沟通的能力；数学能力以及在科学与技术方面的基本能力；数字化的能力；学会学习的能力；在人际之间、文化之间和社会之间进行交往的能力以及公民能力；创业能力；文化表达能力等。这八项能力为终身学习描绘了一个框架，而且还提供了基本原则。尤其值得注意的是

> “能力”和“关键能力”这两个术语指的是“基本技能”，“基本技能”这个词过去被使用得过于严格，一般情况下，它主要用来指基本的识字素养和计算能力，以及那些形形色色被认为是“生存”或“生活”必不可少之技能的东西。“能力”则被用来指各种技能、知识及能力倾向的结合体，除了知道如何之外，它还包括学习的意向在内。“关键能力”对生活来说是个关键，它体现在以下三个方面：
>
> 1. 终其一生个人自我价值的实现和发展（文化资本）……；
> 2. 热心公益和社会包容（社会资本）……；
> 3. 就业能力（人力资本）……

欧盟使用的语言和美国制定的政策之间存在的差别，体现在各自使用的词语上，欧盟使用的是发展能力，而美国使用的是获得基本技能。此外，欧盟的框架还考虑到了一个人在生活中实现自我价值的问题；它并不仅仅只是讲如何教育学生以维持经济竞争力。往前看，我们可以发现，这里存在着一种理念上的不同，它把生活质量也考虑了进来，而所谓生活质量，在于自我价值的实现，而不是仅仅拥有一份工作，成为保持经济繁荣的一颗螺丝钉。

放眼未来

问题在于，当学校还处于19世纪形成的官僚主义规则和工作制度以及事无巨细之微观管理的控制中时，教育工作者如何才能反思全球化世界中生活

的未来景象究竟会是何种模样？我们想为这种生活赋予一种什么样的价值观基础？在学习者能力的发展上，我们能否树立一种人本主义的、再生性的、支持性的价值观？在美国，注意力的焦点都被放在了基本技能的训练上，而欧盟国家则正在创造着另一种不同形式的人力资本。丹尼尔・平克（Daniel Pink，2005，2006）强调指出："未来属于那些与现在截然不同的一类人，他们拥有全然不同的思维模式——**创造型思维**（creators）、**设身处地（共情）型思维**（empathizers）、**模式识别型思维**（pattern recognizers）**和追寻意义型思维**（meaning makers）。**这些人——艺术家、发明家、设计师、讲故事的人**（storytellers）**、看护人员、咨询师、考虑全局的人**——将会享受最大的工作乐趣并获得最高的社会回报"（p. 1）。平克提供了一份年表，这份年表从农耕时代开始，然后进入工业时代，接下来是现在的信息时代，最后则是一个新型"创造性思维和设身处地（共情）型思维主导的概念型时代"的降临。尽管数字时代已经悄然来到我们身边，但很多学校却依然还处于工业时代。或者也可以这么说，当其他国家正在发展能力时，我们是不是还在只重视基本技能的掌握呢？ 136

当对现在的学校进行考察时，我们是否能够真正为那些拥有**创造性思维**和**设身处地（共情）型思维的人们**找到养料，帮助他们发展自己的能力，施展自己的才华呢？我们认为，需要进行一场激动人心的变革，以此让我们国家的某些学校回复到平衡状态，这样一来，学生就能够体验到平克（Pink，2005，2006）描述的作为下一个时代人类生活之基石的高素质教育。在那些最脆弱不堪的学校里，有很多学校的学生整日里只知道机械重复地埋头死读书，思维变得麻木，头脑变得愚钝，只有这样他们才能通过考试，这种做法显然非常错误。我们需要一场心灵的革命！这场革命并不仅仅只是对教育的目的进行重构，它还要考察为什么某些特定的学生能取得成功，而另外一些则不能；此外，尽管这场革命同时也在本地层次上让教育议题发生了变化，但我们还要考虑一下如何在全球范围内拓展教育机会的问题（Sachs，2005）。它不是个要么本地化、要么全球化的非此即彼型问题，而是两者兼而有之！

第一部分：全球化视角——让革命起步！

创造生存的伦理

我们过去认为，教育工作者只要能对合作型权力有所认识，就可以转向另一种不同的思维方式，在各种文化和各个国家内部、并超越文化和国家的界限来分享资源和机会。但事实上，这种想法太幼稚了。我们现在意识到，如果没有一场能够切实对行动产生影响的心智革命，就不可能改变那些假装是为我们好但实际上却是在压迫人的行为和制度，例如《不让一个孩子掉队》的法案以及把各国挟持为巨额债务之人质的世界银行等。为什么会是这种样子？其中的原因可能在于像《不让一个孩子掉队》这样的立法并没有对深层的社会和文化议题进行强调，而正是这些深层的社会和文化议题才导致了像学业成就差距这样的问题。世界银行并没有帮助人们发展能力以彻底摆脱贫困；它事实上让各个国家失去了独立自主。在《男人的度量：心灵自
137 传》（*The Measure of a Man*：*A Spirtual Autobiography*）一书中，悉尼·普瓦捷（Sidney Poitier，2000）这位在巴哈马群岛长大的黑人演员说：

> 不管在什么地方，总存在着有权的人和无权的人，一般来说，有权的人往往不太能够感觉到有权和无权之间的不平衡。过了一段时间之后，有权的人就习惯于自己享有的权力了，他们可以通过自己拥有的权力获得各种好处，而不用经历任何痛苦。权力对于他们而言，就好像是呼吸的空气和遨游在其中的水一样……然而，尽管他们会从无权的人、被剥夺了权力的人或奴隶身上受到很多刺激，但这些有权的人却并不愿意对此进行反省或有任何自责。（p. 126）

普瓦捷接着指出，我们必须努力创造平等，促进“文明、公正、高尚和人道之社会”的养成（p. 128）。他认为应该对那些处于无权地位的人报以同情和怜悯，这样一来，随着社会变得更加人道，才能发现它的行为是多么冷

酷无情。普瓦捷帮我们认识到，暴力和愤怒都是因不公而起。“世界上存在的这种不公正激发的怨气是如此强烈，以至于它要是完全释放出来，会导致各种杀人越货的行为发生；它是一种具有自我毁灭性，能够让这个世界都毁于一旦的愤怒”（p. 128）。像其他人一样，普瓦捷懂得如何发泄自己的不满，寻找各种积极正面的方式来释放自己的愤怒。为什么当国家感到遭受了不公正对待时，它们的反应会不同呢？像德斯蒙德·图图（Desmond Tutu）一样，普瓦捷也坚信发泄愤怒的唯一途径是宽恕。

在《没有宽恕就没有未来》（*No Future without Forgiveness*）一书中，图图（Tutu, 1999）以编年史的方式历数了南非领导人在创建南非“真相与和解委员会”的道路上表现出来的崇高道德。图图解释说：

> 在真实的意义上，我们可能要补充一点，即使种族隔离制度的支持者也是这一邪恶制度的受害者，尽管他们是如此热心地去实施和支持它。对于伦理无差别主义（ethical indifferentism）的道德保障来说，它并不是个样板。不，它来源于我们在 *ubuntu*[1] 上所持的根本观念。我们的人性被扭曲了。不管他们是否愿意，那些种族隔离邪恶暴行加害者的人性在受害者的身上被唤醒并得到了体现。在受害者一方被剥夺人性的过程中，在他们遭受数不清的伤害与困难的过程中，加害者本身也被冷酷无情地剥夺了人性。（p. 103）

毫无疑问，在种族隔离期间，侵犯人权的行为是野蛮、残忍和不人道的。这是南非历史的一部分、不容置疑的一部分。通过读图图的书，我们可以发现，领导人作出了正确决策，提高了自己的觉悟，同时也鼓励别人这么做，通过宽恕与和解，共同携手创造未来。加害者和受害者双方其实都陷入了同样的恶性循环之中，在这种信念的引领下，宽恕的力量就可以让人们把自己的遭遇讲出来，然后开始新生活。把事情讲出来，可以让他们摆脱沉重负担，而且这些事情代表了“伤痕累累之记忆的真相”（p. 26）。很多南非人都感觉 138

① ubuntu 是一种源于非洲祖鲁人和科萨人的语言。——译者注

到沉重的苦难和伤痛从自己肩膀上卸了下来，这被认为是有史以来的第一次。

当它的人民选择使用自己的权力来聆听、信从和认可，而不是去惩罚时，南非就把自己置于一个十字路口之上。从人们如何对待自己遭受的困难和压迫中，我们可以学到很多东西。就教育而言，我们也处在一个十字路口。在我们中间，脆弱的是那些需要有人搭把手，需要把自己的事情讲出来作为见证，既需要别人给予宽恕，同时也需要宽恕别人，以继续新生活的人。这就是平克（Pink，2005，2006）所谓的同情和怜悯，他把同情和怜悯之心视为一种“21 世纪的生存之道……它是一种生存的伦理。它是一种理解其他人群的手段……”（p. 165）。它是一种关爱的伦理。它是一种存在于一个国家内部以及国与国之间的怜悯与同情［见大学教育管理委员会（University Council of Educational Administration）2007 年年会的会议主题］。它要求必须给人们提供各种形式的资本，这些人需要利用这些资本来为自己创造更好的生活。它要求我们要把自己的脚放在别人的鞋子里试一试，设身处地地为别人着想。作为教育工作者，我们面临的挑战在于，如何对那些生活可能完全与我们处于不同状态的学生表现出共鸣、同情和怜悯：帮助他们形成一种应对变革的能力。我们如何使用 ubuntu 来创建各种联结，推动各种变革？我们如何才能与其他人建立起合作型的权力关系？

看不见的社群

在许多地区，贫困使社群（或国家）隐匿不见，您在旅途中绕过去的城镇、出于恐惧而唯恐避之不及的邻居、从来都没有到访过的国家以及因为孤立而产生的迷茫与困惑，等等，都是因为贫困的原因。就像一位校长与我们分享的那样：“我们有些学生从来都没有去过迪士尼世界；他们一直都生活在这个叫做劳德代尔堡（Fort Lauderdale）的城市里，从来都没有外出过，尽管这里离迪士尼只有 125 英里远。事实上，一些学生甚至从来都没有到过离他们生活的地方只有 5 英里远的海滩。”

对于一所学生学业表现不良而且处于高度贫困之状态的学校来说，非常有必要换一种与大多数领导者业已习惯的方式不同的领导方式（Acker-Hocevar & Cruz-Janzen，出版中）。对于那些非常贫困的学校而言，它们的领导者需要大量指导和支持。他们必须积极投入到各种网络中，让自己与那些成功的领导者联合在一起，以便可以分享他们的经验。就像平克（Pink，2005，2006）所说的那样，把自己经历的事情讲出来的权力是概念型时代的一个组成部分。这些领导者必须尝试着去体验什么是同情和怜悯，并表现出关爱之心。他们必须为学生创造各种机遇，让他们能够体验到一些对于其他学生而言司空见惯、习以为常的事情——比如去迪士尼世界。

埃尔娃·特维诺·哈特（Elva Trevino Hart，2000）在她的回忆录和自传《赤脚的心：一个移民孩子的故事》（*Bare Foot Heart：Stories of a Migrant Child*）中，以下面这样一段话作为序言的开场白：

> 我是个无足轻重的小人物。我的故事和千千万万个普通人一样。我是贫苦的墨西哥裔美国人、女孩。我们看起来都一个样：脏脚丫子、褐色皮肤、下垂的眼帘。(n. p.)
>
> 如果你在去墨西哥的路上曾经经过南得克萨斯，那么肯定会看 139
> 到我们。我们就在那个地方——赤脚走在路边。一到农忙季节，就很少有人能见到我们的踪影——因为得和家人在地里劳动。（Hart，2000）

在后面的一段里，哈特描述了她一直生活到上高中的那个城镇是如何看起来就像是两个城镇的；一条铁路像格兰德河（Rio Grande）一样把这个小镇分成两半。教师也被描绘成基本上属于两种类型。

> 一类来自外地，他们常常在这里只待一年，之后就再也不见了踪影。在外地教师中，大多数都是心地纯良但却在其他地方找不到工作的人。另外一类则来自本地，且构成多样，其中有农场主的妻子和银行家的妻子，以及在这里有家室的男人。绝大多数教师都是白人；在整个学校系统中，墨西哥裔教师人数少得可怜，不用掰手指头都能算得清楚。(p. 175)

大多数情况下，生活在城镇其中一边的学生从来都没有感觉到是主流社会的一部分。社会割裂得厉害，而且与贫困交织纠缠在一起——富人和穷人之间存在着一堵墙。穷苦家庭出身之学生的体验与那些来自更加富足家庭的学生不一样——他们认为这种生活理所当然。看不到贫苦学生的身影，意味着他们觉得自己及其社群没有受到尊重。别人认为对他们最好的东西，他们自己却持抵触态度，而这是他们的声音能够被倾听的唯一方式。对于那些因贫困而被忽视的国家来说，道理同样如此，他们也经常抵制那些其他国家作出的认为最符合它们利益的决定。

给贫困做体检：一种更加全球化的视角

除了自己的个人传记之外，杰弗里·萨克斯（Jeffrey Sachs，2005）在《贫困的终结：我们这个时代在经济上的可能性》（*The End of Poverty：Economic Possibility for Our Time*）一书中还提供了一个七段式的诊断清单，可以用来“给任何一个贫困国家‘做体检’”（p. 83）。这份诊断清单包括：

1. 贫困的陷阱；
2. 经济政策框架；
3. 财政框架和财政陷阱；
4. 自然地理状况；
5. 治理模式和失误；
6. 文化障碍；
7. 地缘政治。

140 尽管这些领域内的每一个都很有用处，可以帮助我们诊断究竟需要在多大程度上为一个陷入贫困之中的国家提供援助，但我们的焦点集中于贫困陷阱、文化障碍、地缘政治。在与贫困陷阱作斗争的过程中，萨克斯（2005）建议，冷静超然的经济学家应该使用诸如住户调查和地理信息系统的数据以及国民收入账户。贫困在人口中是如何分布的？萨克斯警告说，在勾画贫困分布图的过程中，应该确定那些在未来有可能会加剧贫困的关键风险因素。

“可能影响极度贫困人口之数量及其分布的人口统计学趋势（出生、死亡、国内和国际迁徙）有哪些？环境趋势、气候冲击、疾病以及商品价格的波动情况如何？诸如电力、道路、电信、供水和卫生之类的基本基础设施的空间布局如何？”（p. 83）。从贫困陷阱中，我们可以推断出，因为诸如道路之类的某些特定基础设施匮乏，人们依然还处于贫困之中，这些特定的基础设施能把各种处于孤立状态中的团体相互联结起来，并能更好地帮助人们获取商品和服务。此外，贫困陷阱还可以通过诸如世界银行之类的机构奉行的霸权和经济实践而变得更糟。当世界银行在经济上继续奴役各个国家时，它就依然还是个贫困陷阱。这些做法需要被放在显微镜下进行考察，而且需要被终结！当教育工作者对某些特定的学生群体抱有偏见时，他们就把这些人留在了贫困的陷阱里！

诸如种族主义、种姓制度、阶级问题、宗教信仰或性别不平等之类的文化障碍撕裂了社会，当对这些文化障碍进行考察时，一种文化的基本价值观念和信仰也得到了检验。另一方面，当对地缘政治进行评估时，萨克斯说：“很多机构，不论是在低收入国家内部还是在国际上，都应该携起手来，共同应对这些对贫困进行诊断的议题”（p. 88）。与此相关联的是，要想在一个国家内部解决贫困这个问题，需要一大批机构联合起来。当你对地缘政治进行考察时，一个国家以及围绕在这个国家周围的那些国家所处的位置非常重要。

萨克斯（Sachs，2005）确定了五项能立即对诸如肯尼亚绍里地区（Sauri）这样的地方产生影响的发展干预措施。这五项干预措施是农业投入、基本卫生投入、教育投入以及在电力、交通和通讯服务方面的投入等。按照萨克斯的观点，极端贫困的人口都缺乏以下六种类型的资本：人力资本、商业资本、基础设施、自然资源、公共机构、知识资本。萨克斯解释说：“贫困的产生都是因为人均占有资本水平很低，然后这些人就会发现自己陷入了贫困的泥淖之中，因为人均资本占有率实际上是在一代一代地下降”（p. 245）。这也被称为“马太效应”（Matthew effect），即贫者越贫，富者越富。

相同类型的诊断也可以用在我们的学校里。什么是我们的贫困陷阱？什么是我们的文化障碍？我们能与其他人结成什么样的合作伙伴关系来解决问题？我们能超越国界建立什么样的合作关系来解决问题？我们如何才能采取一种积极拥护和提倡的立场？

141 2000 年 9 月，147 个国家的政府首脑齐集纽约，缔结了一份应对全球贫困问题的协议。在联合国确定的八个新千年目标中，第八个就是“为推动发展而结成一个全球性的合作伙伴关系”（引自 Sachs，2005，p. 212）。有意思的是，萨克斯指出，这种合作伙伴关系发挥作用的办法是**告诉那些国家，它们将会得到什么**。没人问这些国家需要什么。同样，它又回到了脆弱性这个问题上，而且揭示的层次更加深刻。应该向一个人的未来伸出援助之手，如果对此做进一步扩展，那么就应该恢复他们在自己个人决定和国家决策上享有的尊严和控制权。或者，我们也可以告知他们什么才是自己的最佳利益——但这是一种**统治型权力**的心智模式，它侵蚀着**合作型权力**（见第 6 章）。

无助状态（例如，脆弱性）

根据哈努谢克、卡因和里夫金（Hanushek，Kain & Rivkin，2004）的观点，城市地区为那些在经济上处于不利地位和有色人种学生服务的学校往往在教师的流动更替面前最脆弱不堪。从我们自己对究竟什么才是脆弱性的经验来看，它会带来恐惧、担心、焦虑和愤怒，而不是受重视和被尊重的感觉。实际上，我们在受那些站在我们上面以及给我们提供照顾的人摆布。面对失去控制权以及被迫变得压抑无声的事实，我们的恐惧往往根深蒂固，它会让我们联想到耻辱，觉得权力被剥夺，感到很丢脸。这些情绪产生于基本的生存需要，我们要能够感觉到自己究竟是谁，并祛除各种偏见和歧视，因为这些偏见和歧视会让别人对我们以及我们对别人的期望降低。

根据自己的个人体验，没有什么时候比我们中间的其中一位作者从一场脑外科手术之后的感染中康复，躺在医院的加护病房里时，感到更加脆弱了。她才回家一个星期，就又回到了医院，因此感到非常沮丧，开始觉得自己被打败了。

住进加护病房的第一天上午，护士对她非常细心周到，这位护士说：“你今天想要完成些什么事情呢？”这位作者的第一反应是：“你是在开玩笑吧！”经过反思之后，她意识到掌握生活的权力又回到了自己手里；她变得积极投入。这段经历给她留下了不可磨灭的永久印记，让她懂得自己应该如何去看待那些脆弱的人，这些脆弱的人们包括说着不同语言，拥有不同文化体验和背景来到我们学校的学生，或者那些在经济上处于不利地位，因教师流动离开学校而换过很多次老师的学生——这些学生遭遇的现实让他们怀疑，自己是否应该在与成年人建立长期或有意义之关系上投入精力。或者，有的国家生活在其他国家慷慨大方的援助的摆布之下而毫无办法。而有些我们访问过的国家则已经在全社会建构起了各种不同渠道，以便让他们发出的声音能够被别人听到。我们都需要拥有把握自己生活和未来的权力，这意味着我们需要带着一颗同情和怜悯的心去倾听。

当我们脆弱时，要依靠别人的同情心来帮助自己“应付”和走出当前境
遇。按照平克（Pink，2005，2006）的说法，“共情在康复治疗中的作用日益 142
得到认可，这就是为什么护士将会成为概念型时代最为关键的职业岗位之一的原因”（p. 171）。和一位富有同情心的护士在一起的这段经历表明，这种品质对于康复治疗来说是多么的重要——它不仅仅只是身体上的康复治疗，而且还有心理上的康复治疗，这帮助我们超越病痛折磨，重新做回命运的主人，对生活再次充满了希望。我们相信，对于我们研究的学校来说，也是如此。我们可以看到，教育工作者是如何相互之间通力合作，与自己所属社群一道，努力在现有的社会、文化和智力资本基础之上，为未来营造希望，高度珍视学生和家长，把他们作为有尊严的人，给他们提供各种机会，让他们发展自己的能力。我们看到，很多牙买加学生都在达到最低标准的基础上，向自己提出了更高要求。

对于牙买加学生和非裔美国人而言，他们为了取得成功在自我身份之强有力的认同和建构上也存在着明显差异。来自牙买加的学生在他们的体系中从来没有体验到过孤独无助的感觉。他们讲话时都能有信心，因为觉得自己讲的话会有人听。作为教育工作者，我们能够从中学到的是，究竟应该怎么做才能更好地帮助那些需要我们施以援手的人，尽管同时我们也要确保，能够给这些人提供各种机制，使其能发出自己的声音，把握自己的生活。与此同时，我们还必须展示出是如何倾听他们的声音的，到底都听进去了些什么，

只有这样才能改变现行的那些不公正实践和社会制度。

小投入有大回报！

在前面提到的这些内容里面，没有哪个地方能比穆罕默德·尤努斯（Muhammad Yunus，1999，2003）所做的工作更能够说明问题，他撰写了《穷人的银行家：小额借贷与消除世界贫困的战争》（*Banker to the Poor：Micro-leading and the Battle against World Poverty*）一书。尤努斯的工作起始于孟加拉乡村银行（Grameen Bank），这是一家由他创建的专门用于向孟加拉国那些最贫困的人发放贷款的银行。孟加拉乡村银行的理念产生于1976年，当时尤努斯借给了42名制作竹凳子的农妇27美元，用于购买原材料。后来发生的事情是，这些农妇在知识和外援的帮助下，成功摆脱了自己生活中贫困的恶性循环。尤努斯发现，通过帮助这些农妇掌握一些基本的金融原则，她们就可以自力更生摆脱贫穷，而且还可以帮助自己的孩子。现在，在全世界100多个国家里，有超过250所以上的机构使用了孟加拉乡村银行的方法，运作小额贷款项目。

在1984年于约德维波（Joydevpur）召开的一次工作研讨会上，与会者达成了16项决议，为同意从孟加拉乡村银行获得贷款奠定了哲学基础：

1. 我们应该在生活的方方面面遵守并推行孟加拉乡村银行的四大原则——守规矩，能团结，有勇气，工作勤奋。
2. 我们应该给自己的家庭带来繁荣。
143 3. 我们不应该生活在破旧的房子里。应该修缮自己的房屋，并在条件允许的情况下尽可能早地开始建造新房。
4. 我们一年四季都应该坚持种植蔬菜。应该多吃蔬菜，并把吃不了的卖掉。
5. 在种植的季节，我们应该尽可能多种下些苗子。
6. 我们应该有计划地把家庭控制在较小规模上。应该让自己的支出减至最低水平。要重视自己的健康。
7. 我们应该教育自己的孩子，并确保能够为他们的教育支付费用。

8. 我们要让孩子和环境保持整洁。
9. 我们要建立和使用坑式厕所。
10. 我们应该喝井里面的水。如果没有井水，那么就要把水煮开，或者使用明矾净化。
11. 在为儿子办婚礼时，不要要求任何嫁妆；在女儿出嫁时，也不要置办任何嫁妆。我们要从大操大办的陋习中解脱出来。拒绝童婚。
12. 自己做事不应有任何不公，也反对任何人这么做。
13. 在为了获得更高收入而进行更大规模投入时，要一起想办法来承担这些投入。
14. 要时刻准备好相互帮助。要是有人遇到了困难，我们应该都来帮助他或她。
15. 如果知道在任何地方有违反规矩的行为发生，应该一起到那里帮助恢复秩序。
16. 在所有的地方都应该引入体力活动。所有社会活动都要全体积极参与。（pp. 136 - 137）

尤努斯（Yunus，1999）已经开始实施了某些新的生活方式，这些生活方式对诸如置办嫁妆之类的文化传统发起了挑战，同时为可以发展能力、增长本领的生活伦理提供了一个框架；它是一套再生性的原则，能够促进可持续发展。此外，在这一理念中，还隐藏着一种向其他人提供帮助的观点——向别人伸出援助之手。植根于这一哲学理念中的诚信、公正和关爱等价值观为富有可持续性的提升创造了条件，其核心在于对各种价值观念和理想信念以及实践做法的强调，正是这些价值观念、理想信念和实践做法为一种生活伦理的典型提供着支撑。

在本章的第二部分，我们汇集了各种各样的学者和作家的观点，把他们 144
的故事汇编在一起，以表明在全球化舞台上以及在本地情境中，贫困和种族问题是如何走向尽头的，为了应对各种不公，满足各种需求，人们采取了很多行动，我们在第二部分对作为这些行动之基石的某些价值观念进行了强调。

尤努斯的工作尤为重要，因为它向我们表明，小规模的投入就可以给人们提供一种能够改变自己生活境遇的手段，让他们朝着一个更有希望的未来迈进，并对儿童和社群的生活产生巨大影响。而挑战在于，如何在本地层次上推进变革，同时又能够对这些变革在全球范围内产生的影响了然于胸——不要把所有注意力都完全集中在向内看上，否则就会对在全球范围内发生的事情一无所知，也没有建立起联结。

在本章接下来的这一部分，重点在于在贫困人口和有色人种学校中进行的定性研究。

第二部分：建立地域联结，对贫困有色人种学校中学生学业差异的研究

第二部分的三项研究是相互关联的。第一项研究是在 10 所由佛罗里达州教育部（Acker-Hocevar & Touchton，2000a，2000b，2000c）界定的学生高度贫困、学业表现差的学校中进行的，本项研究属于定性和现象研究，目的是为了能够更好地对学生学业表现差之学校里的生活经验有更好的理解。

佛罗里达州的学校和美国其他很多州一样，对学生学业表现进行衡量的一整套标准都是那些属于标杆类型的衡量标准。直到最近，对学生在阅读、写作和数学等方面学业成就的考察还是通过考试进行的。[2]用来表示学生学业表现水平的是一个从 1 -5 分的连续性积分体系，只能得到 1 分或两分的学生就被打上了差生的标签。当一所学校里的大多数学生都处于层次较低的差生的序列时，它们就被认为是一所成绩差的学校。如果学生能够得到 3 分，那么就会被认为属于中等生水平，而那些能够得到 4 分或 5 分的学生则被归入优等生一类。所谓学生学业表现优良的学校，是指它的大部分学生都处于中等水平，同时哪怕是那些 25% 学业成就最差的学生也能够学有所得的学校。

与学生先前的知识以及他们的家庭建立起联结

在佛罗里达州，对那些成绩好和成绩差、学生都高度贫困的学校进行的研究从 2000 年一直持续到 2006 年。不管是成绩好还是成绩差的学校，它们在人口统计学上都具有相似性，但对这两种类型的学校而言，它们的教育工作者在如何履行对权力的信念上表现出了根本差异：在相互共事的过程中，在与那些处于贫困状态且属于有色人种的学生、社群以及家庭打交道的过程中，一个追求的是社会公正，而另外一个则表现出了社会不公（见 Acker-Ho- 145
cevar & Touchton，2000a，2000b 和 2000c；Acker-Hocevar & Cruz-Janzen，2005/2006；Acker-Hocevar & Cruz Janzen，出版中）。

对这 10 所学生学业表现差的学校进行的初步研究在总体上发现：

1. 对于那些学生学业表现不良、教育工作失败的学校而言，他们的教育工作者并没有与学生先前的知识和经验建立起联结，常常对学生带到学校来的社会和文化资本视而不见，没有珍视他们的背景和生活。
2. 领导者在对待自己学校的学生及其家庭和社群的信念和态度上，因这些学生及其家庭的贫困而表现出歧视与偏见，削弱了他们通过学习而获得社会与文化资本的机会。
3. 对学生学业表现不良且处于高度贫困状态之中的那些学校而言，师资队伍的招聘和稳定很差，教师的流动性非常高，大量经验不足的教师充斥其中——这导致了一种缺乏可持续性的文化，因为教师走马灯式地换来换去，教育工作者在推动深层变革上缺乏责任感和使命感，而这种深层变革对于创造一个可持续性发展的未来而言是不可或缺的。这些教师把注意力的焦点都集中在如何赶快从学校“脱身”上，他们的教学就是为了应付考试（Acker-Hocevar & Touchton，2000a、2000b 和 2000c）。

期望所有学生都能学有所得

这第一项对 10 所学生学业表现不良的学校进行的研究让阿克 - 霍塞伐尔和陶奇托恩（Acker-Hocevar & Touchton，2002a，2000b，2000c）深感震惊，因为贫困对学校教师和领导在对待学生的态度和信念上有非常恶劣的影响。在这些学校里，教育工作者与他们服务的社群之间的联结非常微弱，而原因之一可能就是这些信念在作祟。

有趣的是，早在 40 年前，对贫困和学习两者之间关系进行的研究就已经开始了，其产生影响的标志就是高效能学校运动（Effective Schools Movement）的兴起。高效能学校运动开展的研究发现，在学生高度贫困的学校以及有色人种的学校里，学生的学业成就都比较低，这是一个完全可以预料到的结果，但有些学校的领导颠覆了这个结论，他们被认为是具有英雄色彩的典型，在本质上属于教育英雄。直到《不让一个孩子掉队》的法案通过之后，有关“反转型学校领导力”这方面的文献（见 Fullan，2006）才开始出现。在学校领导采取何种措施以提升学生的学业成就上，出现了一幅截然不同的新景象。在这篇文献中，领导者不再被视为英雄，而被认为是深谙系统科学理论的教育领军人物，他们能够在自己学校和所服务的社群内部让所有学生都长本领，而且这些社群都是些既贫困又属于少数族裔的社群——另外，这些领导者也并不是孤军奋战。富兰（Fullan，2006）提出了下面这样一个问题：

> 为什么我们不利用人类和社会的智慧，让千千万万个变革主体
> 146 都被调动起来，一次完成两件大事，同时实现更大平等和全面繁荣
> 呢？这是 21 世纪对教育的真正召唤。现在是超越仅仅让差校反转
> （turnaround school）的水平，转而致力于推动更加深层之制度转型
> 的时候了，因为这是降低收入和教育差距所必需的。其中的利害关
> 系前所未有。（p. 96）

富兰（Fullan，2006）对发展能力所需的多方面要素进行了鉴别。它们

让专业发展的实践发生了改变，使其成为一个内在和持续的过程，鼓励在团队内部以及团队之间进行反思和对话，让学校积极投入到对自己教育实践的研究中。对于富兰的这篇文献而言，意义最为重要的地方在于，其焦点是被放在领导力发展之上的，这种领导力发展的目的是为了发展能力，而且其内涵丰富，包罗万象。它能促使整个社群，并最终推动全社会，投入到深层次的变革之中。

仅有的 9 所学校！

第二项研究中的学校从由佛罗里达州**所有**小学组成的数据库中按照它们可持续性学业成就的模式进行择取（Acker-Hocevar，Cruz-Janzen et al.，2005/2006）。可悲的是，在整个佛罗里达，只有 9 所小学符合本项研究中确立的甄选标准——学校里的弱势学生和英语学习者比例必须很高，同时他们在阅读和数学方面的成绩还要有至少三年以上可持续性的优良表现。第二项研究试图鉴别出这样一种做法，即领导、教师和家长各司其职，各得其所，从而形成了一种新的相互关系，在此项研究中，这种新的相互关系作为一种概念模型被称为系统整合模型（Wilson，Walker，Cruz-Janzen，Acker-Hocevar & Schoon，2005/2006）。[3]

研究人员对行政管理人员进行了访谈，并把教师和家长作为研究的焦点组。所有访谈都进行了转录。问题围绕 10 个变量进行组织，使用的是一种标准化的访谈提纲。在一个系统整合模型中表现出来的这些变量描述的是以标准为基础的改革（standards-based reform，SBR）所包含的五种作为组织性变量的基本要素，即问责、指导、资源、人员和信息管理。这五大变量还可以被进一步划分为更小的次级领域。另外，这项研究采用的概念框架还确定了另外一些变量，其中包括领导能力、沟通交流、决策制定、文化氛围以及家长和社群的参与性等持续性变量（参见 Wilson，Walker et al.，2005/2006）。

这项研究的一个重大发现是出现了一种学习型合作伙伴关系。它把各种变量联结在一起，形成了一种树形结构，被称为学习型合作伙伴关系树（Acker-Hocevar，Cruz-Janzen et al.，2005/2006）。树冠描述的是 SBR 变量，它枝繁叶茂到这样一种程度，即整棵树要靠一个健康的根系才能养得活。主根代表着文化和氛围，它把这棵树的根系与植根于持续性变量之中的各种价值观和信念联结在一起，给 SBR 的组织性变量提供着支撑。如果树木很健
147 康，那么就表明这棵树的根系或像共同决策这样的领导者与教师和社群相互契合的做法在维持着一种健康的学习型合作伙伴关系。比如，这些做法蔓延到文化和氛围之中，即滋养着学校健康的直根或主根之中，就会对学习共同体内部协作性的合作伙伴关系产生影响。如果教师离开了其中的某所学校，那么通常都是因为他们获得了晋升；随之而来的则是对教师大家庭失去这样一位成员而产生的发自肺腑的伤心与难过。总的来说，彼此之间以及与其他人之间的相互联结是如此强大，以至于它创造了一种能量系统，这种能量系统可以被称为合作伙伴型权力——或者，就像稍后我们将会看到的那样，它是在一种促进组织效能的合作伙伴型权力范式中维持学生学习的核心（见图 8.1）。

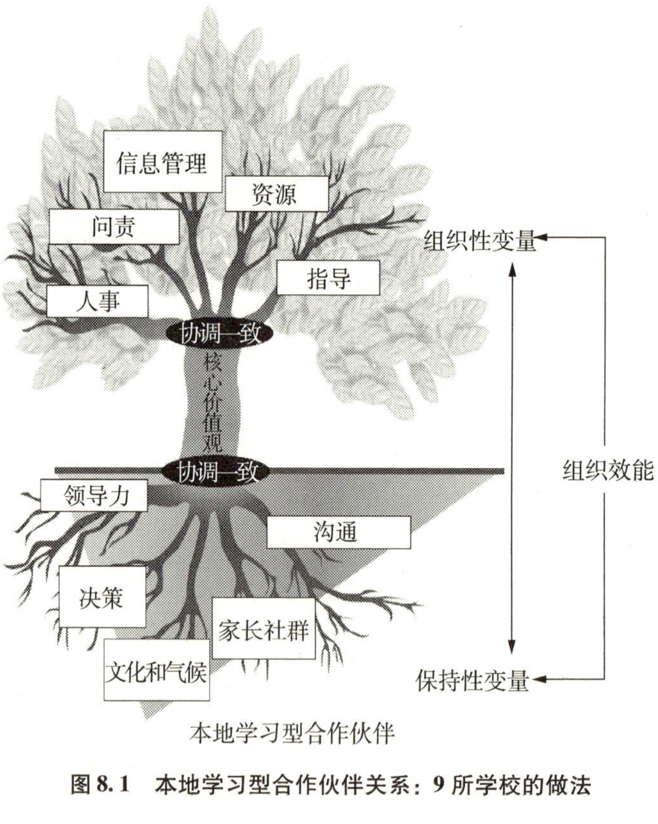

图 8.1　本地学习型合作伙伴关系：9 所学校的做法

在这 9 所学校内部和外部存在的强大联结以及共同的权力信念推动了共享式领导和问责以及分布式领导理论的产生与发展。如果把这些理念和理论付诸行动，校长就可以坦诚面对他们个人的长处和不足，确定哪些地方需要倚重教师的集体智慧，以促进组织的学习，并影响学习的实践。他们的合作伙伴关系与网络会从社群中引入更多资源，并创生出额外的能力来维持学校的成功，在学习中把家长视为合作伙伴。他们的核心信念和价值观对于学生会给学校带来什么**增加**了资本。他们的成功吸引着其他人把资源投入学校，其中既有人力，也有财力，从而使学校与另外一些正在走向失败的学校形成了鲜明对比。

家长们报告说，他们信任这些教育工作者。这种信任是随着时间的推移，148
由这些学校中所有教育工作者共同努力才建立起来的，它对于这些学校在它们社群内部和社群之间获取支持而言非常关键。最终，我们意识到，可持续性的学校改进和提升既不是成功的秘诀也不是失败的原因。最重要的在于，在学校里究竟发生了什么，在学校成员所持之核心信念和价值观中究竟体现了什么。这才是学校需要关注的核心问题所在。

在这 9 所学校中，有 3 所学校的工作是以某种价值观和信念为基础的。第三项研究试图对这些价值观和信念形成更多的了解与认识。在第二项研究结束后，我们又进行了回访，表 8.1 描述的就是这 3 所学校的校长和教师都持有的价值观念。我们试图了解这些教育工作者在学习型合作伙伴关系的创建上究竟做了哪些工作（Acker-Hocevar & Cruz-Janzen，出版中）。从对行政管理人员的访谈以及由校长和教师构成之焦点组那里外推出来的这些价值观念表明，教师和行政管理人员所持之价值观念相互之间的映射几乎可以达到完美的程度。这些价值观念和信念可以被称为人本主义哲学，正是这种人本主义的哲学维持着积极正面的关系，并在这些学校中间持续不断地推动着学习互联。

校长和教师的这种可靠性和关爱态度让学生有一种被尊重的感觉。在学校里，这种工作关系为在教师中间以及教师和家长与学生之间创建一种坦诚、尊重和开放的沟通和交流奠定了基础。对同事所持的以及在教师和校长之间存在的责任感、自豪感和信任感让学校不但得以持续改进和提升，并且创造了一种敢于冒险、善于相互学习的文化。这些专业人士所持的自豪感是由他们正在付出的卓越努力创造出来的。

表 8.1　为校长和教师确定的核心价值观

价值观的一致	校　长	教　师
	可靠	可靠
	关爱	关爱
	责任	
	协作	
	同情心	
		公平
	诚实/坦诚	诚实
		谦逊
		不盲从
	尊重（互相的）	尊重
	开放/开诚布公	开放/开诚布公
		敢于冒险
	积极向上（态度）	积极向上（态度）
	实用	
	自豪	自豪
	信任	分享/信任

149 重要的是，在《不让一个孩子掉队》法案推出之前，很多成绩差的学校在很大程度上都被忽视了，这些学校通常都是为那些处于贫困状态以及白人以外肤色的人提供教育服务的。于 2001 年通过的《不让一个孩子掉队》这部联邦法案的目的在于，让学校为学生的学习收获切实负起责任。只要大多数教育工作者能准确鉴别出这些学校究竟处于什么位置就足够了；然而，他们却认为这些学校的学生通不过国家考试，大多数教育工作者都不愿意在这些学校里执教或担任领导职务。

在《不让一个孩子掉队》的法案通过之后，随着新的问责之制裁和奖励措施实施，这些成绩差的学校开始进入人们的视野。为了能够证明学生的学习确实取得了进步而实施的问责成为对学校进行深层结构变革（例如，调整领导班子）的原因。突然之间，大量有关贫困对学习之影响的学术成果涌现了出来，但其中有一本较早的著作却是帮助我们理解贫困对学习的影响的关键。这本题为《贫困的理解框架》（*A Framework for Understanding Poverty*）的著作是由鲁比·佩恩（Ruby Payne，1998）撰写的。

尽管有人批评这本书在对贫困给学习带来的影响上提供的模式化见解很老套，但它却在一夜之间便大获成功，很多校长都把这本书作为指南，在它的指导下来理解和认识贫困给学校带来的各种影响。我们认为，这本书之所以能够获得如此成功，原因在于它揭露了白人中产阶级特权所持的各种假定——客厅里的大象①——它是对学生学习进行评估的金科玉律。然而，这本书面临的强烈批评在于，它提供的某些模式化见解过于具体，以至于把那些处于贫困状态和属于有色人种的学生排除在外了。

我们对成绩好和成绩差、高度贫困的有色人种小学进行的这三项研究表明，当贫困和种族问题交织在一起时，教育工作者的价值观是如何与学生带给学校的社会和文化资本进行互动的。业已进行的这三项研究讲述了一个故事，其中第一项研究向我们表明，在这些成绩差的学校里，态度、信念和价值观是如何导致这些学校不断遭到失败和挫折的。第二项研究选择了在人口统计学上与第一项研究中选择的那 10 所成绩差之学校相似、成绩好但却处于高度贫困之中的学校，但它却向我们展示出，教育工作者是如何通过一种学习型的合作伙伴关系，锻造组织效能，让同样的人群始终保持一种高学业成就水平的。第三项研究鉴别出了一套核心的信念和价值观，这套信念和价值观植根于一种学习型的合作伙伴关系以及一种强大的、在各种不同经济与社会背景下都能给学生提供支持的氛围和文化之中。第三项研究指认出了这些教育工作者所说的那些丰富了这种支持性文化并帮助他们走向成功的核心价值观。

---

① 这是一句英文中的成语，它比喻这样一种情形：你有大问题，就像一头大象卡在你家客厅，让你没办法生活一样。你不可能忽略客厅里有只这么大的大象，但大家出于礼貌，心照不宣，没人说破，都继续假装客厅里没有这只大象。——译者注

第三部分：美国“不让一个孩子掉队”的政策——地域行动在继续！

在美国的学校里，存在着学业成就的差距，联邦政府意识到这是一个严重问题，正是在这种背景下，国家才推出了“不让一个孩子掉队”的政策。
150 尽管对于一个国家究竟应该如何应对和解决不公正、不平等和歧视的问题而言，《不让一个孩子掉队》法案可能是个糟糕的例子，但这一法案的含义——好的和坏的——却都处于社会公众的监督之下，因为这部法律的目标在于重新授权，而且究竟应该改革什么还尚未决定。“成就差距”与社会经济状况以及种族和民族问题密切联系在一起，但社会公众对“成就差距”的意识却没有能够深刻到这个差距背后隐藏的国家价值观念这一层面上——这些价值观念究竟什么时候才能得到重视和强调呢？

与“成就差距”这种观点相对应的是**脆弱性**的概念。我们应该采取什么措施来减少一个人的脆弱性？如何才能在需要有人援手时找到帮助我们的人，或者尊重并珍视我们自己的出身？按照“不让一个孩子掉队”网站上的说法，四大支柱为这项法案提供了基础。这四大支柱分别是对结果更加强大的问责、州和社群在对这些结果进行论证时更大的自由、采用那些业已得到证实的教育方法、允许家长可以有更多的选择等（http：//www. ed. gov/nclb/landing. jhtml）。

如果说得更详尽一些，就是第一个支柱鼓励各州为缩短成就差距负起更大责任，并确保所有学生，包括那些处于不利地位的人，能够达到相应的学业成就水平。那些没能让学校中的各种亚团体（例如，弱势学生）每年都取得足够进步的学校，则必须提供辅导或课余援助（http：//www. ed. gov/nclb/landing. jhtml）。

第二大支柱，即“州和社群享有更多自由”，给各州和学区在如何使用联邦资金的问题上提供了“前所未有的灵活性”，让各州可以在确定优先事务的过程中动用自己的特权，决定在何处以及如何投入这些资金，以提升学生的学业成就水平。

第三个支柱，即使用“业已得到证实的教育方法”，强调的是应用那些在研究中已经得到证明的方法来改进教育实践——而研究则被描述为必须满足严格的科学研究要求。值得注意的是，这个特别支柱在科学研究人员中间产生了大量争论，他们在究竟什么才是“严格的科学研究”这个问题上争执不下（例如，《不让一个孩子掉队》钟情于某种特别的阅读学习方法，这导致了某种特定的阅读之学术研究凌驾于另外一种之上，哪怕是让有些从事阅读研究之学者的工作名声丧尽也在所不惜。）（http：//www. ed. gov/nclb/landing. jhtml）

最后，《不让一个孩子掉队》的第四个支柱是“让家长有更多选择”。值得注意的是，对于那些孩子在成绩差的学校里上学的家长而言，如果这个学校连续两个学年都达不到州政府确立的标准，那么他们就可以选择把自己的孩子转到成绩好的学校去。

> 那些来自低收入家庭、在连续3年以上都不能达到州政府所确立标准的学校中就读的学生，则有资格接受附加的教育服务，其中包括辅导、课余服务和暑期学校等。还有，那些在频繁受到安全威胁的学校中就读或在学校里成为暴力犯罪受害者的学生，也可以选择转到他们所在学区中安全状况好的学校就读（http：//www. ed. gov/nclb/landing. jhtml）。

教育部长玛格丽特·斯佩林斯（Margaret Spellings）在其任期的最后两 151
年，批准通过了一些生长模式，这些模式曾在包括阿拉斯加、亚利桑那、阿肯色、特拉华、佛罗里达、北卡罗来纳、俄亥俄、田纳西在内的8个州里进行先期试点。她明确指出：“对于那些业已在提升学生学业成就的州来说，生长模式是加强问责的一种途径。”（http://www. ed. gov/nclb/landing. jhtml）斯佩林斯对不同学生的成长规划需要不同的测量方法进行了肯定，但同时也强调，这种测量必须从对面向不同亚群体（例如，白人、黑人、西班牙裔、残障学生、英语能力有限的学生等）数据资料的分解开始，只有这样才能缩短不同群体之间在学业成就上的差距，并确保到2014年时每个学生都可以达到毕业水平。

自从2001年《不让一个孩子掉队》的法案生效之后，就出现了各种不同的声音，支持者有之，反对者亦有之。从我们的集体经历来看，可以发现，各州在如何选择各种各样的途径对学校进行问责的问题上，相互之间存在差异——对这些不同途径进行解构，会发现它们和这些州对权力所持的内在信念有着密切关联。例如，在佛罗里达，用来表明一所学校不成功的语言是和学校等级联系在一起的。"F"级意味着这所学校没有能够达到州政府确定的标准——在**"A+计划"**（A-Plus Plan）中，就可以看到这点。《不让一个孩子掉队》的通过还带来了另外一项困扰，那就是这样一种事实，即一所学校能够达到"A"级标准，但却不能实现《不让一个孩子掉队》法案规定的"充分的年度进步"（adequate yearly progress，AYP），因为有些亚群体在AYP上没有能够取得预期增长。因此，有些州并没有把它们自己设定的标准与联邦政府确立的标准紧密地捆绑在一起。显然，在佛罗里达，就像在其他那些拥有自己的问责规划的州一样，最好的做法就是一所学校既要达到"A"级标准，同时又要能够取得充分的年度进步。在佛罗里达，有些学校招收的有色族裔学生人数不成比例，在经济上处于不利地位，有大量学生需要补习英语，州里会选择对这样的学校进行处罚，这体现了州里的立法人士对某些特定的亚群体所持的"统治型权力"观。然而，还是有一些学校卓尔不群，作出了非凡成绩！

与之形成鲜明对比的是，有些州对这些学校制定的要求比《不让一个孩子掉队》法案要求的还要严格，虽然这可能会让这些学校取得符合国家要求的充分的年度进步，但却会让州政府对这些学校的问责归于失败。究竟什么样的学校才是一所"好"学校？有几个州，例如康涅狄格州，就坚信那些没有能够达到相应等级的学校需要额外资源和帮助。如果这些学校学生的学业表现不良，那么州政府就必须提供援助和帮扶。而在佛罗里达，州政府却对这些学业表现不良的学校予以处罚！这让家长们摸不着头脑。一所没有能够取得充分的年度进步的学校如何才能达到"A"级标准？更令人困惑不安的是，佛罗里达州的家长、教师和行政管理人员如何才能够开始自己给自己的学校确定相应等级。例如，当家长指出他们的孩子是在哪里上学，或者教师报告自己是在何处教学，抑或当领导者分享自己是在什么地方从事行政管理工作时，诸如“我是在一所‘A’级学校”这样的说法就随之而来了。值得注意的是，没有家长、学生和教师愿意把自己的学校归入“F”级。就像一位行政管理人员告诉研究人员的那样，当这些学生已经知道自己来自“F”级家庭，他们的生活处于“F”级标准时，如果就读的学校也是“F”级学校，那还有什么希望呢？

基于标准的改革的拥护者认为，《不让一个孩子掉队》法案的概念支 152
撑是：

> 从“布朗诉教育局案”（1954）[4]开始，联邦政府和州政府的权威就在不断膨胀，而且这种膨胀还通过州政府教育财政拨款的法律程序得到了延续，这体现出了道德共同体的扩展。基于标准的改革者渴望创造一种可以让学生的教育机会和教育成就水平能够不因其生活地点不同而有所不同、横亘在强势和弱势群体之间的学业成就鸿沟也不复存在的教育体系。（McDermott，2007，p. 84）

按照基于标准的改革模式（SBR model），《不让一个孩子掉队》法案中央集权式的问责制度会强制那些把绩效标准设定在低水平上的州创造一个公平的竞争环境，进一步增强它们对平等和卓越这两者的共同关注（Scheurich & Skrla，2001）。但并不是所有学者或学校领导都用与之同样的眼光来看待州政府设立的标准以及《不让一个孩子掉队》法案的通过，甚至还有人把这两者视为正面和积极的学校改革。而那些反对《不让一个孩子掉队》法案的人则坚持认为，这是又一个把责任归咎于受害者的行动纲领（McDermott，2007）。

《不让一个孩子掉队》法案不是对导致贫困的那些深层次文化观念、方针政策、经济资助和政治议题进行重点强调，而是对那些存在学业成就差距的有色族裔学生以及来自贫困家庭的学生横加指责，并把责任归咎于这些学校里的教育工作者，认为他们没有付出足够努力来扭转这种趋势。在《不让一个孩子掉队》法案中，植根于深层经济社会与政治安排之中的种种歧视与偏见仍然没有得到应有重视。而且它对教育资源和教育机会获取的不足也没有丝毫提及，而正是由于教育资源和教育机会获取的不充分性以有组织和系统化的方式对我们这个社会中的某些特定群体造成了不利影响。

这让有些教育工作者不得不开始怀疑，把焦点集中于“学业成就差距”上会不会让来自有色族裔和贫困家庭的学生面临进一步歧视，再次强迫性地把他们推到那种不成文的白人和中产阶级之价值体系中，而让现行的社会规范没有发生丝毫改变。当这个国家正在日益走向文化多元时，怎么还能让这种情况继续下去呢？难道我们所有这些人不应该为此而承担一些罪责吗？

与此同时，教育工作者也已经开始对把学校，特别是学业表现不良的学校的课程仅仅局限在“通过考试”这样的狭隘范围内提出了质疑。随着时间的推移，这些做法究竟会给学生进行批判性和创造性思考的能力带来怎样的影响呢？像这样的教育实践如何能够为我们这个国家未来在经济上的生存能力作出自己应有的贡献呢？如何能够帮助和促进我们的学生成长为全球公民？如何能够让学生形成悲天悯人的同情心以及为了在这个世界中生存发展所必须坚守的伦理道德？

第四部分：校长可以汲取的经验教训

在本章的最后一个部分，我们将奉行兼容并包的方针，把来自全球的各
153 种观点、业已开展的各项研究以及围绕《不让一个孩子掉队》法案而展开的种种争议整合在一起，共同分享可以汲取哪些经验教训，以便从本土化和全球化的双重视角对与贫困和种族有关的各种议题作出应对。

我们有位同事也属于有色族裔，此人曾经写过一首诗，我们就从这首诗开始。

多样性之歌

多样性
并非数量上的多样，而是视角上的多元
不同观点百花齐放，多元思想百家争鸣
此乃天然之益事，必然之真理
芸芸之众生、社会之机构当更强、更精、更人性
若吾人不得不言多样性
天下万民安居乐业仍为未来之梦想
白人特权必须拆解
霸权主义必须摒弃
社会机构乃得解放
万不可误把多样当口号，平权精神抛脑后
使白人特权改头换面，谬种流传

多样性
当社会机构以之为荣时，即吾人不用再挂在嘴边时
无论使命陈述还是战略规划，当无处觅其踪
多样性应为天地之道，自然之结果
若万马齐喑，视不同意见为洪水猛兽
若千篇一律，经万般努力仍一切如常
则多样亦不可得
妄论世界多彩，天下大同

佛罗里达太平洋大学副教授迪莉斯·朔尔曼（Dilys Schoorman）
2006 年 4 月

在这首诗中，我们可以把“安居乐业”替换为“不让一个孩子掉队”。我们的头脑和心灵必须作出改变，因为只有这么做才是正确的——而且随后 154

还要付诸行动！这就是为什么这首诗能够引起共鸣的原因。接下来，我们会从全球化、本土化和国家政策这三重视角出发，对可以汲取的经验教训进行重点强调。

面向全球视角的经验教训

- 像德斯蒙德·图图那样，使用民族志、小说、传记、自传文学及报道等，并结合来自经济学家、政治学家和政策制定者的著作，可以让我们从跨学科的视角出发对贫困和种族问题展开研究与探索，并给学生提供一系列非常丰富的资源，帮助他们从更加全球化的角度来理解和认识这些问题。
- 可以把在各国家和大洲中那些面临着最严峻困难、具有典型意义的极端贫困的例子纳入到学校课程中来，使其成为其中的一部分。正在采取哪些措施以缓解贫困？为什么我们应该对此关心？不重视贫困和种族问题可以给我们带来哪些教训？
- 那些拥有更多资源的国家有责任对其他国家施以援手。为什么应该这么做？
- 贫困和种族偏见影响着我们这个世界上的所有人。
- 人们所处的环境和背景影响着他们对种族和贫困的看法。
- 价值观影响着人们对种族和贫困进行解读的方式。
- 在现行的问题解决的思维范式中，找不到解决贫困和种族偏见的办法。
- 需要对可持续性领导力进行界定和考察。

来自本土视角的经验教训

- 个人经验能帮助我们理解和确定各种不公正、歧视和不平等，而这些问题都是可以在学校中解决的问题。因此学生和其他人需要能够把他们自己的经历讲出来。

- 很多消极片面的做法与制度实践会进一步加强对贫困和有色族裔人士的偏见，而国家政策可能并不能解决在这些做法背后潜藏的各种问题。
- 学生可以积极参与到他们自己的社群之中，以解决围绕在种族和贫困周围的那些问题。
- 今日教育的目标必须超越基本文化与识数素养的培养，而把目光转向培育全球公民。
- 领导者必须大力推动和践行富有同情心的领导力，创造一种关爱 155
的文化以及生存的伦理道德，只有这样才能让学生的学业成就获得可持续性的改进与提升。

来自国家政策的经验教训

- 贫困和种族偏见是与社会公正、平等、消除歧视等更大议题联系在一起的。
- 国家政策不能通过强迫命令的方式让什么东西变得更重要。因此有必要在人们的行为改变之后进行相应的心智转换，以证明他们真正懂得了究竟应该改弦易辙去做哪些事情。
- 要想和诸如《不让一个孩子掉队》这样的国家政策措施分道扬镳并不是一件容易的事情。
- 教育工作者必须收集他们自己的数据资料，并对自己的教育实践了如指掌，只有这样说起话来才能有威信，像个专业人士。

小结

同情与关爱是两个不同的概念，但同情心是对关爱的丰富与发展。所谓同情心，是指与其他人携起手来，共同有所作为。同情心是一种缓解痛苦和折磨的愿望，有了同情心就要付诸行动。教育工作者与来自贫困和不同人种与民族的学生一起努力，共同打开了学习的大门，他们的价值观念是与如何对待贫困和不同人种与民族的学生的方式相互作用的，而同情心与这种相互作用有着一种密不可分的关系。

施加于某些特定人群“头上”的统治者文化持续面临着挑战，而这种挑战通常来自那些正在遭受不公平待遇的群体。如果没有大家的齐心协力，隐藏在统治者范式背后的各种看不见摸不着的做法就不可能被暴露在阳光之下，种种社会不公也得不到揭露。在统治型文化的视角之下（例如，男人凌驾于女人之上，白人凌驾于黑人之上，富人凌驾于穷人之上），校长的价值观、信念与态度会让处于社会边缘的群体面临的不公正待遇永远继续下去。当然，你也可以睁大自己的双眼，转变自己的信念与行动，为贫困和有色族裔学生创造学习机会。此外，你还可以把目光转移到这些学生以及他们所属的社群拥有什么而不是缺少什么上。

如果不介入本土议题并对其形成深入理解和认识，你将很难能够做到对全球性议题有所关注。本土化和全球化并不是一个非此即彼的问题。从本土和全球这两个角度上同时对贫困和种族问题作出应对，需要你对本土议题的深度参与。只有这样，才能开始通过比较和对比来理解不同的社会与文化价值观念是如何影响贫困和种族偏见在本土化舞台上以及在更加全球化的舞台上逐渐展开的。

156 这些问题的解决面临着很大困难，它呼唤着一种合作型的权力关系模式，这种新的权力关系模式共享着领导力以及对结果的问责。变革并不是一个线性过程，它发端于一种改变生活的愿望，它创造了各种程序，把对决策的控制权力分散给了所有将会受到决策影响的人，并期待着为那些面临困难的人们寻找问题解决方案。小投入可以带来大不同！

注释

1. “教学是为了应付考试”意味着教育工作者正在提供的课程是以让学

生通过州政府制定的基于标准的标准参照型考试为基础的。

2. 佛罗里达州最近开始对科学课展开了评估。教育工作者的抱怨有很多，其中之一就是学校工作的焦点已经被集中于阅读和数学的基础知识之上，而把科学与社会研究排除在外。在很多学生学业表现不良的学校，文科也受到了忽视，它们把全部精力都放在了阅读和数学上，以便提高学校的考试分数。

3. 这项研究由安嫩伯格基金会（Annenberg Foundation）资助。

4. “布朗诉教育局案”（1954）造成了这样一种既成事实，那就是在实行种族隔离的学校中，“分开教学”是不平等的，这种情况大部分出现在南方。

第 三 篇

促进学校教育新原型发展的手段

第三篇为在新的权力关系中贯彻实施从**生活在混沌边缘**以及**量子物理学的战略思维**中得来的启示提供了方法。本篇的目的在于，为引领组织在时间的发展演化中不断适应各种处于变化中的情形提供实用工具。它关注的重点在于那些和其他所有体系相互依赖的战略、过程以及机制。这些实用工具会让领导者能够通过标杆管理及案例研究等各种方法创造学校教育的新原型。

第 9 章“盘点你的组织：标杆、评价和问责”对改进和提升工作绩效机制的各种过程进行了探索。这一章的重点是，探讨信息在组织发展的过程中发挥的作用以及在此基础上对评估过程和问责制度进行思考的新方法。对质量管理大力鼓励以及懂得如何使用标杆管理过程，有助于更好地进行组织决策。在这一章，我们解决了标杆管理是什么以及不是什么的问题，发现了它是如何运作的，以及标杆管理与绩效评价体系两者之间存在的差异。

第 10 章“通过社会性网络创造新动力”是学校领导者以及其他专业教育工作者面临的新挑战。如果我们要让学生还在学校里时就为成为全球公民做好准备，那么在促进他们的发展上肩负着责任的教育工作者将必须形成和拥有他们自己的专业网络。要为现在的变革创造能量，必须通过密集和动态的社会性网络才能实现，当教育工作者在参与全球化重要项目时，只有借助社会性网络才有可能将本土化和全球化这两个层次上的活动很好地结合起来。社会性网络能帮助我们实现新型的成功，因为在这些网络中，各种资源和观点可以自然而然地涌现出来。国际学校联盟就是一个典型的全球化学习网络的原型，它的焦点集中于把学生培养成全球公民。

第 11 章“全球化时代学习的数字文化”对数字文化是如何在 21 世纪的工作场所中迅速成为常态的进行了讨论。教育工作者面临的挑战在于，如何在每一天针对每一个学生的学校教育实践中把数字文化塑造成一种常态。技
158 术不再被认为与学校教育之日常工作相分离，它甚至已经成了学校学习环境中的一个内在组成部分。当教育工作者为了一个共同目标而与本土和全球的合作伙伴携手共进时，这一挑战要求我们在对学校教育的理解上进行一场革命，需要我们运用各种资源来促进学习，需要学生对学校教育和学习生活的深度参与。本章提供的典型案例为我们认识技术的重要性以及如何把技术整合到一所学校的学习文化之中提供了线索。

第 12 章“生命的战略之舞”为我们研究组织在时间的演化发展中如何成长和适应提供了方法。本章引入了**案例研究方法**，把它作为在组织内部对信息进行收集的框架，为了实现组织持续不断的改进和提升，在案例研究的框架下，我们可以使用多样化的数据来源，同时还可以为组织成员能量的发挥指引方向。本章提出的五大步骤为我们使用多样化的信息系统来指导规划和决策过程提供了方法。

个案研究中使用的典型案例证明了这种信息收集方法具有的威力。综合运用来自多种渠道的信息，来回答那些与组织生命及其影响有关的迫在眉睫的问题，可以让我们作出的那些事关组织未来发展方向和战略意图的决策变得更加坚实可靠。

第 9 章

盘点你的组织：标杆、评价和问责

如何改变当前的做法，使之比以前任何时候都更加能得到客户认同，并 159
且不需要牺牲他们的精力去应对问责和其他法定标准的要求呢？今天的组织面临着巨大挑战。领导者和下属们常常谈论那些为他们设置的“第 22 条军规”，应对问责的任务过于耗费时间，并且常常和此项行动的大目标相去甚远。人们必须作出选择，或考虑将问责的规程当做机构未来发展的指南，或致力于开发那些能够同时满足客户需要并能应对后期问责的项目。

如果想创建一个学习型组织，领导者面临着巨大挑战。置身于学习型组织之中，需要将信息集中在决策环节，评价也成为提供信息的手段。同样，应该以持续改进为目标来提出问题，而不是在执行中一味曲意顺从。那么领导者能做些什么呢？以强大的评价技术和标杆管理为基础，促进高效和可持续的提升进程的发展，同时满足甚至超越人们对问责的期待，这可能吗？

我们觉得这是可能的，但前提是人们必须认识到哲学在构建我们的思想，形成我们的决定中扮演的角色。对过去进行问责的要求和对顺从度的监控共同奠定了一个实证主义者的工作框架，而对未来进行问责的趋势（基于结果的问责）和新的**第四代**评价技巧和实践又共同奠定了社会建构理论的哲学基石。哲学选择是批判性的，因为每个这样的选择都会导致截然不同的道路和迥然相异的结果。

近两年来，关于**标杆管理**的书籍文献骤然递增。这些书籍文献不但呈现了标杆管理的**过程和步骤**，而且详述了资深人士的经验和教训，从而能够为
160 刚踏入这一领地的新手提供帮助。业务上的迅猛递增告诉我们，这一运动在将人们从牛顿力学式的机械顺从转变到将系统思考和稳定进步当做生活方式的过程中发挥了多大作用。

信息是组织成长的关键。惠特利（Wheatley，1992）认为，它是组织的命脉。没有信息，领导者和员工就无法了解自己工作的结果和今后的去向。学习依靠知识，这一基本理念是构建学习型组织的基石（Senge，1990）。知识来自每个人都需要接触的信息。对当下的领导者而言，关键在于要学会以新方式看待信息，从而为员工提供决策和成长所需的知识。

普雷斯基尔和托里斯（Preskill & Torres，1999）认为，组织必须认识到评价在驱动学习的力量中扮演的中心角色。各机构不再仅仅以收集管理信息（成绩分数、出勤次数、在校天数、医疗费用数额等）为报告的目的，而是常常仔细对信息进行考察，以发现未来的趋向和范例。领导者和员工要经常就资料的有效性提出质疑，因为它关系到组织的多种目标导向。

近来，由于数据显示某医院内某科室的业绩与其他三个科室相比较差，因此该医院对这个科室展开了评价。这本来是对该医院某一业务流程的细节进行的考察，但结果却使人们在对小单位的检视中发现了存在于大系统中的问题。该项评价是以社会构建的、定性的方法来操作的，结果显示那个业绩较差的科室在医疗服务的提供上和其他三个兄弟科室不相上下。因此问题不在于该科室本身，而在于医院其他员工和该科室的沟通方法，以及该科室管理者和员工之间的沟通方法出现了问题。

探索性地使用信息的方法能让领导者了解问题的领域和范围所在。因为方法的缘故，传统的评价方式忽略了重要信息，评价者可能已经得出该业绩较差的科室和其他科室相比并无不同的结论，评价结果也不可能显示那些能够揭秘问题根源的信息。由于领导者可以利用信息来促进学习，因此应该提供正确的数据资料，展示正确的过程，以促进信息的产生。这种方法是以评

价促进组织学习的核心所系。

本章主要围绕过去信息使用的主要场所展开论述，以期开启思路，促进人们对未来同一环境下就促进组织学习的信息使用场所进行再思考。问责是永不落伍的，但那些用以**应对**问责的信息，以及在满足现状的需求之外使用的信息，应该能够在一个学习型组织中得到自由而灵活地激发。

所以，我们完全可以说，对评价的需求将永远存在。但是，那些在过去为了满足官僚主义的需要而进行的组织评价已经不是今日需要的唯一方法了。161
同样，外部专家也不再是唯一能够对质量进行评价的人群。学习型组织珍视那些能够帮助它们提升质量和服务的信息。评价产生信息，所以，评价将以它们构建学习的方式来架构自身就是一件非常自然的事情了。

本章对问责和评价的历史回顾揭示了正逐渐兴起的哲学转向。将问责和评价整合到学习型组织之中的时机现在业已来临，它将指引那些理解哲学抉择的领导者去孕育学习型组织的生长。

在完成对问责和评价构架的审视之后，本章继而探索标杆管理的过程和功能——标杆管理为组织决策提供了更广泛的资源，也是创建学习型组织的一个至关重要的过程。在后面的章节，我们具体呈现了标杆管理体系的细节，为越过问责限制的窠臼，评价组织进步并兑现对利益相关者的责任搭建了框架。

我们现在审视不同的哲学导向以指引本书的讨论。综观全书，我们谈到了牛顿力学、量子物理学、混沌理论、系统理论、质量管理以及官僚主义等。这其中每一处构建都以对真理和知识的特定假设为背景而生成，而这些假设也是我们作为社会个体（在校学生、机构员工以及组织的领导者）的发展过程的核心。我们极少去观察自己的哲学立场。但现在必须作出改变，因为不同的选择会产生不同的影响和结果。

管理者必须明白，只有站立在不同哲学渊源会聚的十字路口，才能更好地引领学习型组织。要想有针对性地应对不同问责，领导者必须了解各种问责的差异何在。同样，要进行多样化的评价，领导者必须明白自己究竟要选择什么。围绕所有的哲学渊源展开讨论将超越本书范围，因此本章立足于两种哲学导向，以期提供抉择的背景。我们致力于唤醒人们的意识，使其察觉到不同的思维方式、不同的认知方式以及根据问责、评价和客户需求而孕育产生的不同结果。

哲学上的抉择

结构主义和逻辑实证主义

结构主义和现代性现在已被等同于一个自上而下、等级色彩鲜明的世界观（Piaget，1970），而且特定的机构和群体会据此而心怀全体福祉并确定他
162 们的规划、服务和各项政策。结构这一概念是少数人为多数人利益而独创出来的。在这一范式之中，所有玩家的责任就是要在系统中对那些可控力量保持最高程度的掌控，从而实现系统内部的整合，立足于先前的导向，达到预期的目的（Persons，1966）。**逻辑实证主义**成为这一历史时期经验主义的标签，它体现了牛顿力学的地位。在20世纪，结构主义如我们所愿，已经在学校和政府部门确立了它的地位，联邦政府也相应在全国范围内为所有学校制定了政策和规划，并责成各州和学校为达到联邦政府的要求而负起责任。

社会建构主义

社会建构主义是在批判逻辑实证主义关于真理和客观性的概念的过程中产生的。社会建构主义者认为，真理存在于具体语境中，世界是主观的（Lincoln，1990）。人们在特定的经历之后形成感知，建构意义（Geertz，1973）。人们分享经验，相互学习，形成集体意识，进而形成意义。

这一范式的应用刷新了领导者和员工对自己角色的认识。人们不再从某一特定的客观存在中寻找意义，而是从对某个事务或现象的集体研究与对话中推测意义。信息的显现不在孤立和可控的语境中，而是在相对更为广阔的背景下。对领导者而言，这意味着需要雇员参与知识的分享和获取，从而致力于形成决策，实现战略目标。

这一简单论述为如何对应对模式进行思考以及应该采取何种做法与行动指明了方向。结构主义者的时代与牛顿物理学的精神相一致，它们共同影响

着世界。而要建立学习型组织，领导者需要将哲学导向转向社会建构主义。当你通读本章接下来的内容时，想想自己对问责和评价的第一反应是什么吧。它们在本质上是结构主义的，还是社会建构主义的呢？如果你的答案是结构主义，那么想一想还需要做些什么来转向社会建构主义的思维方式吧。

问责：从合规监测到标杆变革

问责运动支配公共组织生活已历时多年（Wynne，1972）。纽曼、金和里东（Newmann，King & Ridon，1997）认为，问责已成为一种存在于“商品或服务的管理者或提供者与有权奖励、惩罚或更换提供者的顾客或主顾”之间的关系。它的基本职能是保持各组织对花费在服务和商品上的公共资金负 163
起责任。原始的问责模式是在科学理性主义运动的基础上设计的，效益是其基本目的。如果能以更少的钱提供同样的服务，人们就会向着该方向作出相应改变，人们是以经济而不是以变化的顾客需求为导向作出决策。

传统问责行为的局限性引发了以系统方法为核心的新型行为和服务提供模式。在精神健康领域，关注焦点已转向对多种服务机构的监测，这些机构在促进有特殊需要的儿童的成功方面作出了贡献（Hernandez，Hodges & Cascardi，1998）。达林 - 哈蒙德（Darling-Hammond）持有相似观点，她在自己的著作中提出，需要将教师培训计划和专业的问责需求联系在一起，从而使成功的标准合情合理。她还进一步提出了隐含在各组织中的危机——出于问责的考虑而导致的行动“缩水”。换句话说，组织更大的目标常常因为问责的利益而被牺牲。当今领导者面临的挑战是如何能够清楚阐明并保护自己的组织使命。

纽曼、金和里东（Newmann，King & Ridon，1997）共同提出了一种问责理论，为所有领导者提供预警，以查明那些将导致学习型组织衰败的问责行为。这种理论共包括以下四个部分：（1）组织的行为信息；（2）成功的组织行为评判标准；（3）在满足特定需求的过程中，因成功或失败而对组织产生的重要影响；（4）一个选民的代理机构，接收组织的行动信息，评判标准的执行程度，并给出相应的奖励和制裁等（p. 43）。

从学习型组织的立足点来看，纽曼的理论忽略了学习和拓展所具有的潜能。奖励和制裁的概念显示，一旦展现出能力并得到奖励，学习型组织就达到了自己预期的目标。学习型组织从来不假定自己已经达到了目标；相反，它们想方设法在不断变化的世界中改进自己的工作机制。

结果型问责

结果型问责是一种对领导者而言超越结构功能主义者的官僚主义窠臼，充满希望，呼唤将过程和结果相联系的一种处于发展中的运动。埃尔南德斯、霍奇斯和卡斯卡迪（Hernandez, Hodges & Cascardi, 1998）提出，人们应该能够对人类服务的可评测结果作出解释，而不是一直关注对规则的机械服从或对服务需求的简单展示。怀着这样的目的，组织必须要重新思考收集到的
164 信息，从而与计划目标相联系。正如在预算—分配模式中那样，信息太多地被用作对顺从度的报告，而不是用作了解计划和服务是否起到了作用（Hernandez, Hodges & Cascardi, 1998；Burchard & Schaefer, 1992）。

为了适应问责之需要，各项目部门和机构必须致力打造信息系统，提供有用资料，实行循环反馈，保证持续增长，并将过程和结果相联系。结果型问责虽然处在起步阶段，但它具备从根本上改变社会服务结构，并为主顾对象提供教育和关爱的潜力。霍尔施（Horsch, 1996）认为，结果型问责"不仅使目标整合和结果评估充满了挑战，而且还让其他领域，例如服务整合、管理与操控，以及资源分配等也充满了挑战。"

执行结果型问责机制，创造各种机遇，像这样的机构不胜枚举，它们界定了学习型组织和新兴领导层的工作准则。利益相关者和项目的提供方有机会在项目目标和策略上达成共识，他们学习创造性的思维以解决问题，并转向以功能整体的模式思考计划进展。利益相关者以对话形式分享项目和结果信息，并据此收集材料，进行系统分析，形成自己的决策（Horsch, 1996）。

同样，结果型问责以信息为基础。人们需要用信息来研究满足客户需求的方式。结果型问责与持续性增长之间的联系与日俱增。注重在整个系统内将信息联系起来，使领导者和员工能了解自己组织内部事情进展的功能整体

概况。过程和结果的联系能给人们提供综合全面的信息，从而建立应对机制，以满足或超越不断变化的客户需求。

进一步提升持续性的增长过程需要有效的评价机制来评价和分析信息。我们现在转入对评价模式的历史性考察，这些模式决定了我们的过去，并继续指导着我们的现在和未来。从牛顿物理学到社会建构主义，评价模式的转换促使人们重新思考评价的作用。重新考虑信息收集和评价的方式，信息不再受外部评判或其他可控条件的束缚。新的评价方式有能力去检验更加复杂的问题，从而将组织成员纳入专家的范畴。

评价：从外部评判到持续提升 165

人们日益认识到，我们的社会机构需要重新洗牌，评价过程也需要改变。仅仅只测试学生，并假定他们的学业成就测试分数反映了课程设置或教学的有效性是远远不够的。因为评价能够服务于发展，它应该被看做一个一体化的工具，去检验那些影响学习结果的组织系统内部相互联系的各个要素。这种转变代表了从结构主义到社会建构主义的转换。

在过去，评价只是一个根据方案进行的活动，用来衡量施行的问题解决方式或方案变化的成功或失败（Guba & Lincoln，1989）。人们很少将评价及其过程纳入整个组织发展计划的范畴，所以组织提升的各项决策常常只依据单独、孤立的事件。对组织的整体成长而言，它们永远只是分裂的碎片而已。

多年来，人们用各种不同的方式阐释评价，使用评价，而根据古鲍和林肯（Guba & Lincoln，1989）以及博格和加尔（Borg & Gall，1989）的著述，评价能够很好地服务于政策需要，并在外部评判的过程中彰显其价值。波帕姆（Popham，1988）指出，评价“是对各种教育现象质量的正式估量”。（p. 7）博格和加尔在论著中写道：“评价是对各种方案的成绩、价值和意义进行评判的过程。”（Borg & Gall，1989，p. 742）罗西和弗里曼（Rossi & Freeman，1989）认为，评价研究是“系统应用社会研究的过程，来评价各个方案的概念界定、设计和实行，以及作用等”（p. 5）。

在传统模式中，内部顾问应政策之需度量组织方案的有效性，外部顾问则根据内部顾问设定的参数进行评价。古鲍和林肯（Guba & Lincoln，1989）认为，这些概念都源于实证主义（相信外部的、绝对可度量的事实）范式内科学的定位，评价基本上被看做外部顾问技术性的询问过程。他们认为，组织的内部成员很少参与到评价过程当中。

为了更好地了解哲学在阐释评价信息类型中的作用，我们对评价方式作一个历史考察。我们的研究从那些与逻辑实证主义和牛顿物理学密切相关的实践开始，然后转向那些本质上属于社会建构主义的方法。我们并不是想说，实证主义的模式已经过时或落伍，而是想表明这些信息将唤起人们的共识，意识到今日现存的多种信息收集方式以及它们的功能。对评价方式的深刻理解对未来的领导力来说非常必要，确认并选择最实用的信息搜寻方式是关键。

166 **表 9.1　评价的模式**

模　式	侧重点	范　式
形成性评价	在方案进行的过程中关注方案目标	实证主义
终结性评价	对方案有效性和结果进行评价	实证主义
CIPP 模式	检验背景、输入、过程和成果	实证主义
斯塔克（Stake）全貌评价模式	依据最新研究对方案实施前、实施中和实施后的实时评价	后实证主义时代——走向社会建构主义的桥梁
第四代评价	关注信息和思想的生成性、知识的建构性以及现实的整体境脉	社会建构主义

评价的不同历史进程和各种哲学范式是并行的（见表 9.1）。从形成性评价、终结性评价（Scriven，1973）一直到古鲍和林肯（Guba & Lincoln，1989）的**第四代评价**构成了一个连续体。

评价模式

评价模式历经多年表现出不同形式。博格和加尔注意到，可以依据方法论和认识论将这些模式进行归类。定量评价建立在实证主义理念的基础上，进行客观测量、实验控制和数据资料分析。定量评价模式重点关注的是“决定被评价项目在一般意义上的真实性和价值，而不是个别情况和特殊现象”（Borg & Gall，1989，p. 759）。他们进一步指出，这种哲学支撑具有局限性，因为它不能解释某个方案起作用或失败的原因。定量模式关注预设的测量标准、外部评判以及固定不变的目标。

形成性—终结性评价

最受欢迎的评价模式一直是斯克里文（Scriven）的**形成性—终结性**评价（Kaufman & Thomas，1980；Rossi & Freeman，1989）。**形成性评价**是“在方案实施过程中以确定的目标为方向对方案进行的评价”（Kaufman & Thomas，
1980，p. 111）。这种评价模式发生在方案实施的过程中，致力于回答下列问 167
题：**方案是否按照预期进行？方案的所有向量是否都有效实施？**这种评价的框架是以外部标准（即方案的目标）来界定的。

这种模式的局限性在于，它的目标固定不变，并且假定所有变化和介入都是静态的，只在特定时间出现。新的项目发展理论认为，组织发展（项目、服务和过程）是动态的，并随着新信息的获取而不断变化（Fullan & Miles，1992）。因此，很有必要对形成性评价进行拓展，并提出第三个问题：**是否每个人仍然对目标持有相同看法？**

质量管理和系统理论的研究文献显示，目标设定和达成是一个重塑和再造的连续体，它的发展直至需求被满足为止。不是再问信息是否重要，而是把问题的焦点集中于**在现有信息条件下，瞄准的目标是否是为了满足顾客需求？**这里的变化非常微妙，但它却体现了旧的评价模式与第四代新评价模式以及标杆管理之间的差异（Guba & Lincoln，1989；McNair & Leibfried，1992）。

终结性评价测量的是方案的有效性和结果，在方案实施结束时才进行（Kaufman & Thomas，1980）。人们搜集各种信息以回答下列问题：**方案起作用了吗？方案满足了既定需求和目的吗？学生的学业表现符合目标表述的水平吗？**和形成性评价一样，终结性评价也假定了一个静态不变的目标，它不关注方案对结果的影响究竟如何。

斯塔弗尔比姆和古鲍（Stufflebeann & Guba，1971）提出的 CIPP（**背景、**

输入、过程、结果）模式指出了形成性评价和终结性评价的各种局限。按照他们的观点，评价被界定为："描述、获取和提供对评判供选方案作判断有用的信息的过程"（p. 115）。这个定义包含了评价的框架：解释信息，获取信息，并为决策者提供有用信息（Kaufman & Thomas，1980）。CIPP 模式包含四个向量：背景、输入、过程和结果。这种模式将评价者和决策者当成一个团队的整体，对评价进行规划和具体实施。它已经把外部评判和内部工作联结在了一起。

尽管仍然将评判作为评价者的重要职能，但**斯塔克的全貌评价模式**（Stake，1967）却把定性因素引入了传统的定量设计。这一模式关注评价过程中的决策，并围绕方案进行的三个阶段渐次展开：前期、交互和结果。在
168 前期阶段，重点关注那些可能影响方案结果的环境和条件。在交互阶段，人们关注方案正在执行时取得的成效，在结果阶段人们检验方案完成后的效果。这种评价不但作出判断，而且还进行描述——描述课程计划打算实现的那些内容以及实际观察到的施行情况等（Kaufman & Thomas，1980）。而要判断的则是项目的相对或绝对价值，这由一套业已建立起来的标准来完成。

这种模式的优点（Kaufman & Thomas，1980）在于，它"促使评价者去描述方案在执行前、执行中和执行后的各种事件、活动和状况。这种描述能够为方案的开发者以及通过现场观测来了解每个阶段正在发生的事情提供富有价值的信息"（p. 124）。

博格和加尔（Borg & Gall，1989）指出，这是一种"响应式评估"，这种评估主要关注影响利益相关者的关切和事件。反映在前期阶段，人们会确认那些可能影响评价的环境因素。这种模式还内在地关注最新计划，也就是说，随着新信息的获取，评价逐渐形成。与以前的评价模式不同，该模式的方案和标准不是预先设定的，它们是在探索各个事件和了解与方案相互影响的利益相关者的过程中逐渐显现出来的。

斯塔克模型的引入给教育评价新范式的创建打开了大门。由于它重点强调的是议题和利益相关者，因此价值被赋予了与项目或服务相关的组织成员的需求、观点与立场。然而，其局限性在于，组织中所有成员都是作为可估价的参与者涉足其中的；而且，其更进一步的局限在于，重点被放在了学校

教育组织这一更大整体内部的项目的情境性（situatedness）上。

第四代评价

定量模式对应的是社会建构主义，而且其前提是评判的视野决定方案的价值。而定量设计则重视环境的影响，并通过衡量方案设计者和评价者的主观性将它们也纳入了设计范畴。另外，描述和评判也很重要。当古鲍和林肯（Guba & Lincoln，1989）谈到**第四代评价**时，定量评价已经发生了非常巨大的改变，定性评价出现了。

古鲍和林肯描述了先于第四代评价之前出现的其他三代评价。第一代是“**测量**”，即对学生进行测试，并在学校设计的科学管理模式下来检验方案的有效性。在第一代评价中，学生被看做科学管理模式下由学校进行加工的原材料（Borg & Gall，1989；Guba & Lincoln，1989；Kaufman & Thomas，1980； 169
Popham，1988；Rossi & Freeman，1989）。

古鲍和林肯（Guba & Lincoln，1989）把第二代评价称为“**描述**”，这种模式的重点是根据确定的评判标准，来定位方案的优点和缺点。测量只是作为收集资料和描述发现的工具。第三代评估模式则被称作“**评判**”，评价者的目的是判断方案的有效性，并确定它的价值。

一般认为，**第四代评价**是一个将所有参与者都囊括其中的不间断协商的过程，而且还进一步提出了**“生成性设计”**（emergent design）的概念（Guba & Lincoln，1989）。“生成性设计”或“第四代设计”将符合条件的已有信息进行社会构建，它建立在斯塔克模式的基础之上，并进一步拓展了“描述”和“评判”的概念，重新建构了评价范式的框架，它具备以下六大特征（pp. 8－11）：

1. 描述并非事件的真实状态，它们“代表着个体或群体为理解他们所处的情境而进行的有意义构建。”
2. “它认为人们用于理解各种情境而进行的社会构建在很大程度上是由构建者的价值观决定的。”
3. “它认为社会构建和它们自身所形成、所指称的特定物理、心理、社会和文化环境密不可分。”

4. “生成形式的评价认识到评价能够以多种方式来让利益相关者获得或失去特定权利。”
5. “它认为评价必须明确行动方向以确定路线，促使特定的利益相关者执行路线，形成并且坚守自己的行动承诺。”
6. “第四代评价认为，作为涉及人的评价，评价者在与这些人的互动中有义不容辞的责任去尊重人们的尊严、诚信和隐私。”

170 要保证第四代评价行之有效，人们必须：(1) 创建一套能够承认现实的构建性本质的评价程序，并认可利益相关者具有的不同价值观和立场；(2) 以为方案与评价的界定和执行环境是整体性的；(3) 促进所有利益相关者的全面参与。(Guba & Lincoln，1989)

对于从事评价工作的社群而言，古鲍和林肯唤醒了他们的某些意识，不仅让这些人在一定程度上明白了谁才是评价者，而且还又一次为这一领域的研究打开新的大门。对学习型组织而言，致力于建构主义的决策模式和知识拓展相结合是个好消息。然而，我们必须承认，目前还存在着某些局限。

人们仍然注重在单一层面上对**方案**进行评价，而不是将**组织**看作一个由相互联系的各种职能、过程或工作单位构成的集合体，并对其进行评价。标杆管理的研究文献提出了在组织内拓展评价的功能的需要，而要做到这一点，不仅要吸收和借鉴古鲍与林肯提出的现实的建构主义本质这一观点，而且还要把系统理论方法以及以学生成功和满意度为关注焦点的质量管理也纳入进来。

评价和学习型组织

重心的不断变化始终贯穿于评价的历史发展过程中，人们一直在致力于回答：谁是评价者？什么是评价？许多变化都源自从实证主义到建构主义的方法论转换。同时，对共同学习和相互学习的高度珍视也改变了人们将评价信息用于决策制定和战略规划的方式。

普雷斯基尔和托里斯（Preskill & Torres，1999）指出，这些变化冲击着人们的工作方式：跨学科合作成为常规；创新和多样性获得了滋养；专业性的支撑文化得到了鼓励；同伴关系受到了重视。他们声称，最主要的变化来自评价功能的改变。对评价的研究不再完全注重理性主义的方法,[1]而是把它作为日常生活不可或缺的一个组成部分，用它来帮助组织发展，塑造和保持高效的方案和服务。评价研究“不仅仅只是面向决策制定和决策行动的信息积累方式，它对我们在组织中的所作所为究竟价值何在给予了同等程度的质疑和拷问”（p. xix）。

学习型组织需要的是价值负载型评价，关注过程、结果及其与组织目标的相关性。顾客对象的需求必须成为这一准则的核心内容，它推动着评价自身复杂性的不断上升。如果想让信息对目标的实现和任务的完成有所帮助，身处组织内部的人就必须成为评价团队的一部分。否则，我们得到的信息就会和方案的使命脱节，或者不再和组织成员的价值观或使命相关。像这样的信息最终也会因过时而被废弃。

领导者需要对组织进行观察，对自己收集信息的方法进行重新思考。评 171
价方式的变化给了领导者自由，让他们可以超越传统的、因受限于样本大小和资料来源而力求精密的限制，从而去支持那些能够回答立足于系统观的关于消费者需求的关键问题。

普雷斯基尔和托里斯[1]这样界定基于理性主义方法的评价研究：“它假定组织在自己的环境里是个独立的演员，问题只有一个答案，每个人都代表组织进行理性思考并且得出相同结论，全面的方案执行总是在对最佳策略进行探索后进行。这种评价方法关注的焦点也在于个体学习以及短期的问题解决措施……”（Preskill & Torres，1999，p. xix）。

领导者面临的挑战是如何在问责和持续提升的环境下对评价的作用进行重新思考。通过将哲学导向拓展到社会建构主义，领导者就拓宽了问题提出的可能性。各单位不用再依赖外部专家来收集信息并对其进行综合分析，组织内部的员工离信息最近，他们可以承担起评价的工作。评价产生的信息将被广泛应用于各种职能，其中包括问责、知识建构和持续提升等。

我们现在转变方向，提出标杆管理，从而全面展现问责和评价在学习型组织中的作用。标杆管理是对那些与最佳实践相关的组织实践进行考察的过程。立足卓越的高标准超越了过去由问责而提出的各项要求，并帮助组织超越现状，实现持续成长。

标杆式增长

对于组织而言，标杆管理在信息收集和决策制定上的作用至关重要。但过去和当今的评价模型似乎只着眼于暂时性的问题或过程，而不是把焦点集中于持续提升的努力。但这并不表明评价和持续性提升互相排斥。恰恰相反，它们的联系非常紧密，而且常常合二为一。两者之间的差异性更多存在于不同实践的价值观和哲学导向上。另一方面，评价注重回答一个非常简单的问题：**这个干预措施是否成功**？而**标杆管理**则注重回答：**我们在做什么？我们正在怎么做？能够做得更好吗？**

几年前，我们开始将标杆管理过程作为“教育质量标杆体系”的一部分进行探索。我们认为自己在科学研究中学习到的东西以及在时光荏苒中获得的经验对今日的组织而言非常重要。对于领导者面临的许多挑战，我们以前
172 都曾经进行过重点强调。虽然领导者可以利用市面上提供的许多面向组织发展的操作型培训项目，但在我们看来，这些项目都存在问题，那就是它们常常赋予顾问以专家的角色，没有帮助组织发展它们自己的专业技能。

我们之所以偏爱标杆管理，很大一部分原因在于，它是一个建立在社会建构主义和系统理论这一哲学支撑基础之上的明确过程。也就是说，只有身处组织内部的人们，才最方便设定目标，构建策略，并对自己正在做的事情进行自我反思。标杆管理也使组织的另外一项重要功能得以发展，那就是**自我反思**（**自我**可指员工、团队或组织）。为了让各种制度进入学习型组织，员工必须学会后退一步，想想自己要什么，看看自己在哪里。我们称之为“**组织反思**”，最重要的学习往往产生于反思的空间之中。

你曾经有过多少次在完成了一个大项目或大行动的同时，却并没有意识到自己正在历经一个什么样的过程，或对自己做得究竟好不好进行反思？直到从当时的情境中退出来，你才开始回头去看自己努力的结果。我们中的绝大

多数（即使不是所有），都是伴随着这样一些老话成长起来的，比如“**暂时驻足，但闻瑰香，享受生活**”，或“**事后诸葛亮……**”，或“**事后再回首……**”，等等。持续提升的过程（标杆管理是其中的一部分）是建立在这样一种前提之上的，那就是我们需要停下来，不时地向四周看看，审视自己究竟正在做什么。如果等待的时间太久，我们就会发现自己会这么想事情，那就是“**如果……就好了**”或**事后后悔不迭**等。

标杆管理的实践已经开始了很多年，并且被经常性地应用于工程领域（Camp，1989）。勘测土地的勘测员常在一棵树上做上标记，然后称之为标杆。他们以标杆为参考，去测量其他任何事物。标杆管理的过程已进入其他领域，并成为时下商业领域的常规方法。领导者首先关注的是自己组织内部那些需要改进和提升的部门，找出那些在这个部门内成功的竞争者，然后研究它们的工作流程，将其用作标杆（参照物）来提升自我。

组织可以创建起各种各样的标杆管理程序，这些程序仿效和满足的是绩效监控的需求；当然，它们也可以更进一步，把关注焦点集中于持续不断的改进和提升上。我们可以把与持续不断的改进和提升有关的标杆管理视为一种过程，用它来激发和促进组织学习、反思、问题识别、问题解决，并最终促进组织的持续改进。我们鼓励组织要不断“探索新的选择”。绩效监控是一种过时的做法，它主张一次决策定终身，在一个时间点上一劳永逸地完成所有决策，之后就再也不管不问了。然而，处于学习和成长过程的组织历来都是动态变化的，它从来都不会保持静止状态。有些著者在另外一本著作中坚持一种静态的卓越观，他们一相情愿地认为，人们可以以此来对成功进行**监控**。但是，我们却希望人们能对标杆管理进行探索，在一个动态变化且常变常新的环境中，用它来创建和发展自己的学习型组织。

概念 173

标杆管理最初被界定为一种依照行业最高标准来对组织成长和发展进行检视与衡量的过程（Camp，1989；Watson，1993）。它既是一种过程，也是一种工具，在系统科学的理论框架之内给组织发展带来了重要改变，而系统理论则为学校对它们利用评价信息的方式进行重新思考指明了方向和前途。

坎普（Camp，1989）指出，标杆管理确定了那些创建组织功能并使其永久化的过程、实践和方法。过去，评估的焦点主要集中于项目和服务，对面向结果实现的过程则视而不见（Spendolini，1992）。后来人们才意识到，组织用来对商品和服务进行概念化，然后把它们生产出来并推销出去的过程，对于我们理解成功的商业运营和不那么成功的商业运营这两者之间存在的差异而言非常关键（Camp，1989；McNair & Leibfried，1992）。

坎普（Camp，1989）认为，标杆管理在以下几个方面让公司企业从中受益：

- 它能够把任何行业的最佳实践创造性地整合到让组织功能标杆化的过程之中。
- 它能够给专业人士提供激励和动机，让他们充分发挥自己的创造力，施行标杆管理，并把通过标杆管理获得的发现应用于对组织的改进和提升。
- 标杆管理能够打破各种根深蒂固的对变革消极抵制的做法。
- 标杆管理还有可能会鉴别出那些还未被认识到或尚且未被应用于实践的重大技术突破。

坎普（Camp，1989）建议，标杆的寻找应该聚焦于行业内的最佳实践，而不是去关注与自己竞争的同行。通过对那些推动组织进步的特征进行考察，公司企业的领导者就有能力超越单纯的项目层次，从而在一个更加广阔的概念水平上更好地实施变革。

坎普（Camp，1989）还对标杆管理不是什么进行了界定。他提出："标杆管理不是一种决定资源削减的机制；它不是一个方案；不是一个照本宣科的过程；也不是一时的狂热"（p. 14）。但是，它是一种学习的体验和探索发现的过程；它是一种持续不断的管理，需要持续不断的经常性更新和升级；它是一种商业战略，可以帮助管理人员鉴别"某些实践，这些实践可以被采纳来创建那些有望取得成功、值得信赖、坚实可靠的计划和战略，而且还可以用它来对新创意进行丰富和补充，从而实现最高层次的绩效目标。"（p. 15）

在对有关标杆管理的研究文献进行综述时，斯彭多利尼（Spendolini）仔细考察了49种概念界定，发现这些概念相互之间存在着以下共性，他把这些共性组合在一起，创造了一个他自己的有关标杆管理的工作定义：一个对（组织的）（1）产品、（2）服务和（3）工作流程（4）进行评价的（5）持 174
续性、（6）整体性（7）过程，这些产品、服务和工作流程被（8）认为（9）代表了（10）面向组织改进的时间目标的（11）最佳实践。斯彭多利尼这个标杆管理的工作性定义的重点是学习，而不是竞争。他提出，标杆管理是另一种形式的专业发展和组织成长，它和学习型组织内的以下启示相联系："组织需要走出去，超越自身，仔细审视它们对外部世界的内部认识。当一个人展露自己的想法，并让别人的思想影响自己时，这个过程就完成了"（p. 16）。在这种背景下，标杆管理成为指导人们在现有情况下，通过向外看的过程获取想法，并从另一不同角度向内看的工具。

为什么需要标杆？树立什么样的标杆？

标杆管理给组织提供了各种信息，其中涉及顾客需求、有效的目标、生产率、竞争优势和劣势、行业最佳实践等（Camp，1989；McNair & Leibfried，1992）。它有助于对战略进行规划，对前途进行预测，对新思想、新产品和新服务进行开发，另外它还有助于促进目标的达成。作为一种变革管理工具，标杆管理让组织能够以一种客观和可测量的方式基于现有绩效水准对自身进行改进和提升。

人们从以前的研究文献中发现了几种适合进行标杆管理的组织要素。这些要素包括产品和服务、工作流程、支持功能、组织绩效、战略（Spendolini，1992）、角色以及有效性和效率等（McNair & Leibfried，1992）。

标杆管理的类型

标杆是一个参照点，它可以在组织变革与发展的不同层次和水平上，对得到提升的过程、服务和结果进行评价。有三种类型的标杆管理：（1）战略规划型标杆管理；（2）过程型标杆管理；（3）结果型标杆管理。（1）**战略规划型**标杆管理是将当前组织取得的成果和世界一流优秀标准相对比的标杆管理方法。这种方法是一种规划和设计质量更好的服务的框架。(2) **过程型**标杆管理搜集数据资料，并把这些数据资料与组织感兴趣的改进和提升流程进行对比。一个组织要想进行过程型标杆管理，就必须对来自另外一个组织的设计良好的改进和提升流程进行研究并采纳之。(3) **结果型**标杆管理则主要被用于提升组织的成果，这主要是通过在进行自我评估和组织评估的过程中参照诸如教育质量标杆体系之类的世界一流标准来完成的。结果型标杆管理
175 主要被用于搜集事前和事后的数据资料，以衡量组织是否在与那些特定结果相关的发展上取得了“足够程度的进步”。而后，一套总体全面的评价体系便在结果型标杆管理的过程中在组织中就位了。以上三种标杆管理的方法都被用以提升那些能够影响客户成功和满意度的组织结果。

有的文献还把标杆管理过程划分为以下 4 种类型：(1) 内部型；(2) 竞争型；(3) 功能型；(4) 通用型 (Camp, 1995; Spendolini, 1992)。**内部型**标杆管理是对组织内部的相似运作模式进行比较的过程。**竞争型**标杆管理则涉及把自身的内部流程、结果和服务与直接竞争对手进行对比。**功能型**标杆管理是把组织与行业以外的类似公司企业进行对比。而**通用型**标杆管理则是将自己的工作流程与其他那些值得模仿的工作流程进行比较。

沃森 (Watson, 1993) 将标杆管理分为五代，每一代标杆管理关注的焦点都集中于组织发展的不同方面：(1) 逆向工程型标杆管理；(2) 竞争型标杆管理；(3) 过程型标杆管理；(4) 战略型标杆管理；(5) 全球型标杆管理。**逆向工程型标杆管理**涉及与竞争对手的产品进行对比，关注焦点集中于产品或服务的技术成分。**竞争型标杆管理**引入了产品分析，来考察产品和服务的性能。**过程型标杆管理**把对比的对象从行业内竞争对手转向了行业外的业务实践，它假设当行业竞争壁垒被消除时，可以获得更多信息。**战略型标杆管理**是“通过理解和适应来自外部合作者的成功战略，来对新战略进行评价和实施，进而提升组织绩效的整体过程” (Watson, 1993, p. 8)。**全球型标杆管理**是最新形式的标杆管理，它重点强调在全球范围内进行对比，承认文化模式和贸易关系对商业成功的影响。

标杆管理的模式

坎普（Camp，1995）从大体上描述了一个五阶段标杆管理模式，它包括：（1）规划；（2）分析；（3）整合；（4）行动；（5）成熟。在**规划**阶段，人们决定用标杆来管理什么、谁来进行标杆管理，并制订相应的行动计划。在**分析**阶段，主要是鉴别绩效差距，并建立未来的绩效等级水平。在**整合**阶段，把在评估过程中获得的发现进行发布和散播，让目标得到进一步精致化。**行动**阶段则涉及新做法的贯彻实施，这些新做法产生于标杆管理过程获得的发现，而且被认为能够推动组织进步和发展。在**成熟**阶段，组织的工作流程将会得到持续改进和提升。

斯彭多利尼（Spendolini，1992）提供了一个类似模型，其中也涉及五个阶段：（1）决定标杆管理的对象；（2）形成标杆管理团队；（3）确定标杆管理的合作伙伴；（4）搜集和分析标杆管理的信息；（5）采取行动。这个模式
有些特殊，和其他大多数模式不一样，它表现为一种环形设计的模式，这种 176
环形模式意味着持续不断的组织改进和提升进程，而这正是标杆管理的核心所在。仅仅致力于线性方式的战略和目标优化是不够的。只有在对组织进行持续不断的改进和提升的过程中，定期收集新信息，并把其整合到决策制定和方案发展的过程中，好的做法才能够建立起来。

定性标杆管理与定量标杆管理

多年以来，商业领域内的传统测量都是以数字为导向的，这主要是因为企业的利润空间有限，而且还存在着一定的成本基础。近来，组织改进和提升表现出了另外一些趋势，那就是承认自己面临的各种局限，这些局限不能够提供任何有关组织业务流程量化特征的信息（McNair & Leibfried，1992）。为了解决这个问题，标杆管理才同时发展了定性和定量两种方法。

对于量化的标杆而言，其关注焦点集中于运作过程和产品的特征，能够反映组织内部业务流程的表现（MacNair & Leifried，1992）。这些量化的测量标杆考察的是生产率、产品质量以及递送速度等。这些信息对企业的领导者而言无疑非常关键。当然，定量信息也并非没有局限。借助于定量分析的组

织发展往往倾向于把重点放在执行实现目标所需要的那些事情上，而不是去追问为什么需要这些目标以及为什么要采取这些行动。

所谓定性标杆，是指那些通过定量方式无法确认的组织要素（Macnair & Leifried，1992）。相应地，对于组织来说，定性标杆（组织的内在组成部分）对于对行业以利益相关者的需求作出响应非常关键。普通的定量标杆主要包括产品复杂性、组织的性能、顾客的满意度、营销和工作流程以及文案处理流程等。现在，从整体性的视角看，对这两种类型之信息的机制进行界定对于成功的组织发展而言至关重要。

对于学校而言，标杆管理过程拓展了它们可以利用的手段，使其可以致力于整体性的组织评估，它提供了一种机制，使学校可以对存在于组织内部的那些诸如顾客满意度、人力资源发展、战略规划之类的定性组成部分进行考察。对于组织的成功而言，作为一种独特的内部测量手段，标杆管理的价值在于其对持续提升、信息系统、雇员参与和战略规划的高度关注。使用标杆管理，学校便有了一种引领组织发展的新手段，它可以挣脱官僚主义模式的束缚，转向基于系统理论的发展道路。

在组织生活中（以及标杆管理的核心过程中），常常被忽视的一个领域是卓有成效的信息系统的发展。在这一章，我们已经着重指出过，组织内部的各种工作流程都是需要信息的。信息的质量决定了这些工作流程的质量。
177 领导者需要理解信息的价值所在，而且还要在创建信息系统的过程中，对前面可能遇到的波折心里有数。在接下来的一节，即本章的最后一节，我们对信息系统进行了广泛考察，阐明了信息系统开发的某些方式，并指出了在这个过程中可能遇到的若干问题。信息系统是一个复杂实体，它也是组织学习的核心所系。

服务于标杆管理的信息系统

伯奇和格鲁德尼茨基（Burch & Grudnitski，1986）将信息定义为“被置于有意义而且有用处的环境中的数据，它被传递给接收者，接收者可以用它来进行决策”（p. 3）。信息有很多种类型，其中包括文本文件、可视图像、计算机数据库、录音磁带以及对话等。我们获取和接收信息的方式也多种多样，读杂志，看新闻，阅读季度和年度报告，浏览因特网，参与对话，听讲座，看书，等等，不胜枚举。

今日的组织面临的挑战在于，如何决定所收集的信息类型以及对这些信息进行发布、散播、读取和处理的形式。在各单位丢弃的信息中，存在着数量极其巨大的关键信息，其中包括学生的年级和出勤情况、升学率、教师培训、来自各种研讨班的反馈、和其他学校进行的对比，等等。问题是，在对方案改进进行决策的过程中，这些信息中大部分的有用价值都没有被意识到。信息一旦被应用于对现状的问责，就需要对其进行重新概念化，以便把其改造成指示组织成功的晴雨表。并不是所有的数据信息都只能被限于用在对遵守和服从程度的监控上。

本书的其中一位作者近期进行了一项研究（也可被视为是对学习型组织进行的一次评价），来考察工作文化和学生学业成就之间的关系。她从现成的数据资料中获取了有关学校的信息，回答了自己的研究问题，这些数据资料来自一份有关工作文化发展的正式文件和一篇有关学生学业成就的单独报告。她发现，工作文化和学业成就在统计上存在着非常显著的相关性。对学校而言，这意味着要想促进学生的学习，提高他们的学业成就水平，就必须把关注焦点集中于工作的各项职能（愿景领导、战略规划、人力资源发展、系统思考和行动、高质量的服务、顾客满意度）上。那些有自己一套工作规范、做事方式、方案计划和教育服务的学校创造了一种可以帮助学生走向成功的学习情境。本项课题研究的更多发现可见于下一章。在这里，我们只是用它来说明，组织是如何充分利用现有信息，并把这些信息整合起来，用于解决新的、通常也更为复杂的问题。

组织需要对自己的数据资料进行编目，并创造性地思考如何在单位内部和单位之间把这些资料联系在一起。相互联系在一起的信息对于我们研究组织输入是如何服务于满足顾客需要非常关键。

有个儿童心理健康项目（Hernandez，Hodges & Cuscardi，1998）就是围 178
绕结果型问责模型展开的，它高度依赖信息来指导学习和变革。这个项目的前提基于这样一种假设，即人们产出的成果受到多种力量的影响，这是一种系统化的模式。例如，有特殊需要的儿童可能受社会工作者和教师的影响，且有时候还会受法律实施的影响。成功与否可能取决于所有这些力量产生的共同作用。要理解结果，就必须搜集信息，并在不同的单位之间把这些信息整合在一起。

如果使用得有效，信息可以成为强大的工具。信息系统和信息流动路径的建立需要花费相当大精力。20世纪90年代早期，佛罗里达州的一套社会服务体系开始开发行政管理数据系统（捕捉诸如住院记录之类的病人信息），以记录顾客对象的信息，而为这些病人服务的正是这个系统的提供者。这套数据系统在州的层面上进行概念设计，而它的贯彻实施则在当地进行。与这个系统所服务的对象有关的大量信息被搜集进来（他们的年龄、种族、性别、需要看护的收入水平、治疗方案和结果等）。的确需要像这样的一种系统编目，而且其构建的也非常仔细。然而系统的使用却没有达到预期效果。

当我们中间的一位作者和一个同事尝试使用资料去研究一个方案模型对顾客的影响（这是近年来次级管理资料在健康服务研究中日益盛行的用途）时，发现了这个问题。各提供机构给出的数据并不一致。一个人在A领域内记录在案的信息与其在下一个领域内记录下来的信息不一样。在一项质性研究中，我们发现，处于提供者层次上的社会工作者没有足够信息来理解该资料是否有用或潜藏于某些特定资料领域背后的意义。

我们研究获得的成果之一，是促成了一个全州范围内的数据资料委员会的创建，由州政府主管部门领导的机构在委员会成立的过程中发挥了推动和促进作用。这个委员会的使命是对数据系统进行必要修改，从而更好地满足现在的信息需求，同时还可以解决如何在当地层面上进行信息搜集和录入的实际问题。委员会成员包括州政府机关的领导、信息的提供者以及处理管理数据资料集合的大学工作人员。

要建立有效的信息系统，社会服务结构面临着复杂挑战。第一，领导者需要和员工一起探索、理解、修改并应用符合他们目的的有效信息资源。第二，所有参与方都必须对信息具有的力量达成一致意见，否则该信息将继续成为一线工作者沉重的文案工作负担。第三，信息必须和方案目标及结果相联系。第四，必须对所有信息来源进行检验，以确定是否能够找到办法，简化捕捉到的信息，减少不必要的文案工作。在信息时代，我们面临着信息泛滥的高风险，教师是最好的例子。到任何一个地方，问一问教师，你一定都会听到他们最大的挫折感源泉之一就是大量的文案工作（Snyder，Acker-Ho- 179
cevar & Synder，1994a）。对社会工作者、医生、护士、司法矫正人员、缓刑监督官以及所有在其他社会服务机构中工作的人而言，也都是如此。

市场上有许多书籍和项目探讨的都是如何建立有效的信息系统，这方面的细节超出了本章讨论的范围。我们想表达的意思是：信息系统的力量非常强大，但它需要仔细培育，反复修订，各单位的工作人员也需要学习怎样处理信息并从中获益。对信息的需求非常强劲，但需要的是那种与方案目标相联系并能够被使用者和创建者理解的信息类型。

标杆管理说到底只有两个字：过程。为了执行这个过程，人们和组织需要接入各种类型的信息，帮助自己把握组织的运行情况以及组织对顾客需求的满足程度。领导者对这一点必须给予特别关注，否则就不能充分发挥这方面的组织领导力，促进学习型组织的发展。

小结

构建学习型组织需要在正确的哲学框架下搜集信息。发展信息和知识并满足顾客的需求需要一种使命感。那些一直指引着公共社会组织发展到今日的做法必将继续存在下去，而且其程度可能还会进一步加强。领导者和员工总要为他们的顾客承担问责的责任，这并不是什么坏事。而且，这种类型的问责正是学习型组织的核心所系。问题的关键在于领导者如何对待问责和信息系统。

领导者面临的挑战来自于，如何通过标杆管理对问责与评价和组织持续改进与提升之间的联系进行考察。建立在社会建构主义哲学基础之上的做法能够促进组织的成功，并超越政府和顾客的需求。在这一过程中，领导者必须直面所有再常见不过的第 22 条军规，制定出各种战略，把问责和评价融入到组织的持续改进和提升模式之中。

注释

1. 普雷斯基尔和托里斯这样界定理性主义方法的评价研究："它假定组织在自己的环境里是个独立的演员，问题只有一个答案，每个人都代表组织进行理性思考并且得出相同结论，全面的方案执行总是在对最佳策略进行探索后进行。这种评价方法关注的焦点也在于个体学习以及短期的问题解决措施……"（p. xix）

第 10 章
通过社会性网络创造新动力 181

在大多数国家，对问责和学生学业成就的关注都在不断增加，这给那些想开发一些不但聚焦于学术知识而且同时还重视社会性发展的学习空间的教育工作者提出了难题。此外，教育工作者和学校都深陷于官僚主义强制命令的掣肘之中，这些官僚主义的强制命令往往以规范和标准来替代创造性和激励。尽管构成问责之基础的那些原则本身并没什么问题，但教育工作者需要找到在这些问责的框架内从事教育工作的办法，以便既能够促进学生对学习的热爱，又可以激发他们的创造性。

本章重点强调的是，社会性网络对学习的重要性，它可以帮助校长和教师创造出这样一种学校：为了实现终身学习的目标，并把自己锻造成全球公民，年轻人在这里可以全身心地投入到自身发展之中。另外，各种网络还可以为教师的专业发展服务，教育工作者通过这些网络可以发起就教育问题展开的一种新型对话，这种对话并不仅仅只涉及来自政府的各种强制命令，它更多地还涉及教育的目的：帮助年轻人发展知识、技能和社会能力，这样一来，他们就可以在生活和工作中为人类和社会作出贡献。社会性网络创造了各种联结，通过这些联结，实现了思想的分享和知识的社会建构。社会性网络基于这样一种前提：知识可以使团体和社会发生剧变，但在各种既成体制和官僚主义面前它却无能为力。我们相信，对于推动教育的新对话，促进子孙后代的成长来说，社会性网络的概念有着非常巨大的应用前景。

几年前，在一部基于凯瑟琳·瑞安·海德（Catherine Ryan Hyde，1999）同名著作改编而成的名叫《让爱传出去》（*Pay It Forward*）的电影里，一位教师要求他的每一位学生都要想办法以一种切实可行的方式在这个世界上有所作为。剧中的主角是一位年纪轻轻的男孩，他发明了一种办法，叫做“把爱传出去”，这个活动中，每个人都要为三个人做一件好事，而这三个人每
182 人又要为另外三个人做一件好事，以此类推。随着好事的数量大量增长，受人性差异之正面力量感动的人数量日益增加。这部电影关注的焦点在于，当我们彼此伸出双手、相互扶持时，人与人之间相互关爱的力量是非常巨大的，完全可以让我们在这个世界有所作为。

就在昨天，当排队买票，以便在城里泊车时，我又想起了这部电影。一名男子走过来对我说：“您可以用我的票，它还有些剩余时间，而且我也用不着。”我措手不及地盯着这个人，一时没弄懂他在说什么。接着，他问我会在这个商店购物多久。我说估计要 15 分钟。他把自己的票给了我，并说：“你自己的钱还可以花在其他一些事情上，”然后就走了。回身上车时，我的头脑里回想着这部电影的思想，而且在想：自己如何把这个好姿态传递下去？我看了看票面左侧的时间，上面写着：“12：41 过期”。这似乎表明我还有很充裕的时间，因为现在刚刚 12：10，而且我估计自己待在商店里的时间也仅仅只有 15 分钟左右。我把票放在汽车的仪表盘上后就走进了商店。回来时，我看了看钟表：12：41。那个人怎么知道我会需要一张时间到 12：41 的票呢？我还在想着怎么才能把它再传递给别人呢！

这部《让爱传出去》的电影表明了我们的社会性联结对于转型的重要性以及网络化在推动转型上的巨大威力。我们每创建一个联结，都既影响了自己也影响着他人。我自己的这段个人经历尽管和目前学校里正在发生的事情没什么直接联系，但却拨动了我的心弦，它每日都在提醒我，简简单单的一个手势都可以激励我们付诸行动，它拥有促进变革的潜在力量。当建立一个又一个联结，并以之为基础时，实际上我们是在自然而然地创建一个能量网络，这个能量网络拥有改变一切的潜力。从事社会性网络研究的理论家

（Mohrman、Tenkasi & Mohrman，2003；Stephenson，2005；Tenkasi & Chesmore，2003）认为，正是通过与其他人相互之间的联结，我们才能够习得并创造出新知识。当我们考虑到大多数学生目前仍然局限在他们自己的环境里来学习其他文化，而不是与其他文化联结在一起相互之间各取所长时，对于全球化时代的学习而言，社会性网络委实是个非常令人感兴趣的概念。与此同时，人们每天都在谈论，需要找到解决各种全球化问题并能给这个世界带来和平的途径。对于年轻人和成年人来说，创建一个全球范围内的学习者网络，可能正是这一努力的一部分。正如罗素（Russell，1998）指出的那样，正是通过人际关系，我们才能够"觉醒"，进而在这个日新月异的时代创造出和平。如果我们的联结能够建基于关爱和相互欣赏这一伦理规范的基础之上，那么我们的集体行动便能够给社会变革带来深远影响，而且还可以让教育重新回归到社会和人类发展这一最基本的目的上去。

当考虑到我们所处的这个全球化社会状况时，可以发现更加有必要把符合人性的社会性发展放在教育的首要和中心位置。技术的发展和全球化的进步并不能保证会给世界带来更进一步的平等。卡普拉（Capra，2002）指出，全球资本主义正在"以各种可能很快就会变得不可挽回的方式伤害着生物圈和人性化的生活方式"（p. 146）。卡斯特利斯（Castells，2000）认为，尽管全球化有望降低各个国家的贫困，促进各国的平等，但相反的事情却发生了。183
全球化不是让人类聚集在一起，而是进一步加剧了社会排他主义。这主要是由经济层面上的全球化带来的恶果，公司企业和国家网络塑造了这种经济型的全球化模式，其基础在于日益强烈的对利润的追逐。我们现在需要反其道而行之，创建一种新的网络，这种新的网络由社会机构和人民组成，它可以创造新的发展方向，让我们尊重人性，重视社会公正和平等。

社会已经"把我们引诱——实际上是吸引——到了一套有关什么才是我们真正想要的以及如何才能实现的错误臆断之中"（Russell，1998，p. xii）。比如，各国政府都过于把重点放在了培育年轻一代身上，把拥有高的学业成就分数视为成功之象征，从而形成了这样一种错误臆断，即认为只有学术知识对于生活的成功而言才重要。另外，政府的虚夸导致了各种错误政策的出台，这些政策促进的是这样一种类型之教育，即把焦点更多地放在机械学习而不是创造性和知识发展上。与之形成鲜明对比的是来自诸如联合国教科文组织（UNESCO）之类的非政府组织的观点，人们对这些观点听到的相对较少一些，它们关注的焦点在于培养年轻一代掌握诸如联结网络、创业精神、创造性、数字化素养等之类的能力，以及在全球化社会中生活和工作的重要性。大众传媒势力强大，而且常常与政府的立场保持一致，促使教育工作者把注意力的焦点放在学生的学业成就而不是他们的社会性成长和发展上。就像科根（Cogan，1998）提醒我们的那样，目前还缺乏像这样的一种前提预设，因为全球的贫困状况、环境的恶化、暴力问题等也每天都在我们的头脑里回响，而要解决人们的这些担忧，需要一种把焦点置于面向和平、人道和环保的价值观念之上的关爱型教育学。如果学校继续把焦点放在学术知识上，并沿袭保守过时的教育原则，认为学校把持着孩子和年轻人要获得的知识资源，那么未来的几代人如何能为和谐融洽的携手工作做好准备，为寻求各种全球化问题的解决措施而创造新知识呢？

在这一章，我们将探索究竟有哪些方式可以帮助教育工作者，让他们能通过在遍布全球的社会性学习网络中把年轻人和他们的学校联结在一起对学习环境进行拓展。作为一个例子，我们考察了来自国际学校联盟的一个模型，这个模型表明，学校有办法对信息进行共享，并通过规划设计来创建一种全球化的关爱伦理。这个模型的目标是为有助于促进各种世界性问题解决的知识发展略尽绵薄之力。我们并不是在暗示教育工作者，他们可以对自己工作于其中的制度架构和政策方针视而不见，而是提醒他们要看到在一个动态的社会性学习网络中把年轻人和学校联结在一起的种种好处。因此，首先，我们探讨了创建一种“全身心投入型的教育学”意味着什么，这种新型的教育学大大提升了教育在社会发展和社会转型上的重要地位和价值。其次，我们考察了各种社会性网络的关键特征，对于给学习以激励并把全球学校都联结在一起来说，社会性网络扮演着非常强大而且重要的角色。第三，当学校投身于一个社会性网络，并以此为杠杆来促进教育和社会变革时，究竟会发生些什么？在这里，我们分享了一个有关这方面的例子。在这个例子中，我们还阐明了你的学校如何才能够投身于面向学习的社会性网络之中的途径和方法。

面向投入型全球公民的教育 184

多年以来，在一个单一国家的背景下培养既拥有学术知识又拥有社会发展机会的公民一直是教育肩负的责任。随着我们步入全球化时代，“世界和家庭都正在面临一系列前所未有的巨大挑战，其中包括经济的全球化……瞬息万变的技术……社群感以及对共同利益分享信念的丧失……以及大规模移民”（Cogan，1998，p. 1），现在是时候对教育的角色进行重新思考了，要思考教育如何在全球化的层次上培养公民。此外，不断攀升的失业率、文盲率、辍学率、社群暴力以及那些从联结和目的之统合感中脱离出来的人们，都正在给我们的本地社群、国家社群和全球社群带来损失。

科根（Cogan，1998）提出了这样一个问题：“一个人如何作为某一特定单一民族国家的一分子以及一个全球化社群的一员，以一种经过深思熟虑、积极主动、个性化然而却对共同利益高度负责的方式对这些挑战作出应对?”（p. 1）。对这个问题的回答并不存在着一个简单的答案，但它的确需要教育的焦点从为单个国家培养公民转移到为全球化的国家社群培养世界公民上来。它有赖于对全球公民特征的强调，其中包括身份的认同感、共同承担义务的责任感、对公共事务的热心程度以及对基本社会价值观念的接受程度等（Cogan，1998）。

国际教育委员会（Commission on International Education）指出：“尽管教育是一个处于不断发展中的知识增长和技能提升过程，但它也是——可能主要是——一种促进个人发展以及在各种个人团体和国家中间创建各种关系的独特手段”（Delors，1998，p. 14）。借助于教育，我们作为一个全球化社群就有机会与所有文化背景中的人们一起工作，并确保当我们走向一种焦点集中于市场导向的生活时，不会丧失掉一种与社群和文化遗产相联结的感觉，也不会丧失掉我们自己在道德、社会和家庭上所持的价值观念。对于未来的孩子们而言，问题的关键在于在他们个人发展的最前沿时刻保持住这些生活的核心成分。如果不这么做，未来将会导致人道主义价值观和社群联结感的缺失。

最近，21 世纪国际教育委员会提出了学习的四大支柱，他们认为这是教育的核心。这四大支柱分别是：学会求知、学会做事、学会共处、学会发展（Delors，1998）。传统学校教育的焦点主要集中于如何求知。然而，对于那些要在21 世纪求发展的学生而言，他们必须懂得如何学习、如何生活、如何与来自不同文化的人们一起共事，以及如何成为人道村落（humanitarian village）中的一员。为了应对这一挑战，学校将不得不采取新的教学和学习形
185 式，而这些教学和学习的新形式则是由一种新型的学校领导者推动的。此外，学生、教师和领导还需要与来自不同文化背景的人们密切合作，以解决各种世界性难题，并与当地企业和社会机构紧紧携手，以满足当地社群之需求。

按照全球化的基本方针，“知识社会”正在降临，而且它正在塑造着我们的交流方式以及对国家界限、知识与公民身份的界定方式，同时还塑造了我们的社会机构（Information Society Commission，2002；UNESCO，2002）。我们关注的焦点已经不再像工业时代那样，集中于生产和效率了。相反，我们把焦点集中在了终身学习、积极参与社会公益活动的公民品行以及知识工作者身上（Field，2000；Naval，Print & Veldhuis，2002）。人类社会的未来发展取决于，我们作为公民能否具备这样一种能力，即对现今这个世界中的社会生活形成新的意识并产生新的认识（Pink，2005）。我们不再局限于本地的现实，现在必须在一个更加广阔的由各个国家和人民构成的社群内来理解自己的文化遗产。因此，需要对教育机构进行重新思考，以便让我们为在知识社会中的生存做好准备。

倘若教育机构的责任已经被设定为促进学习和知识发展，那么对于在全球化时代究竟什么才是知识而言，一个自然而然的问题就会被提出来。“知识社会”是一个宏大概念，它主要受技术和经济思维驱动（Mokyr，2000），而且现在人们正在开始怀疑，对于人际关系、社会关系以及学习而言，知识社会究竟意味着什么（Mason，1998；Naval，Print & Veldhuis，2002）。此外，很多人都在怀疑，知识社会的出现究竟是为了人们共同的利益，还是为了大企业大财团的一己之私。弗莱雷在其里程碑式的著作《被压迫者的教育学》（*Pedagoay of the Oppressed*，1968）一书中曾对发生于巴西的那场危机进

行过探讨，而我们现在是不是正在重蹈其覆辙？或者，我们是否真正进入了一个由民主社会中的网络（Castells，1996）与协作之新理念引领下的学校和社群发展新世纪？

几十年来，像保罗·弗莱雷（Paulo Freire，1970）、玛克辛·格林（Maxine Greene，1988）和贝尔·胡克斯（Bell Hooks，1994）这样的教育家已经大力推动了这样一种观念的发展，即教育是一种有关自由和解放的事业。他们提出，给学生、教师和教育工作者提供发言和创造的空间，让他们能全身心地投入到对社会和社会价值观的反思和对话之中去，这是教育的一项基本任务。弗莱雷（Paulo Freire，1970）很早以前就提出，教育能够给人们以力量，帮助他们摆脱被压迫和受控制的状况。总而言之，在反思和对话中，被压迫者可以自己解放自己。他说："没有人能够仅仅依靠自己一个人的力量让自身获得解放，他的解放也不能全靠其他人"（p. 53）。弗莱雷的这种思想在全球化时代有着双重含义，在某种意义上，它提醒我们不要忘记教育对自我赋权和自我解放的重要性，而在另一种意义上，它则激励着我们**要全身心地投入到社群当中去**，并把它作为彻底改变当前状况的一种途径。

玛克辛·格林（Maxine Greene，1988）认为，有必要把教育发展成一种公共空间，年轻人在这个公共空间里为了积极投身于对社会的塑造而对自由有了理解和认识，而不仅仅只是逆来顺受地接受来自外部的控制、要求和制 186
度安排，并把这些当成理所当然的客观存在。当前的这种控制型政治体制，既有文化层面上的，也有制度层面上的，它已经给自由带来了不可磨灭的消极负面影响，单凭我们采取诸如问责和选拔性考试这样的措施已无济于事，况且像问责和选拔性考试这样的措施对于教育而言，也并不是多么重要。格林认为，像这样一种观点

> 与面向自由的教育……是相对立的。之所以相互对立，是因为它们让人们离自己的家园越来越远，因为它们给人们的感知强加上了一种虚妄的完整性。不是伸出彼此的双手，与其他人一道，在共同体验中接近充满了开放性的各种可能，而是所有团体中的个人都无一例外地把现行的体制架构视为理所当然之存在。他们可能会尝

> 试着去利用这些体制，或避开它们，或围着它们打转转，或是对它们进行大加嘲弄；但他们对自身的前途和命运却有着这样一种感觉，那就是认为这些体制架构都是客观存在、不可更改的“现实”，它们对变革无动于衷，在这里完全地无可救药。按照这种方式进行客体化，把作为主体的自己从独立存在的“客体”中分离出来，实际上就丧失了成为自己所生存之世界的主人的可能；而这种主人翁的意识与对自由的意识有着非常密切之联系。（Maxine Greene，1988，p. 22）

我们越来越多地看到，教育机构正在政府的控制下蜕变成一件器物工具，而且现在除了政府控制之外，还加上了国际政治因素。教育工作者正忙得团团转，一会儿要对有关“未来公民”（知识工作者）的雄辩新说辞作出应对，一会儿又需要对课程和课堂学习进行彻底改造。不幸的是，这些说辞和政策变化如此之快，迫使教育工作者不得不撇开对教学的反思和规划，而教学反思和规划对于营造一个健康向上的学习环境而言不可或缺，尤其是在应对“每个月都有的这种雄辩说辞”时更是如此。贝尔·胡克斯（Bell Hooks，1994）谈到“投入型教育学”的问题，认为“投入型教育学”对于解放面向社会行动和社会转型的教学而言必不可少。她的著作彰显了把自身视为主体而不是客体，从而给自己赋权，以便投身于转型之中，并对压迫和不公提出质疑的重要性。我们自己给自己赋权，以便能全身心投入到对生活的塑造当中，而不是消极被动地安于现状，这种观念对于全球化时代的教育而言极为重要。当教育工作者和学生戮力同心，携手致力于对社群的营造，以便对社会状况进行反思时，它对教学和学习都有着非常重要之启发意义。

胡克斯提出的**通过自我的主体化进行赋权**的概念是针对全球化时代的教育发展产生的一场更大规模之争论表现出来的一个重要特色，它被置于社群隐喻这一框架之内。在全球化的框架里，如果把教育视为一种自由，那么就可以从以国际性的方式创建起来的社会性网络和协作社群那里吸取到更多价值。这些社会性网络的力量非常强大，就像一个功能强大的传声筒一样，它可以让投入型教育学的影响遍及从个体到社群的每一个角落。全球化舞台给我们提供了各种渠道，帮助年轻人发展各种素质和能力，以便在这个全球化时代能取得成功；并向他们赋权，以使其能够在与世界各地的其他人进行对话的过程中，参与对全球化关爱伦理的塑造。在接下来的一节，我们将对社会性网络理论的各个方面进行探讨，以便能够更好地理解与认识，社会性网络作为一种学习论坛其应用方式究竟有哪些，以及这些应用形式如何能够为全球化的知识发展创造出天然空间。 187

面向学习和知识发展的社会性网络

20 世纪 90 年代后期，对教育结构和规划进行变革，以便让年轻人为全球化生存做好准备的必要性已经变得更加为一般公众所理解，但我们还是继续在执著寻求着对这个问题的回应方式。网络社会的崛起已显而易见，技术也正在整合进我们的日常生活中。随着时间的推移，我们已经开始越来越认识到网络的重要性及其在塑造以协作和知识的社会性建构为基础的学习空间中扮演的重要角色。我们同时还提出，教育工作者可以使用社会性网络来拓展教育方式，以便年轻人能够发展在全球化时代生活与工作所需的各种技能，并投身于全球化关爱伦理的创建。在第一章，我们引入了社会性网络的某些基本理论概念，并对其推进全球化时代之教育的潜力进行了初步探讨。在这一章，我们的焦点将集中于社会性网络如何能够被应用于学校内部与学校之间，以便让年轻人能跨越文化的界限，与其他人携起手来，全身心地投入到学习当中，并在这一过程中共同创造出一种全球化的关爱伦理上。因为网络的构造脱胎并成型于网络自身内部的人与联结，因此在这里我们想重点强调对于创建面向学习的社会性网络而言非常重要的三个核心特征，它们分别是联结、动力和结构。我们之所以要特别强调这三个概念，是想揭示社会性网络具有的新性质。作为教育工作者，你将会发现自己扮演着联结促进者的角色。在促进联结的过程中，信息是被共享的，而不是像在基于被动学习的传统教育结构中那样，被作为知识灌输给学生。

联结

社会网络分析是一种对不同人群相互之间的联结进行理解和认识的过程，

这些人群是通过各种社会关系而联结在一起的（Garton et al.，1999）。社会网络的分析家试图

> 尽可能全面地描述各种关系网络，从这些网络中梳理出那些最显著的关系模式，对这些网络中的信息流动进行跟踪，并找出这些关系和网络给人与组织带来的影响。他们把对关系模式的描述看做是对模式自身的权利感兴趣——例如，是否存在着一个核心与外围？——并研究对这些社会性网络的参与是如何有助于对行为态度或网络成员进行解释的——例如，处于外围的人们是不是发的电子邮件更多，他们是否觉得自己的参与程度更深等。(p. 76)

188 对于任何网络而言，联结器或联结都是最重要的：没有它们，就没有网络的存在（Barabási，2003；Buchanan，2002；Watts，2003）。在人际网络中，联结器是那些能够相互之间共享“什么”的人。在这里，“什么”指各种资源，这些资源可以表现为信息、思想、经验或观点等很多种形式。当人们共同分享资源（相互交流思想）时，新知识便通过人与人相互之间的交流产生了。参与交流的人愈多，被分享的思想愈多，网络就会变得愈加复杂。斯蒂芬森（Stephenson，2005）认为，关系是任何形式之知识交流的基础，并且指出在我们相互之间的关系中促进和加强信任将有助于创建强有力的网络，从而实现可持续发展。在传统的学习理论中，教师独自占有着知识，而学生只能通过不同的活动才能获得这些知识，像这样的情况非常典型。在社会性网络的理论中，人们认为知识的发展只有通过思想、观点和经验的社会交流才能发生。伴随着教育中技术的不断进步，这样一种知识发展观在现在的学习理论中也正开始有了更加强势之表征。索伦森和塔克勒（Sorensen & Tackle，2002）指出，协作学习是一个过程，通过这个过程，人们可以携起手来共同创造知识。拉夫和温格（Lave & Wenger，1991）提出，只有在学习共同体内部，共同课程才能够被塑造出来，它自然而然地吸引着共同体成员投身于实践。这与不以共同体为基础的教育模式形成了鲜明对比，在不以共同体为基础的教育中，学生是学习的消极客体，而不是积极的创造者。对于

资源共享而言，社会性网络并不仅仅只是一种形式或结构；它们体现了一种知识发展的人性系统，我们相信这个人性系统对于让年轻人积极投身于全球化关爱伦理的创建之中而言是非常强有力的。借助于社会性网络，年轻人和教育工作者就有可能超越不同文化背景，相互之间共同分享不同观点和经验，通过这种方式，他们可以以一种全球化的方式创造出新知识。尽管大多数课程的焦点都集中于对世界各国文化和各种世界性难题的学习，这些都离学生比较遥远，但社会性网络却可以把年轻人置于一个全球化的社群当中，让他们携起手来共同学习，通过这种方式，社会性网络本身就变成了课程，而且还会大大促进年轻人自己的学习实践。

动力

网络的第二个特征是从联结中产生的动力。早期各种有关网络的理论都假定，网络是静态结构的，它是不发展变化的。诚如沃茨（Watts，2003）所言，后来的研究发现对这种观念提出了反驳：

> 问题的症结在于，过去网络一直都被视为一种拥有纯粹结构的客体对象，这种纯粹结构的性能是固定在时间之中的。但事实并非如此。首先，真实的网络都是一系列个别组分的组合，这些组分实 189
> 际上都在承担着某些职能——产生能量，发送数据，抑或进行决策。尽管一个网络之各个组分之间的关系结构很有意思，但它之所以非常重要，原因在于它要么影响着这些组分的个别行为，要么就影响着作为一个整体的整个系统的行为。第二，网络是动态变化的客体对象，这不仅仅是因为事情发生在网络化的系统之中，而且还因为这些网络自身也在随着时间的推移而不断生成和演化，网络组分的活动或决策推动了这种生成和演化。因此，在相互联结于一体的时代，究竟会发生什么以及如何发生都取决于网络。(p. 28)

沃茨提出，特定的动力和能力是由一个网络之中的联结以及在网络周围发生的事情塑造形成的。因此联结的类型对于产生某种特定类型的能量来说就变得非常重要。在当今世界，存在着各种各样的网络，其中包括经济方面的、政治方面的、商业方面的以及社会方面的等。就像我们每天都会记起的那样，并不是所有网络都能产生积极正面的能量或动力。例如，环境深受我们人类网络在世界各地使用汽油和电力的影响。尽管我们可能并没有能够真正认识到自己的行动和很多年前的行为相互之间有什么关联，但现在我们却意识到，每个人都是这个网络的一个组成部分，都对我们的环境产生着影响，需要改变的是我们自己，我们必须改变自己的行为，从而改变全球变暖的动力学。我们无法各自为战地做到这一点；需要携起手来，共同付出努力，采取集体行动，相互理解，相互交流，只有这样才能真正让事情有所改观。通过阿尔·戈尔的著作以及他以环境保护主义为中心创建起来的全球网络，我们现在都开始清楚意识到了这一点。正是因为与阿尔·戈尔以及其电影《难以忽视的真相》联结在一起而产生的动力，才让世界范围内就环境保护进行对话的呼声越来越高，行动的规模越来越大，从而为环境保护塑造了新的发展方向。现在，我们不但能够看到很多这方面的电影和书籍，而且还可以参加各种全球论坛，探讨环境保护的新知识，为关心全球环境略尽绵薄之力。

当我们考虑学习和知识发展时，网络内部以及网络之上的动力这一概念对于教育而言非常重要。在网络中，知识通过不断发展的动力而被生成出来，而在网络结构的内部，这种不断发展的动力只有在联结与联结之间才能产生。在大多数学校，学习的发生只与教科书和由教师开发的活动有关系，这些预先就已经设定好了的任务对于年轻人的创造性和创新精神之培养来说通常并没有什么作用。即使是在已经采用了团队学习的那些学校，课程以及由教师主导的活动也限制了它们自身进行发展变化的潜力。从网络理论中我们可以学到，当在与其他人的交流中创造出新知识时，与之相伴随的还有另外一个过程，那就是好奇心、使命感、问题解决意识、创造性思维、自我导向能力
190 以及知识发展被自然而然激发起来的过程。当我们考虑到对于在一个全球化时代生活来说必不可少的学习和能力时，很自然地就会问，如果学生都能体验到这种生成于学校内部各种跨文化社会性网络之中的动力，那么对于学习和全球化发展而言，究竟会发生些什么？很多学生都已经知道了这个问题的

答案，因为他们在自己的空闲时间里早已生活在一个全球化的社会性网络之中了。我们认为，对于激发出潜藏于学校和社群中的能量，以及让年轻人为全球化生存做好准备而言，社会性网络身上还有很多东西值得学习。就像沃茨指出的那样，在这个世界上，究竟会发生些什么，取决于网络之中以及网络之上的各种动力。换句话说，教育在这个世界上究竟能有多大作为，很大程度上取决于教育工作者和年轻人投身于其中的网络的类型和性质，以及他们在这个网络中致力于去做的事情的类型和性质。

结构

多年以来我们一直都在坚持的假设之一是：对于决定事情如何做、谁来做以及谁和谁相联结来说，“结构”都是必需的。而现在我们需要问的问题是：“哪种类型的结构才是必需的呢?”网络研究理论家的发现是，正式的层级式结构并不能真正体现事情是如何被完成的，只有网络式结构才最能够体现之；换句话说，也就是只有网络式结构才最能够说明谁了解谁，以及谁和谁联结起来共同完成了工作。尽管在学校里，对于学习的境脉而言，它的意义与价值可能似乎并不是非常明确和重大，但我们必须提醒自己不要忘记，学校正在培养年轻一代，让他们为在一个全球化和网络化的社会中工作做好准备。因此，我们既要理解网络是如何发挥其功能的，又要懂得如何把这些网络应用于学校的教育工作当中，以便促进那些对全球化社会而言不可或缺的能力的发展，这一点变得非常重要。斯蒂芬森（Stephenson，2005）指出，虽然很多年以来各种社会组织和政府都已经把焦点集中在了正式的等级式结构之上，以此来指导变革和发展，但是只有在网络式结构中，迅速地转型才能够通过联结、节点和集散节点最终实现。此外，她还认为，并不是结构在推动着变革：“对组织来说，其真正的力量存在于人际网络的结构中，而不是存在于叠加于人际网络之上的种种控制命令的架构里”（Stephenson，2005，p. 245）。网络分析家已经发现，那些寻找信息的人往往把目光转向他们认识的人而不是正式的信息来源。另外，你认识哪些人对于你能够了解到哪些信息具有非常重要的影响。如果社会性网络真的像斯蒂芬森所说的那样，是一个信息可以在其中转变成知识的空间，那么可用的信息类型以及掌握这些信息的人就变得非常关键。

当我们考虑到这个世界正在面临的包括饥饿、贫困、疾病等在内的挑战时，认识到我们的信息从何而来，以及哪些人在决定着什么信息能在网络中
191 被共享就变得非常重要。前面我们提到，网络社会的承诺（通过分享和获取信息创造超越所有国家的平等）并没有实现。我们仍然还生活在一个某些人是全球化知识发展网络中的一分子而另外一些人则依然处于网络之外的这样一个社会。那么教育究竟需要做些什么才不仅能促进而且还能形成和塑造新的网络，以便拓展正在被分享的这种类型之知识，并超越国家与国家之间的界限开放联结，从而让更多的人能够在知识转型的过程中共同分享它呢？政府部门等级式的结构尽管很重要，但却没有给瞬息万变的变革留出空间。只有社会性网络才有望实现可持续增长和发展，并以此来解决各种困扰着我们所有人的全球化问题。

当凯瑟琳·瑞安·海德写作《让爱传出去》一书时，她认识到了这一点。今天，对她的思想进行抽象，便可以形成这样一种观点，那就是要打造一个全球性的网络，把人们联结在一起，让大家都行动起来，从而在这个世界上有所作为。阿尔·戈尔也认识到，只有采用网络化的方式，才能够加强对全球变暖问题的讨论，并通过一种新的意识和关爱的动力在全球范围内激发变革。现在的年轻人也通过赛博世界（cyberworlds）全身心地投入到了他们自己的社会性网络中，这些社会性网络的类型五花八门，在这些社会性网络中，年轻人相互之间建立起了联系，共同分享信息和思想，以他们自己的创议为基础携手共建和完成各种项目和计划。不幸的是，在同样还是这些学生当中，有很多人在进入学校后，就被告知要离开他们的社会性网络，以示对学校赖以为基础的学习的等级制度的尊重。人们需要问："学校有能力和人们在社会性网络中体会到的那种能量一较高下吗？抑或学校正在失去它们的学生，越来越多的人离开学校，开始走向其他的网络联结？"稍后，我们在数字文化一章中提出，学校正在丧失对青少年的吸引力，这表明学校错过了让它的教学和课程时刻保持开放性的机会。

如果学校围绕那些能够促进跨文化学习中心发展的网络联结来组织教师和学生的学习，帮助他们携起手来，共同应对各种各样的全球化难题，那么

将会发生些什么呢？这种类型的网络学习如何才能促进对于年轻一代在全球化社会取得成功而言必不可少的那些关键能力之习得呢？这种网络化的学习结构如何才能让学习者对学习全身心投入，从而抓住年轻人的全部精力，激起他们的浓厚兴趣呢？这些问题正是我们希望您能够在自己的学校里进行探索的问题。在全球化时代，我们集体面临着挑战，需要找到各种各样的措施，来解决人类社会面临的种种难题，比如全球变暖、暴力和恐怖主义、饥荒以及贫困等，不一而足，而在这种情况下，教育工作者有机会创造出一种新的学习空间，让年轻人在其中能够与世界各地的同龄人携起手来，共同投身于对这些问题的思考与解决。年轻人和教育工作者借助社会性网络便可以获得力量来创造新的知识，并形成一种新的全球化关爱社群，在林林总总的事情中彰显出对和平的追求以及对人类权利的尊重。如果教师和学生都能够通过社会性网络来践行“投入型教育学”，那么便可以给对话和协作创造出新的空间，从而让年轻人能够在这个社会中真正有所作为。总而言之，教育工作者和年轻人应该以接力方式来帮助大家在全球化社群的未来中有所作为，并能够抵制官僚主义给学校教育和知识发展带来的种种消极影响。

国际学校联盟：全身心投入型的社群 192

在本章的这一节，我们举了一个例子，即国际学校联盟的网络如何在教育工作者和学区中间促进了一个全球化学习共同体的形成和发展，从而对“学校做些什么才能在这个世界里有所作为?”这个问题作出了回答。在这个例子里，国际学校联盟网络的成员都是来自世界各地的教育工作者，其中包括西班牙、芬兰、瑞典、加拿大、俄罗斯、中国、新加坡、美国、哥伦比亚、委内瑞拉和挪威等。他们因一个共同目标走到了一起：给年轻人找到促进他们学习的新途径，让他们能够全身心地投入到有关全球化议题的知识发展上去。总体来说，他们为面向社会行动的全球对话作出了自己的贡献。

国际学校联盟网络提出的两个基本问题是："学校做些什么才能在这个世界有所作为?"以及"成为全球化学习中心意味着什么?"在 2005 年于西班牙马德里召开的国际学校联盟年度峰会上，一幅非常有意思的景象从国际学校联盟全球教育网络成员的构成中涌现了出来。对于全球化发展而言，似乎并不存在着某种单一和最好的方式，也不像政治说辞通常都会引诱我们相信的那样，存在着什么宏大叙事。相反，涌现出来的是这样一种现实，即学校教育的新愿景远远还没有实现，因为社会状况和教育状况一直都处于不断变化之中。沃茨（Watts，2003）曾经提出，重要的是既要理解网络中正在发生的事，又要理解网络上正在发生的事，其意义正在于此。在国际学校联盟的网络里，成员都是那些能够全身心地投入到把学校发展成为学习中心这一事业当中的人。在"网络上"正在发生的事情和各种本土化力量和全球化力量正在发生的变化存在着千丝万缕之联系，促使教育工作者不断对层出不穷的新情况和新信息作出应对。

模型图 10.1 对出席 2005 年马德里峰会的国际学校联盟网络的成员构成进行了说明。在他们中间，有来自学校的教育工作者，这些学校都把发展的焦点集中于诸如反对种族主义、未来教育、基于大脑的学习、面向可持续未来的教育、学习技术，等等。还有的成员是来自学校之外的教育工作者，他们从理论的角度出发对学习和学校发展进行了探讨。这个模型体现出，对于国际学校联盟这个国际化的网络社群而言，其成员在一个共同目标的感召下，携手共同对全球化教育的思想、经验和方法作出了各自的贡献，他们寻找各种各样的办法把世界各地的学校教育相互联结在一起，让年轻人为全球化的社会发展做好准备。这两个圈代表了共同的联结空间，而箭头则表示国际学校联盟网络的成员给整个社群之共同利益各自作出的不同贡献。总之，两者结合在一起，加深了对全球化教育发展的理解与认识，给全球化的教育发展提供了动力。此外，它们还彰显了社会性网络在教育内部推动社会发展所具有的重要性和强大力量。

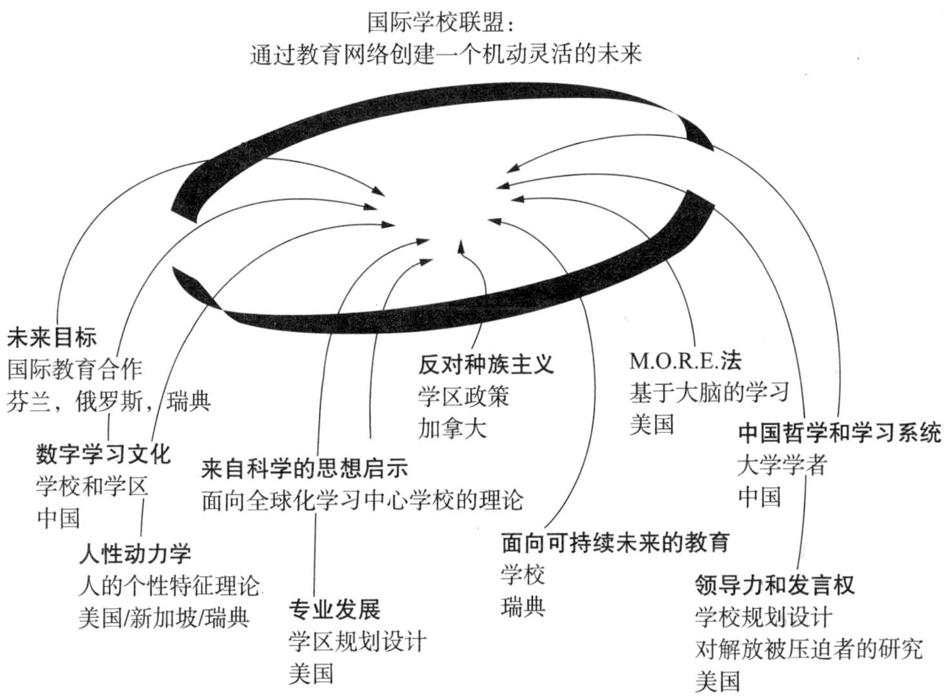

模型 10.1　面向全球化发展的教育社会性网络模型

国际学校联盟网络的成员对国际学校联盟的贡献在于，为知识共享与发展创造能量，上面这个教育网络模型图对此进行了阐明。在这些贡献当中，其中的任何一种仅靠其自身力量都无法在全球范围内带来深层次的可持续性变革，但这些贡献如果相互之间联结起来，那么其产生的动力就可以激发起新的结构、同步性和知识，从而拥有推动彻底变革的潜力。在这个模型中，同样有意思的是，这些贡献在网络中代表着一个一个的节点，每个节点都体现了一整套独特的知识、经验和能力，而这些知识、经验和能力能够应对和解决全球化发展中遇到的各种问题。例如，中国学校中的数字化学习系统把关注焦点集中于如何使用技术来促进学习上。另外，这个模型还试图理解和把握东西方哲学原则之间在意识形态方面存在的某种平衡和共通之处，并把其作为在世界范围内促进可持续发展之和平实现的途径。来自加拿大的学校反对种族主义的努力给国际学校联盟这个网络提供了坚持文化多元主义意识形态的成员以及整体性学习发展和课程开发的经验，在这些学校中，人们的背景都是多种多样的。对于更大规模的由各种各样的国家构成的全球系统而言，他们构成了一个具体而微的小系统。

由于网络都是开放系统，因此国际学校联盟网络中的每一位成员同时也会在另外一些焦点集中于其他议题之上的网络中开展活动，认识到这一点很重要。这些联结中的每一个都会自然而然地对国际学校联盟的网络作出自己的贡献，扩展国际学校联盟网络在知识和资源共享上的可能性。另外，当国际学校联盟网络的成员投身于另外一些网络之中时，他们会自然而然地把国际学校联盟带入这些网络中，从而在事实上在世界范围内把各种不同的网络相互联结在了一起。让我们详细看一下，在这些成员所在的学校中究竟正在发生些什么，这将有助于我们更好地理解，各种存在于网络内部以及网络之
194 上的动力是如何正在激发出有关学校如何才能在这个世界里有所作为的新知识的。

在加拿大的渥太华，关注焦点多年来就一直被放在文化多元上，在教育规划的过程中，把国际语言的使用视为教育社群、课程和教学的一个核心组成部分，通过这种手段让学生和他们的家庭意识到自己身上的文化遗产，并对这种文化遗产形成应有的尊重，同时学生还可以由此获得一种心理和情绪上的稳定感。在过去的两年时间里，渥太华卡尔顿教育局（Ottawa-Carlton School Board）已经把关注焦点从语言和文化多元主义进一步扩展到了对种族主义的反对以及全球化身上，切实认识到关心全球范围内的人类生存状况以及这个世界色彩斑斓之文化多样性的重要性（OCDSB，Report #06－151，2006）。通过在本地开展一系列各种各样的活动，例如师生大使、课程标准、师资培训等，教育工作者现在希望能够给他们所在社群的社会和文化动力带来一些积极正面的变化。此外，通过国际化的网络与合作伙伴计划，教育局正在与其他国家的学校密切合作，共同开发各种有助于解决种族主义问题的课程项目。随着教育工作者对自己在解决人类平等和多样性的失衡中扮演的角色进行自我反思并形成自我意识，反对种族主义的思想广为扩散，有关种族问题的对话和交流正在悄悄发生改变。

在佛罗里达，学校的领导和来自大学的研究人员与一个有瑕疵、曾经深受贫困困扰而且少数族裔权利不能得到保障的学区结成了合作伙伴关系，共

同努力改变了这种情况，一举扭转了这种趋势，改写了学区发展的历史。处于贫困之中或来自少数族裔的人们无法走向成功，这一度成了这个学区的宿命，但后来的事实却告诉我们，通过科学研究和规划设计，这种宿命完全可以改变，学区完全可以表现出另外一番相反景象。陶奇托恩和阿克－霍塞伐尔（Touchton & Acker-Hocevar，2005）在对这个学区的研究中发现，植根于学区土壤之中的领导力（contextual leadership）塑造了这样一种新的“信念，即系统理论能够把社群的价值观念融入到倾听社群、教师和学生的心声并为他们代言的过程中，通过对系统理论的理解和应用，肯定会有所作为”（p. 25）。这些努力带来的积极正面结果并不仅限于学生评分等级的提高，通过共享愿景、互相合作、与必需的资源建立联结，还可以“让学校变得更加民主”。学校自身的努力、社群的付出以及研究人员的辛劳结合在一起，“形成了制度化的做法，改变了不公正、不平等和歧视的状况”（p. 26）。现在，来自佛罗里达的这个例子比以往任何时候都更加具有全球性的启发意义。随着全球化的发展，很多国家的人口统计特征变得越来越异质化，教育工作者在教育实践中也开始体会到学生群体具有的异质特点，他们被迫创建各种各样的课程项目，以便对文化多元主义和多样性问题作出应对，并因此而从学校和社群的经验中获益良多。

在瑞典，鹰狮高级中学（Gripenskolan）关注的焦点集中于教育和可持续
发展，其中包括对人权和社会公正等问题的关心。学校利用 1989 年联合国教 195
科文组织在这里启动的一个项目，致力于和波罗的海国家的学校一起开展各种各样的学习活动，并大力推动和他们的师资交流。从那时开始，他们还在坦桑尼亚和乞力马扎罗山地区开展了另外一些项目，这些项目都是从他们自己学校开设的一门以“了解发展中国家”为目的的课程开始的。在 2005 年的国际学校联盟峰会上，这所学校的校长展示了学校使用的一本范本教学材料《不甘沉寂的声音：对民主和其他重要事务的思考》（*The Voices That Never Become Silent*：*Thoughts about Democracy and Other Important Mat-ters*）。这本书收集了这所学校的学生在开展一个国际合作项目期间参访一座大屠杀集中营之后创作的诗歌以及撰写的反思，书中对就教育和社会发展问题开展全球对话进行了大量思考。2005 年，鹰狮高级中学的校长被任命为瑞典的教育代

表，参加了联合国开展的一个为期十年的针对可持续性发展问题的项目。他在当地和区域范围内付出的努力使其更加积极地投身于范围更加广阔的全球舞台上，为在教育中推进对全球化状况的关注四处奔走、大声疾呼。借助于国际学校联盟的网络，这位校长正在帮助更多来自世界各地的教育工作者投身于与可持续发展有关的对话交流和规划设计之中，并在其中发挥着关键作用。这项工作很自然地与渥太华以反对种族主义为关注焦点的教育创新探索联结在了一起，并大大拓展了对全球化发展进程中教育参与的探讨。

在另外一个项目中，来自芬兰的赫尔辛基、埃斯波、凯拉瓦以及俄罗斯的索契等地的十所学校进一步拓展了它们持续多年的在科学教育方面的合作伙伴关系，创建了一个焦点集中于未来教育的项目，由赫尔辛基大学的技术与终身学习研究所（Institute for Technology and Lifelong Learning）负责统筹协调。这个项目的初衷是继续保持这些学校之间的跨文化合作伙伴关系，并促进对年轻人和社会的未来发展开展持续性的交流和学习，这是他们的共同兴趣所在。未来教育的基础是希望能够让年轻人掌握各种技能，养成未来意识，从而让他们为投身于未来社会做好准备（UNESCO，2002）。未来教育关注的焦点是教育和教学的发展，这种教育和教学的发展应该能够在林林总总的事情中促进“各种全球性议题以及以人类为中心的议题的解决，诸如和平、人权、发展、文化多元主义、环境保护等”（Särkijärvi，1999）。来自这两个国家的学校相互合作，一起推进他们各自学校的未来教育的发展，另外，通过参与到其他的教育网络中，他们还能够让自己的知识和经验得到传播，进一步加强针对教育和全球化发展而展开的更加广泛之对话与交流。在这个未来教育项目中体现出来的理念已经对国际学校联盟在塑造和形成自己的使命以及愿景上发挥了至关重要的作用。

作为在本章背景下列举的最后一个例子，我们想把目光转向东方世界，着重谈一谈网络化在保持国际学校联盟全球网络的开放性，会聚东西方哲学的智慧，共同学习、携手进步上的强大力量。南京大学的桑新民教授意识到了在全球化的合作伙伴关系中把学校以及教育工作者联合起来的极端重要性。他认为科技革命已经为东西方之间的相互学习打开了大门，为在全球范围内实现和谐发展创造了可能。他提醒我们注意，像西方哲学一样，在东方哲学中，也有很多学问和智慧，两者结合在一起，体现了生命的阴和阳：生命力量的均衡。在这种哲学观点设定的背景之下，桑新民（2005）提出，技术和全球网络将会在解放人类精神的事业中发挥非常重要的作用。他说：

> 随着现代教育技术的普及，高科技将在教育中发挥着越来越重要的作用，最终将彻底改变陈旧的、基于课堂讲授和填鸭式方法的、效率低下、劳动密集型的教育模式。它将把学校教育、家庭教育和社会教育衔接在一起，实现多层次发展和人力物力资源的合理配置。只有这样，教师的生产力以及师生的创造性才能得到解放。也只有这样，教育现代化才能真正实现。（p. 4）

桑新民提出，技术是一种手段，借助于这种手段，教育工作者和学生能在全球范围内创造出新的空间，不仅可以让年轻人获得智力上的发展，而且还可以把人们以社会化的方式聚集在一起，使他们的创造性和人类精神获得解放。他提醒我们不要忘记了心灵、身体和精神三者合一的重要性。

我们在这里重点列举的每一个例子都植根于它们自己独特的文化境脉之中，它们所折射出来的教育发展是对自己所处当地和区域情境作出的积极应对。同时，它们还表明，对于创造和平和实现人类尊严来说，人们还面临着全球性的社会挑战，而且这些挑战存在着不同维度。在一个社会性网络中，随着全球性的差异逐步减小，它们的贡献变得更加重要。（以网络成员之间的联结为基础的）这种网络结构的动力学是整体图景的一部分，而围绕在网络周围的各种状况（全球化力量）的动力学则是其另外一部分。国际学校联盟这张国际化网络的成员们作出的一系列贡献表明，变革是多么纷繁复杂，它需要教育领导者组成一个全球性的社群来付出自己的努力，只有这样才能作出他们独特的贡献。特别值得指出的是，在这些努力当中，每一种都应该受到褒扬。这些努力结合在一起，就表现出了团结协作的重要性和强大力量，因为所有人都全身心地投入到这个网络中，他们互相学习，共同进步，以更快步伐影响着他们所处当地情境的改变，而且对全球化的发展也会产生非常深远的影响。

小结

本章重点列举的这些学校开展的各种计划和项目并不是独一无二的。在世界范围内，有而且已经有很多学校正在全身心地投入于对文化多元主义、多样性、环境问题、民主面临之挑战等议题的关注。对于在这里重点提到的
197 这些案例而言，它们真正独特的地方在于，在一个规模更大之全球化社会性网络中的大联合。这些教育工作者业已和其他人团结在了一起，在一个全球化的实践社团中，就全球化时代的学习与教育，以集体的方式共享信息、创造知识。此外，来自西班牙、加拿大、美国、中国和瑞典等国学校的学生正在相互之间携起手来，在一个全球化的境脉之中，共同开展各种项目活动。他们不但在一起共同学习，而且还在互相学习，发展自己的全球化能力，不断加深着对在今日这个世界中究竟什么才是最重要之东西的理解和认识。通过在学校里相互团结在一起，他们创建起各种各样的行动和知识发展的动态网络，从而拥有了更大潜力来影响未来变革。总而言之，在一个实践社团里，他们代言的是一种新教育，这种新教育有潜力在全球范围内解决人类面临的各种难题及其生存环境面临的严峻挑战。

投身于社会性网络并不需要学校作出多么大的改变。它需要的是，教育工作者能够认识到在与其他人的协作中进行学习所具有的价值，以及网络化学习的发生并不仅仅限于国际化的联盟之中。全身心地投身于一个社会性网络，往往都是这样开始的，即对在学校中已经存在着什么样的国际化联盟与合作伙伴关系进行考察，并思考这样一个问题："我们如何才能发展这些联盟，以便在全球化的社会性网络中激发学习？"这要求教师要把学生放在网络的中心，让各种发展动力围绕着他们的联结自然而然地成长起来。当我们在读懂其他人时之所以能够感觉到那种油然而生的兴奋与激动，往往都是因为这是从一场成功的对话开始的。如果学校能够在课程和课堂中创造空间，把学习网络与学校的日常工作整合在一起，那么它们就可以成功地为大联合创造出各种条件。看一看你学校内部现在的情况，很有可能就会发现，大量

的国际交流活动已经发生了，这些国际交流活动自然而然地可以担当起创建学习网络的桥头堡。另外，世界各地正在出现各种各样的新网络，例如国际学校联盟等，这些新的网络为那些对全球化教育感兴趣的学校提供了一种新的制度和架构。

我们常常可以听到教育工作者说，网络非常有趣，但它们太耗费时间了，而且还要花很多钱。尽管这些情况确实存在，但我们也需要考虑这样一些问题，那就是存在何种类型的资源可以给网络提供支持，以及网络自身能够产生哪些类型的资源。比如，存在很多给国际交流提供资金援助的计划，这些计划就可以被用来作为启动加入社会性网络之进程的开端，借助于这个开端，教师和学生就可以鉴别出共同的兴趣所在，并且开始携手共同开展一个项目。就像我们将在数字文化一章中指出的那样，通过使用技术，学生能够在不增加旅行支出的情况下开展跨文化合作。总而言之，我们认为，如果不让年轻人加入社会性网络，当我们为全球化社会的未来买单时，将会付出非常高昂的代价。借助于全球化社会性网络的使用，通过创造新的学习空间，促进学生全球化生存能力的发展，让年轻人投身于知识创造和转型，学校就能够变
成一支积极和正面的力量，抵制对学生学业成就的过度强调，以及把学业成 198
就作为衡量学校是否成功之标准的做法。此外，基于社会性网络的学习还能帮助年轻人形成一种关怀的伦理道德规范，这种关怀伦理有助于改变因全球资本主义而导致的各种不平衡状况；并用一套关怀的伦理道德规范来取而代之（Noddings，1991，2002），从而让年轻人不只仅仅喜欢这个世界，而且还更加关心这个世界。在这一意义上，教育可以通过年轻人的双手把爱传出去。

第 11 章
全球化时代学习的数字文化 199

作为生活在技术时代的成年人，我发现自己陷入了某种进退维谷的两难境地。作为使用电子邮件和文本信息（短消息服务）的组织与社会生活的参与者，我的生活无疑是技术导向型的。但对于那些在数字时代中出生并经过其彻底洗礼的正处于成长中的一代人来说，我觉得自己有时就像个局外人。技术沉浸属于司空见惯，信息获取日益快捷，一个人每天需要应付的信息数量有时极其巨大，社会性网络甚至没经过什么讨论就得到了广泛理解。虽然我承认自己的观点主要还是代表了人们在发达国家中的生活，但对于世界各地的那些农村和欠发达社群来说，他们进入这种新生活的步伐也日益加快。我从一个成年人的视角站在局外对这些现象进行观察，同时又作为一个局内人从文化和组织这两个方面在内部亲身经历着这种新生活，因为电子邮件和短消息服务的通信方式（通过移动电话发送文本信息）正在日益制度化。作为一位对为年轻人创造既能够激励社会发展同时又能够为社会发展作贡献的学习空间感兴趣的教育工作者，我一直为下面这个问题所困扰：**我们为什么就不能向年轻人学习并把数字文化融合到现在的学校之中呢？**

好多年以来的研究业已表明，让学生在学校里一直保持应激状态非常困难。虽然大多数年轻人都能在世界各地的学校教育体系中取得成功，但仍然有相当一部分数量的年轻人因多种原因辍学，其中的原因之一便是厌学情绪在作怪。在美国对 400 所高级中学的学生进行的调查所获得的结果表明，有 89% 的受访者认为学校本身就有些乏味或者是非常无聊（Shaw，2004）。在对青春期和逃学进行的研究中，就有报告把**激励不足**（*understimulation*）作为导致学生辍学的关键变量之一（Bridgeland，Dilulio & Morison，2006）。把孩子送进学校通常都不是问题；问题在于如何让他们乐意待在那里。把这种情况与正处于迅速发展中的赛博文化进行比较很有意思，年轻人很乐意每天都沉浸在赛博世界，与本地和全球范围内的朋友一道，全神贯注于各种各样的在线活动。实际上，很多国家的学生家长现在都已经开始关注，自己的孩子花在网上的时间究竟有多少（这反映出很多问题，其中之一便是孩子对家
200 庭的疏离）。瑞典的一些研究也报告说，在 15—20 岁的瑞典年轻人当中，有 88% 的人每周都非常积极地参与赛博空间社群中的活动，而且这一数字还在不断增长（Johansson，2004）。在他们从事的活动中，主要包括浏览主页、聊天、使用播客以及电子邮件等。

虽然现在仍然还有一些研究在继续对网络行为的动机进行考察，但初步的研究结果表明，在虚拟空间中创造个人的自我身份并尝试与其他人一起生活的机会非常吸引人。年轻人好做白日梦，并且喜欢在对话和交流中提出一些自己感兴趣的问题，这种能力让他们有力量掌控自己的社会关系和知识发展。类似的赛博社群同样也存在于其他国家，其中包括中国、印度和韩国等，而且它们的功能正处于上升之中。有一项研究表明，印度的年轻人正在使用互联网进行敬拜活动，把技术和宗教链接在了一起（Majumder，2007）。这个网站承担起了宗教服务东道主的职能，让那些没有时间或无法到大城市去的人可以更加容易便利地进行祈祷和坐禅活动。最近，一个更加包罗万象的技术发展便是“第二人生”（Second Life），这是一个“由生活在其中的居民自己设想、创造和拥有”的三维在线数字世界（www. secondlife. com）。2006 年 12 月，第二人生发布报告说一共有 3 568 651 个居民参与这个数字世界中的各项活动，这个数字世界的特点在于，一切都是新创造出来的，它是一个新生事物，其中有集市、社会性网络以及用于经济运作的赛博货币（林登元，Linden dollars）等。《商业周刊》（2006 年 5 月 1 日）网络版报道说，一

度以游戏为特征的第二人生实际上更像一个新的世界，在这里与“真实世界”毫无二致的商业活动正在探索这样一个问题，那就是一个虚拟系统如何能够“为从培训和协作到产品设计和市场营销等一系列工作的完成提供一整套样板”（《商业周刊》网络版封面文章，2006 年 5 月 1 日）。

考虑到在学校的围墙之外，还存在着像这样的一种社会性网络化的现实存在，年轻人积极而且着迷地投身其中（致力于创造、探索、自我赋权以及自我身份表征的塑造）而乐此不疲，因此我们可以看到，年轻人既有动力又有能力来启动和保持与其他人建立起来的联结，并和他们携手学习、共同进步。学校要做些什么才能让自己适应这种新的学习环境、教育体系以及课程教学，以便充分发挥今日业已与社会发展联结在一起的年轻人的文化所具有之活力和机遇呢？我们推测，如果还是继续仅仅只是按照旧模式，即把焦点集中于学生在学术知识或职业知识上的学业成就，来推动学校发展，那么我们只能失去越来越多的孩子，把他们推向网络虚拟空间。当然，人们可以认为，对于那些不喜欢学校的人来说，网络虚拟空间也有潜力可以作为一个他们生活的新社群。事实上，新开展的一些研究正在对网络虚拟空间这一现象进行考察，以便更好地理解与认识究竟是什么东西在给年轻人以动力，使其全身心地投入于其中（Näslundh，2003，2005）。

本章对一个被称为数字文化模型的概念模型及其对全球化时代之学习的启发意义进行了考察（Snyder，2005，2006）。我们对教育中的技术进行了多年研究，在研究中发现，仅仅把技术作为一种学习对象进行讨论已经远远不 201
够了，因此才提出了这个概念化的模型。技术与人类学习系统的整合正在给通信传播、教育教学、组织体系等等带来影响和冲击，它必然会改变学习的环境，并导致社会价值观念和知识发展的变化。

首先，我们使用概念化的方法，从文化理论、建构主义理论以及意义建构理论等角度对数字文化这个概念进行了探讨。其次，我们对数字文化模型进行了考察，并讨论了其对教育实践的启发意义，提出教育工作者需要紧跟技术革命的时代潮流，为学习创建一种数字文化。第三，我们对一个例子进行了探讨，这个例子表明，数字文化是如何在中美两国两所中学之合作中崛起的。这一章的目的在于，提高教育工作者的意识，激发他们相互之间的对话，让他们明白，要看到与教育教学、通信传播以及组织体系等整合在一起的技术。虽然有大量研究已经对学习和社会发展中技术的维度进行了探索，但教育体系仍然还要努力创建一个整体性的模式，把所有这四种组成部分（信息技术、通信传播、教育教学和组织体系）都整合在一起。我们认为，这是一个不容错失的机遇，不仅对学校而言如此，对让年轻人投身于终身学习之中来说也是这样。

数字文化的概念框架

数字文化的概念源自一项持续 5 年之久的研究课题，这个项目研究的是面向教育工作者的国际化社会性学习网络（Snyder，2005，2006），其关注的焦点是教育技术研究和发展中的一个空白。传统上，在教育领域，科学研究关注的焦点主要是把技术作为一种学习手段，考察的是与课堂学习或网络学习有关的教学理论和学习理论的发展。尽管这些工作对于拓展人们对于知识发展以及学习环境中社会动力学的重要性的认识具有非常重要的意义，但它们却并没有能够对文化理论家们所认为的在与技术之互动中正在发生着改变的社会行为、准则规范和价值观念的发展给予充分重视和强调。

教育政策对学校提出了新要求，为了让年轻人能够在一个全球化的知识社会中工作，要让他们掌握各种技能和知识，但在一位研究学校的文化理论家看来，很明显的是，教育技术关注的焦点过于狭窄，以至于它不能够实现教育政策提出的那些特定目标，其中包括这样一个基本的大方向，即实现终身学习，让他们成为积极主动之公民，能够通过网络化联合在一起，使其具备创业精神以及为了理解他人而必须具备的沟通技巧等（Field，2000；Naval，Print & Veldhuis，2002）。此外，年轻人在诸如 MySpace 和 Facebook 之类
202 的赛博社群中的社会性发展正处于不断成长中，学习以及通过社会性网络的大联合正是 21 世纪工作和生活的特征所在，当年轻人在为这种学习和通过社会性网络的大联合创造新的联结与激发源泉时，便会潜在地进一步加宽横亘在学校教育与社会两者之间的鸿沟。看到教育技术研究和发展中的这个盲点

以及学校教育与社会两者之间不断加宽的鸿沟，我们就会提出这样一个问题，那就是学校能够做些什么来迎接一种数字化生存时代的学习文化？这种学习文化不是把技术视为和学习相比处于次要地位的对象性存在，而是把它当做学习环境中一个既可以促进学生学术知识习得又能够推动其社会性发展的共同创造者。

技术已经在我们的社会—人际系统中承担起了一种具有整合性和集成性的角色，从而导致了新的价值观念、准则规范和符号体系的产生，这种新的价值观念、准则规范和符号体系超越了国家和社会团体意义上的文化（Lull，2000）。数字文化是对技术和人之间的关系的重新组织和塑造，它体现了在一种文化表现形式的内部，主体向客体的转化以及客体向主体的转化这两种维度。这个概念植根于文化理论之中，而文化理论则有这样一个假定，那就是文化是各种为人们所共享的价值观念、前提假设、信仰信念以及社会实践，这些价值观念、前提假设、信仰信念和社会实践能够导致意义的构建和身份的认同（Geertz，1973；Lull，2000；Schein，1985）。按照这一界定，我们提出，技术已经成为人类沟通交流体系中不可或缺的一个有机组成部分，就其自身而言，它是一种意义塑造的过程和方法。鉴于现在面向学习和生活的全球性联合日益加强（Castells，2000；Snyder & Acker-Hocevar，2000），我们需要问一下自己，通过与技术的互动，我们的认识观念、行为举止、价值观和准则规范是以何种方式被塑造出来的，当我们对基于学习之社会文化视角的教育技术进行思考时，其启发意义何在？更进一步地讲，在公民培养的过程中，它对于教育而言有何启发意义？

为了更加充分地理解和认识这一点，我们把目光转向了意义—建构（sense-making）的建构主义观点（Berger，1966）以及韦克（Weick，1995）提出的意义建构（sensemaking）的概念（在这里，我们有意识地把两个意义建构使用了不同的拼法，即 sense-making 和 sensemaking，以示区分），这两种观点都描述了这样一个过程，那就是我们作为人类如何给身份、事件、经验以及突然碰到的事情赋予意义。这两种理论学说都包含着一些与理解和认识数字文化有密切关系的要素。建构主义理论假定，现实是我们共同创造出来的，因为在对各种外部情形作出应对的过程中，我们共同分享着各自的观点和经验，并作出相应的反应。通过这种共同的建构，我们可以给现实赋予意义，从而导致了共同的语言、符号、价值观念、行为举止、准则规范以及理解认识的出现。作为学习者，我们通过对自己的经验进行分析和综合，在力图赋予其意义的过程中，来感知这个世界对于我们的意义。为我们的意义建构过程作出贡献的那些要素是在某一个事件或经验中我们能够与之进行相互作用的那些组成部分。在当代社会，技术和媒体已经成为这一社会交互过程的一部分。

韦克（Weick，1995）提出的**意义建构理论**（theory of sensemaking）认为，我们在日常生活中会碰到各种各样的事情，这些事情往往都具有模糊性和不确定性，但又必须理解它们。通过一系列以“同一性、社会性、追溯性、持续性、展现性、暗示性和似真性”为特征的阶段（p. 17），我们给事
203 件和经验赋予了意义，这就是所谓的意义建构过程。这个过程与理解、解释和归因截然不同，因为理解、解释和归因都需要某种特定的被先行确定了的用于放置信息的知识或框架。而意义建构的独特性在于，它随着时间的推移在对经验模式进行响应的过程中，而不是在对某种预先确定的知识框架的响应过程中发生。这一理论可以被直接应用于数字文化，因为在与技术进行相互作用时以及利用技术进行通信和交流的过程中，我们每天都会遭遇到各种各样的模糊性和不确定性，这要求我们必须从自己的经验中抽象出意义。模糊性和不确定性是由一系列因素激发出来的：技术、信息的快速摄入与综合、灵活和动态的交流社群、异步交流、视角和经验的拓展以及社会性社群的扩张等，正是这些因素塑造了当今数字文化中的生活所具有的特征。

在参考社会建构主义理论和韦克的意义建构概念时，我们可以找出三个对于数字文化的论证来说非常重要的关键要素。第一个要素是：我们是以一种社会性的方式给经验、事件和偶然碰到的事情赋予意义的。在一个联合与社会性网络都正处于成长中的世界，我们正超越社群和文化的界限，与数量更多的人联结在一起，从而扩大了接触和经验的范围，增加了所能够碰到和体验到的事情的类型，让我们可以接触到更多类型的和我们一起塑造意义的人。随着我们的社群性团体不断扩张和发展，这会给共同构建起来的现实之类型造成潜在影响和冲击。

第二个要素是，社会性建构是通过相互之间的互动以及与外部环境的交互才发生的。随着技术成为今日人际交互的核心要素，它必然成为沟通和交流行为的一部分，并对人们的观点和行为产生着影响。里夫斯和纳斯（Reeves & Nass，1996）的研究给这种说法提供了支持。他们发现，我们在对待计算机的问题上，就像对待真正的人和事一样，这表明我们接收信息的方式深受自己和技术之关系的影响。例如，如果一个人对计算机持消极态度，那么这种态度将会影响到此人对通过计算机发送信息的接收，而不管发送这个信息的人究竟是谁。因此，技术在人际沟通和交流中的存在正在改变着我们的观念和行为，而我们也唯因如此才能以一种社会建构的方式创建出一种意义的数字文化。

第三个要素和韦克提出的模糊性与不确定性概念有关。随着科技手段的发展与进步，我们的沟通与交流活动也遭遇了各种各样的模糊性和不确定性，这促使我们不得不就相互之间如何实现理解提出新的问题。旧的理解人际沟通和交流的框架赖以存在的基础是，懂得如何解读各种语言和非语言提示，这个框架在很多交流中已经不再对我们有帮助作用了，因为现在很多交流的特点是使用基于文本的信息，而且都属于异步交流。现在我们在如何彼此解读和理解对方上面临着模糊性和不确定性，而正是这种模糊性和不确定性把我们放在了韦克所谓的意义建构的空间之中。当我们在人际交互中对技术的使用这一背景下对纳斯（Nass，1995）提出的意义建构和建构主义理论进行考察时，有可能就会发现数字媒体与我们的日常生活相整合的方式，而且还 204
可以看到，数字媒体已经成为我们文化的一部分以及意义建构过程的一个环节。在斯奈德（Snyder，2005）早前发表的一篇论文中，她曾经提出：

> 现在我们生活的这个时代已经不再是原来那个时代了，“网络交流”已经成为一种与我们日常生活不可分离的现象。它现在已经遍布于组织围墙和人类系统的每一个角落，创造出了一种数字文化，技术与日常生活的整合就是这种数字文化的体现，而且这种整合使我们那些交互和工作的人类系统能够在现实空间和虚拟空间顺利切换（p. 7）。

这段话传递出来的信息是，技术在我们生活中所处地位以及它在让人与人之间联合起来的过程中发挥的作用对于意义的塑造和形成过程来说也有贡献。这种观点与技术决定主义的理论形成了鲜明对比（Chandler，1995），技术决定论认为，是技术在推动着发展，而且我们作为人类并没有参与对其在社会中的目的或功能的塑造。与这种观点针锋相对，我们认为，自己不但通过与周遭环境的交互塑造了现实，而且诸如技术这样的要素还表现出了新的意义，并成为文化的一部分，在塑造了文化的同时，其自身也被文化塑造着。在早前的一篇文章中，斯奈德（Snyder，2005）认为麦克卢汉（McLuhan，1964）提出的“媒介即信息”的观点非常有力，尽管它是单向性的：它忽视了现在存在于人和技术之间的交互活动，而我们的沟通和交流正是通过这种交互才实现的。（如同麦克卢汉在文章中所举的例子那样）广播和电视强调的是一种存在于发送和接收之间的单向关系，在这种单向性的关系中，意义建构活动作为一种与技术相脱离的活动单独发生。与之相反的是，随着当前通信技术的发展和进步，现在的媒体已经成为意义建构过程的一部分，因此需要采取一种交互性的视角（Denzin，1992）而非决定论的观点来对待它。

把文化理论作为一个透镜使用，我们就能够讲清楚，技术在人类传播系统中的存在方式，这些存在方式正在改变着我们的行为，挑战着社会规范和期望，促进着我们观念的发展。作为文化的一个维度，技术已经成为一种价值负载的符号体系，而且发挥着连通器的作用。那些已经被技术“联结”在一起的人们的所思所感与那些没有联结起来的人截然不同。我们从全球化和人类用户这两个层次对这种联结性的观点进行了考察。在全球化这一层次上，通信技术的传播首先是被作为一种潜在刺激因素看待的，人们认为通信技术的传播必将在各个国家、各种文化和全世界范围内带来更大程度的平等（Castells，1996）。在欧洲联盟内部，有很多国家都制定了一个为期 10 年的发展规划，要在欧盟成员国内实现家家户户的连通。10 年过后，随着更多的人和更多种文化被相互联结在一起，当初的这些规划已经发生了相当大变动。然而，还是有一些地区甚至整个国家都还没有实现连通（例如，中国、瑞典、俄罗斯和非洲的农村地区）。因此，世界正在形成一种新形式的不平等，其中既有经济上的，也有社会性的，而且这种不平等都来自对连通性的追求和承诺（Capra，2002；Castells，2000；Friedman，2005）。205

在制度层面上，联结的价值已经导致了在人际传播和工作生产中新的假设和行为准则的出现。在技术被引入工作场所的最初那几年，联结的价值主要体现在我们“有能力使用”技术上；现在，联结的价值则体现在“我们作为使用者”上。人们不但期望我们能够懂得如何使用计算机以及合适的软件，而且在很多情境下和在很多国家里，人们还希望我们能对通过电子邮件和虚拟平台和其他人进行交流以及登录和使用信息存储与共享系统感到很舒服。现在，人们形成的新假设是：技术已经不再是一种外在于人际交互的工具手段，而是 21 世纪工作和生活必不可少的一个有机组成部分。

一方面，联结的价值正在开创着工作和知识发展的新模式，这种工作和知识发展的新模式建立在超越国家、产业和经济界限的网络这一基础之上，并推动和促进着这种网络的形成。另一方面，它让我们曾在很多人际交流中都充分表现出来的能力不断退化，其中既有正式环境下的，也有家庭生活这样的非正式社会环境下的。例如，在企业和学校情境下，电话的出现是如此普遍，以至于我们甚至对会议被电话或学生给朋友发送短消息打断这样的事情都见怪不怪了（我们是觉得很有一种挫折感，但对此却并不觉得惊讶）。在拥有无线网络连接的组织里，很多人都带着自己的电脑去开会，而且一边开会一边挂在网上。另外，对于那些在虚拟组织中工作的人来说，参加网络直播会议时，有电话打进来要接听也是司空见惯的事。

对家庭环境来说，芭卡嘉娃（Bakardjieva，2005）发现，计算机正在以一种戏剧性方式改变着家庭的动力学结构以及父母对孩子的养育方式。年轻人通过互联网就可以知道“任何事情”，因此他们花在网络上的时间比和家庭待在一起的时间更长。孩子们照旧还是待在家里，但和家庭却没有什么联络。通过技术创建起来的联结现在给我们带来的影响和冲击非常大，它在扩展了我们某一方面生活的同时，也在让我们的另外一些生活在消失。在任何地方都可以做事的能力以及和其他人联合在一起的能力给了我们行动的力量。然而，对于那些处于联结之外的人而言，我们不难发现，他们并不是特别地受重视，技术被凌驾于人之上，这影响着我们的思想观念、社会动力以及情绪情感。

另外一种现象就是“信息过载”，这导致了新问题的出现，有的人开始打退堂鼓，而另外一些人的负担则很重，让他们苦不堪言。在每周 7 天、每天 24 小时不间断的信息交流、即时信息传递和电子邮件包围下，对于工作而言，其定义的焦点已经转移到“阅读和回复电子邮件”或“接听移动电话”上来了，这让人们很难有时间来完成那些计划中预期的工作任务。在某些情况下，人们正在自己承担起养成新工作习惯的责任，有的人拨出特定时间来回复电子邮件或接听电话，甚至对电子邮件完全视而不见，因为他们的时间很紧，在其他事情上花费的时间太多，而这些时间本来应该是用来完成计划中预期的工作任务的。新出现的这套工作规范尚未形成制度化，而且这套规范自身也正在影响和塑造着人们在对待信息以及相互之间如何相处上所持之
206 基本观点。当有些人“熄灯”，而另外一些人还在坐等时，人际传播和意义建构也会相应地受到影响。

互相联结和信息交换的速度也对思想观念、行为举止以及未来期望的变化有影响。我们已经形成了一种社会动力学，在这种社会动力学中，我们通常都一相情愿地认为，一个人会对我们作出即时响应，因为我们自己已经变得如此根深蒂固地沉浸于技术的“即时响应”能力之中了。随着技术和人的行为变得整合在了一起，我们不再把“即时性”与技术联系在一起，而是把它与传播过程中的人类行为相联系。当响应不是即时的或者不符合预期时，我们通常就开始猜测其中的原因何在。有时我们的猜测是错误的，而错误的猜测则让我们以错误的信息或假设为基础来进行思考或采取行动。我们认为，由于人们已经拥有了可以任他们自由支配的技术手段，因此“当我们需要这些技术手段时”，它们应该随时都能为开放性的沟通交流派上用场。我们的思想理念正在发生变化，变化的思想理念改变了社会的动力学结构，也改变了塑造意义建构过程的那些沟通和交流。

在年轻人中间，需要联结起来的呼声很高，但技术在让联结成为可能的同时，也增加了年轻人的压力，同时还让他们中的很多人成瘾，这很成问题。瑞典的新闻报章（瑞典是全世界移动电话使用率最高的国家之一）报道说，年轻人睡觉时都开着手机，这样他们在半夜也不会错过电话，但这也让青少

年的压力与日俱增。在学校里上学时，他们也通过短消息服务与朋友们保持着联结。澳大利亚进行的一项研究（Australian Youth Facts and Stats，2005）报告说，有超过三分之一的年龄介于 14—24 岁之间的澳大利亚人说他们自己要是没有手机的话简直活不下去。而且朗基拉（Lonkila，2004）发现，手机在增加着我们相互之间的连通性，加强着各种社会性网络的力量，“影响和冲击着社会性的本质属性”（p. 59）。不管是通过计算机还是互联网抑或是手机，在全球化社会中，我们对联结以及每周 7 天、每天 24 小时式联结的需求已经成为一种常态和坚定不移的价值选择。

作为最后一个例子，我们想对权力进行重点强调，因为在任何一种社会文化里，权力都是一种非常纷繁复杂的现象。人们对权力的塑造、界定和使用因所属团体的不同而不同，从而导致了各种非常不同的文化的产生。在数字文化的框架之下，新型权力观的产生源于很多种因素的共同作用，其中包括我们与技术的个人关系（Reeves & Nass，1996）、我们对书面语言所持的思想观点（Ramberg，1996），以及数字化传播是如何被用于把一个工作或社会环境中的成员包括进来或排除在外的（Castells，2000）。在某些情况下，这些要素都给现存的权力结构增添了新维度，而在另外一些情况下，它们则促使人们对权力基础形成了新认识，并且由此而导致了以技术为中介之传播方式的出现。很多研究（Reeves & Nass，1996）都已经表明，权力本身也是一种能够被感觉得到的东西，而且在某些组织环境下，那些使用权力抑或有权动用权力的人拥有一种凌驾于他人之上的权力。在这种情况下，哪些人正在发送信息以及哪些人没有在发送信息很重要。更进一步地说，哪些人被包括进来而哪些人被排除了出去也很重要。例如，在有些组织和社会团体里，一封电子邮件就可以让发件人获得某种程度的特权，让他们拥有一种可以被觉察得到的权力。要做到这一点很容易，只要把电子邮件只发送给少数几个人，从而在团体内部创造出一种谁是“自己人”、谁是“外人”的局面即可。因此，通过数字化对话的实现方式，我们也可以觉察到权力存在的蛛丝马迹。
例如，在一个团体当中，如果仅有少数几个收到电子邮件的人回复邮件并持 207
续参与对话，那么他们就形成了一种权力基础，这种权力基础最终将会把那些没有回复电子邮件和参与对话的人排除在外。在这样一种情况下，理解为什么只有少数几个特定的人对电子邮件作出了回复就变得非常关键，而其中的原因不外乎以下几点：时间、角色、期望或知识等方面的问题。数字化的传播方式既可以强化现行的权力结构，也可以引入团结协作。

除了自己与技术之间的关系外，我们对权力的理解和认识还深受如何看待书面语言的影响（Reeves & Nass，1996）。当收到一封电子邮件时，我们会把文本和计算机都视为**"通信员"**。要想看到发件人的真面目（并准确把握信息中包含的权力），我们就需要展开想象的翅膀，或者以白日梦的方式，超越文本和技术本身，直接走到发送电子邮件的那个人面前。正是在这个空间里，我们才常常开始停止想象和白日梦，开始把文本和计算机放到次要位置上，使其在传播过程中的地位低于发送电子邮件的人。就像里夫斯和纳斯（1996）提出的那样，根据与文本和技术之关系的不同，我们的观点和认识会发生改变，意义建构也会有变化，因为通常情况下，我们最先和最主要的行为就是与技术之间的交互活动。在一个知识发展被认为具有社会性而且网络化越来越成为工作、生活和学习之架构的时代，我们需要形成一种能够把技术整合到意义建构和知识发展过程之中的整体性认识。技术曾经一度被视为一种外在的工具手段，而现在则成了一个被整合进我们文化之中的人工制品，并成为意义、观念、行为、规范和价值观塑造过程中的一部分。

那么，这和教育有什么关系呢？我们认为，对这个问题的思考可以从两个基本维度展开，这两个维度与学校教育在教学和社会这两个层面上承担的责任以及所处的环境有关。对于学校里的教学实践而言，有很多问题可以被提出来，因为我们这个社会里发生的各种变化都与我们在知识发展和人力资本上所持更高层次的价值观念有关系。我们需要一种通过网络联合起来并具备一种创业精神的能力，这种能力要求学校的教学实践必须以培养公民为目标。另外，我们还需要具备一种能够使用技术来进行交流和工作的数字化素养，这不仅需要进一步加强自身的技术知识，而且还需要进一步增强利用技术来促进人类平等和社会可持续发展的意识与责任。虽然技术进步已经为我们正在目睹的各种类型之社会变革打开了方便之门，但对于学校而言，真正需要给予高度关注的却是技术在推动变革的过程中在社会层面上的意义。特别值得指出的是，它呼唤着教育要在帮助培养公民的过程中发挥作用，它要让年轻人掌握在全球和当地环境下进行交互必不可少的各种技能。

数字文化的前提假设是，我们作为一个社会，也包括各种社会组织在内，有责任从总体上对意义建构的过程形成理解和认识，因为在多元文化的背景 208 下，意义建构变成了一个更加错综复杂的现象。随着人际之间的联结与技术的关系越来越密切，而且越来越借重于技术，我们需要明白自己的思想观念、行为准则、价值观念、行为举止和风俗习惯正在发生哪些变化，因为所有这些都和我们对意义进行建构的方式存在着千丝万缕的联系。对学校而言，其面临的挑战在于，如何迎接一种既关心教育在课程教学上所承担的使命又重视公民社会性发展的数字文化，这种数字文化对知识发展和意义建构有非常重要的启发意义。因此，借助于数字文化，教育既可以为教学发展又可以为社会发展作出贡献，我把它称为教育的“教学—社会”转型。

作为 21 世纪教育革命的数字文化

为了阐明教育变革的必要性，就要搞清楚在生活和工作中要想取得成功必须具备哪些关键能力。雷琴和萨尔加尼克（Rychen & Salganik，2003）认为，对于成功生活和运作良好之社会来说，所需要的关键能力都可以划入以下三个广阔领域之中：（1）在各种各样的社会团体中进行交互的能力；（2）独立自主展开行动的能力；（3）以交互性方式使用工具手段的能力。欧洲教育委员会（European Commission on Education，2004）使用了知识工作者的概念，所谓的知识工作者，是指那些拥有联合在一起的能力，具备创新精神，能够终身学习，具备积极参与社会公益活动之公民品行的人。托马斯·弗里德曼（Thomas Friedman，2005）提出的“世界是平的”这一隐喻认为，劳动者需要为基于内包、外包、网络化、协作、开源和数字化生存的新型商业模式做好准备。另外，人性关爱和社会参与也引起了人们的关注，这激发了连篇累牍的针对对话、合作、赞赏式探究、关爱、灵性等技能之培养的论证（Bohm，1996，2004；Brown & Isaacs，2005；Nodding，1991，2002；Russell，1998；Wells & Claxton，2002）。2004 年，欧洲教育委员会确定了 8 项应该成为 21 世纪教育之基础的关键能力，“数字化能力”就是其中之一。欧洲教育委员会的报告这样写道：“ICT（信息通讯技术）技能包括使用多媒体技术来提取、评估、存储、创作、呈现和交换信息，以及通过互联网进行沟通交流并参与网络上的活动”（p. 22）。现在，在这个有关 ICT 技能的方程式里面又包含进来了社会维度，这种社会维度体现出教学关注的焦点已经从个体学习转移到了社会文化模式上（Claxton，2002；Wells & Claxton，2002）。

对于上面提到的这些能力以及人们对网络化和终身学习的关注而言，其促进因素来自于技术的进步以及组织、经济和国际体系发生的变革。1996 年，曼纽尔·卡斯特利斯（Manuel Castells，1996）曾经使我们猛然意识到这样一个问题，那就是我们正“生活在一个网络社会中”。他的基本思想是，
209 技术的发展将会创造出各种可能，让人们能够在一种文化内部团结在一起，并超越各种文化的界限相互联合起来，由此可以想见，世界范围内的民主、团结和和平也将会取得进展。虽然后来的观察（Castells，2000）业已表明，这还没有发生，但网络社会的的确确让社会性网络在塑造全球化转型的过程中得到了扩张和发展，而且其重要性也得到了不断提升。卡普拉（Capra，2002）说：“在信息时代，网络化作为组织的一种关键形式已经在社会的各个部门实现了崛起。那些最重要的社会职能日益围绕着网络来进行组织，对这些网络的参与是一个关键的权力来源。”（p. 149）在使用互联网、博客、常见问题解答页面、聊天工具、视频会议和异步会议系统的过程中，我们已经把赌注下在了社会性网络具有的强大力量身上，期望借助于社会性网络可以进行知识交流，从而推进全球化变革与转型。就像我们在本章一开始就提到的那样，很多年轻人都已经认识到了这一点，因为现在在世界范围内有大量年轻人每天都在全身心地投入到基于互联网的沟通和交流之中。在教育中，创建一种面向学习的数字文化自然而然地需要教育工作者和年轻人投身于基于协作学习实践的实践社团（Soresen & Tackle，2002；Wenger et al.，2002），在实践社团中，教师和学生围绕共同的议题和关注点，携手开发课程。在这一意义上，技术为学习开启了新的空间，而不是仅仅为从互联网上获取信息提供了一种工具手段。

让我们把它与仍然可以在大多数学校里见得到的居于统治地位的教育模式作一个对比。在 K-12 教育和为生活、工作和终身学习做准备之间，存在着一条巨大鸿沟。近来有些研究（Fredriksson et al.，2006）对学校里的技术进行了考察，这些研究表明，在学校里，大多数与 ICT 有关的创新并没有能够对教学或学校发展产生影响。居于统治地位的教育模式仍然是基于个体心理学的，这种教育模式必须要被一种新的、基于社会文化理论的教育模式取代。然而，只有到了高等教育和职业发展等领域，我们才能够看到体现了现在的生活和工作所处社会境脉的学习模式。事实上，在高等教育这个层次上，业已开展的研究大多数都是针对学习共同体和网络学习的。

那么，教育工作者能做些什么来对此作出响应呢？模型图 11.1 提出了四个关键因素，通过把技术、教学、传播和组织体系整合在一起，为终身学习搭建了一个平台。这个模型的前提假设是，通过把这四者整合在一起，而不是让它们各自为战，可以把学习变成一种动态过程，在这个动态过程中，年轻人可以全身心地投入到社会性网络和实践社团之中，形成他们自己的与社会和工作场所有关的知识，并对社会和工作场所提出的各种要求作出响应。在这四者的交互当中，处于中心地位的是意义建构的数字文化，这种意义建构的数字文化是在技术参与的情况下通过人与人之间的交互产生的。例如，技术可以被用来为传播和学习（教学）提供服务，从而影响着学生和教师扮演的角色以及人们对知识和学习所持的观点。技术可以被用于满足学习的需要并促进学习能力的培养，这既扩展了人际传播，又让技术自身获得了发展。 210
学习的组织以及与日程安排、资源配置、空间利用、教学模式、课程组织有关的教育制度都会受到影响和冲击。

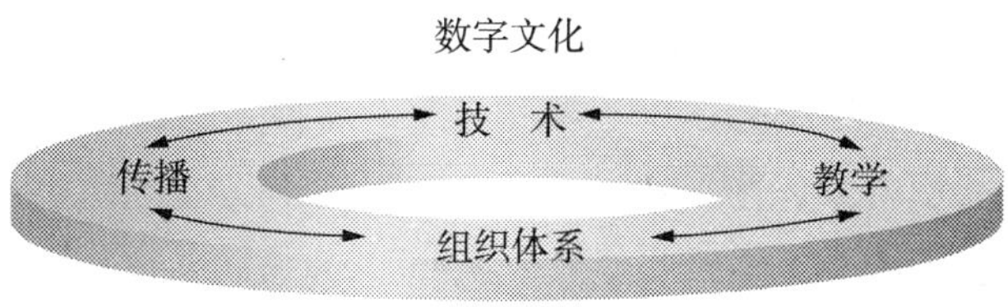

模型图 11.1　数字文化模型

表11.1以一种线性方式体现了数字文化模型，确定了在学校里数字文化的四个维度中都可以发现的那些共同要素。第一栏确定了技术的几个方面，对这几个方面的考察需要与其他三栏的内容联系在一起进行，反之亦然。例如，学校里的技术开发需要把焦点集中在基于网络的学习材料的教学设计上，以及那些将要被用于支持学习的教学媒体之类型的确定上。通常情况下，对技术进行的讨论都是和技术手段联系在一起的，这就需要用到某种工具，而不是去考虑应该使用技术来支持哪种类型的教学或技术是如何影响教学的。与此同时，对教育教学（教学和学习）的讨论应该把焦点放在知识是什么、如何获得知识、应该使用哪种类型的学习材料以及应该使用哪种类型的教学方法来促进学习上。数字文化认为，这些讨论都应该通过相互对话的方式来进行，只有这样才能搞清楚技术在学校里是如何被应用于对教学的支持的。

表11.1　构成数字文化的教育教学维度基础的因素

技　术	教　学	传　播	组织体系
• 教学设计	• 学习理论	• 语言	• 信息管理
• 媒体工具	• 实践社团	• 团体动力学特征	• 领导力
• 课程管理	• 师生角色	• 角色	• 法律关系
	• 权力	• 文本和视觉传播	• 传播
	• 学习风格	• 时间	• 规范和协议
	• 顾问指导		• 信息共享

在表11.1中，继续向右看，接下来的一列是传播。在面对面的课堂里，
211 有关传播的问题通常都被认为与教学法有关系。然而，如果在学习过程中使用了媒体和信息通讯技术，那么这种情况将会发生变化。对媒体的使用要求我们要换一种方式来考虑传播问题，因为在使用媒体的情况下，我们已经不必再像面对面的交流那样依赖非语言提示了。另外，就像这一节在前面提到的那样，技术改变了传播的人性系统动力学。因此，在传播这一栏，我们确定了传播的几个新要素，当把技术整合到学习当中，以便创造出一种数字文化时，需要对这几个新要素进行思考。表11.1的最后一栏是被用来给学校和学习提供支持的组织体系，对它的重新思考也需要与数字文化结合在一起进行。为了创建学习网络而使用技术，这对课堂组织、时间安排、作业布置、

准则规范、行为举止等都提出了新要求，它通常都需要对资源进行重新评估，以便给学习环境中发生的那些变化提供支持。在数字文化模型中，这些要素里的每一个都是全球化时代学习和意义建构体系的一部分。

这个模型在实践中意味着什么呢？它是如何体现出与那些业已存在于学校之中的模型有所不同的呢？我们认为，两者在很多（有技术存在于其中的）情况下都表现出不同，而且这种不同和我们对作为知识保有者的教师与作为知识创造者的学生两者之间关系的认识以及我们意义生成的方式有关。就像我们在本章第一部分就已经提出的那样，如果意义生成和知识建构都是以社会性方式完成的，如果意义是在境脉中被塑造出来的，那么认识到技术时代学习所处的各种条件及其对影响我们意义建构的传播具有的启发意义就很重要。而且它还与下面这一点有关，那就是学校如何看待教育思想、资源、组织结构和技术之间的相互关系，以便去创造能够体现真实世界的学习空间，并把它整合到那些能够激励年轻人并帮助其掌握在全球化时代生活所需的各种能力的学习环境的创造中。

大多数研究表明，虽然很多学校都不缺技术，但认为知识发展就是掌握而不是创造的传统思想观念仍然还存在。此外，虽然教师通过在课堂中加入技术而改变了自己的课程或教学方法，但当课堂教师的工作没有和学校的组织结构以及教育思想联系在一起时，学校作为一个整体却并没有能够对其学习环境进行彻底变革。

与此同时，年轻人在他们自己的空闲时间里正在使用技术创建着各种各样的社会性学习网络。他们认识到了社会性联结、技术、学习和传播这几者相互之间存在的连通性。我们认为，这是一个未经过充分利用的资源，它可以有效促进学习的发展。因此，学校面临着这样一种可能的风险，那就是它们的无所作为会让全球化时代生活和工作所需能力的发展和培养与学科知识相脱节，随着越来越多的学生转向赛博虚拟世界，学校教育将落伍。自然而然地，我们就会提出这样一个问题，那就是学校是心甘情愿地接受这种命运，还是能够对此做些什么以改变这种命运？

我们认为，那些业已在很多学校中都存在的要素可以根据数字文化模型 212
而得到进一步发展。现在很多年轻人都把自己晚上的时间花在了上网、聊天室、博客以及播客等上，我们就以此作为出发点。年轻人的世界在很多方面都体现出一个借助于技术的全球化学习境脉所具有的特征，这种全球化学习境脉可以被用于创建面向知识发展的社会性学习网络。如果学校能够在课堂教学中全身心地投入到年轻人的赛博虚拟世界中，那么学习环境又会发生哪些变化呢？鼓励年轻人在学校内部以及学校之间创建属于他们自己的学习之社会性网络，通过这些社会性网络，他们能够团结协作，共同创造课程。而教师的工作则不是去决断学生应该学什么以及如何学，而是应该通过一种社会性课程来促进他们的学习和成长，把关注焦点集中于诸如民主、道德、价值观、阅读、写作、数学等之类的议题上。此外，教师还要帮助年轻人意识到，他们投身于其中的数字文化是如何塑造了自己相互之间的思想观念、准则规范、行为举止以及未来期望的，而这正是培养公民的一种途径。学校教育的基础不需要变革；问题只在于：从哪里来发展课程，以及学生在课程发展的过程中发挥着什么作用？

全球化学习的典型案例

美国佛罗里达州帕斯科县中学（www. pascoglobal. com）和中国南京树人国际学校（www. shurenxz@ 163. com）之间的合作就是一个两所学校携手共创学习之数字文化的例子。他们的工作开始于 2006 年国际学校联盟全球峰会期间，当时来自帕斯科县中学的一位校长助理［劳里·约翰逊（Laurie Johnson）］、一位语言教师［乔希·博德斯（Josh Borders）］和一位技术专家［史蒂夫·佐尼（Steve Zoni）］探讨了利用技术来对学习和学校教育进行革新的可能性。会议期间，他们与南京师范大学附属中学的校长（王占宝）进行了会商，并达成了和中国南京的（树人）中学进行合作的协议。他们还约定，要把数字文化作为促进学习的工具手段。佛罗里达的这个团队回到自己的学校之后便邀请学校教师与他们一起开展这个项目，现在参与这个项目的老师来自很多学科，其中包括地理、数学、科学、语言艺术、技术和媒体等，而且项目组里还有一位从事特殊学生教育的专家、一位校长以及一位校长助理。

这个项目团队和学校里的合作伙伴、（包括家长在内的）社群以及位于南京的合作伙伴展开了非常密切的合作。

学生团体之间的第一次连线是通过 Skype 进行的。Skype 是一种基于互联网的电话系统，而且带有视像功能，它让学生待在他们自己的学校里就能相互之间进行认识。初次连线促成了两所学校之间其他一些项目的产生。讨论 213 的话题开始围绕文化这一主题，来自中美两国的学生分别从各自视角出发共同分享了不同的文化和经验。交流计划是由来自两所学校的教师和学生共同组成的一支教学团队通过基于 Skype 的网络讨论制定出来的。然后，学生就开始把各种技术手段结合起来使用，为他们自己的课程计划做准备。现在学生被划分为几个不同的学习小组，他们有一系列的科目主题，各个小组分别选择某一个科目，负责相互教给其他小组。这两所学校的交流使用了多种技术相结合的方式，佛罗里达州的一所大学作为合作伙伴提供了相应支持。学生完成的所有工作都可以在这两所学校的网站上看到，其中包括博客、学生网页、照片和流媒体格式的视频等。

参加了 2007 年 2 月视频会议交流活动的美国学生是这样讲述他们自己的学习体验的：

> ……通过使用网络摄像头，我们能在很短时间内讨论更多信息。在网络会议期间，我们上了两次课，一次是关于普通美国青少年日常生活，另一次是关于达德市的历史和地理。在这里，你也可以了解到那些与我们相似之人们的生活和学习。教课的是来自我们班级的几位同学。他们是对每一个话题进行逐一解释的演讲人。如果任何人有什么问题，他们就会负责回答。班级里的其他人全力给演讲人准备素材，从而让课讲得更好，使其非常容易理解。尽管在这一过程中不乏起伏和波动，但我们所有人都从这段经历中学到了很多。我们用到的技术主要有一台电脑、一部反馈用的摄像机，另外还有投影、麦克风、互联网、软件以及扬声器等。中国的学生也必须使用这些技术手段，以便让项目活动能够开展起来。（http://www.pascoglobal.com/projects.htm）

在下面这两条博客的内容条目中，来自新闻组的学生讲述了他们是如何为了给中国合作伙伴学校学生上一堂课做准备的：

> “今天，我们班在全球化学习中心一直忙着准备一份美国国家航空航天局（NASA）的播客，在马上就要进行的一次网络会议上，我们要把它展现给中国学生。第一学习小组以及我们其他的一些学习小组正在录制他们的大纲。”——学生甲在全球化学习中心博客上的留言，时间是2007年11月9日。
>
> “今天，在全球化学习中心，布罗克（Brock）夫人走进来和男孩子们讨论了他们将要在星期天时装秀上演示的幻灯片（Powerpoint）。而女孩子们则待在布罗克夫人的房间里，继续录制她们的美国国家航空航天局播客。第一小组完成了录音，并开始对其进行转换。而其他小组则开始对每一张图片进行转换，并确保每个人都在合适位置上。所有小组都做得非常不错，我们都在盼望着星期天下午的时装秀。”（学生乙在全球化学习中心博客上的留言，时间是2007年11月15日）

214 在联络的一开始，仅仅是来自中美两国的学生使用技术分享各自的文化而已。按照包括教师、学生和学校行政管理人员等人在内的参加者的说法，这种联络是如此的具有激励作用，以至于人们对它的关注不断增加，而且活动的内容也扩展到了其他学科领域。佛罗里达州出版的一份报纸《圣彼得斯堡时报》刊登了一份访谈（Pace，2007），在这份访谈中，“校长助理劳里·约翰逊说：‘这个项目让学生非常激动和兴奋，因为是他们自己在引领着项目活动的发展，学生自己备课，并与中国学生进行分享，开发与创建网站、博客和图片网页，等等。’”此外，“‘它还把激情带进了课堂，’约翰逊说：‘他们盼望着下一次远程网络会议，心情急切地甚至都等不及了。’”（http://www.sptimes.com/2007/04/14/Pasco/Learning_ together_ th.shtml）

我们从这个交流活动中认识到语言的至关重要性，它不但对日常生活中的联络很重要，而且对文化的相互理解而言也极为重要。作为语言发展这项工作的一部分，来自帕斯科县中学的一个学生小组访问了南京，和他们的合作伙伴学校进行了交流，教中国学生学习英语口语，因为中国人把使用英语进行会话作为一项目标，其目的在于让年轻人为在全球化经济中进行竞争做好准备。此外，这次访问交流适逢 2008 年北京奥运会，中国正全力以赴地做好准备，张开双臂迎接全世界的人们，这对于年轻人来说，又给他们的学习境脉增加了一个维度，使其可以从一个真实世界中面临的各种情形出发来开发自己的课程。在为这趟行程做准备的过程中，学校工作人员和学生制订了一个课程计划，把讲故事、演戏剧以及学生指导等都作为他们教学方法的一部分。另外，他们还创作了各种博客和播客，从而把自己的学习传播到了世界各地的其他学校。

这次行程进一步显现了语言发展对于文化交流的重要性，从而让学生更好地为全球化经济做好准备。按照杰夫·摩根斯坦（Jeff Morganstein，帕斯科县学校负责世界语发展的统筹协调员）的说法，学校教师现在正制订计划，准备从 2008—2009 学年开始，教学生学习中国普通话。而且大家还在讨论是否能把这个项目扩展到农业和地理学科之中。帕斯科县中学的一位教师乔希·博德斯说："虽然学生对中国有了很了不起的了解，但主要的关注焦点还是要放在教他们如何跨越文化的障碍进行交流上，只有这样才能让我们为全球化时代的劳动力发展做好准备。"（Pace，网络版，2007 年 4 月 14 日）

把这个例子与数字文化模型联系在一起进行探讨，我们就会发现这样一种迹象，那就是通过把技术、传播、教学和组织体系整合在一起，学校已经开辟出新的学习环境。首先来看一下技术，他们使用了好几种不同的技术手段，其中包括播客、网站、博客、Skype 以及视频会议系统等。这每一种技术手段，特别是 Skype 和视频会议系统，都要求学生要能够意识到，他们是
如何与佛罗里达的同学以及中国合作学校的学生进行交流的，以及交流了哪 215
些内容。由于语言的障碍，学生还很自然地会把焦点放在英语作为第二语言给思想和经验之分享带来的影响上。

对数字文化模型中教学这个要素的讨论，也要从合作伙伴关系的开端这一点开始，即教师要搞清楚自己的角色是什么、学生的角色又是什么。如果能看到让学生全身心地投入到教学和学习活动之中的重要性，教师就会给学

生提供相应的指导，让他们懂得如何使用技术、如何制订一堂课的计划以及如何讲授一堂课等。另外，博客和播客被作为学习材料使用，改变了“课堂”的动力学，把学生放在了非传统的学习空间中，这种非传统的学习空间既存在于他们当地的社群中，也存在于美国学生访问中国的过程中。教学已经从学生消极被动地按照教师的指令行事，转变成学生以自我导向的方式与作为支持者的教师一起进行课程开发。

对数字文化的支持还要求学校行政管理部门要支持学校在课程和教学上进行变革。此外，它还要求行政管理人员要用一种不同于以往的方式来进行资源配置，在这个典型案例中，它意味着社群（家长、商界和大学）通过给学生的学习提供资助并积极参与他们的学习活动来提供支持。圣利奥（Saint Leo）大学给佛罗里达的这几所学校提供了视频会议系统。中美两个国家的学生家长也积极参与到这场文化交流活动之中，讲述他们自己的工作经历，并请孩子们来观摩。虽然在学校层面上，已经发生了这些以及另外一些变化，但学区的领导者却开始认识到，对于学校而言，要保持这种全球化学习的数字文化，还需要具备一整套愿景和目标，只有这样才能得到那些学校领导层的支持。因此，帕斯科县学区正在制定一套涉及整个学区的计划，以便让所有学生都能为成为全球公民做好准备。在中国，南京的几所学校也已经获得了来自当地教育行政主管部门的大力支持，正在努力为全球公民的培养在世界范围内寻找合作伙伴。

这个帕斯科和南京的例子表明，存在很多种方式，可以让学习的数字文化创造出新的学习空间，从而让年轻人具备在全球化社会生存和工作必需的素质和能力。在这个典型案例中，学生正超越不同文化的界限，把他们学校的课程与现实生活的情形联结在一起，全身心地投入到基于问题的学习之中。另外，通过文化和语言的交流，他们还正在形成一种积极参与社会公益活动的公民品行，并产生了一种多元文化意识。他们对技术的倚重形成了一种数字化素养，在这种数字化素养中，作为工具的技术并不是唯一需要关注之焦点；学会如何把技术应用于对人际传播的支持才最重要。学生、教师和学校正在实现大联合和大协作，这对全球化和本土化都具有非常重要的影响和冲击。只要把技术整合到学习中，自然就会让教学实践得到拓展，而且还会自然而然地让年轻人全身心地投入到知识的社会性建构以及自我导向的学习当中。

小结 216

在这一章，我们提出了这样一个论断，技术在教育中扮演的角色远比单纯的工具手段广泛得多，它的作用远不止于获取信息或给笔友发电子邮件。技术给我们创造了与其他人进行沟通交流以及在协作性社群中进行学习的可能，这不但影响了我们学习的内容，而且还影响了学习的方式。更有甚者，技术在我们沟通和交流中所处之整合性地位会自然而然地塑造出一种有关于理解和认识、行为和举止、准则和规范的新文化，这种新文化不但影响着我们相互之间进行联络的方式，而且还影响着我们对在自己所处的各种关系中什么才是最重要的这一问题所作的决定。这一文化层面在学习的社会性建构中发挥着自己的作用，它给学生、教师以及学校的组织支持体系都带来了影响和冲击。只要理解了技术、传播、教学和组织体系这四者之间的相互连通性，就等于给学校打开了创建学习之数字文化的大门，在这种新型的学习文化中，学生会很积极主动地参与到对学习的塑造和课程的发展中，而且会自然而然地掌握在一个全球化社会生活和工作所需的那些学术性和社会性素质与能力。

目前在对技术的应用上，创新性还显得很不足，这体现出了下面这样一种观点，那就是只要我们简单地把计算机放到课堂里，学校便能够以某种方式实现技术与教育之整合。然而，当我们看到年轻人已经在学校的围墙之外通过技术联合在了一起时，就应该意识到，这种情况不是个别情况。几年前，曾经有一位校长对我说："我们的学生正生活在一个和成年人不同的世界。作为教育工作者，我的任务是向他们学习如何创造未来型的学校。"他说这段话的时间是 20 世纪 90 年代末，当时虚拟社群在年轻人当中还没有开始流行，但他却能看到孩子们当时使用技术在做的事情远比教育工作者正在思考的先进。在很多情况下，教师和孩子们之间的这种鸿沟还在进一步扩大，而且研究人员现在正开始对赛博虚拟世界这一现象进行研究，希望能够对网络环境下的动机理论有更多理解和认识，以便让孩子们的心思能够重新回到学校。他们的课余世界正随着各种社会性联结以及全新的有关身份和会面场所的虚拟世界迅速扩张，学校吸引年轻人注意力的能力会变得进一步落后。但在这个新的空间里，我们认为学校既面临着机遇，又肩负着责任。机遇在于，以当前社会中存在的各种社会性、传播性和技术性要素为基础，学校有可能创造出新型学习环境。而责任在于，如何更清醒地认识和应对这个新型网络虚拟空间给数字文化中的意义建构带来的影响和冲击。

对学校而言，加强信息时代未来公民的培养面临着越来越多的挑战及公众要求，在这种情况下，教育工作者便拥有了一种天然背景，他们可以从各种各样的视角出发，拓展和转变对人与技术两者之间关系的理解和认识。在学校中创建一种数字文化，这意味着教育工作者要使用多媒体来促进社会性境脉中的学习，在这种社会性境脉中，年轻人以跨文化的方式相互联结在了
217 一起，而全球性社群的存在也让课程内容变得更加丰富。现在的年轻人需要在一种能够反映社会现实的境脉中进行学习，为此他们首先要对这些社会现实有非常透彻的了解，显然这种学习是基于相互联结、网络化、高速度大容量信息传输以及不断变幻的文化景观的。另外，还需要指出的是，只有那些把自己视为数字文化中的一员、在他们自己的学习和知识发展的社会性网络中相互联系在一起的教育工作者才能够切实承担起创建一种能对处于不断变化中的社会状况作出及时响应的教育教学范式。数字文化是这样一种文化，即我们所有人都身处其中，属于它的一分子，并通过一系列塑造了社会和文化的实践社团（Wenger et al.，2002）相互联结在一起。

推动这样一种教育教学范式转型不仅必须认识到把技术整合到我们生活中的重要性，而且还要对其可能给人际联络和学习带来的影响和冲击有着非常深刻之体察。在全球化时代塑造一种学习的数字文化，并不仅仅只是在学校里进行技术上的创新，更重要的是要创造一种工作文化，让学校的师生员工在这种文化中都能全心全意地投入到对自己学习实践的塑造，并致力于推动社会发展。文化和传播研究领域内的经验告诉我们，学习者并不仅仅只是坐在教室里埋头上课的学生。我们是规模更大之文化生态圈的一部分，而这

种文化就是我们需要学习的课程。当我们相互之间携起手来，共同致力于积极主动的沟通和交流时，集体空间便被赋予了意义。媒体和技术的使用有助于促进我们的沟通和交流，并会产生新的知识，从而塑造和形成了一种新型的全球性的人居区域。教育工作者有可能采取下一步行动，为作为一种生命系统而不仅仅是官僚机构的学校发展提供支持。作为一种由不同文化和不同网络组成的生命系统，学校有能力对自己的学习环境进行调整，以便对社会变革作出响应，并让年轻人为在一个全球化时代进行的终身学习和生活做好准备。

第12章 生命的战略之舞 219

要改进课程和服务的质量，并推进新项目的试点，就必须对组织发展过程有全新认识。在**官僚主义的模式**之下，员工要做什么、怎么做都已经事先规定好了，对员工的评价也取决于其完成指定任务的好坏程度。不管是专业人员还是各行各业的职工，雇员对于他们的工作，除了日常细节外，基本上都没有什么决定权。而在**系统科学的模式**下，员工则成了合作伙伴，有权决定和完善工作体系及服务，并对服务效果进行评价。虽然目前完全在官僚主义模式下运行的组织已不多见，但发展充分、以系统模式为导向的组织也很罕见。

本章重点介绍一种指导改革的系统方法，我们称为**生命的战略之舞**。要将机构发展成反应迅速的系统，就必须将注意力从政策遵从转移到生活问题，因为社会机构服务于社群的目的是提高其成员的生活质量。领导者在战略之舞中所做的抉择，不管是计划、具体实施还是最终评估，都决定了其满足人们之需求的好坏程度。这些选择最终会影响生活的质量。我们的重点是改进生活质量及工作成果，而是不计划本身。

本章第一部分探讨了系统理论视野下**评估**性质的变化，以及在组织发展过程中变革的性质及其稳定性。在传统的年终总结报告中，信息往往用于展示欣欣向荣的局面。其实，信息不仅可以突出成功的一面，也能显示需要进一步发展的重要领域。本章第二部分着重分析了**案例研究方法**（Case study technique，CST），它是一个收集多种形式的定量定性信息的五步结构。CST是一种面向持续管理的工具，可用于对**战略生存机制**（Strategic living system，SLS）的促进，使其能应对各种条件、过程及效果，从而以系统化方式引导组织实现愿景。SLS 是非常实用的工具，它使我们能更全面地审视现行政策和工作体系，因为它将所有重要领域内最主要的专业对话与系统思考、决策
220 和行动结合在了一起。本模型建立在佛罗里达州帕斯科县学区的长期实践以及我们与全球教育工作者共同工作的基础之上。

我们讨论的基本假设是，组织的愿景是建立在对客户的未来进行各种各样设想的宽广视野基础之上的。信息、规划、实施和评估都是为愿景服务的，并共同形成了实现组织使命的操作过程。我们注意到，当规划与评估这两个功能相互独立时，工作很可能依然像以前一样得不到实质性检查，也不会有什么改变。而当规划与评估两者动态联系时，它们则共同协调着组织的改进与革新之旅，形成了组织的阴与阳。在这个意义上，在指引改革之路的信息支持下，处于成长中的组织蓬勃发展。

评估与战略之舞

在我们对 28 所学校所做的调查研究中，当问及这些学校的管理与评估机制时，校长都表示出对学校改进之链中最弱一环——**评估**的不安。**是对遵守和服从的情况进行评估（官僚模式），还是为了把握趋势和效果而进行评估（系统模式）**？这两者的哲学取向不一样，其对制度进行改进和提升的方法也不一样。创造动态的评估机制，逐步接近愿景，这对领导者来说是个巨大挑战。如果信息是未来发展的重要一环，那么对发展的评估就应该成为新方案之核心。

很显然，我们需要重新认识评估，从而使学校领导能把握战略之舞的阴阳动力：同时促进战略规划与战略评估。如果坚持进行协同规划，以应对不

断变化的条件，同时明晰组织之愿景，那么组织将会朝着正确方向前进。然而，在进步的旅途中，如果不对新的实践和努力进行评估，那么组织将不可能取得什么重大进步，而只不过是进行了新的活动和努力罢了。

制度化生活的日益复杂，影响制度的方方面面的各种重大变化让管理思想陷入了危机。**我们处于一个重大转折点，必须重新认识学校及其他机构，重新认识它们的演变。如果我们要变革教育系统，使之适应全球化时代，而不是工业时代，那么就必须改变自己的思维模式。**对组织现实状况的狭隘看法植根于控制工作机制的野心。它们已经无法处理现今的复杂问题。割裂的思维方式、过时的概念模型、对无关变量的强调，这些都不能帮助我们理解每天一次又一次遇到的不协调状况和各种矛盾。我们需要更好地理解机构中**生命的战略之舞**。

走向整体

221

组织中的主流模式是通过数据来支配与控制系统的各部分及其运行。人们认为数据提供的统计信息可以揭示一些相对真理，其假设是，统计信息在一定程度上反映了系统各部分的状况。然而，这种相对真理往往会强化系统的割裂问题，导致系统产生机能障碍。部分与部分之间如何互相依赖，发挥各自功能以保证系统正常运行呢？传统的评估模式没有回答这一问题。对于任何类型的机构或组织管理者来说，这也是一个挑战。**从长远来看，系统作为一个整体，运行状况如何非常重要，它不同于对某些静态特征的分析。**

自然从来都没有将要素孤立地展示给我们，而是向我们展现整体的各部分之间复杂的关系网络（如儿童的成长、森林的生长）。学校中的关系网，如学习与学习条件、情境、项目、计划、效果等之间的关系应该成为我们分析学校时关注的重点。我们不应该将分析重心放在孤立、独立的项目与服务之效果上。通过研究独立的项目特征及其效果所获得的知识往往无用。项目、情境、条件等之间的相互关系最重要。从某种意义上来说，我们正在将重心从**孤立对象**（项目、服务、结构及其实施）转移到**动态关联**（过程、整合、动力及其对顾客产生之效果）上。

当学校被看做像机器一样的系统时，其假设是部分相加等于整体：每天七节课、互相独立的课程和教学、分级教学、孤立的服务等相加就是学校教育。领导者将维护机器看作线性因果关系的发展。系统某一部分崩溃的原因只有一个。学校教育的隔裂模型在过去50年间一直是学校规划与学校进步评估的基础。然而，如果将学校看作一个活的、成长的、动态的系统，那么它的发展就取决于其对环境变化所作出的整体、快速反应。不断的自组织与更新以及项目、结构和过程的调适构成了学校与地区发展过程的新特点。学习与学校教育现象庞杂，只有将其当做一个整体分析才能理解。

作为自我更新的系统，学校需要从多种渠道收集大量信息，指引学校持续改进自身的日常维护与创新。如果能获得有用信息，学校/团队/教师/其他专业人员就有能力适应不断变化的条件。领导者需要研究的课题是：**适应过程及其效应**。

222 当面对挑战，学校对其作出反应，按自己的进化方式自然前行时，有一点很重要，即认识到自组织过程中的平衡。**自我维护与自我变革是生长过程中的阴与阳**，它们在动态/稳定的环境中共同起作用（事情不会失去控制!）。**维护**（阴）与自我更新、复元、稳定、适应相关；**变革**（阳）则包括学习、发展、进化和创造（Capra，1982）。创造新的结构和行为会将复杂性一步一步显现出来，并超越自我，创造性地进入新阶段——这是自然系统中生命的一个基本属性。

维护与变革——组织生命之舞的阴与阳——虽被认为是一个稳定生长的过程，但也是动态、持续、互相依赖和波动的。健康系统是灵活的，在与环境交互的过程中，有多种选择。因此，**当生命的战略之舞开始上演，学校的发展或进化过程就既是动态的，又是稳定的**。领导者能影响这些自然过程吗?当然能！作为学校自然系统的一部分，领导者是决策者，他们不断影响着学校的自然变革进程，从而决定了舞蹈的质量、发展的方向、与学生的交互以及对学生的影响——影响着人类社会系统自身的生命。

案例研究方法

过去几十年，在自然主义范式下，质的研究发展了起来，从亚马逊的原始部落到世界各地学校中的课堂，都可以用质的研究方法。质的研究方法主要用于研究自然组织中事物形成和发展过程以及组织中的动力。在探究自然社会系统是如何运行的过程中，研究者逐渐认识到量的研究方法的局限性，仅靠量的研究方法，无法揭示事物之本来面目。因为统计数据给解释和理解组织之复杂生活留的余地不多。虽然统计数据能提供有关趋势和模式的重要信息，但其研究结果在指导决策方面作用不大，尤其无法指导更新或变革的决策。因此，质的研究方法，有时与量的研究方法结合，能提供关于变量之间关系的重要线索。

这里介绍的**案例研究方法**是一种管理评估工具，它可以帮助领导者判断在实现目标、应对不断出现的挑战、具体的项目和革新等方面的**进展**。案例研究方法代表了一种思维方式，用于审视组织发展及指导组织下一步发展之信息的质量。案例研究方法建立在质的研究基础上，其概念与操作都相对比较简单。首先，它需要有一个研究的问题：某事进行得如何？然后，要有（至少）**三个可靠的数据来源**，以提供讨论所需之信息。这一**探究性活动的** 223
结果也许会产生新的行动计划，或让战略之舞在规划维度上发生变动。

假如当初在 28 校研究中采用定量研究方法，那么能得到的只有哪些学校是高参与度学校，哪些学校是低参与度学校。我们不可能发现是什么原因导致了那些状况，不可能了解不同学校之教师的看法，也不可能知道校长对于在各种条件下逐渐建设协作体系以影响学生走向成功之模式的思考。要理解学校变革的基本进展情况，就有必要将定量数据与定性数据结合起来。定量数据帮我们将学校分成高参与度和低参与度两类，而教师对问题的笔头回答及校长讲述的故事则让我们了解了每所学校内的人性动力学及其复杂性。

我们的 28 校研究是案例研究方法应用的一个很好例子。我们的研究问题是：**从系统观的角度看，在不同时期、不同背景和不同条件下的学校，变革过程分别都是什么样的**？三个数据的来源是：

1. 在 28 所学校的全体教师（n = 1235）中实施**学校工作文化测验**，了解教师在决定学校改进方向方面所起的作用。
2. **访谈 28 所学校的校长**，了解他们对学校在发展过程中面临挑战的看法。

3. **对所有教师发放开放式问题问卷**，了解他们对学校变革的反应、他们参与的性质以及学校目前面临的挑战。

从这三个数据源，我们可以判断校长在建设协同工作体系以改进学生成功率的过程中面临的挑战，以及在学校发展的不同阶段教师对变革的看法。这三类数据帮我们确定了本书提到的新趋势和模式。

让我们来看看定性研究的性质。什么是**案例研究**？登青（Denzin）和林肯将案例研究定义为："运用多种方法，对研究对象以解释性、自然的方式进行考察……研究者在自然情境中进行研究，试图根据人们给现象赋予的意义来理解或解释现象……它包括对各种经验性材料的慎重使用与收集，其中包括个案研究、个人经历、反思、生活史和访谈，另外还有观察性、历史性、交互性、可视性的文本等，这些文本描述了日常事务及出现问题的时刻，以及这些对于个体生活的意义。"（Denzin & Lincoln，1994）

224 案例研究方法是一种对学校内部状况进行整体评估的方法。它包括五个步骤，这五个步骤是我们在多年工作中逐步总结出来的，现在已经成为许多学校领导考虑问题的一种方式：

1. 设计案例研究。
2. 收集至少三种类型的信息。
3. 分析数据：在单个数据集中分析、跨数据集分析。
4. 根据已有知识来解释数据分析结果。
5. 对研究问题作出回答，并说明此回答对下一步行动的启示。

这五个步骤给**事情之进展状况究竟如何**提供了一幅可靠**图景**，告诉我们目前学校或学区的现状及其对某一现象的影响。其关注焦点是现在而不是过去，也不是将来。它回答了这样一个问题，即**现在正在发生什么？它会产生什么效果？**

步骤一：案例研究的设计

案例研究方法可用于回答有关现行做法的性质及效果的问题，例如，

- 合作学习进行得如何？
- 有家长参与的项目是如何影响学校的？
- 跨学科课程实验是如何促进学生成功的？
- 同侪辅导项目是如何影响教学的？
- 从不分级试验中能学到什么？
- 团队教学对教师和学生有什么影响？
- 学校与当地社会机构建立的合作关系产生了什么效果？
- 家长对面向学生的新报告机制有什么反应？

不管管理问题及其效果是什么，收集并分析三种数据都可以为决策提供可靠信息。第一步重在提出研究问题，问题要有广度，这样收集的数据才会有用，同时也要具体，这样才能学到重要的东西，用来指导学校或地区的自 225
然发展过程。用过几次案例研究方法后，最适合案例研究的研究问题（既不太泛也不太狭隘）就很显然了。

确定了案例研究的问题后，接下来就要确定对于回答案例研究问题最有用的数据来源。我们用过五类数据：（1）调查；（2）访谈；（3）文档；（4）观察；（5）焦点小组（focus group）。这一步的目标是选择至少三种不同来源的数据。这三种数据集的选择灵活性非常大。例如，数据的收集可以包括：（1）对三个角色组的访谈；或者（2）在一个角色组中选择一些成员进行访谈、多种文档、对另一个角色组进行调查。或者，每一种数据类型都确定一种数据来源也许会更合适。这里的关键在于要使用至少三种数据来源对案例研究之问题的答案进行可靠性验证。在研究文献中，使用三种数据来源形成最终结论的方法叫做**三角验证**。因此，使用至少三种数据来源有助于提高可信度，进一步验证对**事情的进展状况究竟如何**的印象。

如果只使用一种数据来源，结论有可能出现偏颇，并且不能代表事物之

总体，不能反映所有行为。如果三种数据来源都反映了同样信息，例如“合作学习帮助更多学生获得了成功”，那么结论就简单易懂，领导者就能充满信心地进行下一步，既可以完善也可以扩大实践。从另一方面来说，如果三种数据源产生了不同信息，那么研究结果就是一个需要动脑子解决的新问题。考虑以下这些发现：

1. 大多数学生喜欢和他们的朋友在合作环境中学习。
2. 教师担心他们不能控制每个学生的进展。
3. 对测验成绩的分析表明，合作学习对于聪明的学生很有效，但许多反应慢的学习者感觉不踏实。

管理层面临的挑战是进行进一步分析或采集数据。在本例中，对“**合作学习进展状况如何**”这一问题的回答很复杂，也许要进一步完善在学习进度缓慢之学生中的使用，改变协同工作机制，给教师提供培训及进一步指导等。不管研究结论是什么，多渠道信息来源都为指导学校或地区的发展提供了一个更可靠描述。

226 **步骤二：信息收集**

收集何种数据取决于案例研究的具体目标，以及何种信息最能提供有价值的见解。上面提到的五种数据能提供不同视角，对所研究问题能提供相对的真理。以下是设计数据收集时可以考虑的一些选择。

A. 调查数据

调查的目的是获得许多人对某一主题的多种看法，从而掌握他们对各种观点的赞同或反对程度。对于案例研究来说，可以考虑以下两种类型的调查方法：（1）与案例研究问题相关的、**通用的、经过验证的方法**；（2）**为特殊的研究目的而专门设计的方法**。比如，在我们的28校研究中，**学校工作文化测验**（Snyder，1988c）在学校的全体教师中实施，得到了有关高参与度与低参与度学校中规划、发展和评估模式的可靠信息。自1988年以来，我们就一直在不断检验这一工具的可靠性、有效性及因子结构，因此对其给研究提供的信息很有信心。

为具体的案例研究专门设计工具时，有两点需要考虑：（1）这些工具产生之项目的有效性及重要性；（2）项目描述的清晰性。一个简易方法是对某一问题的文献，如合作学习或学校规划机制，进行一个简单综述，然后根据文献综述中出现的主题和模式写出工具的各个项目。现在很多调查工具的开发往往不是建立在现有文献的坚实基础上，而且所作的调查往往只是强化了现行实践而已。调查的作用是用现有的概念进行一次探究。没有充分文献支持的工具设计纯粹是浪费时间，因为这样对实践的评估是建立在没被验证的事实的基础之上的。工具的各项设计在于促进对新想法及其运作质量的思考。

调查工具的建构可以很简单，遵守一些普遍原则。首先，考虑所研究之问题的所有主要维度。例如，对合作学习的研究可能包括之维度有：学生分组策略、小组培训、领导力培训、小组规划、评估策略等。这五个维度都来自文献，根据每个维度都可以写出几个陈述，成为调查的项目。一般来说，一个调查工具有 10—20 个陈述比较合适。

写好调查项目后，邀请几个人对项目的**重要性**和**清晰性**进行评价。所获 227
得的反馈对于改进调查项目的质量非常重要。经常会有项目同时问及几个概念，对这种项目的回答就很成问题。通过几次实地测试和修改后，如果认为这些项目可以在更大范围内使用，就可以开始设计记分方法。最典型的等级是**“同意—不同意”、“经常—从不”**等里克特五分制量表。五个选择中最中间的一个可以是**有时、不重要、不知道**等。准备一个简单的答题指南，给每个题目都列出答题时的选择项，并说明答题程序。在大规模使用前，先在小范围内试验一下，确保量表中的答题选项与题目一致。经过必要修改后，就可以实施调查了。

B. 访谈的问题

就某个问题进行访谈能获得调查问卷无法获得的信息，让研究者对案例的动态有更多洞察。访谈的问题提纲［或规程（protocol）］要建立在文献的基础之上，使用文献分析结果给出的维度，如合作学习的五个维度。首先要考虑的问题是访谈的对象，他们属于哪类角色？**与参与问卷调查的是不是同一类人**？如果是，那么访谈的问题要与问卷调查中的问题有所不同，着重访谈调查问卷中没有涉及的问题、观点及实践等。如果访谈对象与问卷调查对象来自不同的角色组，那么访谈的问题可以来自问卷。在这种情况下，相当于是对两个角色小组以不同方法问同样的问题，会得到不同的观点。

访谈有几种形式：结构性访谈、半结构性访谈和非结构性访谈。在**结构性访谈**中，访谈者按事先设计好的访谈提纲依次向被访谈者提问，访谈者控制访谈方向。当访谈由几个不同的访谈者执行时，结构性访谈有助于控制访谈质量。在**半结构性访谈**中，对话更加自然，通常更加有可能得到有用信息。在半结构性访谈中，所有问题都要问到，但问题出现的次序可以根据访谈进程随时进行调整。对一个问题的回答可能会自然地引入某一问题，而不是其他问题。访谈进程决定问题次序，而问题本身很可能用于澄清一些概念，而不是专注于措辞本身。**非结构性访谈**要有访谈重点，如合作学习等，但只涉
228 及一些比较一般性的问题。当问题还不是很明确时，非结构性访谈比较有效。非结构性访谈最常见于案例研究中，因为案例研究的内容就是其结构，而访谈的自然进展决定了问题的顺序。

访谈的数据可以用笔记，也可以通过录音或录像的方式进行记录。我们发现，仅仅用笔记录的访谈用处不大，因为在访谈中做笔记时，记录员会自然而然地根据现行有关趋势和模式的观点，筛去大多数内容。最好将访谈进行录音，然后将录音转记下来进行分析，或者根据要寻找的信息去听录音。要对访谈中所有的话语进行分析，寻找主题思想和规律。

C. **文档**

对现有的文档进行分析，可以看出在所研究的案例中，存在哪些意图，不存在哪些意图。不管是有意还是无意，文档都提供了一些关于研究主题的线索。确定了相关文档后，要确定分析规程，对研究主题的特点进行分析。对文档的分析不要泛泛而行，而要与研究主题紧密相关。例如，如果案例分析的重点是合作学习，那么对文档的分析就要提取与合作学习相关的信息，

如合作学习实践的规划、资助、开发、实施、评估等。

文档分析规程包括分析的主要维度（例如，合作学习的维度），然后将文档中与所研究问题及分析维度相关的信息记录下来。文档中与研究主题相关的信息可能很少，这对于研究者来说是很重要的信息。文档中也许存在大量与研究主题相关的信息，它们或许反映或许没反映现在的工作。案例研究的主要问题在总体上指导着对文档进行的分析。在案例研究中，可能有用的文档包括学校年度计划、给家长的简报、学校年度总结、会议记录、团队计划、评估报告、学业成就或调查数据、学校往来信函等。

D. **观察**

对会议或活动的观察提供了有关学校或学区交互机制的相关信息，这些信息是活生生的。如果选择通过**观察**来获取数据，那么首先要明确：**要洞悉与案例研究问题相关的动力及工作内容，需要观察什么？**我们可以观察学校规划会议、学校领导层会议、教学团队会议、特别委员会会议、家长工作会、课堂交互、特别会议、学生活动等。确定了要观察的事情后，就要根据案例 229
研究的主题决定观察规程。

以合作学习为例，观察的活动可以包括团队规划会议或正在进行合作学习的小组。观察规程中的问题可以包括以下方面，如学生进行小组活动的准备程度、学生在小组中的角色、学生对小组工作职责的分配、教师提供的帮助、进行合作项目的学生、小组工作的评估等。规程提供了观察焦点。观察数据可以通过录音机、录像机或手写笔记等进行记录。推动观察的问题是：**合作学习……有什么证据**？在课堂观察中，观察问题可以与合作学习活动的过程及效果相关。在教学团队会议中，观察应侧重于有关合作学习的对话内容以及继续或改进实践的策略。数据的记录要与观察规程（合作学习的维度）以及交互机制中观察到的行为与关系相关。

E. **焦点小组**

焦点小组是最近出现的一种新的数据收集方法。焦点小组一次访谈 5—10 人。研究者确定一些讨论问题，比如说，合作学习实践中的挑战与条件等。然后小组成员一个问题一个问题地讨论，而焦点小组的组长则在会议白板上将讨论中产生的关键思想记录下来。小组的活力及产生的对话通常会使大家对与案例研究相关的问题产生新理解。个人在一开始会有自己的观点，在访谈中可以了解到这些观点。焦点小组的目的不是了解个人观点，而是希望通过对话分享个人观点，由此让思想成长并产生新观点。这些新的理解为案例研究提供了重要视角，同时对于焦点小组成员本身也有教益。

焦点小组虽然在设计上简单，但管理好其实施非常重要。只有管理好了才能产生期望得到的信息。组长（例如进行案例研究的研究者）可以为焦点小组确定6—10名参与者，提出3—4个问题，对每个问题都要进行讨论。要对如何参与焦点小组进行指导，如**讨论小组规定的问题，从小组讨论及其复杂性中寻求小组共识等**。在小组讨论问题时，组长将关键思想用记录纸、录音机或录像机记录下来，并进一步提出问题，让参会者更详细描述或解释相关观点。在焦点小组活动中记录下来的思想将成为案例研究的新数据。

230 步骤三：数据分析

收集数据之后，接下来的任务是分析每一个数据集。也许第二个数据集的收集在第一个数据集的数据收集及分析后才开始。那么，从第一个数据集中获得的东西也许有助于确定第二个和第三个数据集的中心和重点。换句话说，可以先收集和分析第一个数据集的数据，然后再进行下一数据集的设计与收集工作，以此推动研究进展。这样就有两种选择：（1）先将所有数据收集好，然后再进行分析；或者（2）先收集一个数据集的数据并进行分析，然后再收集下一个数据集的数据。选择哪种方式取决于领导者认为对于回答研究问题哪种方法获得的信息效度和信度更高。

分析调查数据时，要将所有调查信息进行计数或量化，得出所有项目的平均值或百分比，或对其进行分析，找出其中规律。如果调查是在不同组别中进行，那么就先要对每组数据进行分析，然后对各组数据进行对比。在案例研究中，调查数据是可量化的，从而为研究提供了各个维度的量化值。如85%**接受调查**的教师认为，合作学习机制可以帮助更多学生获得成功，但学生在为同一目标协同工作方面，需要更多培训和训练。再如，对课堂活动**观察数据**的分析表明，学生缺乏对协同工作的理解和技能，对学生**访谈数据**的分析突出了学生所需的技能。有一点很重要，即调查结果只能被当做是相对真理及一般看法，因为调查工具本身所问之问题对于要研究的问题来说，也许并不是最好的，调查项目的遣词也许不清楚甚至不切题。因此，调查数据只是给案例研究提供了几种视角中的一种，其他数据来源则用于说明调查数据中呈现的趋势。认识到这一点非常重要。

对**访谈记录**的分析旨在得出一些重要主题和规律。对每个访谈记录都要进行分析，标识出与案例研究问题相关的重要主题；然后，在各访谈记录中标识出主题。也许每份记录得出的主题和规律都一样，也许对访谈问题的回答基本一致。然而更常见的是，各个访谈呈现的主题和规律不一样，甚至出现对立或不同的观点或主题，这表明了组织生活具有的复杂性。数据分析的任务是确定访谈数据集内及访谈数据集之间存在的主题和规律，从而确定一般情况下一致或不一致的程度究竟如何。

文档数据的分析也是根据主题和规律，或者是这些数据中存在的绝妙观点来进行。假若文档中不存在任何关于研究主题的数据，这也是一种数据；
文档中也可能存在不清楚或互相矛盾的数据。不管文档中有什么，对于案例 231
研究的问题来说都是一种信息。如规划文档中也许有对教师进行合作学习原则培训的信息；也许在全校进行合作学习试点是学校的一个目标，文档中含有和重要预算或家长支持有关的备案。不管存在什么证据或不存在什么证据，只要与案例研究相关，都应该成为文档分析的主题和规律。

对**观察数据**进行分析，进而从所观察的活动中得出一些主题和规律，因为活动与研究问题之间是相关的。通常，观察数据是对被观察活动的笔记，但有时也有一些就某主题开发的观察量表工具，观察者可以记录事件的次数及印象。在合作学习环境中的观察者也许会注意到，小组领导承担了大部分工作，很少去关注那些没有参与或很少参与工作的同伴。当被问及时，小组领导和小组成员都对工作分配的不平衡表示无所谓。这也许是因为小组领导缺乏相应技巧，不能让大家按计划平均分担工作并让每个人都参与。在数据分析阶段，主题和规律就显现出来了，观察者自然会看到观察数据是如何进一步确认或否定其他数据集之结果的。各个数据集结果之间的联系在数据分析阶段就自然产生了，这给数据解释提供了一个开端。

对**焦点小组**的**分析**与对文档和观察数据的分析相似。对记录纸上记录的思想进行分析，总结其主题和规律，它们提供了小组的观点及其对某一问题的集体思考。这里出现的主题也许会强化或扩展所收集之其他数据的意义，也许会提供对其中所存在之矛盾的一些看法。个案研究的数据分析阶段是寻找数据规律，为研究问题提供视角的阶段。

步骤四：数据解读

案例研究中最大的智力挑战是解释各种集合的数据。所有数据集都指向一致意味着什么？如这一结论：**学生似乎需要更多小组活动方面的基础训练**。如果教师知道如何让合作学习机制更好地运转，如果对学生的观察以及对小组领导的访谈得出的结果一样，那么解释起来就比较清楚。文献告诉我们，学生在合作学习实践中的表现有赖于他们的学识和技能。案例研究支持了在合作学习机制和策略方面进行进一步教师培训并为其提供指导的结论。

232 如果不同数据集的数据产生了不同结果，从而引起了混乱，那么该怎么办呢？这样就形成了问题解决的情境。在这种情况下，也许需要更多数据，或者对该主题的相关文献进行更深理解。有人也许会认为，由学生领导来承担所有工作这是一种专制的行为，从而对学生领导进行控制。如果对富有成效的小组有所了解的话，那么就可能会理解成学生领导缺乏感召每个人都来参与任务的知识和技能。也许还可能是因为教师能力不足，不懂得在小组工作背景下如何设计学生评估体系，或者不懂得如何指导小组领导完成任务。

解释数据的一条基本原则是确定每个数据集以及不同数据集之间的主题和模式，然后根据从相关文献总结出来的多种框架对这些结果进行解释。要了解现行合作学习活动的作用，就必须从不同方面对数据进行解释。**群论**（group theory）告诉我们，最有成效的小组运作是以有计划的活动为中心的，每个小组成员在活动中地位平等。现今的**领导力理论**认为，最好的领导对其组织有长远打算，并有能力帮助组织向目标迈进。现在面向工作人员的**动机理论**强调，在完成组织任务时必须强化劳动者的参与及对劳动者的赋权。**教**

练理论（coaching theory）认为，给劳动者提供反馈，帮助他们更成功地工作，可以使劳动者受益。虽然每种解释的理论框架不同，但如果我们相信知识是互通的，那么任何现行的相关理论都可能通过学生学习小组，如教学团队或学校整个单位，来推动学校发展。

步骤五：回答案例研究的问题

案例研究方法的第五步也是最后一步是回答研究的总问题。通过案例研究得到了什么？对于组织下一步的发展有什么启示？答案来自于对所收集数据的综合分析，以及在解释过程中用到的文献。回答问题时，一个很重要的方面是利用最新知识来得出结论。在这一部分，很容易利用过时的眼光或知识来下结论，这样不能解决问题。

这一阶段的挑战是发现新知识，促进对数据的解释并形成结论。比如，如果在了解现有合作学习条件的同时，对系统理论也有所了解，那么就会提示人们在学习团队之间创造相互依存的关系。这一想法进一步加强了学习单位之间的相互依存程度，并强化所有小组的共同目标以及每一组对整个班级学习所做之贡献。系统理论的另一概念是建立强联结机制，即通过分享和训练加 233
强组内和组间交流，先是在课堂上然后在学生工作小团队中建立紧密联结。

下一步是决定采取何种行动。文献不仅能启发数据分析过程，而且还可以提供行动方向。例如，让合作学习制度化的决策可以包括以下几个方面：

1. 对学生领导进行团队领导方面的培训和训练。
2. 对教师进行小组合作情境下的学生责任机制的培训。
3. 对教师进行课堂中相互依赖之工作团队方面的培训。
4. 对教师进行培训，使其掌握多种方法，在课堂中建立紧密的强调沟通的联系机制。

决策过程接下来的几步主要包括：（1）期望的结果；（2）（一系列）重要活动；（3）促进这一进程的资源；（4）专业人员的职责；（5）活动的时间表。进行改进的目的对于接下来的决策至关重要，因为目标决定了要策划哪些活动。对于每一个活动（所需做工作的方方面面）来说，要分配职责，确定所需资源，做好进度表。多年来，我们认识到，混沌理论也证明了，行动计划主要是一种指导行动的思路，而不是控制行动的教条，它指导着组织进入下一步发展。在此过程中，会有意想不到的事情发生，而环境的变化也会要求根据工作的开展情况来修改计划。对变化的环境保持开放态度，并根据计划的进行而作出所需的反应十分重要。下一步行动计划是一种概念，告诉我们在下一步的发展中会发生些什么。它也是一个框架，变化就发生在这个框架中。

个案研究范例：高成就学校与低成就学校中的工作文化动力

达琳·布鲁纳（Darlene Bruner，1997）在一项研究中，对三所在全州学业成就测验中成绩较差的小学进行了研究，并将其与三所在同一测验中成绩较好之学校进行了对比。与对单个组织的典型研究相比，这一研究更复杂，涉及面更广。本文用这个例子来说明多种类型数据的威力，并进一步强调在
234 优质工作文化中，联系与相互依赖所具有的力量与重要性。因此，这个报告进一步加强了案例研究的方法，并记录了类似于优质工作文化的文化对组织绩效的影响。这个案例研究对几所小学进行了考察，以找出优质工作文化与学生学业表现之间的联系（以下信息是布鲁纳为在南佛罗里达大学 1997 年 11 月的一次演讲而准备的。）

案例研究方法是数据收集与分析的框架，主宰着每一阶段研究的问题是：**在州测验中，成绩较好的学校与成绩较差的学校的工作文化有什么区别呢？**研究选择了具有相似社会经济地位的学校。

数据描述

在每所学校都收集了五组数据：

1. 在每所学校的全体教职工中进行**教育质量标杆体系**（EQBS）的

调查（调查）。

2. 在每所学校进行**学校工作文化测验**（SWCP）（调查）。

3. **访谈**每所学校的校长。

4. 对每所学校**促进学校发展的文档**进行分析。

5. **观察**每所学校。

1. EQBS **数据**：将每所学校的回答列成表，并将其分成学生成绩好和学生成绩差的两组进行对比。数据显示，**学生成绩好的一组的 EQBS 得分显著高于学生成绩差的一组**。EQBS 数据共分为四种发展类型：官僚体制、意识、过渡和转型等。表 12.1 按学校类型（高成就学校和低成就学校），列出了每一类型回答所占的比例。

表 12.2 列出了各类指标下的得分。它们在各类指标下的差异都具有统计学上的显著性。

表 12.1　高成就学校和低成就学校的 EQBS 发展水平

EQBS	官僚体制	意识	过渡	转型
低成就学校	3.1%	23.1%	58.5%	15.4%
高成就学校	8.9%	15.2%	43.0%	32.9%

表 12.2　高成就学校和低成就学校的 EQBS 平均统计值 235

绩效领域	高成就学校	低成就学校
愿景领导	过渡	过渡
战略规划	过渡	意识
系统思考	过渡	意识
信息系统	过渡	意识
资源发展	过渡	意识
项目与服务	过渡	意识/过渡
顾客满意度	过渡	意识

2. SWCP **数据**：SWCP 在每所学校的全体教职员中实施。先对每所学校的得分进行分析，然后和 EQBS 数据一样分成两组：**高成就学校和低成就学**

校。每组回答的百分比如表 12.3 所示。从该表可以看出，两组学校的工作文化有着显著差异。低成就学校的工作文化主要集中在**有一定发展**这一类，而高成就学校的工作文化则集中在**高度发展**这一类。

表 12.3 高成就学校和低成就学校的 SWCP 发展水平

SWCP	需要发展	有一定发展	高度发展
低成就学校	1.5%	60.0%	38.5%
高成就学校	6.3%	26.6%	67.1%

3. **访谈数据**：此研究对每所学校的校长进行了访谈，询问他们对 EQBS 中优质文化之七个维度的看法。这七个维度分别是：**愿景领导、战略规划、系统思考与行动、信息系统、人力资源发展、优质服务与项目、顾客成功与满意度**。在如何看待学校生活这一问题上，低成就学校校长与高成就学校校长有着惊人差别。

在**低成就学校**中，沟通与交流是支离破碎的，并且受学校传统工作结构的限制。校长们将注意力放在了学校环境与职工培训方面。似乎没有与学生或学校目标相关的愿景，而他们提到的活动也不与任何使命相关。布鲁纳觉得，这些校长将自己定位于改革过程的管理者，而不是为应对学校挑战去发现新解决方案的参与者。

236 **高成就学校**的校长则表达了**学习者共同体**这一愿景，让每个人都参与到学习中。这一愿景的中心是终生学习以及学校社群所有成员的持续成长。这些领导者有目的感和方向感。他们的重心在学生的成就及成功，而活动也是指向这一目标的。在整个访谈中，他们的谈话都与学校发展计划相关。校长说，教职工都通过协作性的、富有成效的方法参与到问题解决、规划和条件分析之中。

4. **文档数据**：在**低成就学校**的文档中，吸引家长参与或与家长交流的信息很少，文档的重点是教师工作，而不是学生学习。文档的主题是一致与服从，其计划之间是分离的，而不是与目标或使命相联系。互不相连的项目与服务似乎与低成就学生联系在一起。

在**高成就学校**中，有交流机制及数据分析过程。有证据表明，学校致力于以学生成功为中心的持续改进，所有的学校活动似乎都以此为目的。促进学校发展的计划也反映出其工作文化是朝系统思考与行动发展的（协作与参与、认可、与目标一致的活动），并且以顾客对象为中心。

5. **观察数据**：布鲁纳从她对学校观察所得到的印象中寻找信息：学校建筑与场地、对校园来访者的接待、教师与校长的接待、学校的整体氛围。

在**低成就学校**中，办公人员对研究者有所保留。在与教师的会谈中，教师在发表自己的观点时比较拘谨，事实上，教师很少主动提供信息。有一所学校的氛围让访问者感到紧张、不自在。

在**高成就学校**中，氛围比较轻松但认真，并且很友好。研究者受到了办公人员的热情接待，并主动帮助联系她想联系的人。在与教师的会面中，有一种同志之情，不断出现笑声和玩笑。对校长的访谈也令人舒服，而且有一种希望能配合研究的感觉。

数据的三角验证

通过对多种数据集进行分析，高成就学校与低成就学校之工作文化模式的差异就清楚地呈现了出来。布鲁纳发现了几个主题，并将各种数据集的数据综合起来，在以下几个方面进行汇报：**重点、领导力、工作流程、以成效为中心、参与/响应等**。高成就与低成就学校之间工作模式的对比如表 12.4 所示。

表 12.4　高成就学校与低成就学校的工作模式 237

高成就学校	低成就学校
重点	
目标指导过程	事件指导过程
战略是为了完成目标	战略是为了完成目标
改进学生表现	关注教师表现
以学生为中心	学校愿景集中于改善学校环境
以建立学习者共同体为愿景	
有效性	效率

续表

高成就学校	低成就学校
领导力	
讨论目标	很少讨论目标
设立改革方向	计划可预见的结果
使人们集中力量完成目标	为目标设立结构
不受政治、官僚或资源障碍的限制	受政治、官僚或资源障碍的限制
亲自检查学生个体的信息	审阅学生统计数据
参与职业发展活动	为他人提供成长的选择
认识并鼓励革新	认识到一些革新
赋予教师领导者和培训者的权力	鼓励教师成为领导者和培训者
工作流程	
全校都执行战略规划以改进学生学习	改善学生学习的新策略有限
以教学团队满足学生需求	教师各自为战
校长对员工的干预少	课堂活动中有明显的管理干预
通过课堂活动探究教学的新方法	对教师进行标准化的教学方法的培训
以成效为中心	
从项目开始时就考虑其目的	列举活动而不是其理想成效
目标驱动培训、执行与资源	环境驱动培训
专业人士寻找解决问题之道	执行与资源
	对计划的偏离有限
全年通过多种方式来监控学生表现	监控教师表现
根据学生数据及环境修改行动计划	根据事件修正行动
238 参与/响应	
有相应的委员会	有相应的委员会
鼓励参与学校委员会	委员会是代议制的
家庭—学校的沟通是成功的	缺乏有效的学校—家庭沟通机制
通过各种数据监控和修改行动	收集并分析各种形式的学生数据
专业发展与学生需求相关	专业发展与教师兴趣相关

布鲁纳在总结其发现时，就高、低成就学校之间的差异作出了几点总结性结论。高成就学校致力于学生的成功，而低成就学校则强调命令。在高成就学校中，教师喜欢寻找解决问题的办法，而低成就学校则喜欢责怪外在因素。高成就学校的校长致力于推动教师的专业成长，而低成就学校的校长则将监控教师表现作为工作重心。高成就学校有共同的愿景、活跃的交流机制、全体的参与、对学生及教职工的高期望以及持续改进的氛围等。在结论部分，布鲁纳指出，有更多类似优质工作文化的学校能更有效地根据学生不断变化的需求在全校范围内作出响应，而这样就可以大大提高学生获得成功的水平。

收集与分析信息的目的是提供可靠的对现状的看法，以此帮助规划者作出下一阶段的发展规划。在下一部分，我们提供了一套战略规划机制，借以说明帮助组织向前发展的复杂性。

战略规划

组织的成长与生存取决于其所收集到的有关环境变化之信息的质量，以及其项目和服务对所服务的顾客产生的影响。案例研究趋于产生大量信息，一旦对这些信息进行分析并用于改进服务与项目的质量，这些信息就成为丰富的资源。在《战略规划的兴衰》（*The Rise and Fall of Strategic Planning*, 1994）一书中，亨利·明茨伯格（Henry Mintzberg）提出了许多重要问题，拷问组织文化与政治动力中策略与规划的实质。他传达了这样的信息：战略制定是一个规划过程，是形成愿景尤其是学习的过程。在过去几十年，战略
规划的发展已经历了许多阶段，从对工作的逻辑线性控制一直到组织为实现 239
当前及长久战略优势而进行的持续脑力活动。明茨伯格建议，应立刻在组织中为规划、计划以及规划者设定一系列均衡的角色。他提到了文献中出现的一些有关规划的主题：

1. 规划是面向未来的思考。
2. 规划是对未来的控制。
3. 规划是决策。
4. 规划是整合的决策。

5. 规划是以整合决策机制的形式来产生明确结果的正式程序。

明茨伯格的著述中（1994）还提到了其他一些有关战略的主题：（1）战略是一种规划；（2）战略也是一种模式；（3）战略是一种姿态；（4）战略是观点，是组织做事的方式。戈默（Gomer，1976）来自瑞典的研究对正式规划进行了总结：它给与危机相关的问题解决提供了一些评估性支持，但并不能进行预警，也不能增加组织对环境变化的敏感度。**在他的研究中，规划是一个滞后系统，**它更关注通过战略制定能得到什么，而不是要输入什么。因此，虽然规划者对处理危机有一定作用，但传统意义上的规划其实并没什么价值。作为一种问题解决方法，它似乎用处不大，并且在最后它的贡献也相对较小。

明茨伯格（1994）认为，制定战略是为了将能量引向某一方向；所期望的结果是发展势头。战略描述越清楚，就越能够深深地植根于组织的习惯及人们的思想之中。规划从根本上来说是一个保守的过程；它将组织的基本方向保留在已存在的范畴中。规划或许会促进一些变化，但也仅仅限于组织总体方向所容许范围之内的变化。当战略的大体框架已经形成时，规划能发挥最大作用。如果希望从规划过程中产生重大战略改革，规划的作用就不大了。有计划的变革是渐进的、普通的，并只限于短期。

从定义来看，创造性是对已有的类目进行重组（Mintzberg，1994），而规划则是对它的维护。规划对于管理已有的业务有用，也可用于回顾过去，但不适于展望将来。创造性需要有信仰方面的行动。乔治·斯坦纳（George Steiner）曾经承认（Mintzberg，1994）规划缺乏弹性：规划是一种承诺，因此它们限制了选择，这是一个重大不足。**当世界以一种目前还无法理解的方**
240 **式变化时，组织不仅要根据战略来运作，在制定战略时也要能照常运转。**目前存在一种过早接近战略的趋势，这样就跳过了发明新模式或新战略的富有创造性但却会令人感觉有些不舒服的那个阶段。当面对不确定条件时，管理不能转向传统规划。

当条件相对稳定时，规划获得的支持最大。但当条件以不可预知的方式改变时，它就成为一种阻力。当根据现状能进行推断，或根据已有的战略眼光能处理渐变时，规划比较有用。但在不稳定、不可预测的情况下，或者在组织发生剧变时，规划的作用则很有限。规划如此注重稳定性，如此希望能控制一切，以至于一点点干扰都会引起一阵阵恐慌及对混乱的感知。骚乱往往是不能通过规划过程来解决的变化。我们习惯将规划看成是对不可预知性的控制，而事实上规划需要对不可预知的变动作出回应（当我们不能坚持原计划时）。规划机制经常会引起混乱感，而事实上人类具有巨大的随机应变能力。我们的规划机制应当想到这种不连续性，并促进对环境变化的适应。

明茨伯格（Mintzberg，1994）认为，用树立愿景的方式进行规划可以做到更加灵活，能更好地应对世界的不确定性。愿景确立了战略的总体纲要，但并不规定细节。这样，当预料之外的事情发生时，组织可以适应并进行学习。因此，混乱感也许是一个信号，意味着规划和操作机制缺乏灵活性，而不是组织的学习能力和适应环境变化的能力有问题。

如果说研究教给了我们什么的话，那就是战略的形成从根本上来说是一个动态过程。它通过学习的形式，按自己的步调发展。战略形成是一种干预措施，因为它没有规律，不可预料，并且由于其不可预测的不连续性而总是破坏稳定的模式。新的思想不是按时间表产生的。明茨伯格（1994）说，战略机遇是组织所能利用的稍纵即逝的短暂时机。

情境构建（scenario building）已经成为战略家手里的一个工具。如果你不能预测未来，那么就去想象各种可能的未来，也许你碰巧就想对了。构建各种可能的未来迫使人们不断进行追问与战略思考。而一旦构建了各种情境，就会存在以下几种选择：

1. 将赌注放在最有可能的那个上。
2. 将赌注放在对组织最好的那个上。
3. 规避风险，这样不管最终情况如何，总能获得比较满意的结果。
4. 保持灵活性。
5. 施加影响，使最想发生的情境成为现实。

241 在构建情境的过程中转变管理的世界观，使组织在危机出现时能更有效地渡过。战略是世界观的产物。当世界观改变时，管理者在进行战略规划的过程中需要接受对新世界的一些共同看法。

组织进行正式规划的目的不是去创造战略，而是进一步确定已有战略，即对战略结果进行正式阐述并实施。施莱希蒂（Schlechty，1997）给教育工作者提出了以下几个问题：**我们在哪个行业中？我们想在哪个行业中？我们有什么产品能迎合人们的需求？我们需要开发什么新产品或新服务？**他坚信，学校教育的目标是培养有教养的公民，但学校教育的核心是让学生参与到各种工作中，学到需要学习的东西，成为**有良好教养的人**并得到社会认可。目前的教育要求培养普通公民，使之能利用现有知识来建构新知识和新产品。要将学生培养成有见识、有批判精神的知识消费者，了解他人构建的知识并对其进行批判，目前的教育显然不能满足这样的要求。

战略生存机制

玛丽·杰拉、卡罗琳·斯奈德和罗伯特·安德森（Mary Giella，Karolyn Snyder & Robert Anderson，1999）开发了一套战略规划机制。在这套机制中，学区和学校**应以地球村时代学生的成功为中心**。这一模型（如图 12.1）及其后的战略生存指南是为负责学区发展的学区和学校领导开发的培训体系。该培训体系的概念和思想建立在系统论和混沌学的基础之上，反映了帕斯科县过去十年在学区改革过程中的经验。

根据系统思维，系统的各部分（见图 12.1）相互依赖，形成一个整体，影响着学生的成功模式。维克托·皮内多说，这一方法更像战略生存，而不是战略规划。他认为，战略生存关注日常活动，而日常活动则受核心价值、愿景、使命以及大的创意或思想驱动。战略生存能让教育工作者对变化的环境作出迅速反应，在利用新出现的动力和机会时，也更敏锐灵活。

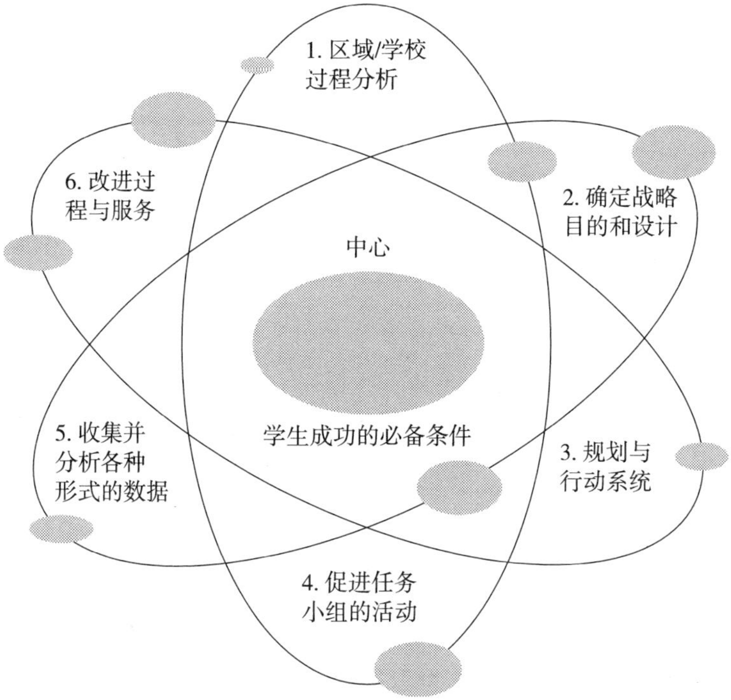

图 12.1　战略生存机制

这个模型的中心是学区和学校的愿景，它设法帮助学生应对变化的全球环境。年轻人应普遍具有的哪些能力在驱动着学区的所有教学与学习活动呢？（1）学区和学校进行一系列问题分析，得出愿景与现行政策和实践之间的匹配程度。（2）在政策分析基础上，领导者就课程设置、学校结构与流程、评估机制等方面的改革问题进行思考。（3）确定要进行的大的改革，将其设定 242
为战略目标，并随之确定工作结构。一个把握方向的指导委员会及多个代表各单位、各角色小组、学区内各学校的任务小组共同进行战略规划，对学区的工作机制进行研究与重新设计。（4）规划与行动机制指导着与愿景相关的工作活动以及需要改革和发展的主要工作机制；所有工作都由指导委员会进行协调。（5）学区或任务小组的研究部门不断利用变通的案例研究方法进行信息收集，为规划者和决策者提供信息。（6）确定并发展需要改进的服务和过程。

在这套战略生存机制中，六个互相依赖的方面共同影响着**学生成功的必备条件**。

1. 区域/学校过程分析。
2. 确定战略目的和设计。
3. 规划与行动机制。
4. 促进任务小组的活动。
243 5. 收集并分析各种形式的数据。
6. 改进过程与服务。

我们鼓励大家制定战略使命，将自己的学校或学区发展成能对所服务的社群进行迅速反应的系统。

中心

我们希望年轻人在不断变化的全球化环境下有能力做些什么呢（愿景）？年轻人发展应普遍具有的哪些能力应该驱动学校或学区的所有教学与学习活动？确定成功的核心竞争力（例如，工作能力及1992年SCANS报告中提出的基本技能：**资源使用能力、人际交往能力、信息能力、系统把握能力、技术应用能力，此外还有读—写—算的基本技能、创造性及批判性思维能力、责任感与正直等个人素质**）。

地区/学校过程分析

以下面这些分析性的问题为指导，考察约束学校与学区工作的当前政策与机制：

1. **审查教育局在课程、教学、评估、教学材料、学生发展上的政策方针。**它们能否像组织愿景和使命所描述的那样促进学生成功？
2. **审查教师与领导的选拔方式。**选拔过程是否符合愿景和使命中所描述的要求？选用的人是否能给学生带来成功？列出其长处和不足。
3. **审查员工发展机制。**它们是否与愿景和使命中所描述的一致？员工的发展是否能促进学生发展？
4. **预算、采购、设施、学校交通、伙食服务是否以学校需求为重？**

是否与愿景和使命的描述相符？列出其长处和短处。

5. **学生支持服务是否与愿景和使命中所描述的一致？**是否能促进学生成功？列出其长处和不足。
6. **来自家长、社群和商界的支持是否致力于学生的成功？**是否与愿景和使命中所描述的一致？列出其长处和短处。 244
7. **不同类型教育的衔接（学前教育、社区学院、学院、综合性大学）是否如愿景和使命中所描述的那样与学生成功密切相关？**列出其长处和短处。

根据对现状的分析，继续进行战略对话和规划。根据对目前政策的分析以及组织的愿景和使命，讨论你想要进行的改革。

确定战略意图和设计

在对学校和学区的业务流程、政策、机制进行分析的基础上，需要在以下哪些领域进行改革？

- 课程
- 评估
- 材料
- 学校结构
- 学校工作流程
- 服务发展与整合
- 人力资源开发
- 教育局的政策
- 设施设计与重新设计

规划与行动机制

协调所有活动，确保不断取得进步。领导定期召开会议进行汇报和讨论，并解决问题。召开动员大会强化愿景，愿景要将社群包括进来。发展过程保持公开，这样人们就会意识到进步，而且反对者也没有立足之地，无法拖延或破坏进步。确定以下几点：

- 任务小组的名称。
- 每个任务小组的职责。

245 **促进特别工作组的活动**

进行你认为对工作机制很重要的相关改革，创造组织结构，提供工作情境。我们如何组织？指导委员会？特别工作组？特别工作小分队？在帕斯科县，指导委员会负责以下工作：

- 确保所有特别工作组都追求愿景。
- 确保每个重要部门的计划保持一致，推动系统朝愿景发展。
- 将特别工作组召集起来庆祝它们的工作和进步。

为战略活动设计组织结构，围绕愿景和使命重新构建所有工作机制。为每个特别工作组和特别工作组下的工作小分队确定一个主要目标。战略思想引导组织实现愿景和使命，那么支撑战略思想的基础是什么呢？

收集并分析各种形式的数据

学区的研究部门或学校的特别工作组根据长期需求收集信息。此外，还要作出案例研究计划，研究工作机制和机构政策是否朝着愿景和使命的方向进行持续改进。要对调查、访谈、文档分析、观察、焦点小组等各种渠道收集的各种信息进行思考。信息的来源既有组织内部的，也有组织外部的，如州、国家和地区考试信息等。要积极主动地利用信息。在规划过程中，应考虑以下几个关于信息使用的问题：

1. 驱动案例研究的**问题**是什么？
2. 要对谁进行**调查**，调查些什么？
3. 要**访谈**谁，访谈内容是什么？
4. 要分析什么**文档**？

5. 要**观察**什么活动或工作流程？

6. 召集哪些人组成**焦点小组**（进行小组访谈）？

改进流程与服务 246

根据数据分析结果，能否发现什么主题和规律？改进工作计划的战略是什么？在对你所在组织的深层文化的各个维度进行考察后，会发现改进的计划已经成型了。

继续分析条件与状况

组织工作，促进进步，调整机制、结构及流程。对与使命和愿景一致的条件和机遇作出反应，这也许会需要对计划中设定的路线进行修改。考虑如何定期对工作及其效果进行检查，确保愿景和大的思想在继续推动工作。

案例研究方法是工具，它教我们如何倾听并识别学校或学区自然环境中存在的深层趋势。我们可以加强它，也可以用新的方式使用它。案例研究中收集的信息揭示了组织中现有的生命力量，可以成为刺激新反应的不平衡态之源泉。**这就是生成型领导力**（Emergence Leadership）。**战略生存机制**是一个在学校和学区复杂环境中长期有用的指南。规划的阴和评价的阳为指导组织的整体转型及长期持续发展提供了健康因素。**让生命的战略之舞永不谢幕！**

第　四　篇

在混沌边缘走向繁荣

在这个全球化生存的时代，设计和保持作为学习型组织的学校需要具备各种不同要素，本篇为对这些必要元素进行考察提供了多重视角。要想把学校发展成学习型组织，首先需要从面向学校教育新纪元的共同愿景、使命和目标开始，而要做到这一点，则必须在学校内部创建各种工作团队和特别工作组，并把它们也建成学习型组织。新的数字化工作文化将取代20世纪在学校教育中存在的教师作为统治者的旧传统，让教育界的专业人士和学生能够全心全力地投身于在质量上各不相同之各种类型的学习经验及其结果中，因为在学校的大门之外，存在着非常丰富的资源和人类社群。在学校不断适应这个全球化时代之工作状况的过程中，要想成功领导各种可持续发展的革新计划，教育工作者显然需要具备新的职业能力。在本书的最后一个部分，我们分享了那些具有开拓精神的校长和老师的故事，当领导者在为自己的社群勾画学校教育之新特色时，他们的故事将会给我们提供非常重要的启示，告诉我们什么才是可能的。

第13章“发展作为学习共同体的工作团队”解释了在较大规模之组织

中，团队是如何为工作和学习提供能量的。团队协作能让学生的学习结果发生改变，让教育工作者相互之间分享知识，并随着时间的推移不断改进和提升自己的实践。工作团队对于组织发展的重要性而言，是不可或缺的基础。当今有关工作团队的文献给我们呈现了过去 10 年间在团体动力学和团队工作流程这方面的大量研究进展。**教育质量标杆体系**的团队版给领导者组建各种强大的临时和永久性团队、网络以及合作伙伴关系提供了框架。本章的重点在于，团队是如何使用标杆来实现其持续不断的学习与成长的。这一章提供的典型案例显示，瑞典的一所学校拥有 14 个国际合作伙伴，而且其中的绝大多数都是通过特定的学校合作项目而被联结在一起的。

第 14 章“领导作为全球化学习中心的学校”是 21 世纪在教育上面临的
248 挑战。要取得成功，教育工作者需要新的心智模式、新知识和新技能，在学校的设施之内，并超越学校围墙，在本地社群的其他部分、全国性以及全球化社群中，创建各种类型的工作共同体。本章为领导可持续性的学校发展计划提供了新的领导力才能，这种新的领导能力与 20 世纪那种强制命令与控制式的领导力形成了鲜明对比。这本书最重要的特色可能在于那些作为教育改革拓荒者的学校领导讲述的故事，这些领导者正在探索和创造着全球化时代的教育新景观，让学校学习与新状况相适应。这些故事证明，现在为人类生活的新纪元而对学校教育进行重塑是完全可能的。

第 13 章
发展作为学习共同体的工作团队

最近几十年来，作为各类组织改造工作的一部分，团队的身影无处不在。249
高绩效的公司企业已经认识到了团队协作在推动他们的组织向其愿景与使命迈进上的力量。普华会计师事务所（Price Waterhouse，1996）报道说，到1997年，已有68%的《财富》500强公司正在使用为其生产率承担责任与义务的**自我管理型团队**（self-managed teams）。自我管理型团队给予雇员在诸种事项上的控制权，从安排工作日程到录用与解雇人员，从开展他们自己的工作到全面认识并掌控其具有天然复杂性的工作环境等（Maeroff，1993）。

在反应灵敏的组织所具有的工作文化中，出现的一个重大变化是合作团队的发展及其赋权。这些团队就包括**基本工作单元**（primary work units）在内，它们在学校和学区中表现为各种跨学科、跨年级或跨部门团队。除了基本工作单元之外，其他各种生机勃勃的新团体也在因应外部环境中的变化与复杂性中发展了起来。组织中的**专门小组**（Ad hoc groups）可以使各新项目团队为整个组织增添新价值。**网络**使那些角色相似的团队跨越机构之界限，以非正式方式在一种特殊环境中一起工作，共享信息与资源，并寻求新观念的生成与新业务的发展。而**伙伴关系**则与网络不同，因为在伙伴关系中，来自不同角色集团、横跨不同类型机构与部门的专业人士追求的是一个共同的理想与目标。贝古恩（Begun，1994）指出：迄今为止，在对组织生命的研究中，有95%的部分都被我们回避掉了，因为它们太难理解、太模糊不清、太令人生畏了。而混沌与复杂性理论则为我们理解合作团队的整个发展演化，研究这95%的组织生命提供了崭新视角。

为了实现从个人的孤军奋战向由专业人士组成的合作团队转变，高绩效的领导者已经放下了其作为工作主管的职能，而乐于做一个资源的连通器。那些得到赋权的合作团队在专注于其中心职能的同时，还化解着组织面临的各种新挑战，而每一个地方的领导者都正在成为此类合作团队的促进者。在
250 组织发展中，从个人独行向团队合作的这一转变是如此至关重要，而且是如此成功，以至于我们似乎可以断言，如果团队合作不能成为学校与学区问责制度的中心环节，那么它们将只能继续在自己为自己效劳上花心思，只能有些许微不足道的提高。团队内部以及团队之间的相互联系产生的是推动工作机制中之重大创新必不可少的能量。

当合作团队以系统思考作为生存之道时，它们可以为组织带来重大突破。通过发展合作团队并对其进行赋权，学校领导者正在让专业人士为激发学校蛹变为世界一流的社会机构做准备。如果我们有意创造一些对我们的未来来说更加生死攸关的学校教育形式，就不能再容忍与支持任何形式的各自为战了。理解合作团队之重要功能的校长和学区领导者有助于发展他们的团队对环境中所发生的各种变化作出迅速而灵活反应的能力。

对为数不多的某些领导者来说，时下的学校和学区只不过是因其过于复杂而以至于无法对所有工作进行管理与控制而已。生物学家坎夫曼（Kauffman，1995）的**膜片化**（patching）概念有助于我们对合作团队在应对环境变化中之效用的认识。在生物学中，**膜片**是可以为更大之细胞系统提供独特功能的一簇细胞。因其尺寸很小，一簇膜片就能够产生从更大、更笨重之系统中绝对无法发展出来的解决方法。坎夫曼注意到，在生物学中，对解决一个正处于生长中的系统所面临的多重问题来说，一个多重**膜片系统**（patch system）不但灵活机动，而且事半功倍。由于在自组织的内部存在着一种共同进化的动力，因此由临近膜片组成的一种类似于百衲被的混杂物就能找到轻易改变外部环境的方法（p. 253）。把一个大系统拆解成膜片，可以使这些膜片

相互之间共同进化，因为任何一个膜片的运动都会使另一个膜片发生变化（p. 258）。一个膜片的适应性运动会在实质上改变临近膜片的适应性，并重组其适应性景观（fitness landscape）或能量格局（energy landscape）（p. 256）。

如果问题是一个复杂性问题，且充满了各种相互冲突的约束条件，那么把一个系统拆分成膜片，每一个膜片都可以实现最优化，这样就可以使所有膜片实现共同进化。当系统被拆分成若干个经过精心选择的膜片时，每一个膜片都从自己的利益以及所有膜片的整体栅格出发来对自身进行调整（Kauffman，1995，p. 262）。不需要集中控制，因为这些经过精心选择的膜片都会独善其身，这样一来，就可以实现与其他膜片的和谐共存。原理是这样的：小的膜片能向混沌状态移动（处于混沌状态的自然系统最具生机与活力），而大的膜片则坠入乏善可陈的折中妥协中（p. 264）。单个膜片组成的系统永远都寸步难行。坎夫曼主张，如果把系统消减成一些大小合适的膜片，那么马上就可以为各种复杂性问题的解决找到富有成效的折中方案。

在最近这几十年，我们一直在学校合作团队的发展中同所在学校的校长共事。我们已经注意到，在这些合作团队的发展过程中存在着自然进化现象，从一个人们需要得到许可才在一起工作的水平，发展到了一个他们自己为自己工作成果负责的层次。我们发现：在这一进化过程中，合作团队必须要转
变自己的导向，从顺从转向创造，从团队成员之间孱弱的相互联系转向高度 251
整合的共同参与，从在一所学校内部的共同工作转向跨越学校、学区以及其他部门与团体的相互联合。

本章的第一部分报告了作为学习共同体之合作团队的各种趋势，重点放在创建反应灵敏的合作团队，并发展作为自我管理型团队之特征的高水平团队的合作能力上。领导者的工作对于学习共同体成功走向成熟至关重要，因此本章对它们需要扮演的各种新角色进行了考察。专业工作者的声音是启动发展计划的关键，因此我们也呈现了来自教师的声音，这些声音来自我们在 28 所学校中进行的研究。本章的第二部分把重点放在了作为发展学习共同体之工具的教育质量标杆体系上。在教育质量标杆体系的框架之中，我们提出了引领合作团队成长的基本概念，报告了高层次工作文化整合产生的效应，

以说明高质量文化给一所学校绩效带来的与众不同。在教育质量标杆体系的发展框架下，通过来自瑞典两所世界一流学校的例子，对团队领导者以及学校领导者的新任务进行了考察。学校领导者要让学校的反应日益灵敏，团队领导者要让团队表现更加优异且得到赋权，这两项工作以学校的当务之急为中心整合在了一起。我们的目的就是要就此对学校和团队领导者的新任务提出新看法。这是创建反应灵敏型学习共同体所需领导力的中心环节。

作为学习共同体的合作团队之趋势

创建反应灵敏的工作团队

单打独斗的概念事实上已经从工作环境中消亡，因为孤立无援、与能量源以及生活自身的割裂只会使其走向衰落。然而，团队合作不仅在加强团队内部与团队之间的组织联系以及能量系统上潜力巨大，而且在加强跨组织、跨机构和跨专业团队之组织联系和能量系统上的潜力也非同小可。只凭一己之力应对一个个孤立危机的领导者无法让工作文化充满活力，并推动工作向前发展。按照物理学定律，在一个继续沿袭其支离破碎之实践方式的组织中，转型能力明显不能产生。创建一个有凝聚力、整合性的工作体系可以使自我生成型的能量推动工作文化向共同愿景与目标迈进。

创建一个学习共同体在管理上面临的挑战是如何创建学校或学区的能量体系与互联机制，以使其在**混沌边缘**能茁壮成长。正如汤姆·高尔（Tom Gaul）在担任佛罗里达州萨拉索塔县（Sarasota County）教育局长时所言：“我业已注意到，对学生作出最佳反应的高中是那些生活在混沌边缘的学校。他们懂得学校环境中创造力的非线性本质以及变革的有机式过程。”与之类
252 似，加拿大渥太华附近卡尔顿地方教育局中的一位学校负责人约翰·菲茨杰拉德（John Fitzgerald）最近告诉我们：“要让专业的教师反应灵敏，我的职责就是扮演一位领头的拉拉队队长，给他们鼓劲，使学校保持正确的发展方向，以推动学生走向成功。这是种混沌状态，而且卓有成效！”

大家都知道合作团队中的相互联系具有非同一般的力量，因此领导者的

心之所望都不再把单个成员视为发展和评估的基本单元，而是把他们关心的焦点转移到由专业人士组成的合作团队上。由于我们长期以来一直接受单打独斗的传统以及训练，因此合作团队需要个体具备一定的职能和技能才能在一起工作。比如他们需要知道，在改进自己的工作计划时如何获取各种类型之信息。要促使学校和课堂蛹变为学习共同体，以系统方式进行思考与行动的学校领导者对他们的合作团队来说是个天然资源。他们宣示学校愿景，推动学校发展，给合作团队赋权以使其**放开手脚**，这样一来，就可以帮助更多学生在学校和生活中取得成功。合作团队的互相依赖不仅是组织中系统思考的一大特色，而且还是今日之优质组织的一大基石。希利夫和莫蒂斯卡（Shilliff & Motiska，1992）注意到，完全整合性的优质工作文化都是超越组织边界来组织合作团队的，这就要求每个人的态度、信念、思想、工作目标以及相互关系都要依照所有的角色集团而作出改变。

发展高层次的团队合作能力

学会在团队中工作，需要对工作、对其他人的思想所具有的价值有一系列新认识。我们已经发现，有些学校很快就可以形成高绩效、跨职能、专门化并具有多学科知识与技能的合作团队。在对新能力的追求中，教师正在以知识为武装，合作创建新的工作体系与工作流程。然而，就像普华会计师事务所（Price Waterhouse，1996）在一个全国性民意调查中发现的那样，各自为战的习惯并不那么容易就可以革除。沟通技能拙劣的人在团队中的表现欠佳。另外，当有些成员工作不努力，难以相处或不愿啃硬骨头时，团队就会出问题。在普华会计师事务所进行的这次全国性研究中，发现合作团队面临的共同问题包括：

- 不能人尽其才。
- 对工作目标不负责。
- 培训不充分且不合时宜。
- 不现实的管理预期。
- 犹豫不决。

253 跨职能团队是一种有些结构化的系统，由各种相互联系组成，彼得斯（Peters，1992）把它称为**蛛网状组织**（spiderweb organizations），要在这样一种跨职能团队中工作，就必须成为一位具备专门知识与技能的专家。对于面向团队的成人学习过程而言，其中的一个方面在于，通过持续不断的试验跨越各种界限，把其他人的观点整合进来，以设定各种议题和概念，把它们组织在一起，并进行调整。在团队的学习过程中，对其进行引导与做教练和拉拉队相似；它涉及对团队的技能进行评估，另外还要帮助它们用知识来应对工作中面临的各种复杂事物与挑战（Shonk，1992）。

自我管理型团队的特征

近年来，对复杂事物进行管理的一个策略就是自我管理型团队，它有应对学校教育环境中确确实实正在发生着的各种转变的潜力。坎特（Kanter，1989）预计，组织在将来可能会由自我管理型团队来运作，因为只有找到在学习和发展上花心思和时间的门径，懂得如何引领变革的努力，并能以某种方式为组织增添价值，工作人员和管理人员才可能走向成功。按照彼得斯（Peters，1992）的观点，未来的项目团队既不会压制个人主义，也不会削弱专业化的地位；个人所做贡献甚至比以往任何时候都更为重要。如何做一个行家是团队合作面临的当务之急，因为在团队合作中，包含着组织内部的各种跨学科职能（p. 154）。

团队及其自我管理的概念是如此强大，以至于人们正在寻找各种各样的方法，打破洲际和时区的阻隔，开展协同工作。自我管理型企业最为晚近的出色范例之一就是维基百科之发展，这个开放性网络百科全书的开发与管理都是由那些参与其演化的人们完成的。塔普斯科特和威廉斯（Tapscott & Williams），在他们于2007年出版的《维基经济学：大规模协作如何改变一切》（*Wikinomics: How Mass Collaboration Changes Everything*）一书中预计，像军乐队入场那样中规中矩排着整齐队形的陈久古板的做法已经属于昨天的工作场所的隐喻了。对未来的工作场所而言，爵士乐式的大联欢是个更贴切的隐喻，音乐家们在这里围绕某一个共同的曲调和旋律，创造性地聚合到一起，进行即兴演出。雇员正在创建着属于自己的自组织型的相互联结，他们正在形成能够让劳动者在全球化和本土化这两个层次上进行实时交互的跨职能团队。

在最近的一本题为《分布式大脑》（*The Distributed Mind*）的书中，作者费希尔夫妇（Fisher & Fisher，1998）对合作团队借助于集体智慧和知识而达到高绩效所面临的挑战进行了研究。在一开始，团队会摒弃它们工作语言中那些机械呆板的词汇，诸如**控制**、**起动**、**改组**、**重新设计**、**重新建造**、**构成**、**组织**、**驱动**和**机制**等。随着合作团队任务的自然展开，语言模式会发生变化，举止应对更加得当，它们开始使用具有有机论色彩的话语，诸如**滋养**、**培育**、**生长**、**进化**、**修剪**、**训育**、**适应**、**养成**、**有机整体**等。通过对时下处于有机论背景下的合作团队进行考察，作者对工业时代和信息时代的劳动者做了比 254
较。这里是几点对比（Fisher & Fisher，1998，119）：

工业时代	信息时代
人分等级	目标分等级
劳动力的分工	专家的整合
规章制度	资源和任务的边界
强制	沟通
行政管理系统	信息流
活计	使命
注重控制	注重创新

我们从对 28 所学校的研究中发现，与低参与度的工作文化相比，**高参与度的工作文化**更有能力应对处于不断变化中的外部环境。正是通过互助式的合作团队，学校才能建立起强有力的联结体系。中学里那些以内容为基础、各自为战的部门是典型的小型官僚机构，小学里很多班级层次上的小组也是如此。官僚小组的传统是各自为战，不与其他小组发生联系，对学校的总体发展重点也不管不顾。它们趋向于以规定的政策和课程为导向，而不是设法去满足学生提出的各式各样要求。在以系统化为导向的学校，我们发现合作团队在各个层次上都已经跨学科、跨年级，团队内部和团队之间的成员合作互助，为所有学生提供了一种综合型、整体性的课程项目。在我们研究的 28 所学校中的所有中学里，不分级的组织结构都正在逐步取代以往严格的分级

课程和课堂，因为当教师在为他们的学生追求一种天然的外部环境和生活节奏时，各种新颖的组织结构和课程项目自然而然地就会涌现。

自主型合作团队是由 5—8 人组成的小团体，它们得到赋权，可以在非正式而不是永久性的组织结构中以日常工作为基础来管理自己的事务（Wellins，Byham & Wilson，1991）。以系统化为导向的合作团队是互助型的，它们承担着不断提升自身工作流程、工作产品和服务的使命。高度发展的合作团队不仅为它们的工作职责负责，而且还规划自己的工作并作出日程安排，就新计划进行决策，采取行动解决问题，管理自己的预算，为自己的职业发展需求拿主意，并人人参与承担领导责任。团队成员之间以及不同层次的职员之间都存在着伙伴关系，这种伙伴关系的一个功能就是产生信任，这使得合作团队形成了携手行动而不是对抗竞争的行为规范。

高绩效合作团队的一大特色是关心团队合作的品质和方向，把团队合作视为一个影响单元（Shilliff & Motiska，1992）。团队领导者为对质量进行提升的各种努力提供支持、指导和监督。合作性的团队互动鼓励沟通和创新，
255 并提高团队以技能和信心来应对混沌和复杂性事物的能力。通过赋权，合作团队在实现组织使命以及它们自己的局部目标时，完全可以自然而然地保持一种合作和负责的氛围（Miller & Krumm，1992）。

然而，在现今的学校背景下，如果没有主观努力，高绩效团队也并非就能自然涌现出来。各自为战的传统还是如此强大，以至于趋于单干还是一种天然的、社会化的趋势。我们已经知道，要让自我管理型团队涌现，领导者就要把他们的精力、时间和资源优先放在推动团队不断成长为一个自我管理型和问责型团队上。按照我们研究的 28 所学校中的校长们的观点，最近十年间，他们的奋斗目标就是组建合作团队，并让它们成为学校中的工作典型。从校长们的经历中我们可以发现，在一所学校课程与服务的方方面面，都存在着各自为战的问题，除非学校领导层优先考虑终结这种各自为战的状态，并倡导合作团队的互助，否则它明显还将会继续存在下去。通过坚持不懈的培育，各自为战的传统最终可以被克服，因为当合作团队可以成功进行新课程项目的设计以及各种难题的解决时，他们就学会了如何在天然的混沌状态中茁壮成长。

对那些重视适应处于变化中的外部环境的人来说，对劳动者的**管制**最终会被对劳动者的**赋权**取代。分权以及对权力的新理解对团队的生产力来说，扮演着生死攸关的角色。惠特利（Wheatley，1992）把组织中的权力理解为由关系所产生的能力。权力是通过组织进行流动的能量，并不能被限制于某些阶层与职务；正是关系（联系）才使权力名副其实。布鲁克斯（Brooks，1994）发现，在正式向合作团队个体成员分权与有用新知识的集体产出这二者之间存在着明显关联。布鲁克斯在她的研究中，考察了为什么有些团队学到了东西，而另外一些团队则没有。她发现，正式分权产生的效应与组织结构和组织政策一道，共同影响着团队的学习进程。她作出结论说，当有合作氛围的促进，而且团队领导者对每一位团队成员的参与都表现出关心时，团队学习和个体学习在一个团队中会同时发生。对一个团队的管制程度是影响团队绩效的关键杠杆。团队成员间权力的平等是团队成功控制自己的时间、行动和工作的关键所在。

领导者的新任务

组织中的领导者不再是秩序的维护者，而是失序的促进者；把事情鼓动起来，让大家保持着热火朝天的干劲，四处寻找能够挑战和瓦解平衡态的混沌才是他们的职责所在（Wheatley，1992）。我们坚信，对于组织中的这项工作来说，其焦点在于团队合作。领导者不是为了团队的绩效而对其进行控制，而是在学习通过愿景、各种强大思想与概念模型以及发展机遇来塑造组织，这些愿景、思想、模型与机遇培育了团队内部的自组织。坎特（Kanter，1995）预计，未来几年能够幸存下来的人将是那些以项目为导向的管理者和劳动者，他们因舍得在学习和发展上下本钱，能引领各种革新计划，并为组 256
织增添价值而取得成功。为了更好地生活在**混沌边缘**，领导者在团队内部为不确定性筑起容忍的屏障，为以身犯险树立起信心，对团队过去的表现重新估价，对离经叛道者给予支持，对信息系统进行重新设计，并通过对话重建信任（Nadler et al.，1995）。冈特（Gunter，1995）怂恿管理者在创建一个学习型组织的过程中，使用不稳定性来进行创新——在应付环境中的波动变化时，有限度的不稳定性创造了未来。

当今领导者在每一个地方面临的挑战都正在日益增加。作为一个组织，要想取得高绩效，领导者必须要熟练地在不断转变工作文化之同时，在各种相互冲突的要求中保持平衡。现在的教育局长和校长面对着的是国家标准化考试对学生学业表现提出的更加苛刻之要求，以及对学业不及格日益严厉的惩罚，在这种情况下，让学生为在地球村中取得成功而做好准备所面临的挑战进一步摧残着他们的想象力，考验着他们的道德品行。我们如何驾驭这些悖论和矛盾？普华会计师事务所（1996）提出，未来数十年间，管理者要意识到当前存在的这种混沌与复杂性，并通过灵活应对加上不凡才智而不是借助于陈规，也就是通过驾驭矛盾自身——来战胜这种混沌与复杂性。

在过去几年，我们发现，当校长从**官僚思维**向**系统思维**转变时，最大的挑战就是如何摒弃把控制视为组织创建的一种可行策略这样一种假定。合作团队在向一个共同愿景和几个绝妙高见前进，如果这样一个得到赋权的合作团队之发展取代了控制的话，那么巨大突破也就指日可待了。沿着这一方向，为了认识和发展自己天然的合作环境，以及适应它们经历的混沌和复杂性，合作团队需要新的知识与技能。还有，与我们的传统相反，团队成员之间的公开辩论以及各种探索的新机遇，使教师能够围绕各种新涌现的条件、需求和机遇在他们的团队中实现自组织。

本章所要传递的信息是，创建学习共同体所需之**生成型领导力**（emergence leadership）的中心工作是，不断发展反应敏捷且得到赋权的跨职能团队。在这样做的过程中，组织完全可以自然而然地**向混沌边缘迈进**，而混沌边缘正是最有创造性和适应性，对处于变换中的外部环境反应最敏捷的地方。像合作团队这样的组织，正好为搞清楚一个机构的社会复杂性提供了最好机遇，因为在真实的团队学习环境中（一个膜片），教师会对他们所服务的学生的成长进行经常性检视，并不断对自身行为作出创造性调整。

但若没有高级领导层对自主型和赋权型团队的支持，那么团队以崭新方式为组织蛹变所做的贡献即使不是微不足道，也是极其有限的（Ryan，1992）。团队的成功与高层领导应付大规模变革以及在根本上改变组织权力结构的能力和干劲直接相关。

标杆管理中的团队成长 257

团队质量标杆体系

为了帮助团队的发展，并给学校领导者提供有用信息以推动团队成长，教育质量标杆体系根据团队标杆管理的要求进行了调整。教育质量标杆体系中的所有 7 个方面都可以在其团队版中找到，这 7 个方面为促进团队成长的努力提供了方向：**团队愿景领导、团队战略规划、团队系统思考、团队信息系统、团队人力资源发展、团队质量服务与项目、团队顾客成功与满意度**。

在团队成长的**认知阶段**（awareness stage），工作基本上还是按照惯例与规章展开，团队成员探索一起工作的新途径。在这一学习阶段，团队成长的焦点在于项目改进和专业发展，受益者则是学生、行政管理人员以及可能作为其服务对象的其他团队。团队领导者进行决策，并对与政策相关的各种信息需求作出响应，而其他团队成员则负责日常事务。个别团队成员可能会在其个人工作中探索新业务或新概念的使用。在团队领导者的指导下，团队成员就团队事务进行集体决策，但事情本身还是根据团队的共同计划进行切分，并由单个成员独自完成。团队的改进与提高还是以日常事务与项目为中心，以效率为导向。

在**过渡阶段**（transition stage），团队开始考虑超越只是在**一起制定规划**，而开始考虑在实际设计各种新课程项目以与学生共处的同时，切实通过**合作**来探讨各种议题。时至今日，跨年级和跨学科课程项目的典范越来越多，它们的兴趣都放在了对把职能与学生年龄组进行整合所具有之潜力的探索上。当团队对创新战略进行规划、观察、评估、反思时，这一过渡期对整合模式的形成至关重要。有关团队工作的集体知识，以及有关共同参与决策与学习的技能，开始成为团队成功的关键。正是在这一阶段，团队要么向前发展，形成互助型的组织结构与运作方式，要么就退回到还是仅仅在一起对团队工作进行**规划**的旧状态上去。在这一中间阶段，团队开始意识到了集体的力量，对未来有了底，并理解了**生成**这一现象。在这一过程中，他们开始认识到了自己作为学习者和使能者（enablers）的关键角色。

在**转型阶段**（transformation stage），团队对共同参与和跨学科活动已不再怀疑。一旦确信拥有为自己并为其学生牵线搭桥的力量，团队关注的焦点就会转移，开始把中心工作放在摒弃过时的工作模式上来，喜欢冒更大的风险，甚至常常冒险涉入充满了希望但是却对其一无所知的未来。在**处于混沌边缘**的这一阶段，团队变化最大、最具创造性和最有活力，也最有能力对它所面
258 对的各种最具复杂性的事物作出最佳应对。既然共同参与是一种生活方式，团队就把它的注意力放在了承受更大风险来应对最严峻挑战上，并开始向其他世界一流团队学习。

高绩效团队的标准

现在让我们看一下以教育质量标杆体系为基础的合作团队之标杆。诸如此类的世界一流做法可以引领团队不断成长，并为其在服务和项目方面带来重大突破。

愿景领导。团队根据学生（或其他顾客对象）的情况以及学校的社会、政治和教育环境来塑造自己的愿景。对愿景的审视是与团队服务的全体学生、学生参与团队项目的时间以及团队的中心目标相联系的。愿景指引着团队的发展以及项目与服务的递送，成为团队评估中的一个关键要素。在某种意义上，愿景是衡量团队自组织程度的仪表，指引着专业发展活动的目的和质量。

战略规划。团队规划的内容不仅包括它的各种教学项目，还包括对团队愿景和使命的强调，以及各种及时项目与服务的传送策略等。战略规划要洞察学生要在地球村中取得成功需要哪些东西，这为日常规划、团队活动和测量评估奠定了基础，指明了方向，而所有这些规划、活动与评估都是在团队向其目标与团队愿景迈进时动态生成出来的。团队的战略规划与学校的规划联系在一起，其重点在于预期的挑战以及相应的发展计划。团队战略规划还包括对目标、项目、资源、责任和时间等的安排，当团队成员在共同应对不断生成的外部条件、势力和联系时，战略规划为他们提供了一个基本指南。

系统思考。所有团队成员起初可能都按照团队拟定的规划履行着同样职能。随着团队更加适应团队化工作方式，更加认识到团队互助的力量，团队成

员的工作重点将会发生转变，从所有人都做同样的事，转变到每一位团队成员开始承担各不相同的责任，以促进团队愿景与规划的实现。这种差异化涉及团队成员承担各不相同的责任，还涉及团队成员在一起共事的各个方面，团队项目正因此才能顺利发挥作用。互助学习产生的活力就像一个舞蹈，它总是使团队着迷，因为其持续性互助使团队可以与传统决裂，并以崭新方式塑造未来。

信息系统。各种质性材料和量化数据为判断项目与服务的发展趋势和应 259
用效果提供了线索，而确定这些数据的类型则是团队面临的一大挑战。我们可以看到，当前趋势是质性材料和量化数据相结合，它遍及整个组织以及各种研究文献，因为量化数据提供了有关团队未来总体走向的信息，而质性材料则可以帮助团队解释这些昭示着团队改进与变革方向的量化数据。既然团队是在一个更大系统中发挥作用的，那么从包括内部和外部这两个部分在内的顾客群（学生、家长、社会部门、工商企业）那里收集信息就很重要。另外，还要注意那些为团队提供服务的人（一所学校中的专门服务；学区课程与支持部门；学校的其他团队；各种专业组织）。合作团队的另外一项职能是广泛共享和交流信息，因为信息是保持顾客群体和服务供应者群体两者之间活力的源泉，它为团队的持续生成提供着各种联系。

人力资源发展。一个团队将会拥有足够的集体知识和技能。高绩效团队是一种学习共同体，它们研究与自己所处背景有关的信息，并预计何种新知识将会使它们对外部环境的反应变得更加敏捷。为了在生成中实现自治，当它们的专业发展涉及团队的总体意图、需求和专门的改进目标时，这时团队就需要获取资助来经营它们自己的专业发展。一个自治的团队是一个有权对自身在组织中的功能进行改进的团队，是一个可以对自己团队专业发展诸项优先事务做主的团队，这些优先事务可能包括培训、研讨、会议、参访、同侪教练、学习小组以及对自身创新和意蕴的分析等。

高质量服务。团队提供各种项目与服务，以履行满足特定人群之需求的组织所承担之责任。通常，高绩效团队知道自己所提供之项目与服务的应用效果，借此可以确定这些项目与服务的相对价值，并确立在团队生成及其对于组织的功用中，下一步应该怎么做。洞悉服务质量与把握同样这些服务（信息系统）的应用效果有些许不同。团队要不断从学生、其他服务提供者以及其他顾客那里了解它们对特定服务的设计与递送的反应。这些对服务质量问题的反应指引着团队未来的设计工作。

客户成功与满意度。从学生自己（或合作团队的其他服务对象）或家长和社群那里收集到的数据资料提供了反映团队提供的各种服务所具有之相对价值的信息。从这些数据资料中可以确定的各种重大发展趋势为团队制定规划提供了额外信息。高绩效团队通过不断努力改进和提升服务，使所有客户群取得成功，并赢得他们的满意，有关团队绩效的数据就可以披露这方面的
260 趋势。在我们最近与校长以及团队领导者的对话中，团队化现在明显已经在学校中得到了接受，并成为一大特色。然而，现在鲜有适合团队成员学习团队工作之基本技能与知识的培训。也没有哪种标杆体系能够对高度发展之团队所承担的职能以及团队发展的几个阶段有所描述。我们期望，团队质量标杆体系可以成为一个有用的标杆管理工具。

高质量的工作文化造就了与众不同

最近，毕晓普（Bishop，1997）对学校进行的一项研究证明，在高度整合的工作机制和更偏向于传统的工作机制这两者之间存在着不同。她考察了四所小学的组织文化与其特殊学生教育项目转介率[①]之间的关系。在使用教育质量标杆体系对其进行考察的过程中，她发现高转介率学校得分远低于低转介率学校。具体走势信息见图 13. 1。

毕晓普对不同层次的学校领导进行了访谈，考察了诸如学校改进计划和转介信息之类的文档，对所有四所学校课堂中的生活进行了观察，在每所学校里都和挑选出来的教师组成了专题小组，她通过以上种种途径收集了另外一些信息。当她横跨所有数据集，对这些数据进行三角验证时（见表 13. 1），发现在高转介率和低转介率学校之间，教师履行职能的方式存在惊人差异。

总而言之，毕晓普发现，处于更加高度发达之工作文化中的教师已经形成了很多共同思考和共同行动的方法与途径；这些人在与学生进行合作上有

---

① referral rates，转介率是一个专门术语、源自医学；意指未通过筛检而需要转诊做更进一步检查的比率。——译者注

很多选择。他们因此而把关心所有学生视为自己的专业职责所系。一个高度发达的新体制已经形成，以使教师团队能与特殊学生一起合作，而处于发展程度较低之工作文化中的教师则继续各自为战，并因此而鲜有与那些脱离正常序列之学生进行合作的机会。他们在遵循课程教学的规章制度上感受到更大压力，而在使自己班级达到国家考试所能接受的水平这种压力下，这些教师往往倾向于把很多学生转介到特殊学生教育项目中去。我们看到相互联合所产生的力量进一步加强了教师应对复杂性事物的能力。而相互联合以及综合服务的质量则造成了工作产出的专业成果各不相同。

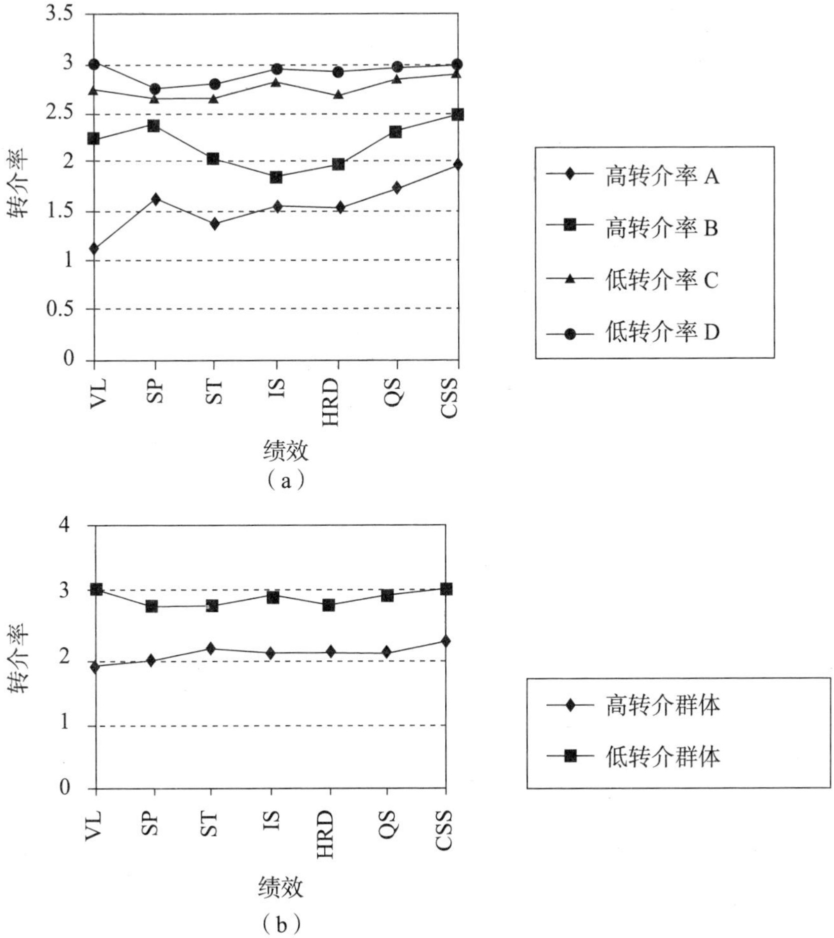

图 13.1　（a）对每一所学校各绩效领域之发展形势的中值检验

（b）不同转介率群体的中值

261 **表 13.1　高转介率学校和低转介率学校的三角验证结果**

低转介率学校	高转介率学校
愿景领导	
本地需求指引着由愿景和使命引领的变革。	政策和公共意见指引着变革的计划与过程。
战略规划	
教师和行政管理人员参照愿景和使命共同拟定学校规划。	外部力量左右着规划内容，而教师的参与则有限。
系统思考与行动	
合作、团队化、网络化是典型的工作方式。	任何形式的协同都是有限的。
信息系统	
从多种渠道收集反馈信息，并在一个开诚布公的环境中对其进行讨论。	从学区的调查中收集反馈信息，行政当局控制着对这些反馈信息的读取。
人力资源发展	
教职员工涌现的新需求引领着专业发展的各种选择，教师在专业发展中相互帮助。	教育发展的趋势左右着所能获得的职业发展机会。
优质服务和项目	
每一个教职员工都参与对项目的革新以帮助更多学生走向成功。	大部分教工遵从的是由一小部分人制定的改进措施。
顾客成功和满意	
教师团队共同确认与解决问题，以帮助学生成功。	几乎没有专业人士参与制定改进措施来满足学生需求。

262 学校领导的新任务

合作团队的发展有赖于团队领导者及学校领导集体的共同努力。团队领导者是边界管理者（boundary manager），他们既是学校行政当局的联络员，又是团队在所有重要组织委员会中的代表。团队领导者在代表团队最佳利益的同时，不断审视外部环境，以作出各种有利于团队合作的调整。以一种组织的系统观行事的团队领导者是团队成长的促进者，而非主导者。团队领导者不断观察环境与需求，并对其进行分析。

团队质量标杆体系为对团队发展进行标杆管理提供了一个心智模型。团队成长中首要的焦点问题是建立**针对客户的愿景领导**。在探索新挑战和新机遇的过程中，所有团队成员都不断地在一起分享并发展团队的愿景。团队领导者的**战略规划**强调的是一种有助于团队成长的为个人量身定做的战略，它有可能以团队成员所要承担的责任或各种培训与教练需求为中心。**系统思考**则指引着团队领导者如何在团队成员的才干、技能和兴趣与团队的需求和当务之急之间保持平衡。团队领导者的目标在于，在对团队集体事务的规划、实施和评估上在团队成员中间建立起互助关系。

信息系统在指引团队领导者为持续提升做规划，应用来自校内其他人以及来自团队成员、学生、家长和其他合作伙伴的信息时变得非常重要。信息为团队就它们的项目和服务展开对话提供了一个指南，并带来了团队的自主决策。**人力资源发展**是团队改进的关键；倾听并留心团队成员的工作，把他们的工作与其他信息结合起来，团队领导者就能预计到团队发展的需求并寻求发展机遇。**优质服务**要通过从顾客（学生和其他人）那里收集来的数据资料才能确定，它还与团队领导者为团队自身以及为其他合作伙伴提供的服务有关。因此，确定服务质量的数据资料来源之一就是团队成员自己。**顾客成功与满意度**是对团队运作进行调整的关键，因此经常了解团队提供的项目对学生（或其他人）所产生之影响就成为衡量团队学习绩效的晴雨表。在系统 263
化的导向下，团队领导者的卓尔不群取决于他们对团队绩效所做之推动工作，而这需要一个合作和共识的环境。因此，团队领导者在监督和促进团队学习及其进化上扮演着举足轻重的角色。

在对瑞典进行的一个长时访问期间，我们花了一天时间参访了博迪尔·伊德隆德（Bodil Gidlund）领导下的位于松兹瓦尔市的肯尔柯穆斯学校（Kyrkmons School）里的一个小学年龄阶段之混龄学习共同体。这个团队的领导者克里斯蒂娜·诺琳（Christina Norlin）领导着 5 个老师、两个半助手和业余助手（早托、全托和晚托）。这个团队已经在一起合作了 5 年，并形成了一种我们前所未见的工作文化。在任何时候，都很难确定教师正在教授的是什么课程，教师和学生应该承担的有哪些责任。每一个学生都有一套规划方案和一个档案袋，当我们问学生正在忙些什么时，他们就急切地把档案袋里的东西拿出来与我们分享。在这一天里，没有一个学生在课堂上捣乱；每一个学生看起来都在忙那些对自己很重要的事。这正是生命之舞啊！

团队拥有的条件是一个最近刚刚翻新过了的小而旧的学校建筑。六个传统规模大小的教室被八个大小形状不一的房间取代，在各个房子之间还有很多窗户和宽敞的门道。到处都是窗帘和植物，还有小垫子和舒适的家具。我们在这一整天里都没有发现一个学生出现行为方面的问题，因为每一个学生都在按照一个专门的计划在做事；有些任务是个性化的，而另外一些任务则需要合作完成。在这一天的最后，团队领导者和教师简单谈到了他们如何在一起进行共同决策的问题。下面是他们的思维所表现出来的一些特征：

1. **让每一个孩子都走向成功的明确愿景**以及让团队取得成功的明确愿景推动着所有事务的进展，并着重强调帮助学生在生活和学习中取得成功。
2. **年度和月度的特别战略规划**为每周和每天的规划与调整奠定了基础。这些规划以国家的课程指导方针以及学生的需求为指南。
3. 学生和教师组成不断革新的混龄团队。那些有特殊需求的学生被整合进团队的生活之中。
4. 从各种渠道广泛收集信息，利用这些信息与家长一起合作，并对计划作出调整。

264

5. 他们自己的财政预算使其能够规划自己的专业发展，并购买学习共同体所需的各种资源。
6. 定期对项目进行修改，调整团队的活动，以使其适应不断变化的学生需求和外部环境。
7. 对学生取得成功的模式进行日常监控，以确保他们能持续成长，不断挑战，不断成功。

大概一年以后，我们再次造访了这个团队，并对他们进行了更为正式的访谈。我们的意图是，想对他们如何看待自己对学生、家长、校长以及相互之间承担的专业责任这一问题有更多了解。下面是一些他们与我们一起分享的经历。以团队质量标杆体系的框架对其进行介绍：

愿景领导

我们的愿景是教给孩子们一些基本的东西，使其在与我们共处的这三年里至少能够达到五年级水平。我们帮助他们独立自主地发现知识，激发他们自发地成长与探索，塑造他们的言谈举止，帮他们学会合作与互助，并使其在学校里感到开心。

战略规划

孩子、教师和家长等所有人一起共同制定规划。我们每位教师对所有家长都有所了解，因此随便谁可以与任何一位家长谈起他们的孩子。我们为阅读、写作、会话和数学应该教授的基本内容制定规划。从前我们习惯于这样想，即这是二年级的课程规划，这是三年级的课程规划。而现在有了一套瑞典的国家课程，它有助于开发自己的课程，我们自己开发课程已有三年之久。课程的开发按年度来确定主题；去年的主题是地球和宇宙大爆炸理论，今年的主题是水。所有学科的内容都围绕主题进行整合，而我们在做的是教给学生在生活中成功必备的技能。我们与学生晤谈，看他们想学什么。然后整个团队聚在一起，规划下个月的工作，接下来随着工作的展开，对每一周都进行规划。整个工作并没有专门的日程安排或专门明确什么责任。由于已经作为一个团队共处了很长时间，也已经就一个整合性的课程与全体学生都有过合作，因此我们有充分理由知道下一步该怎么做。所有这一切都是不断演化而生成的；它是一个有自己的生命的过程。它是有机性的，要求我们每个人都要懂得彼此是如何进行思考和决策的。

系统思考和行动

首先，我们需要对自己既有的六个规则教室进行改动，拆掉它们之间的屏障，使其变成一个拥有特定功能的大空间，每个人都可以在这个空间里做

265 事，感觉就像在家里一样。因为在这里要花那么多时间与孩子们在一起，所以希望能创造出一种家庭的氛围。校长为教室的翻新给了一些钱。我们拆除了一些墙，用玻璃窗取代了另外一些墙，把空间分割的大小不等，有一间厨房、一间图书馆，还有一个为我们准备的工作间，感觉就像在家里一样。我们让自己的爱人来帮忙油漆房子；自己制作了窗帘，买来了家具，以满足各种各样的需求，并为我们所有人创建了一个家。孩子们对待这套设施就像对待家一样，所有人都知道如何在其中共处。我们和孩子们一道制定了如何共处的规则，并在他们打碎东西时告诉他这个东西值多少钱。我们已经为孩子和成人建起了一种组织，但当就教学作出调整时，这个组织的结构却是整天不断变化的。

信息系统

在每一个课程项目中，我们都会问学生他们擅长什么，想在接下来的课程里学习什么。我们一直都与家长保持着联系，鼓励他们在方便的时候来学校走访。我们现在已经不设年级，而是要学生及其家长对他们正在学习的东西以及他们的表现如何进行评估。我们每年召开两次正式会议与家长和学生进行交流。对每一个课程或项目，我们都征求孩子们的意见，问他们哪些地方好，而哪些地方需要改进。我们就学生的反应与他们进行讨论，并制订下一个课程的计划。我们还与家长进行交流，并一直恳请他们提出意见。校长每周造访我们团队一次。她经常坐下来问学生对我们的教学有什么意见以及他们学到了什么。校长每年还会专门就规划和评价问题和我们进行两次晤谈，详尽地商讨我们与孩子们有关的一切事务。

人力资源发展

我们在自己的专业发展和项目开发上有经费支持。我们参访其他学校，参加工作坊，听讲座，学习计算机课程，读书与文献并相互讨论，一直在学习新东西来帮助自己教育孩子。

优质服务与项目

我们有五年时间来让孩子们为瑞典的国家考试（National Swedish Test）作准备。我们与他们一起努力，不断臻于国家规定的水平。但主要还是把重心放在那些学生将会在生活中用到的工具上，诸如如何找到东西、何处可以寻找信息、如何评价你的学习等。我们经常问孩子，他们是否快乐，对所学内容是否满意，希望为他们的学习创造一种内在动力，让他们为自己而不是为家长或老师而成长。

学生成功与满意 266

我们 98% 左右的学生都是成功的，他们对于和我们在一起度过的那些时光感到满意。有几个有特殊需要的学生也得到了专门帮助。在和我们一起度过了三年之后，我们与这些学生的新老师进行交流，给他们提供有关信息，这样就可以使那些有特殊需求的学生继续成长。学生学习使用工具，获取信息，规划自己的工作，懂得灵活变通，知道承担责任，能自信地与人相处，我们对这些都留心关注。在这样一种氛围里，他们懂得了灵活变通，而我们也训练他们不要害怕，要勇于表现，让他们知道看问题时存在着各种不同视角。

校长们的新任务

在与学校环境中的其他因素相隔绝的情况下，团队也可能取得发展，并改善它们为学生服务的质量。然而，一旦团队成为行政发展事务的焦点，团队绩效就会突飞猛进，它对整个学校的影响也不可同日而语。在一个以系统化为导向的学校中，通过与团队领导者合作，并借助于他们的帮助，学校行政事务的中心开始从个别教职员工身上转变到了团队事务上。校长在推动团队发展中的任务在范围上与团队领导者不一样，但是就给予团队的协助和支持之质量来说，在实质上并无不同。如果一所学校有让他们的学生走向成功这样一种愿景，并且以这一愿景为指南来进行学校的战略规划，确立学校的组织结构和运作过程，那么团队在这样的学校中将会茁壮成长。此外，当合作团队开始成为学校革新的基本力量，而且学校领导者把他们的主要注意力放在了团队发展上时，奇迹很快就会产生，而且还会经常产生。

在团队发展中，学校领导关心的是永久性的体制、专门的团队、团队逐渐形成的合作互助以及给学校绩效带来的影响。由团队内部和团队之间的自然联合而产生的能量成为维系学校不断变革的不竭动力。因此，合作团队的集体需求永远处于不断变化中。它的目标是促使生活走向**混沌边缘**，这种处于混沌边缘的生活随着时间的流逝，因团队所获得的成功和赏识而降临。

团队质量标杆体系为引领学校中无处不在的合作团队的发展提供了一个有用的心智模型。一旦团队在组织中所能发挥之功用以及它们服务于客户对象的潜力给定了，那么**愿景**就事关每一个团队在未来的绩效水准。校长的**战略规划**把高绩效团队的愿景转变为行动，这样一种规划反映了每一个合作团队的目标以及促进它们成长所需要的领导策略。**系统思考**在团队的整合与互
267 助中成为现实，它巩固了团队之间的联合。学校领导可以通过一起参加会议、举行各种庆祝活动、共同商讨化解难题、旁观并给予指导，同时还可以借助于各式各样的沟通渠道来促进团队整合。

学校领导定期就每一个团队的工作状况**收集信息**，向团队直接了解情况，并倾听那些与团队有联系之学生、家长和其他专业人士的意见。在考虑团队的**人力资源发展**时，校长会不断审视外部环境，以寻求各种学习机会，并对团队事务进行深入了解，以确定在这个团队中谁可以获得专业发展的机会。**团队的服务质量**既与每一个团队提供的服务有关，还与每个团队的具体情况有关。来自团队的反馈意见决定着对团队服务进行监督的质量。在这种情况下，学校领导既要顾及每一个团队的**服务对象**，还要对能够体现所有团队之发展走势的数据资料有所了解。团队本身也是学校管理的服务对象，因此每一个团队的绩效变化走势和工作文化就成为衡量监督服务质量的晴雨表。

当再次造访肯尔柯穆斯学校时，我们问博迪尔·伊德隆德，她在发展这六个混龄教学团队上有什么看法。这里是她在教育质量标杆体系框架下对此作出的回答：

> 我对这个学校所持的愿景是使其成为社群的一部分，谁都可以

来这里学习，它是一个与社群紧密合作，共同成长的地方。我希望这里的孩子们以及那些在这工作的人们都能够开开心心。每年我们都举办一个庆祝仪式，与孩子一起咏唱，以此开始我们的规划编制工作。然后我会与孩子们和教师们一起分享我对一些问题的看法，比如对积极投入自己的事情以及对认真负责的学生的评价，对把学校与社群和家长联合在一起的认识等。接下来，教师会聚在一起，我们就本年度想继续往下做的事情进行决策，其中就涉及团队发展的问题。团队与孩子们一起拟定自己的计划，并决定如何合作。

我们使用了系统思考的方法来设计我们的三所专门学校，每一所专门学校都有两个混龄团队。团队领导者每周与我们会面一次，我们还经常把全体教师都组织起来就反思和规划彻夜长谈。我们就所有的学生进行讨论，希望他们在学校里度过的这几年岁月能够舒心安乐。教师能够聚在一起讨论我们如何才能改进提供给孩子们的服务这一点非常重要。我走访团队并经常看着他们工作。针对整个学校都存在的一些问题，我们还成立了一些特别工作组。

我一直在通过定期的团队走访来收集信息。他们告诉我工作的进展情况以及需要哪些帮助。我关心的是为孩子们创建的学习氛围以及教学团队的工作风气。我问的问题涉及他们有什么困难，需要什么特权，正在践行哪些观念，如何相互信任，有什么特殊动力，
发生了哪些争论，存在着哪些冲突，面临着什么样的危机，以及如 268
何利用时间等等方面。我还在走访过程中与学生进行交谈，询问他们的学习情况，看他们对这里是否觉得满意。

为了帮助教职员工提高他们的专业水平，我已经聘请了一个顾问定期与团队进行会商，以听取他们的想法，听他们谈自己的目标，并就那些对他们来说至关重要的事情展开自由讨论。我定期与团队领导者待在一起，并走访团队与学生，这对团队来说是一个额外支持。我每年都在校外找一个舒适的地方，与团队领导者进行几次聚会，并讨论学校里正在发生的事。我还带他们去参加各种研讨会，因为我想让他们认识到，他们正在做的事情所具有的价值，并激发

其进一步思考。

每个团队都定期与学生进行一种我们称为**“男孩女孩聊聊天”**的系列交流活动，通过这个活动，可以发现学校的课程项目对他们有什么用，并从他们那里获取进一步改进学校工作的意见。我们想知道，他们对我们的工作究竟有多满意。他们每周都会坐在一起讨论自己正在做的事情，以及那些他们认为重要的事。有时，他们会谈到成长的烦恼、通常意义上的生活、性以及其他他们可能正在面临的问题。我们也会讨论他们究竟想成为一个什么样的人。对我来说，重要的是让我们的学校成为一个让学生能感受到成功并能为他们提供一个合适学习环境的场所。

跻身世界一流

学校生活不断加剧的复杂性促使团队以各种新方式来应对学生提出的各种新要求。如果学校还想作为一种社会部门继续存在下去，那么团队是基础，因为只有团队才能围绕各种新需求、新挑战和新资源自组织起来。团队通常茁壮成长于混沌边缘，校长和团队领导者要一起学习如何推动团队发展。让我们看看**生活在混沌边缘**的六大启示是如何影响一个团队的吧。

（1）不均衡态是一种生活方式，要想拥有适应这种生活方式的能力，团队就要建立一个强大的监测体系来不断扫描外部环境发生的新变化，并对影响团队运作的各种社会潮流、政治风潮和教育思潮正在发生的转变有所了解。（2）那些从自己发展历程中汲取养分的团队，对于在成长过程中出现的不均衡态所具有的功能了如指掌，知道如何面对各种困难处境，并懂得利用复杂性和变革。（3）那些最有活力的团队正在学习如何与其他团队、学生家长和工商业界以及其他学校甚至其他国家的团队稳固地联合在一起。生机勃勃的
269 团队对自己的实力和潜力能够做到心中有数，并能认识到自己可以变得像他们的联合体一样灵活敏锐。（4）团队在围绕挑战进行自组织时，对制定规划以及评估有自己的战略考虑。（5）那些有新项目运作经验的团队业已洞悉引

领新思想以及在大规模变革启动之前对其先行改进的价值。它们不仅鼓励对个别新事物的探索，而且还提倡大规模的集群式创新，以对其集体效应有所认识。(6) 高绩效团队知道，要想行动迅速且反应敏捷，它们必须摒弃不再能够实现目标的那些做法与行事习惯，只有这样才能自然而然地翩翩奏起生死之舞。

比耶·荣松（Birger Jonsson）领导下的位于瑞典诺德维克（Nordvik）的**自然健身房**（Naturalgymnasium）环保高中（Nature high school）已经成为瑞典政府推行环保教育的一个样板。这所学校把自然和环境划分为六个分支，提供六种不同的课程项目：农业、林业、景观园艺、水产和渔业管理、家禽饲养、家养宠物和动物园动物的保护。校长和教师同心协力，与当地社群和全球性社群一起，共同创造出这个世界上最适合他们学生的课程项目。这一年，学校与荷兰的泰达学院（Terra College）建立了合作伙伴关系，在这个学院，教师和学生可以在万维网上发送信息，写写画画。这些来自荷兰和瑞典的学生的目标是完成各种实用的景观美化工作。

两大创新使学校的声名鹊起。首先是学校的领导、学生和教师已经与匈牙利、荷兰、俄罗斯等地的学校建立起来了有效的合作伙伴关系。来自这些国外学校的来宾定期在现场分享他们的经验，为自己的学校寻找新方法，而这所瑞典学校的学生和教师则定期去他们的国际合作伙伴那里进行访问，学习与自己课程有关的专门知识与技能。与其他国家的类似学校建立起的这种联结体系已经催生了各种新的工作模式和课程项目，使这所学校变得卓尔不群。

诺德维克环保学校的第二个与众不同的特色在于，它引入了工商业界的力量对学生的学业表现进行评估。重要的产业部门和环境部门定期参与对学生学习质量的评估，使用产业界的标准来衡量学生取得的适当进步。这种标杆管理的形式大大促进了学校工作的改善，也与这些产出新资源的社群形成了稳固联系。

诺德维克学校为了对它的课程进行标杆管理而发展出来的一套体系堪称世界上最为详尽的体系之一。从任何角度讲，这所学校都是一所不折不扣的**世界一流**学校。校长比耶·荣松 1998 年在佛罗里达州坦帕市的一次会议上做了一场报告，他的工作的一大重要特色是，在世界范围内鉴别那些世界一流的课程项目，并在自己学校中的课程项目和他找到的那些世界一流课程项目之间建立起联系。随着时间的推移，逐渐建立起来了各种各样的合作伙伴关系，这些合作关系目前已经包括了一系列合作内容，并影响着学校的工作。现在，与国外14所学校建立起来的合作伙伴关系包括校长之间的交往、教师之间的交往、学生之间的交往、互派学生、师资交流和学生互换、双边学生
270 项目、学校领导层研讨、他的学校在其他国家开设的学分课程、其他国家的学校为他的学生提供的学分课程，等等。这些合作伙伴关系典型地以特定课程项目为中心，在这些课程项目中，教师和学生因共同目标而联系在一起。请看合作伙伴关系的表13.2。

表13.2　瑞典诺德维克的环保中学

芬兰	园艺课程
挪威	林业 养鱼
爱沙尼亚（两所学校）	农业 养殖，帮助重建一所针对说瑞典语之成年人的学校
匈牙利（四所学校）	林业 水管理 马术活动 园艺 狩猎与野生动物保护
荷兰	景观美化
比利时	林业
苏格兰	农业 渔业 狩猎
澳大利亚	农业
俄罗斯	文化
美国	林业

建设世界一流的学校需要来自学区的一套支持体系，这套支持体系有两个中心内容，一是涉及学生要在全球村中取得成功要学习哪些东西，二是这

个体系要拥有根据本地实际情况和全球大势来引领创新和发展的内在能力。就像在诺德维克这个例子中，学校拥有自己的使命，即通过六个课程项目使年轻人为在地球村中的生活做好准备。国际性的合作伙伴关系正是在这几个课程项目中形成，并以系统化方式发挥作用，来激发作为一个社会单元之新学校的生成的。跻身世界一流所需要的领导者必须懂得如何让学校联合起来，教师和学生以本土化和全球化方式与工作和社群的真实情境保持着密切联系，而跻身世界一流所需要的领导者要对这种联系产生的力量深信不疑。最近，南佛罗里达大学领导力发展系（Leadership Development Department）的教授在对诸如诺德维克之类的全球化背景下的学校之发展规律进行探索时发明了一个新词——**全球一本土化**。学校在合作联合、履行职能、进行评估以及持续改进等诸项事务中必须同时兼顾本土化和全球化这两个方面。

团队质量标杆调查表 271

团队质量标杆调查表是一个合作团队可以用来对团队成员通过互助合作提供服务之情况进行评估的诊断工具，在应对各种不断变化的情境和需求时，团队可以用这个调查表生成的信息对自身发展进行标杆管理。

说明

这个调查表是设计用来帮助你对自己的合作团队之运作质量进行评估的，它以下面这样的模式和类别进行编排。阅读下面各页上的每一条表述，并选填最能真实反映你所在团队现在之运转状况的一个数字。在对你们现行的实践进行分析，并把分析结果在团队成员之间进行共享后，你就可以开始计划改进措施并对你们取得的进展进行标杆管理了。

5 = 总是；　　4 = 经常；　　3 = 有时；　　2 = 很少；　　1 = 从不

领域 1.　愿景领导：**对顾客长期需求和期望的把握影响着团队服务改进的方向。**

______ 1.1 团队的成功愿景是现在外部情境复杂性的反映。

______ 1.2 团队的愿景是逐渐生成的，它与组织的当务之急、天下大势以及顾客的看法相关。

______ 1.3 团队追踪各种前景良好的思想与做法，以改进自身服务水平。

______ 1.4 团队使它的服务和项目与愿景保持一致。

______ 1.5 团队对持续性变革和突破性思维予以支持。

续表

领域2. 战略规划：**团队的工作规划把愿景和涌现的需求与各种服务改进战略联系在一起。**
______2.1 经常对顾客需求进行评估。 ______2.2 始终如一地以数据资料为基础来调整规划满足需求。 ______2.3 世界一流的标准指引着团队合作的质量。 ______2.4 积极寻求各种资源并把它们与战略规划联系起来。 ______2.5 顾客在团队制定战略规划的过程中出谋划策。
272 领域3. 系统思考与行动：**团队的服务与其他服务互助合作，共同提升服务质量。**
______3.1 团队内部的合作是一种生活方式。 ______3.2 与其他团队进行强有力的联合以改进服务。 ______3.3 与社群进行强有力的联合以改进服务。 ______3.4 团队为适应需要而创建新的工作体系。 ______3.5 勇于探索是一种用于检验新思想的策略。
273 领域4. 信息系统：**创建信息系统以对不断变化的外部情境、顾客的需求以及团队服务的效果有所了解。**
______4.1 团队不断产生顾客数据资料以改进自身服务。 ______4.2 团队从多种渠道收集信息以了解所提供之服务的效果。 ______4.3 团队创建数据资料的存储和提取系统以不断指引自己的工作。 ______4.4 团队认识到时下生活的复杂性带来了发展机遇。 ______4.5 拥有交流信息所需的通讯网络。
领域5. 人力资源发展：**专业发展体系提升了团队应对涌现之需求的能力。**
______5.1 团队是一个学习共同体，知识影响着团队运作的质量。 ______5.2 团队寻求各种培训机会以提升自身运作质量。 ______5.3 团队成员相互教练和指导以提升绩效。 ______5.4 团队的工作文化改善着团队成员的健康、安全感以及工作满意度。 ______5.5 团队有信心满足现今顾客提出的各种需求，并有过之而无不及。

续表

领域 6. 优质服务：**团队的各种流程、项目、服务和干预措施在满足客户需求与期望上有过之而无不及。**
______6. 1 数据资料证实团队的服务满足或超过了客户群不断变化的需求。 ______6. 2 与客户群之间的联系影响着团队服务的质量。 ______6. 3 定期鉴别前进中面临的障碍，改变和/或削除它们。 ______6. 4 剔除那些不再能够满足需求的做法。 ______6. 5 不断改进各种做法，以更有效地满足需求。
领域 7. 顾客成功和满意度：**定期收集客户数据资料，以评估其需求得到满足的程度，并改进团队服务。**
______7. 1 为所有客户群体建立体现他们成功和满意度走势的文档资料。 ______7. 2 团队迅速对涌现的新需求和新挑战作出反应。 ______7. 3 团队表明他们有责任去满足客户各种不断变化的需求。 ______7. 4 在经过改进的服务中体现顾客的观点。 ______7. 5 团队对自己在满足顾客需求中取得的进步进行标杆管理。

个人分析工作表 274

合作团队：____________　　组织：____________

任务 1：计算你的绩效类目得分

对于调查表七个类目中的每一个类目来说，把你给每一陈述项目的打分相加，而后除以这一类目所包含之陈述项目的总数（5）。

愿景领导：______________________________

战略规划：______________________________

系统思考与行动：______________________________

信息系统：______________________________

人力资源发展：______________________________

优质服务：______________________________

顾客成功与满意：______________________________

任务 2：把你的团队质量调查表图示化

把你在每一绩效领域的得分使用条形图来表示，以可视化方式呈现你个人对所在团队之各种做法所做的评估。理想得分是 5 分。

5.0 4.0 3.0 2.0 1.0							
	愿景领导	战略规划	系统思考	信息系统	人力资源发展	优质服务	顾客成功与满意度

任务 3：确定保持和/或发展团队的模式

分析你的**团队质量标杆调查表**，并确定团队的强势领域以及那些有待发展的领域。你认为在创建一个满足和超过主顾要求的优质团队中下一步应该采取什么措施？

强势领域＿＿＿＿＿＿＿＿＿＿

有待发展的领域＿＿＿＿＿＿＿＿＿＿

建议＿＿＿＿＿＿＿＿＿＿

团队分析工作表

合作团队：＿＿＿＿＿＿　　组织：＿＿＿＿＿＿

任务 1：计算你的绩效类目得分

把所有团队成员对调查表七个类目中每一类目的打分相加，而后除以团队成员的总数。

愿景领导：＿＿＿＿＿＿＿＿＿＿

战略规划：＿＿＿＿＿＿＿＿＿＿

系统思考与行动：＿＿＿＿＿＿＿＿＿＿

信息系统：＿＿＿＿＿＿＿＿＿＿

人力资源发展：＿＿＿＿＿＿＿＿＿＿

优质服务：＿＿＿＿＿＿＿＿＿＿

顾客成功与满意：＿＿＿＿＿＿＿＿＿＿

任务 2：把你的团队质量标杆调查表图示化

把你在每一绩效领域的得分使用条形图来表示，以可视化方式呈现你对所在团队的各种做法所做的评估。理想得分是 5 分。

5. 0 4. 0 3. 0 2. 0 1. 0							
	愿景 领导	战略 规划	系统 思考	信息 系统	人力资 源发展	优质 服务	顾客成功 与满意度

任务 3：确定保持与/或发展团队的模式

分析你的**团队质量调查表**，并确定团队的强势领域以及那些有待发展的领域。你认为在创建一个满足和超过主顾要求的优质团队中下一步应该采取什么措施？

强势领域________________________________

有待发展的领域____________________________

建议____________________________________

第 14 章

领导作为全球化学习中心的学校 277

在最后一章，我们希望激发你去思考，在大变革和大转型的时代，怎样才能成为鼓舞人心的领导者。你如何才能帮助学校登上全球化的发展平台，或者提升学校生活中现有的这些具有国际化色彩的特征，使其成为学校一切学习活动的核心？为了让年轻人为我们共同经历的大变革做好准备，我们将不得不对有关学校教育的一些假设进行重新考察，因为可以肯定的是，学校教育的目标、提供给学生的课程项目、培养他们成长的学习体系将会发生变化。面对教育社群不断变化的状况，为了担当起作为公民和专业人士的责任，我们要继续不断学习如何使用新技术和新方法来满足新需要，满足对教育这份工作提出的日常要求。

太多责任已让我们不堪重负，在这种情况下，如何还能再给自己肩上增加一份重负，把学校塑造成全球化学习中心呢？丹尼尔·平克（Daniel Pink，2004）说得好：“我们需要**一个全新的头脑**，一个在做大事时能把分析和综合之功能融合在一起的头脑。”当我们倒置日常生活的现实，昂首阔步地紧跟我们必须作出响应的变革风潮时，这就是所谓的智慧之舞。这种智慧的舞蹈在某种程度上与我们的价值观和想有所作为的激情联系在一起，因为在各个大洲的土地上都不乏每天都在开辟教育的新天地，重新塑造学校教育之目标和过程，以适应时代发展需要的教育领导者。

21世纪教育领导者的职责在于，发现未来，并带领人们走向未来，这需要我们时刻留心生活大势，并持续不断、不折不挠地追问这样一个问题：**我们正在让自己的学生为哪种类型的生活做准备？**维克托·皮内多在他的著作《海啸：打造能在浪潮中兴盛的组织》一书中指出，要想在那些急剧变革的时代生存下来，需要深层的文化和结构转型。他认为，领导者在为一个新方向的确立提供目标上发挥着一种非常关键的作用，它需要以明确的个人信念和价值观为指南。随着学校教育的各种新形式不断展现，教育领导者也逐渐学会了如何与教育发展共同成长，而在其自身成长的过程中，他们还可以帮助工作人员共同创造出通向未来的道路。

278 我们现在意识到，要引领学校走进全球化时代，需要一场心智革命，需要从根本上对教育的当务之急、目标、过程和结果进行重新思考。我们希望，对于创造一种集体性的**心智转换**面临的挑战和所需战略而言，在这本书里和大家共同分享的各种思想观点能够促进新见解的产生，心智转换是当前教育领导者必须完成的一项任务。就像在人类历史上每一个大转型时代都已经发生了的那样，人们能够应付得来，他们可以开展研究，探索各种可能选择，并且汲取和学习新时代具有的那些特色。随着时间的推移，各行各业迟早都会形成自己的方式，让它的从业人员具备成功所需的新知识和新技能。对于现在的教育领导者而言，几乎没有什么学位课程或培训项目能让他们为学校教育的全球化时代做好准备。但那些充满了活力和使命感的教育领导者如果能遵循系统科学、混沌和复杂性理论的原则，则有可能取得成功。在这一章，你会读到很多我们在过去几年遇到的拓荒者的故事，他们成功地把自己的学校带到了全球化的发展平台上。在这些领导者中间，有些人在走出去上做得很成功，尽管他们事先并不知道怎么做，但却在摸索中成功找到了学校教育的全球化未来。在开始时，他们仅仅只有一个联系或机遇而已，然而正是这种联系和机遇让他们获得了能量，引领他们走上了一条不断发展地充满了惊奇和探索的道路。它往往都是一种不懈的追求。

在本章分享的每一个故事里，我们都可以从实践中发现支持我们提出的这种新型变革理论的证据。在这些故事以及更多故事中，有确定性的证据可以证明，对于领导者的追求而言，**生活在混沌边缘**是一种非常有用的心智地图。从本质上讲，我们发现凡是那些理解了生活在混沌边缘之真谛的领导者都拥有一些引人注目的特征；他们能：（1）**对外部环境的变化作出响应**（不管这些变化是州里对学校作出的新要求，还是学生需要为胜任新职业做好准备而必须掌握的新内容）；（2）随着时间的推移为员工和家长**创造一种不平衡状态**，而且保持持续不断、坚持不懈；（3）与许许多多的团体**通过各种网络联系在一起**，为将要开展的工作和他们进行对话、分享并积聚能量；（4）通过在当地、国家和全球等多个层面上创建新的计划、工作团队、反应灵敏的工作体系以及合作伙伴关系来**促进自组织**；（5）**对学校教育的新原型的演化发展寄予厚望**，适应变化发展的新情况，让人们创造出更加强有力的课程项目和服务；（6）通过承认学校教育新纪元所取得的进步，**对生命和死亡的舞蹈表达赞颂之情**。

2006 年 1 月，出现了一个有助于对基于混沌变革论之培训项目进行设计并为面向全球化生存之学校发展打好基础的机会。本章讲述的第一个故事还是关于帕斯科县学区的，这个故事讲的是它是如何引领人们的追求，让其麾下学校和学区领导者为可持续发展的未来做好准备的。后来发生的各种事情最终导致了一个新培训项目的创建，这个培训项目建基于我们提出的组织变革之新理论，即**生活在混沌边缘**，而且它还把我们这个时代正在发生的全球化转型以及教育工作者目前工作于其中的数字化环境整合在了一起。下面讲 279
述的就是 2006—2007 年度帕斯科县学区发生的故事，我们把它作为一块引玉之砖，希望每一个地方的学区都能从中获得灵感和启发，因为它们总有一天也会思考，如何让自己的领导者为学校教育的全球化时代做好准备。这个故事指出了新的领导力思维以及新的素质与能力，让我们能够创建一些既有远见卓识，又能脚踏实地，随时间推移不断促进变革的共同体。

第一部分：可持续性学校发展的领导能力：帕斯科县故事的最新发展

这个新故事开始于10年前，当时帕斯科县的教育领导者与卡罗琳·斯奈德交流感受，和她分享**产出性学校管理培训**（Managing Productive Schools Training，Synder，1988）项目给自己职业生涯带来的影响和冲击。他们认为，产出性学校管理的培训给他们提供了知识基础和技能，使其能够以系统化方式开展工作，并创造了一种协作性工作文化，从而保证了目标的实现。简而言之，**产出性学校管理的培训是一种学校发展的整体性方法，它围绕学校的绩效改进和提升目标、工作人员发展机制、基于混龄和持续进步之结构的响应性学习项目、学习结果的评估，以及给学生学业表现带来的影响等，把创建协作性工作文化作为自身的中心和重点**。了解到斯奈德参与国际学校联盟的工作之后，坦帕湾地区的很多教育工作者便邀请她再进行一次产出性学校管理的培训，并按照全球化、信息化和数字化时代的要求对其做进一步升级和发展。斯奈德在经历了两年的盛情邀请以及不断的推辞之后，重新捡起了这个项目的培训事务。这件事情的发生非常出乎意料，当时有人在一个大型集会上事先没有打招呼就忽然告诉大家，斯奈德可能会按照当前这个时代的新要求对产出性学校管理这个培训进行重新设计。

领导力发展部是帕斯科县学区的一个新建立的部门，这个部门的领导马克斯·拉莫斯（Max Ramos）那天晚上就在座听讲，他曾担任过校长，而且还是这个学区产出性学校管理培训项目最初的一批培训人员。拉莫斯说，在过去一年他都没能找到一个基于系统思维、能够应对全球化和数字化挑战的培训项目。正如拉莫斯向我们讲述的一样，这个曾经全程参加过产出性学校管理培训活动的目前学区的高层领导在很多年前就已觉察到，需要一个新的培训计划来维系那些为学区所珍视的价值观，并培养新的教育领导者，让他们掌握相应的知识和技能，从而让帕斯科县能够实现卓越。由于帕斯科县的人口在过去几十年增长很快，因此很多学校和学区领导对学区情况都很陌生。

谈话结束时，斯奈德和拉莫斯商定了一个日子，来对帕斯科县在新培训项目中需要什么进行探讨。我们组织起了一个由五人组成的发展小组：**卡罗** 280
琳·斯奈德，她创建了产出性学校管理的培训项目，目前担任着国际学校联盟的主席；**伊莱恩·沙利文**（Elaine Sullivan），她是国际学校联盟负责青年领导力和学校发展的副主席；另外还有3位来自帕斯科县学区的领导：负责领导力发展的**马克斯·拉莫斯**、负责研究和评估的**戴维·斯坎加**（David Scanga）以及负责专业发展的**马蒂·米彻**（Marti Meacher）。这个团队一起工作了5个月，对产出性学校管理这项培训的各种要素进行了分析，对学校和学区领导面临的新挑战进行了总结。最后，形成了一套培训设计方案，这让斯奈德能够给为期10天的培训创建各种材料，现在这个为期10天的培训被命名为**"面向可持续性发展的领导力"**（Leadership for Sustainable Development，LSSD）。

LSSD项目为学校发展提供了一种整体性导向，这种整体性的学校发展导向在全球化境脉和数字文化的背景下发挥着非常重要的作用。本书的第1版（《生活在混沌边缘：引领学校步入全球化时代》）是这个新的具有探索和试点性质的培训项目主要的参考资源。卡罗琳·斯奈德编写的学员手册给这个为期10天的培训在每一天的活动都提供了额外的参考资源。

在教育机构中领导可持续发展所需的关键能力

1. 通过持续不断地对生活和学习在当地、国家和全球这三个层次上所处之背景进行研究，以及创建给发展提供支持的强大个人网络体系，形成发展的愿景。
2. 为了确立组织的目标并在战略层次上生存和发展，让工作人员和社群成员全身心地投入到信息收集当中。
3. 设计内部特别工作小组和学习共同体的组织工作体系并促进它的发展，加强外部合作伙伴关系和网络联合。
4. 为学习、生活、工作和成功设计并构建一个高绩效的组织能量系统。
5. 通过战略生存和实行问责，引领组织的连续性发展过程走向愿景。

表14.1给这个培训项目涉及的知识和技能基础提供了一个概观，这些知识和技能基础是作为一种整体性的经验单元存在的，它的目的在于让教育工作者为生活在混沌边缘和激发持续不断的发展作准备。

281 **表14.1　LSSD知识和技能**

总结：LSSD知识和技能

A. 为全球化时代的学校教育做好准备

知识：	技能：
• 全球化趋势	• 趋势分析；杠杆点分析
• 变革的系统理论和混沌理论	• 德尔菲—对话法
• 网络科学	• 创建学习共同体
• 可持续发展	• 持续性的愿景构建

B. 为制定学校的目标和规划收集信息

知识：	技能：
• 案例研究方法	• 实施个案研究
• 战略生存、规划和工作	• 运用德尔菲—对话法

C. 组织和领导学校的工作体系

知识：	技能：
• 永久性和临时性的工作小组	• 学校网络分析
• 合作伙伴关系和网络联合	• 设计和组织工作体系
• 学习共同体的组织和网络化	• 学习共同体体系的标杆管理

D. 设计和组织学习系统

知识：	技能：
• 高绩效的职业资格体系	• 为学生的学习系统制定一套具有集体性质的愿景和核心价值观
• 顾问指导和社会性网络	• 对专业化的学习系统进行标杆管理
• 学校的数字文化	
• 贫困和少数族裔人群	

E. 战略性领导和问责

知识：	技能：
• 全球化时代标杆管理的框架	• 确定全球化时代的进步指标

“我现在对在全球化时代领导可持续性发展的了解和认识”：个人介绍

在最初这两个试点培训团队中的人们身上都发生了些什么？ 282

在 LSSD 培训的第 10 天，学员相互分享了在参与项目培训的这一年时间里各自在学习上发生的故事，在交流过程中，他们报告了自己创建的各种活动项目，重点阐述了学到的最主要东西。这项培训一共进行了两期，在对大概 50 名从这两期培训中毕业的教育领导者所做的汇报进行分析的过程中，好几项主题便显现了出来。绝大多数汇报都是在小组中进行的，这些小组打破了学龄的层次以及学区领导者的界限，代表了领导者们在参与培训期间所形成的自然联合。大多数活动项目都是由学校领导和学区领导共同组建起来的团队进行的。有些团队开展了非常广泛的案例研究，对学校面临的某项问题进行了详尽考察，并为问题的解决创建了一套新的过程或机制，这些正是他们对自己在培训中的所学作出的响应。还有另外一些团队研究的则是整个学区都面临的问题和难题，他们设计了新的计划和项目，对各种需求作出了回应。有个学校还与中国的一所学校建立起了合作伙伴关系，他们的故事在本书的第 11 章已和大家分享过了。在最初接受培训的这个试点群体中，已经有四位学员开始对他们自己学校的骨干力量进行了培训，把 LSSD 的概念和技能传授给了其他人。

随着他们的故事的展开，大多数培训学员都对**网络化**进行了重点强调，认为对于置身于错综复杂之时代潮流中的领导者而言，这是一种新的能力。学习团队超越了学校和学区界限，共同去追求那些他们认为重要且都非常感兴趣的活动项目。在培训的背景之外，第二批和第三批学员群体相互之间结成了联系网络，而且还与参加第一批试点培训的学员建立了联系。由那些正在学习如何创建新型学习和行动团队的学校和学区领导共同组成的各种团队对学区面临的各种难题进行了探索。对于他们的工作而言，现在哪些思想和理念最重要？每个人都谈到变得对混沌感到很舒服，当我们面对新信息时，就会产生这种混沌，另外这种混沌还来自于对话的社群，而这种对话社群则是他们用自己在培训中新学到的各种方法和技能创建起来的。对于大多数人而言，在推动组织向前发展的过程中，能够认识到非平衡态及其有效机能是一件令人感到惊喜的事情，因为他们在汇报中无一例外地都指出，非常喜欢看到这种非平衡态像魔法一样把人们推向了认识和发展的新境界。对于很多领导者来说，网络联合的力量是最大的惊喜，因为他们现在已经形成了一种为未来将要完成的任务积聚资源和能量的生存战略。在所有的汇报当中，都可以看到对技术的尝试使用，因为他们必须面对如何以新的、更加有力量的形式来呈现信息的挑战。

当开始为 LSSD 培训项目培训培训师时，和我们一起共事的都是那些数十年来一直相互扶持的老朋友。他们都是经验丰富且才华横溢的教育领导者和培训师。对培训师的培训从下面这几个问题开始。第一个问题是：**在这几门科学里有哪些重要思想对你个人而言很重要？**他们的回答是：

来自科学（系统理论、混沌理论和复杂性科学）的大思路

- 联结的力量既有强也有弱。
- 非平衡态的力量——每个人都需要认识到变革的需要。
- 283 自然系统总是在根据来自学校内部和外部的反馈对自身进行重整。
- 复杂自适应系统会对一个系统作出响应，并发挥其自身作为一个系统的作用。
- 信息和数据是系统中变革的推动者。教师需要懂得这一点。领导也需要明白这一点。
- 信息创造了不平衡态，由它激起的那种类型的变革不仅最好，而且最持久。

接下来提出了这样一个问题：**会对当前学校发展产生影响的全球化趋势有哪些？**他们的回答是：

给学校教育所处全球化背景（全球化、网络化和信息化）出的好主意

1. 全球化是学校领导力的新舞台，它给现在所需的各种新工作技能和素养提供了新视角。
2. 挑战在于为今天的学生组织教学和学习。

3. 重要的是要创建一个对反思和持续学习深信不疑的社群。
4. 教育工作者的工作不是改良，而是创造新的未来。
5. 协同来自于共同体的创建。
6. 网络化提供了信息，它有助于发展方向的形成。
7. 存在于关系之中的力量让网络变得很强。
8. 建立信任关系很紧要。
9. 其他人的网络给发展提供了额外资源。
10. 网络提供了杠杆。
11. 我们现在是在世界舞台上。
12. 新的通信技术提供了新型的学习机会。

当第一个试点组还在接受培训时，另一个试点组就开始启动了，来自第一个试点组的两位教育领导者担任了培训师的角色。伊莱恩·沙利文根据对首次试点的观察编制了 LSSD 培训师手册，而斯奈德则在首次试点中担任培训师。这份培训师手册给培训人员对由学校和学区领导者组成的新兵团进行 284
培训提供了资源。约翰·曼（John Mann）在为期 25 天的产出性学校管理的培训项目中曾经培训过很多学校和学区领导，其数量仅次于斯奈德，他也成为 LSSD 首批培训师之一，另外还有戴维·斯坎加（David Scanga），他是 LSSD 设计团队中的一员（现在担任帕斯科县学区的小学部主管）。接下来的第三支兵团不久也加入了进来，另外两位培训师负责这支队伍，他们分别是拉里·阿尔巴诺（Larry Albano）和杰夫·摩根斯坦（Jeff Morgenstein）。拉里·阿尔巴诺是最初一批产出性学校管理培训项目里的培训师，最近作为一位模范校长光荣退休；杰夫·摩根斯坦是帕斯科县学区负责外语教育的统筹协调员。马克斯·拉莫斯是一位富有远见的领导者，他在完成了设计团队所有人都参加了的 LSSD 培训试点后也退休了，约翰·曼被任命为学区新一任负责领导力发展的主管。帕斯科县正计划让另外四批教育领导者在 2007—2008 年度也开始参加培训。大师级的培训师马克斯·拉莫斯、约翰·曼和拉里·阿尔巴诺等人将会带徒弟，把其他的学校或学区领导也培养成培训师。

在第二批和第三批试点期间，人们提出了若干意见，这让 LSSD 的培训在接下来的一年里又得以继续进行。首先，在项目行将结束时，参与培训的领导者们开始对在学校教育的岁月里把学生培养成全球化公民面临的挑战有了理解和认识。另外，还有很少一部分学员开始与世界其他地方的学校建立起来了联系。显然，第一年的培训给学员们提供了一个新的学校教育的心智模型，并让他们具备了在自己的组织中创建一个愿景社群（vision community）所需之各种知识和技能，但它并没有能够促进通过网络进行联合或全球化合作伙伴关系之创建的发展。接下来这一年的 LSSD 培训现在被设计成面向领导者的，目的在于让他们能够继续掌握新的技能，在能力发展上有更大进步，能够开始把触角伸到世界各地其他学校的领导者那里，和他们建立起联系。第二年的主题是创建我们自己的职业网络。

在第二年期间，虽然学员关注的焦点集中于创建自己在当地、国家和国际这三个层次上的职业网络，但他们将会以第一年在 LSSD 培训中学到的知识和技能为基础，在能力上实现更大发展。在这一过程中，他们将会全身心地投入到合作伙伴关系的创建探索中，在全世界寻找一个学校或学区，和它们结成合作伙伴，在培训中与他们自己的学习共同体一起工作，在活动和资源的数字文化中生活，在学校发展和学生成功的问题上，加强全球化的导向。全球化学习中心标杆体系将成为他们开展各种项目活动的基础。在准备这个新的为期两年之培训项目的过程中，帕斯科县学区的技术部门创建了数字化环境中的新型工作和交流机制，他们创作了视频短片来给培训提供支持，开发了领导力发展部的网站，以加强对学到的那些知识和技能及在培训过程中涌现出来的那些成功故事的持续强化。约翰·曼正在对帕斯科县学区的很多人力和技术资源进行探索，以便为基于 LSSD 培训的领导力发展确立一个最先进的背景。

从本质上讲，精心培育出来的这个为期两年的培训设计将从本地化和全球化两个层次上同时彰显社会性网络文化的特征，同时它还与数字文化的创
285 造一道，对把学生培养成全球公民的学校课程项目进行了重新设计。在参加 LSSD 培训的过程中，学员不仅要负责给自己的学习产出重要成果，而且还要受到更深层次之滋养和教导。我们没有把这个培训简简单单地视为十个培训日再加上进行实践的作业，我们认为这两年的时间将会让学员取得非常丰硕

之成果，第一年他们掌握了很多能力，而在第二年他们将会在国际合作项目上获得大丰收。在这个过程中，培训人员的作用非常重要，他们需要做的并不仅仅是递送培训内容，而是要在学员能力发展的过程中承担起培训师、教练员和促进者的角色。

从这个试点项目中产生的一个重要见解是，学区在给培训过程中的学习提供支持以及在对培训结果的期望上发挥着至关重要之作用。在帕斯科县教育局长希瑟·菲奥伦图及其凝聚力出乎意料之强的高层领导团队所表现出来的强大领导力之下，学校和学区领导者便有了表演的舞台，他们在 LSSD 培训中的表现非常好，而且还影响到了他们所在学校和学区部门的工作质量。学区对自身愿景和使命的表述现在也正经历变化，学区领导正在考虑对学区工作提出一个新的期望，那就是让学生为全球化和本土化的生活与工作做好准备。有了让学生为全球化生存做好准备这样一种愿景和使命，有了一个让每年的工作都有所依据的战略规划，对学区工作的日程安排便成为引领学校和学区发展的指南。当学区的期望支持学校的全球化议程时，那么对于学校迈向全球化舞台这一征程而言，一切支持便都具备了。有了一种明确向全球化转向的意向，要想改变已经沿着这一方向走来的各种项目活动的发展方向就会变得更加困难。有了创造学校教育之全球化未来的这样一种愿景，有了创造学校教育新原型的知识，有了促进协作探索的工具，有了为所有人设计学习系统的模型，领导者就有可能会随着时间的推移创建起可持续发展的教育体系。有了把学校塑造成为全球化学习中心的指导方针，学校改进和提升的方向就有了新目标，而这些目标将会持续强化着学校和学区各项发展计划的发展方向。

第二部分：引领学校登上全球化舞台的故事

当学校开始使用全球化学习中心标杆体系时，各种各样的方法便浮出了水面。在这一节，我们与大家分享的是发生在六所学校里的故事，以及它们是如何让自己的学生与世界各地的人们和项目活动联系在一起的。第一个故事讲的是来自中国一所学校的教师，他利用自己的力量让学生与世界各地的领导者以及全球范围内的很多学校建立起了联系。接下来的第二个故事发生在美国的一所学校，它讲的是这所学校是如何使用一个叫做 Weboffice 的网络交流环境平台，与来自中国、新加坡以及格鲁吉亚共和国的学校初步建立起虚拟合作伙伴关系的。而发生在瑞典一所示范学校的故事讲的则是当它的领
286 导与联合国的可持续发展计划建立起联系时，全球化学习给学生带来的影响。第四个故事是美国的一所蓝丝带学校与西班牙和中国的学校建立起了教师职业发展方面的合作关系，在这个过程中，这所学校成为一个全球性的培训中心，对教学和学习开展的科学研究以及基于最佳实践的教学和学习方法是其特色所在。在这个故事里，来自中国的一所顶级初中高中一贯制中学向我们展现了它是如何让学生全身心地投身于国际竞争与全球合作之中的，而学校本身则在举办各种国际活动中发挥了非常特殊的作用。最后，我们与大家一起分享的是加拿大一所中学的故事，这所学校是**世界上第一所**经过资格认证的国际学校联盟全球化学习中心学校。在这个故事里，我们针对每一项全球化学习标杆都举出了相应的全球化活动例子，以便给大家提供指南，激发大家的灵感。

一间教室里的全球性联结——中国韶关执信小学

在中国韶关，“英语教学与互联网项目”协调员吴秉健通过各种方式让自己的学生走向了世界。**他的信念可以从下面这段话看出来：如果一只蝴蝶扇动翅膀时产生的力量能使另一个国度产生飓风般的暴风雨**（混沌理论的一条原则），**那么世界各民族孩子们之间的协作式学习则有潜力可以让我们这个世界变得更美好**。他的确切目的在于，通过各种项目创建全球性联结，而这些项目的目标则在于：

- 让孩子们熟悉信息技术。
- 练习使用纯正的英语。
- 鼓励开展全球性的协作。
- 通过与世界其他国家的孩子和教育工作者建立友谊来提升每个国

家的形象。

1994 年，在一开始时，吴让自己的学生通过一项交笔友的计划与得克萨斯州的一所学校建立起了联系。这个项目开展得一直很成功，以这个项目取得的成功为基础，借助于各种新出现的技术手段，1999 年他开始与美国、加拿大、澳大利亚、南非等国家的学校通过电子邮件进行交流。到了 2001 年时，他的学生已经与世界各国的同龄人在很多项目上展开了合作。2002 年，他与来自罗德岛州一所学校的学生一起参加了一个面对面的庆祝活动，美国前总统比尔·克林顿到访执信小学表示对这项活动的支持。在庆祝活动期间，联合国在执信小学树立了一个和平柱，以纪念执信小学的学生与世界各个地方的人们建立起来的和平联系。2006 年，吴的国际学校互联项目已经扩展到了以色列、日本和西班牙等国的学校。与世界各地的人们建立起联系已经成为课程中的一项关键要素。

现在，吴负责韶关所有学校的国际交流项目。他还为中国一家全国性的 287
电子期刊撰写专栏，和大家一起分享与世界各地的学生建立互联的最新发展。他的故事是一个让一所学校里的孩子们的生活发生了深远变化的教育工作者的故事。我们中有很多人都在世界各地的报告里和其他人分享过他的故事，他鼓舞着人们在全球化的舞台上开始让学生相互联结在一起的探索之旅。

让学生在网络环境下联合起来——致力于国际化学习的佛罗里达州坦帕市 A. J. 费雷尔磁石中学

费雷尔磁石中学（A. J. Ferrell Middle Magnet School）是位于佛罗里达州中部的希尔斯伯勒县学区（在美国规模排名第八的学区）最早的磁石中学，[1]它的主要特色是使用各种信息技术手段在整个学区范围内吸引学生。因为到 2004 年时大多数学校就都已经装备了信息技术设备，因此 A. J. 费雷尔就面

[1] 磁石中学是美国城市重点中学的一种，通常规模较大，其特色是设备精良，课程设置广泛，白人黑人学生兼收，不受现有学区的限制，可以跨区招生，因此非常有吸引力，就像磁石一样吸引人。——译者注

临着如何给自己找到一个新特色的挑战。在对各种选择进行探索之后，学校里那些擅长信息技术的教师认为自己可以与“国际研究”结合在一起，因此学校重新命名为语言探索和全球传播中心。在接下来的一年时间里，教师和员工创造了一句口号：“走向世界的门户”，这句口号体现了他们对学校在人才培养上所持的期望。教艺术的老师创建了一个专门标志，帮助对学校新的工作焦点进行标识和说明。大量的象征性倡议预示了一种新的全球化导向：（1）一位本地的艺术家被委托在学校的媒体中心创作一批世界标志性建筑的壁画；（2）在主要的办公场所都挂上了指示世界各地主要城市时间的钟表；（3）在一些公共区域和对象上都竖起了标牌，使用好几种语言来指称它们的名字；（4）在校园的各个地方都挂上了世界各国的国旗；（5）一群学生撰写了“全球公民承诺书”，在校园内四处张贴：

作为负责任的全球公民，
我志愿让这个世界变得更美好。
我尊重每个人都是不同的，并接受他们的生活方式。
我会与世界其他地方的公民进行交流，
以创造一个更加友好融洽的环境。
我将以积极的方式代表我的学校、我的社群和我的国家。

随着学校环境开始反映新的全球化主题，教职员工便找到了把国际化视角与学生主要的研究和学习单元进行整合的途径。学校建起了一个语言实验室，计算机都安装上了如师通语言学习软件（Rosetta Stone）。从 2006 年开始，学生便能够通过选修课学习中文、日语、葡萄牙语、印地语以及拉丁文
288 等。2007 年，学校启动了一门为期一年的中文普通话选修课，引起了当地媒体的注意。费雷尔是希尔斯伯勒县学区第一所教授中文的中学。在同一年，学校还为那些感兴趣的学生开设了阿拉伯语课程。

学校教师和学生不失时机地与全国乃至世界范围内的合作伙伴建立了联系，这样一来教室就变成了**无墙课堂**。在这些早期的探索过程中，演化生成了以下 3 个活动项目：（1）来自巴西一所学校的学生和费雷尔的七年级学生

互相交换能够体现自身文化特色的礼物；（2）学习地理的学生与澳大利亚、英国、多米尼加共和国的学生相互交换明信片；（3）学校与其他全球性合作伙伴之间的关系得到了加强，从而让学生成长为世界公民。

接下来，国际学校联盟在 2005 年秋于坦帕市召开了一次研讨会，作为这个研讨会的一部分，学校的主讲教师莉萨·科布（Lisa Cobb）观摩了由来自中国台湾地区的宋铠教授带来的一款叫做 HomeMeeting 的交互性视频会议软件程序的演示。科布以其远见卓识预见到网络办公环境可以给学生和教师带来新机遇，让他们与世界各地的其他学校联合起来。因此，学校决定动用自己的一部分教育财政拨款，购买了一套 HomeMeeting 软件程序。

与此同时，科布为费雷尔学校在国际学校联盟进行了注册，使其成为世界范围内其他学校的一个合作伙伴，期望借助于 HomeMeeting 的帮助，和新的学校建立起合作关系。开始时，学校六年级的学生和来自中国北京 101 中学的学生合作设计了一个项目，101 中学的一位英语老师李新芳也参与了项目的设计。经过数不清多少次的电子邮件沟通以及两次在网络上召开的规划小组会议，两所学校的师生决定相互分享各自国家的文化。费雷尔的学生以美国历史或流行文化中的著名人物为选题设计了他们的课程。每一位学生都要选择一个项目，研究某位名人的生活，并创作一套那一时期的服装。北京的学生则计划和美国的同学一起分享与他们最喜爱的节日和假期有关的故事。他们在网络办公环境下对自己所讲述的节日的活动内容进行了现场演示，比如剪纸艺术，甚至如何包饺子，等等。中美两国的学生还一起唱了歌，中国学生唱歌时使用的是英语。

最后，基于 HomeMeeting 平台的汇报之夜到来了。为了适应两所学校之间长达 12 个小时的时差，费雷尔的教师和工作人员让参加汇报的六年级学生和他们的家人在星期五下午的七点钟就回到了学校。与此同时，北京 101 中学参加汇报的教师和学生在星期六的早上七点钟就回到了学校。这次网络聚会和汇报交流取得了巨大成功，《坦帕论坛报》还专门对其进行了报道。剪辑的一段视频会议短片还被作为专门报道放在了学校网站上（http://www1.sdhc.k12.fi.us/~ferrell.mid/）。

在第一次基于 HomeMeeting 的交流活动行将结束时，费雷尔的六年级学

生被介绍给了北京的三位学生，这三个学生正计划来坦帕参加 2006 年国际学
289 校联盟的全球峰会。两个星期之后，这几位学生在北京 101 中学校长郭涵和教师李方的带领下，从北京飞来参加峰会，另外还参访了费雷尔的校园，这次参访活动是峰会期间提供的系列学校参访活动的一部分。当他们走进那些曾经参加过基于 HomeMeeting 的交流活动的学生所在教室时，能量便被点燃起来了！费雷尔学生的新朋友带来了北京其他学生的笔友信件和礼物。他们回答了一些问题，并向美国学生示范了如何使用中文字写他们自己的名字。

北京的学生和教育工作者还参观了诸如中文普通话选修课这样的课堂，并在费雷尔的语言实验室使用了如师通语言学习软件。来自北京 101 中学的代表向费雷尔的教师赠送了一副非常漂亮的锦旗，这标志着两所学校合作伙伴关系的开始，在这副锦旗的上方写着："友谊长存"。任何见识过这次中美两国学生交流的人都会认为，这的确是事实。让这些来自不同背景的孩子们坐在同一间教室里的这样一种机会，对于任何人而言都是一段会让人的生活发生改变的经历。北京 101 中学和费雷尔磁石中学这两所学校的教师还继续对来年的活动项目进行了商讨。

继第一次在 HomeMeeting 上与北京 101 中学进行的交流活动之后，费雷尔已经和格鲁吉亚共和国及新加坡四德小学（Cedar Elementary School）的学生在 HomeMeeting 上进行了多次交流。科布和一位来自四德小学的教师确定了参加在 HomeMeeting 网络办公室上召开之规划会议的学生。在从规划活动到实际汇报中间的这段时间，学生通过博客形式把他们的计划发布在由新加坡这所学校创建的网站上。这帮助两所学校的学生团队在相互之间创建了一种更加即时的联系。两所学校开展的第一个活动项目包括使用 PowerPoint 进行的汇报演示以及双方的视频交流，这样一来，学生就能够对存在于双方社群和学校之间的相似性和差异性进行探索。每一所学校的汇报演示都是以一个问答活动来作总结，这增进了相互之间的理解并促进了合作关系的形成。[四德小学的前任校长胡黛嘉（Shirley Ho-Woo）现在正和整个东南亚的教育工作者分享其学校在创建合作伙伴关系上的经历以及国际学校联盟的全球化学习网络。]

A. J. 费雷尔磁石中学与国际学校联盟之间的合作伙伴关系让它有了很多其他机会可以与来自其他国家的学生和教育工作者建立起联系，诸如：（1）为本地区的学校举办了一次中国研讨班，来自中国南京大学的桑新民教授和李曙华教授带着四名南京大学的学生参加了这次研讨班，成为其中一大亮点；（2）费雷尔接待了西班牙私立学校校长的来访，让他们对费雷尔的国际合作项目进行考察；（3）莉萨·科布和费雷尔的校长查尔斯·狄克逊（Charles Dixon）参加了坦帕湾地区学校与中国无锡代表团的会见，这个代表团来访的目的是了解有关国际学校联盟及其成员学校的信息。在会见和晚宴期间，科布和代表团分享了自己学校的故事，即他们是如何与国际学校联盟合作，以及如何通过 HomeMeeting 和身处北京的李新芳老师进行交流的；（4）科布就他们学校的国际合作交流作了一个汇报，并在于美国召开的一次全球性会议 290
上演示了网络办公室的使用；（5）在北京 101 中学承办的 2007 年国际学校联盟全球峰会上，科布和李就他们在 HomeMeeting 上开展的学生交流活动进行了汇报，鼓舞了参加峰会的其他人，让他们也去寻找各种各样的方式使用虚拟环境让自己的学生参与各种国际化学习项目。另外，新加坡四德小学的教师发来了一份视频，和与会者一起分享了他们在这个研讨班期间发生的点点滴滴。这两所学校的学生正在制订新的计划，共同创建一个分享各自故事的合作项目。合作在继续！A. J. 费雷尔已经向国际学校联盟提交了一份卷宗，希望国际学校联盟能够考虑对学校进行审核，看是否符合其全球化学习中心学校的各项标准。

成为全球化学习和培训中心——佛罗里达州坦帕市科比特私立走读学校

乔伊斯·布里克·斯沃茨曼（Joyce Burick Swarzman）曾是大学教授，担任过一个曾获过奖的叫做“阳光海岸地区教师培训”（Sun Coast Area Teaching Training，SCATT）的教师培训项目主管，在成为坦帕市一所私立学校的校长后，她开始着手为学校教师创建一个连续性的学习环境，从而推动学生走向成功。虽然科比特私立走读学校（Independent Day School Corbett Campus，IDS）是私立学校，但它也负有公共使命。斯沃茨曼的“领导力与变革的A＋行动法”模型给新的学习项目和系统之设计提供了指南，这套方法主要包括：（1）确立基本模式；（2）有目的地前进；（3）树立愿景；（4）在团队和网络中建立起领导能力；（5）立足“当下”；（6）形成一种终身学习的思想方法；（7）坚持不懈，永不言弃。

最终一长串基本的培训项目对他们满足“A＋挑战”的追求变得非常重要，这些培训项目演化发展成了一套整合性的教学和学习机制，被称为“MORE 法”（“实现教育结果的更多选择”）。这一长串基本的培训项目主要包括以下七大集群：（1）以孩子为中心的愿景；（2）重视学习的独一无二性；（3）增加工作时间的动机策略；（4）创造尊严和尊重；（5）教师的参与以及对联结的创建；（6）学习共同体；（7）课程发展。（Debbie Happy Cohen，2003）（为了增加进一步了解，有关“MORE 法”的细节请见附录）

学校很快就以其在世界级教学和学习环境创建上的成功而闻名遐迩，它崛起为佛罗里达州学校一个主要的教师培训中心。随着时间的推移，美国以及世界很多国家公立和私立学校的教师蜂拥而至，来到 IDS 参加培训活动，并且还在这里与学校的教师一起共事。当地的教师培训机构都知道 IDS 的教学和学习具有很高质量，因此它的教师很快就被人拉去培训实习生。有些教师和斯沃茨曼一起在圣彼得斯堡学院的一个课程项目里从事教学工作，致力
291 于下一代教师的培养。这所正在向名校迈进的学校不但已成为一所对其学生而言的好学校，而且还成了一个面向职前和在职教师培养项目的培训中心。

什么是“MORE 法”呢？这个模型整合了学习策略，不但把其用于对孩子们的培养，而且还提供了一种安全和关爱的环境，这种安全和关爱的环境是通过各种交流技巧、人际关系技巧、动力以及对促进学生自尊意识的强调才创建起来的。学校每周都安排时间对教师进行培训，让那些高度娴熟的教师掌握各种最先进的策略，在这一过程中，“奥林匹克精神”推动着每一个人的工作不断向前进步。使用“MORE 法”，可以创建一个大脑友好型的学习环境，这个环境能加速学习的进程。

学校工作人员撰写了一本著作来讲述他们自己的故事，这本书叫做《一切为了孩子》（*It's all about kids*，Cohen，2003），已经被翻译成了西班牙语（2007）和中文（2007）。2004 年，IDS 被美国教育部认可为蓝丝带学校。由

于注重培训、期望很高以及 IDS 工作人员的奉献精神，学校的学习环境展现出了非常丰硕的成果。2007 年，科比特私立走读学校还被命名为“中学阶段国际文凭计划”学校。学校教师广泛参与各种类型的培训，非常勤勉踏实地工作，给学习模式带来了更大影响。

当斯沃茨曼对国际学校联盟及其使命有所了解时，她认为把自己的学校打造成一所全球化学校可能会让其教职员工和学生达到一个新的卓越水平。斯沃茨曼购买了一套 HomeMeeting 程序软件，开始与国际学校联盟的成员建立联系，特别是和西班牙的国际学校联盟成员联系得更为密切。后来，她和路易斯·佩雷斯·马丁内斯（Luis Perez Martinez）建立了一种非常强有力的合作伙伴关系，他是“**全球化学习**”项目的主管，这是一个旨在加强西班牙私立学校实力的项目；马丁内斯本人还是国际学校联盟在西班牙这个节点上的统筹协调员。斯沃茨曼开始每次和一所学校进行为期一周的研讨和课堂观摩，向这些学校展示“MORE 法”是如何能够促进所有教师和学生学习的。和西班牙学校一起进行的这次行动不断向前发展，西班牙的教师开始作为实习生来到佛罗里达，在 IDS 待上一段日子，时间则有长有短。

过去几年，有很多国际嘉宾来到学校，在这段时间里，IDS 还承办了很多由国际学校联盟为坦帕湾地区主办的活动。在学校里创建一种全球化的学习环境最终成为学校教师的自觉选择，并且很快就见到了奇效。几乎是一夜之间，所有教学团队都在把各种全球化学习活动整合到自己的课程中。在获得了“国际文凭”这个荣誉之后，IDS 的教师和领导开始致力于把学校打造成一所国际学校联盟的全球化学习中心学校，并在准备相关材料，想参加全球化学习中心的认证。学校定期使用 Skype 和 HomeMeeting 等技术手段帮助学生和教师与其他国家的伙伴学校进行联络。另外，还有很多来自西班牙和中国的教师和校长团体到这里来进行短期访问交流，和 IDS 的教师一起学习“MORE 法”。2007 年 11 月，IDS 的两位教师和西班牙接受过“MORE 法”
培训的学校一道，来共同促进这些学校的学习，这对于被选中的 IDS 教师来 292
说，是一种职业上的荣耀。

2006 年至 2007 年间，来自中国南京大学的几位学生在 IDS 待了四个月，一边教授中文一边在此进行实习，在桑新民教授和李曙华教授的指导和支持下给坦帕湾地区的学校开了好几次研讨班。这四名学生（梁珺、郭雨、杨萱和闫捷）现在都已经回到了中国，但还继续使用多种技术手段定期和 IDS 的学生进行交流。2007 年 10 月，IDS 派出了多位教师和学生去北京，参加首届国际学校联盟全球青年峰会，IDS 的一位领导琳达·博萨（Linda Boza）是本次青年峰会的联席负责人。南京大学的这四位学生当时被称为“南京四人组”，他们使用各种技术手段在中国和佛罗里达之间架起了沟通和交流的桥梁，帮助 IDS 的学生和工作人员为本次青年峰会做准备。

由于学校校长和其他领导表现出了卓越的领导能力，并持续不断地对教师进行培训，加之学校教师也表现出了浓厚的关爱心理，且在教学上也达到了很高水平，因此 IDS 的故事会继续发展下去，它将成为一个可持续性学校发展的典型（http://www. idsyes. com）。

卓尔不群的学校：瑞典尼雪平的鹰狮学校

很长一段时间以来，“鹰狮学校——为了你的未来”这句话已经成为位于瑞典尼雪平的这所重点中学的座右铭。在前任校长汉斯·福斯贝里（Hans Forsberg）领导下，这所学校非常强调对各地人民的健康与个人福祉以及对自然环境保护的关注。鹰狮学校有六个重点课程项目或学习单元，总共有 1000 名学生。这些学习单元提供了自然和社会科学方面的教育，以及对各种各样之技术的学习，比如信息与通信技术和建构/设计、房屋建筑、电力/电子/自动化、汽车技术以及种类繁多的手工艺术等，另外还有一些个性化项目，以适应那些有特殊需要学生的需求。

在本书的第 1 版，我们介绍了鹰狮学校有关波罗的海卫生状况的科学活动课程项目，同时参加这个项目的还有波罗的海沿岸其他国家的学生。现在让我们来看一看，自从这个项目开始以来，学校究竟发生了哪些变化吧。

为了在继续提升教育质量的同时推动学校把关注焦点放到可持续发展上，汉斯·福斯贝里启动了一项行动计划，让鹰狮学校与联合国的可持续发展项目建立起来联系。2002 年在南非约翰内斯堡召开的联合国可持续发展世界峰会提出了未来一切发展之努力都应该包含可持续发展的以下三个维度：经济、社会和生态。世界各国政府都要完全负起自己的责任，保持密切合作，确保能够给人类和环境的未来创造一个具有可持续性的发展模式。这次世界峰会强调指出，要让可持续发展成为可能，教育发挥着非常关键的重要作用。因此联合国大会把从 2005—2014 的这十年宣布为进行可持续性发展教育的十年 293
（http：//www. un. org/esa/sustdev/mgroups/success/success. htm）。联合国提出的可持续发展面临的挑战给很多学校的工作提供了行动框架，发挥了非常重要的作用，**让这些学校走向了卓尔不群。**

鹰狮学校有一种对环保议题保持高度关注的传统，特别是对水资源环境的保护更是如此。多年以来，学校一直积极参与波罗的海项目的活动，构建了一个以联合国教科文组织为基础的网络，把波罗的海沿岸九个国家的学校联合在了一起。这个项目的目标在于，增强人们对环保问题的意识，相互交流信息，并给保护环境的行动提出各种策略。自从青少年水科技发明奖竞赛成为国际赛事以来，鹰狮学校的学生在多年竞赛中都有非常突出的表现，因此被授予水资源保护年度优秀示范学校的荣誉称号。鹰狮学校的学生每年都会邀请来自城里义务教育学校的年幼孩子们来他们学校，参加各种水科技实验以及各种小型课程讲座和工作坊。鹰狮学校高中阶段的学生还定期到各初级中学进行访问，并在那里讲授一些环保方面的课程。瑞典有很多岛屿，鹰狮学校在其中的一个岛屿上开办了一所自然保护学校，和小学、中学和大学等多个层次上的学生密切合作，就一系列非常广泛的环境保护议题展开学习和研究。

修读房屋建筑/粉刷课程的学生在俄罗斯莫斯科的一所孤儿院身上花了好几个星期时间，对它进行了重新粉刷、重新装饰和修理，向它提供了医疗救助、卫生方面的论文、眼镜片、衣服、玩具等，还给它筹集了学费。最近这个孤儿院已成为最好的孤儿院，所以鹰狮学校把自己关注的焦点又转移到另外一间位于萨拉托夫的孤儿院身上，萨拉托夫是伏尔加河上的一个重要城市。开展这些额外项目所需之资金，都是通过“鹰狮救助计划”、学校每年一天的零工日活动、外部资助机构以及家长协会筹集来的。

这些年来，鹰狮学校修读自然科学和社会科学课程的学生已经给坦桑尼亚的 12 所重点中学提供了从事科学研究的实验室设备以及计算机等方面的支持。资金筹措主要是通过“鹰狮救助计划”以及瑞典国家有关部门和私营企业完成。在鹰狮学校基于本土设计的一门课程“发展中国家”的框架下，一些学生每年都去坦桑尼亚了解当地人民的生活状况，特别是妇女和儿童的生活状况，以及当地的卫生保健、艾滋病、教育、就业、文化、环保、洁净水的饮用等问题。这些学生在科学考察报告和项目论文中汇报了自己的发现，他们还经常受邀开讲座，和大家分享自己的经历和成果。很多年来，鹰狮学校不断有毕业生回到坦桑尼亚从事志愿者的工作。在完成了这个“给坦桑尼亚人民的自力更生提供帮助”的项目之后，鹰狮学校现在又和南非建立起来了联系，最近还派出了16名学生和3位教师奔赴南非进行游学。另外，鹰狮学校还和委内瑞拉的一所穷困孤儿院建立了帮扶关系。

294 这些例子向我们展现了鹰狮学校的教职员工和学生是如何把口号落实为具体行动，努力推动学校把注意力焦点集中于教育中的可持续发展之上，加强对国际化的理解，丰富对国际化的认识，端正对国际化的态度，并树立科学的国际化价值观的。同样，每一个学生也都得到了学校的支持，这不仅让他们肩负起了自己应该承担之责任，而且还促使他们采取切实行动，从而成长为一位能够为一个更加美好的世界贡献自己一份力量的全球公民。这所学校正在让世界上的其他人走向卓越，而其自身也在这一过程中实现了卓越。

培养世界一流的学生——中国北京101中学

在北京101中学长达60多年的历史中，它的高中毕业生有很多已经成为中国社会各行各业的重要领导者。现在，它丰厚的历史传统在满怀创业激情和创业精神的校长郭涵以及副校长王涛的领导下得到了进一步发展。101中学是一所拥有4000名学生的初中和高中一贯制学校，这些学生都是从中国的普通人群中选拔出来的。它被公认为中国中学中的名校。101中学的管理非常民主，教师非常注重自身持续的专业发展，以便能够在自己的职业领域内达到高水平。最近，101中学创建了一种以改革为导向的教育精神，围绕的主题包括永不满足、无私奉献、求实创新等。在这样一种精神下，郭涵持续不断地在全球范围内寻找各种各样的渠道和方式，争取让她的学生能够更加多才多艺，能在一系列非常广泛之专业领域内和世界最优秀人才一较高下。尽管这所学校有很多了不起的特色值得你去了解，但我们强烈推荐你首先访问学校的网站 http：//www. beijing101. com。在这个网站上，101 中学和大家一起分享了他们开展的一部分国际交流活动，这些活动给人以灵感，它让人们明白，在初级中学和高级中学阶段，学生可以有很多种方式在全球化舞台上相互联合在一起。

1. 2007 年 11 月，一个来自日本的由 600 名学生组成的代表团访问了北京 101 中学，和 101 中学的学生一起举行了很多活动，并规划了一个交流项目。
2. 101 中学的学生参加了一个在英国举行的 2006 夏令营。
3. 一个由俄罗斯学生组成的冬令营访问了北京 101 中学，和 101 中学的学生一起彼此进行了传统表演。两国学生还一起包饺子，而教师则对中国包饺子的历史作了介绍。
4. 北京 101 中学组织了一个 16 人的代表团于 2007 年 10 月访问了位于德国辛德尔芬根（Sindelfingen）的友好学校。
5. 作为 2008 年北京奥运会的一个重要组成部分，奥林匹克青年营将由北京 101 中学承办，主题是“未来的青年”。北京 101 中学的高中部将给前来参加奥林匹克青年营的来自 200 多个国家的青年人提供地方。 295
6. 钟越尘同学参加“英特尔国际科学与工程大奖赛”，在这个大奖赛中，麻省理工学院林肯小行星实验室对青年科学家进行了表彰。此次赛事后，一颗小行星被以钟越尘的名字命名。
7. 2005 年，钟越尘荣获在美国举行的第 57 届“英特尔国际科学与工程大奖赛”二等奖，并获得 1500 美元奖金。
8. 美国国家航空航天局把两包上过太空的番茄种子作为礼物赠送给了北京市教育委员会。北京 101 中学高中部被选中对这些番茄种子进行试验性种植。
9. 高中部颜馨同学参加了在西班牙巴伦西亚举行的“欧盟青少年科学家竞赛”。此项赛事旨在吸引青年人对科学与技术产业的兴趣。
10. 2005 年诺贝尔生理学或医学奖得主巴里·马歇尔（Barry Mar-

shall）访问了北京 101 中学，并就“科学发现之于人类生活的重要性”作了报告。

11. 2005 年，北京 101 中学获得了联合国教科文组织颁发的“教育促进可持续发展创新奖”。
12. 北京 101 中学金帆交响乐团在北京、全国乃至国际舞台上都获得了很多荣誉。金帆乐团的 100 多位成员在很多国家都进行过演出，诸如德国、法国、意大利、奥地利、日本、新加坡和俄罗斯等。2003 年，他们在法国的好几个城市进行了巡回演出。
13. 2005 年，金帆交响乐团的 140 名成员赴欧洲，在德国、奥地利和意大利进行演出，他们受邀参加了在维也纳金色大厅举行的第 34 届“国际青年音乐节”，获得了第一名！
14. 2006 年，“北京国际青少年艺术周”在北京 101 中学开幕，来自世界各国的 500 多名学生参加了本次活动。

296

15. 金帆交响乐团受中国国家教育部的邀请，参加在莫斯科大学举行的“中俄大学生艺术联欢节”，乐团演奏了俄罗斯著名作曲家肖斯塔科维奇的“节日序曲”。
16. 刘飞同学在于法国波尔多举行的 2007 年“国际中学生田径锦标赛”上获得了跳远金牌和 110 米栏铜牌。
17. 在 2006 年 8 月于泰国举行的第 40 届“国际青少年运动会”上，刁捷同学荣获 200 米金牌，宋皓同学获跳远银牌。
18. 2007 年 10 月，国际学校联盟年度全球峰会在北京 101 中学举行。101 中学和世界各国很多学校的校长建立了校际联系。
19. 学校向世界各国派出了很多代表团。事实上，每一项协议都是在经过一段的时间对全球化教育的理念和国际经验进行研究之后签署的。合作学校来自美国、德国、奥地利、加拿大等国家，另外学校还将要和英国、爱尔兰和南非等国家的学校结成友谊学校。
20. 中国香港、上海、重庆和北京这四个地方的学校举行了一场基于网络的辩论赛。这四个地方的学生选择一个话题，同时展开辩论。来自北京 101 中学的一位教师在网上给香港学生上课。

这是一个很大的成功。

21. 最后，美国、日本和澳大利亚等国家的学校交响乐团来到北京 101 中学，进行艺术交流并互相学习。

对于这所荣誉加身的全球化学校而言，故事还在继续，它正在走向世界最优秀中学之一的征程上。学校放眼全球，不断寻找把学校的学生与其他人联系在一起的机会，让他们共同开展各种项目活动或参加各种竞争赛事。为了同时实现这两大目标，学生必须在他们的学术知识上有非常卓越的表现，同时还要有充分的自信比世界各地的同龄人做得更好。另外一些项目则需要学生相互之间进行协作并具备一种创业精神，只有这样才能实现共同目标。这两种类型的能力对于在今天这个世界取得成功必不可少。

第一所 ISC 认证的全球化学校中心学校——加拿大渥太华 A. Y. 杰克逊中学 297

在北京召开的 2007 年全球峰会期间，国际学校联盟专门举行仪式，认定 A. Y. 杰克逊中学为**世界上第一所**经过国际学校联盟认证的全球化学习中心学校。仪式结束后，A. Y. 杰克逊中学的 7 名学生、两位教师以及校长马丁·克莱曼（Martin Kleiman）就他们申请全球化学习中心的情况作了汇报。他们取得的成就表明，学校在过去五年进行的以把学生培养成为全球公民为目的的各种全球化活动产生了非常重要的影响，而且他们对世界及其面临的挑战的理解和认识也得到了进一步加深和拓展。

这一切是如何开始的呢？在对马丁·克莱曼进行的一次访谈中，他告诉我们，这所学校大概有 900 名学生，坐落在渥太华的高新区，这里的学生群体具有多元文化背景，因为当初很多加拿大人都是来自世界各地的移民，现在他们的第二代生活在加拿大。以全球化作为学校工作的关注焦点最初开始于学生开展的这样一些活动，比如给从阿富汗返国的士兵募捐，通过糖尿病协会给一名儿童提供救助，给穷人建造盛放食品的橱柜，给当地慈善团体捐款，使用当地新闻媒体促进他们的事业等，所有这些都是学生对他们所在社群的回报。一个以全球化关爱为主题的俱乐部后来发展成为各种各样的学分课程以及一门国际研究课程项目。现在，学生以他们在当地以及在全球舞台上展开的很多活动为主题，编辑和出版了五期报纸。

随着大量以全球化为导向的活动继续发展和涌现，克莱曼开始思考如何把所有这些活动整合在一起，使其适应并促进学校发展。当他和卡西·贝朗格（Cathy Belanger）与国际学校联盟的一位高级职员约翰·菲茨杰拉德以及国际学校联盟领导团队成员康斯坦丁·约安努（Constantine Ioannou）进行联络时，了解到国际学校联盟给那些谋求成为全球化学习中心的学校开发了新的标杆体系。克莱曼对这套标杆体系的组织感到非常兴奋，而且急切想了解这套标杆体系如何才能帮助他的学校把焦点集中在全球性活动上，并给学校发展找到一些指导原则。学校的工作人员和学生比照这套标杆体系对他们正在以全球化方式做的事情进行了思考，并认识到他们正站在一个对全世界学校来说都非常重要的前沿地带上。

经过几年努力，国际学校联盟的渥太华分部给每一项标杆都确立了相应指标，在开发这些指标的过程中，A. Y. 杰克逊的领导和教师投入了大量时间和精力。国际学校联盟全球化网络中的其他学校也已经分享了这套指标体系，而且正以集体智慧不断对其进行发展和完善。这套指标体系对于发展学校的全球化特色并记录其成功足迹非常有用。A. Y. 杰克逊的工作人员和教师在准备国际学校联盟全球化学习中心学校申请材料的过程中，既用到了标杆，也用到了具体指标。现在，这套标杆和指标体系已经被作为标杆能力发展的指南，用于国际学校联盟网络中的其他学校。

在佛罗里达州坦帕市举行的 2006 年国际学校联盟全球峰会上，A. Y. 杰克逊中学被授予了世界第一所申请国际学校联盟认证的全球化学习中心学校
298 这一殊荣。在一年以后的国际学校联盟北京峰会上，A. Y. 杰克逊中学又再次提交了申请材料，对国际学校联盟针对上一次申请材料提出的意见作了应对。A. Y. 杰克逊中学的申请被国际学校联盟接受，从而完成了其作为全球化学习中心要面临的整整长达 3 年的认证。

自从 2006 年国际学校联盟对其进行表彰后，学校教职员工和学生对国际活动的参与便日益增多，有将近三分之一的教职员工会在国际研究委员会的框架下定期开会。克莱曼购买了 100 多幅国际旗，把它们悬挂在学校核心的

聚会地点。学生非常感谢克莱曼，他们觉得自己的文化遗产与传统受到了认可与尊重。每一位教师都会使用一面旗帜来激发学习和课堂讨论。这种对社群之多元文化混合的认可态度成为全球化学习文化崛起的跳板。克莱曼预计，学校文化的全球化基石现在是可持续性的，因为是学生首先倡议发起了项目活动，四处寻求教师支持，并大力筹集让项目取得成功所需的资金。对学校而言，这种由学生主导的项目有非常积极和正面的影响，因为现在学校的辍学率越来越低，12 年级学生留级的也越来越少。

A. Y. 杰克逊中学的学生和教职员工尝试使用全球化学习中心标杆及其指标体系准备了一份提交给国际学校联盟领导团队的电子档案材料。学校提交的这份材料是围绕标杆和指标进行准备和组织的，而后被提交给了国际学校联盟的领导团队。约翰·菲茨杰拉德和伊莱恩·沙利文亲自到学校进行了参访，实地考察了学校的运行状况，并对学生、教师和领导进行了访谈。他们提交的材料可以在学校的网站上浏览，网址为：http://www.ayj.ca/documents/isc/newsletters/Beyond%20Our%20Walls.pdf.

在国际学校联盟对这份材料进行的审议中，A. Y. 杰克逊中学在很多方面都得到了认可，这些因素结合在一起，共同创造了一种对这个世界充满了关爱的学习文化：

> 在这里，有一种对人类面临的各种问题和挑战的真正关注，既有本土意义上的，也有全球意义上的。在对行动的需要作出响应的过程中，各种各样的学生活动自然而然地涌现了出来。学校及其社群在为学校为数众多的全球项目筹措资金的问题上做得很成功……慷慨解囊……随处可见。对个人和整个人类社会面临的各种挑战和问题的关心已变成了一种内在要求。一般来说，这种内在的关爱将会影响和决定着 A. Y. 杰克逊中学学校社群的面貌。

学校的目标是“让今天的学生掌握在一个日益全球化的社会中生活与工作所需的各种技能，并对成为世界公民所需的知识和价值观有更深刻的认识”（*Beyond Our Walls*，Newsletter：A. Y. Jaskon）。

国际学校联盟对 A. Y. 杰克逊中学申请资料进行的审议表明，战略规划的思想正在从学校整合全球化学习中心标杆的指导原则、价值观念及核心目标的过程中逐渐形成。学校的战略领导力、愿景和目标相互协调，共同为全
299 球化学习创造了一个美好未来。课堂教师和国际活动的赞助者正在创建一种模型，即如何把全球化学习中心标杆与课程标准以及学习活动联系在一起。

在学校申请全球化学习中心的电子档案材料中，有充分证据表明，全球化学习贯穿于学校生活的每一个方面。使用全球化学习中心标杆作为指南，下面的这些例子对学校正在进行的一系列全球化行动计划进行了解读和说明，这些全球化行动计划有的是和渥太华当地的卡纳塔（Kanata）社群合作的，而有的则来自于和世界各地合作伙伴的合作。

标杆 1：课程体现了推动全球化的各种力量

- 国际研究计划通过一系列非常广泛的学习体验，促进了全球公民的培养，并在学生毕业时授予其一个专门的学业成就资格证书。
- 学生参加了由各种国际组织举办的工作坊。
- 学生参加了达尔富尔问题全国青少年辩论赛。
- 学生研究了种族隔离、索韦托暴动以及南非青年是如何成长起来并加入到争取自由的最前线斗争中的。
- 学校举办的一次夏令营活动加深了学生对全球性活动的政治、经济和社会层面的理解和认识。
- 各种全球性事件被整合到了体育、科学、英语、国际问题以及商业等各种日常课程之中。

标杆 2：学校的愿景和规划把学生与全球化社群联系在了一起

- 学校的目标是**让现在的学生掌握在一个日益开放的社会中生活与工作所需的各种技能，并使其对成为一个世界公民所需的各种知识和价值观念形成进一步理解和认识。**

- 现在学校有了一个新的目标，那就是继续推动 A. Y. 杰克逊成为一个全球化学习中心。

- 学校的目的是提升其多元文化课程项目的总体水平。

- 国际研究委员会为学校的全球化活动创建了一套数据收集机制，收集了大量数据信息，其中包括各种全球化活动的档案、宣传资料、联系方式、联络人与合作伙伴、课程联合、实地考察、沟通交流以及资金筹措计划等。

标杆3：教育工作者在一种全球性网络化的环境下参与专业发展 300

- 学校的两位教师和校长一道参加了在佛罗里达州坦帕市召开的2006年国际学校联盟年度全球峰会。

- 学校的6名学生、两位教师和校长一道参加了在中国北京召开的2007年国际学校联盟全球峰会，本次峰会还组织发起了首次全球青年峰会。

- 教职员工的专业发展项目把中心集中于使其成为全球化的专业人士上。

- 学校的专业人士使用各种技术手段与世界各地的专业人士进行沟通和交流，推动和促进了面向学生的那些全球化学习活动的开展。

- 学校教职员工充分挖掘社群内部存在的各种国际化资源，以加强和全球化有关的各种行动计划。

标杆4：和全球化企业建立合作伙伴关系，促进学校发展

- 给学校提供赞助的企业包括戴尔公司加拿大分公司、丰业银行、丰田公司卡纳塔分公司等，它们给学生参加全球青年领袖峰会提供了资助，其中包括给每个学生配备一台笔记本电脑。

- 学校和加拿大第一航空以及因纽特航空建立了合作伙伴关系，学生从它们那里获得了支持，它们给一个和加拿大北部地区学生进行交流的项目提供了赞助。

● 学生们找到了各种资源，给安大略省北部那些流离失所的学生提供了一个安身之所。

301

标杆5：学生显示出了高水平的学术课业成就

● A. Y. 杰克逊中学2002年、2006年和2007年三度荣获伊希斯·奥菲瑟民族文化平等奖。

● A. Y. 杰克逊的学生在2005—2006年度和2006—2007年度的学业成就模式全部高于整个学区的水平，并且在阅读、写作和数学上高于安大略省的水平。

● A. Y. 杰克逊中学的团队2005年在地区初中生学业成就水平竞赛中名列第三。

● 学校的爵士乐队2005年在同济会（Kiwanis）音乐节获得了金奖。

● 学校学生2006年赢得了超过240 000元的大学入学奖学金。

● 在2006届毕业生中，有26人获得了法文班资格证书，59人获得了“安大略省优秀学生”荣誉称号，另外还有17人获得了工商业方向的“安大略省优秀学生”称号。

标杆6：被普遍接受的有关学习的知识指导着学生的活动

● 和西班牙胡安·德拉努萨学校建立的校际合作伙伴关系促进了学生的交流，双方每年都交换学生，以了解对方国家的生活以及独特贡献。

● 学生学习并且互相教授来自全世界很多种文化中的游戏。

● 学校展现出了一种关爱的文化，不仅互相关怀，而且还关爱社群，关爱国家，关怀世界各地的生活。

● 学校树立了一个充满活力、积极向上的学习共同体的榜样，支持创新，支持学生发起的各种倡议，支持对与各种各样全球化项目有关的课程发展的参与。

- 探究性学习方式遍布于学校生活的每一个角落，学生以团队方式对各种可能的选择和机遇进行探索。
- 每一个学生项目都获得了应有的尊重和尊严，并因此而有所作为。

标杆 7：课程中包含国际项目 302

- 前任驻联合国大使到校就国际问题发言，另外学生还就各种各样的国际问题参加小型研讨。
- 学生参观了比利时和法国的第一次世界大战和第二次世界大战遗址，以便了解加拿大的历史及其在历史上的这些岁月里和世界其他地方的联系。
- 学生通过 Ubuntu 笔友俱乐部在肯尼亚内罗毕交笔友。
- 很多课堂都对当前人类面临的重大问题给予了重点关注，其焦点集中于气候变化、可持续发展、变革中的世界经济、安全问题以及解决冲突的措施等。
- 学生每年都为社群组织一场全球性的庆祝活动。

标杆 8：学生正为在全球化职场中获得成功而发展各种能力，其中包括掌握各种新兴技术在内

- 学校学生参加了在卡尔顿（Carleton）大学举行的“国际问题日”活动。
- 学校学生帮助组织了向国际学校联盟申请全球化学习中心认证的电子档案资料。
- 学校学生完成了申请全球化学习中心的电子档案资料，并把它张贴在学校网站上。
- 学生为他们的全球性活动创建了一个电子化的通讯简报。

标杆 9：学生使用了民主化的决策程序 303

- 学生和教师一起准备全球化学习中心学校的认证。

- 学生为学校在北京召开的国际学校联盟全球峰会上的报告做安排。
- 学生发起了各种项目，这些项目需要持续不断的民主决策、组织、资源和评估。

标杆 10：学生关心全球社群及其可持续性

- 学生通过跑马拉松为世界宣明会（World Vision）筹集资金。
- 筹集资金给肯尼亚的两名女孩提供上 Lwak 高中的资助。
- 学生募捐支持向海外派兵。
- 学生组织了两次献血活动，为红十字会筹集了 75 个单位的血液。
- 学生在他们的国际商务课程中组织了一个每年一度的食品和玩具比赛。
- 筹集资金给萨尔瓦多一名 9 岁女孩提供资助，并为联合国儿童基金会、人道促进会以及海地之家募捐。
- 学校作为东道主接待了首批来自加拿大北部卡舍切万（Kaschewan）和康吉素瓦鲁朱哇（Kangiqsualujuac）地区的学生。

304 欲了解更多信息，请查看 A. Y. 杰克逊中学的网站，网络地址为：http：//www. ayj. ca。在这里你可以了解到，A. Y. 杰克逊学生和教师是如何生活在一起，共同对新的全球化学习机会进行探索，进而彼此塑造的。对于 A. Y. 杰克逊中学的学生和教师而言，全球化学习已经成为一种生活方式（欲了解更多有关全球化学习中心学校的资格认证程序，请联络约翰·菲茨杰拉德，johnfitz1@ sympatico. ca）。

小结

那些**生活在混沌边缘**的领导者正满怀信心，他们的信心来自于创造一种不平衡状态以使其达到临界点，以及给自组织提供支持以为全球化时代创造一种更加机动灵活的学习新体系。这就是梅尔塔·里茨（Meyrtha Leetz）和乔治·里茨（George Leetz）在荷兰库拉索岛上已经做到的事情。他们为孩子以及家长举办了 30 次左右的“世界咖啡屋”活动，让他们对家庭暴力的问题进行讨论。从这项重要工作中诞生了 30 多个项目，岛上的教育体系、政府的各个部委、企业社群现在正携手致力于寻找解决家庭暴力问题的各种措施。他们打算通过以整体性的方式携手合作，创建一个强大且充满生机的岛国！随着时间的推移创造不平衡状态同时坚持有所作为是这个故事的主心骨（http：//www. 5starcuracao. com）。库拉索现在正准备承办 2009 年国际学校联盟全球峰会，政府、当地商界领袖、各学区以及非政府组织纷纷慷慨解囊提供赞助。这个整合为一体的社群以其高瞻远瞩预见到，国际学校联盟将会促进这个岛屿和世界其他地方的联系，增强其培养子孙后代之全球化/本土化领导力的能力。

在混沌边缘有非常重要的变革发生，通过打破国家和地区界限相互联合起来，我们就能够一起学会在**混沌边缘**生存，享受这种身处**混沌边缘**的状态，并在**混沌边缘**走向繁荣。让我们留心环境的变化并对其作出响应，用信息创造不平衡态以达到临界点，打破所有职业生活的界限联合起来为学校教育之新方式创造能量，加强学生、教师、家长和社群之间以及来自合作伙伴的自组织，并期望学校教育的新原型将会崛起。这种学校教育的新原型对今日的学生及其学习需要的响应将更加灵敏。最后，让我们为学校教育的落后做法的消逝及其新生命形式的崛起举杯庆祝吧！

让我们在这个过程中超越国家和地区界限，超越文化和语言，来创造新的友谊，同时构建学校和学区的合作伙伴关系，创建我们自己的支持网络，以保持不断走向成功。这段旅程是为那些怀着一颗勇敢之心的人以及那些满怀激情要让学校教育与现在的青年更相关的人准备的。这就是我们现在面临的机遇，让我们携起手来创建一个可以互相汲取对方所长的教育工作者的全球网络，共同开创适应全球化生存时代需要的学校教育的新未来。

附录 A

全球化学习中心标杆：来自世界各地多所学校的样板

1. **课程提供机会帮助师生了解影响变革的地方力量和全球力量。**例如： 305

- 欧洲的“远景计划”（Futures Project）渗透进了很多学校的课程项目，覆盖了各种年龄阶段的学生，旨在帮助他们对各种不断生成的全球化趋势有所意识（芬兰）。
- 有一门科学专题课程其内容体现了天文学的最新进展，这是一门在世界范围内讲授的在线课程（芬兰）。
- 有所学校给所有学生都开设了环保教育及“远景计划”等方面的课程（瑞典）。
- 有六门自然方面的课程项目和当地的产业建立起了联系（瑞典）。
- 学生接待了来自西班牙、美国和中国多个国家很多所学校的教师和领导（美国）。
- 两所学校的教师在 Skype 即时通信软件上开会，安排两校学生的合作项目，之后由两所学校的学生设计和完成了这些项目（美国）。

2. 作为一个生长中的系统，学校有与全球社群及其动力建立联系的愿景、计划、机会和动力。例如，

- 学习天文学课程的学生参加了一项由全国科学教师协会（National Science Teacher Association）举办的项目，通过这个项目打破了各种界限共同分享各种数据资料。另外他们还学会了“立竿见影天文学项目”在课堂中的各种不同使用方式，比如使用学生自己创作的传说和神话等（芬兰）。
306 - 对学生的评估主要是由和他们所学课程相关的当地产业部门来完成的。另外这些学生也学习来自其他国家之学校的课程（瑞典）。
- 学校现在正计划把自己打造成一所符合国际学校联盟标杆要求的全球化学习中心型学校（美国）。
- 通过模拟联合国的方式致力于推动学生围绕世界面临的各种重大挑战展开辩论（中国）。

3. 教育工作者参与全球网络化环境中的专业发展活动，以促进学习和交流。例如，

- 教师们对“远景计划”中与新兴之全球化趋势相关的文献进行了研究，然后和其他教师一起进行研讨，共同分享心得并对这些趋势进行探索（芬兰）。
- 校长和教师接待了很多来自其他国家的教育工作者的参访（芬兰）。
- 校长是国际学校联盟的成员，他们在自己的学校接待过很多由教育机构领导组成的国际访问团，另外他们还和学区以及国家教育署的领导一起组织过研讨（芬兰）。
- 两位教师对卢森堡的一所伙伴学校进行了为期一个月的参访。而

后来自卢森堡的6位教师也将在我们的学校和社群中度过一个月的时光（芬兰）。

- 校长参加了一个由英国文化协会资助的工作见习项目，赴格拉斯哥的一所学校进行工作见习（芬兰）。
- 校长参与了一个为欧洲“夸美纽斯计划”而设立的国际规划团队的工作（瑞典）。
- 下一年度我们的教师将会和来自冰岛的教师进行双向交流互派（芬兰）。
- 通过和其他国家同行及当地产业界领导者的密切合作，教师的角色发生了永久性的变化。学生特定的职业生涯需要特定的能力，而教师现在则是这些能力发展的积极促进者（瑞典）。
- 我们学校已经为来自西班牙、中国、国际学校联盟社群以及当地城市和地区的教育工作者组织了多次研讨班、国际会议和工作坊（美国）。
- 瑞典卡特琳娜霍尔姆和加拿大渥太华的校长互派教师，让他们作
为合作伙伴在彼此的家庭和课堂里共同生活和工作一周，先是在 307
渥太华，然后是在卡特琳娜霍尔姆。

4. **与当地、区域和/或国际企业合作，以明确学校发展方向。**例如，

- 在选定的领域内就业需要一定的能力，学生自己为这些能力的发展肩负起责任。他们在学习共同体的背景下工作，这些学习共同体塑造了学生努力的目标，并确立了他们所要肩负的责任。对于学生选定的产业领域而言，他们参与的是一种真实的工作情境（瑞典）。
- 商界领袖和教师一起合作，共同在每一个课程领域内塑造学生的学习，而后每年对学生的学习质量进行一次评估（瑞典）。
- 高中学生探索各种方法，为国际学校联盟首届青年领导力全球峰会的举办争取政治和资金支持（中国）。

- 渥太华教育局和中国、韩国以及越南的很多学区建立了合作伙伴关系，并开展了交流互派项目方面的合作。大量教师来到渥太华学习如何使用英语进行课程教学（加拿大）。
- 学区在中国建起了“校中校”，加拿大教师在“校中校”里使用英语向中国学生提供加拿大高中学分课程。

5. 无论是比照当地、区域还是国际的测量标准，学生的表现都很优秀。 例如，

- 学校因其高水平的学生学业表现而被美国教育部授予蓝丝带学校的荣誉奖项（美国）。
- 按照国际学生评估计划的测验结果，赫尔辛基两所学校的教育质量居于世界一流水准（芬兰）。
- 有所学校的青年交响乐队在2006年于维也纳举行的全球性赛事中荣获第一名（中国）。

6. 应用关于人类学习的最新知识指导贯穿于学校生活中的学习实践。 例如，

- 校长每周都要召开一次工作坊，就大脑友好型学习环境中的人类学习进行研讨。学校教师的专业发展是持续性的，贯穿于整个学年（美国）。
- 308 教师频繁参加各种校外的会议和工作坊，以丰富自己有关人类学习这方面的知识（美国）。
- 全校每一位学生都理解自己参与特定学习活动的原因何在，而且他们能从人类学习的视角出发就这些原因向来访者进行解释说明（美国）。
- 教师处于各种由他们专业的教育工作者组成的网络之中，这些网络影响着学校中的学习环境（芬兰）。

- 中国教育部通过虚拟网络把教师们联合在了一起，让他们可以作为专业人士持续不断地进行学习，具体方式包括参加培训、研讨和各种试点项目，以及参访彼此的课堂，就观察所得的数据资料和信息进行讨论，进行反思，开展共享等（中国）。

7. 国际项目被纳入地方课程，以增加所有学生的全球化学习机会。 例如，

- 学校的绝大多数学生都参加了科学课程项目以及“远景计划”的活动。其中包括与来自爱沙尼亚、俄罗斯索契、英格兰博尔顿以及瑞典卡特琳娜霍尔姆的学生进行交流互派（芬兰）。
- 环保方面的课程项目促进了学生与来自欧洲其他国家学校学生的互动（芬兰）。
- 我们的学校课程联盟包括如下一些课程项目（瑞典）：
  —园艺：芬兰、匈牙利
  —林学：挪威、匈牙利和比利时
  —渔业养殖：挪威
  —农业：爱沙尼亚、苏格兰和澳大利亚
  —养殖：爱沙尼亚、俄罗斯
  —水资源管理：匈牙利
  —马术活动：匈牙利
  —狩猎与野生动物保护：匈牙利、苏格兰
  —景观美化：荷兰
  —渔业：苏格兰
- 学生在我们学校修读相关的学分课程，了解肯尼亚当地人民，学习如何同他们一起共事，以共同在肯尼亚创建各种社群，然后赴肯尼亚去亲身实践（瑞典）。
- 学生和世界各地的儿童及教育工作者交朋友，以提升我们国家的形象（中国）。

8. 学生正在培养各种能力，包括利用新兴技术的能力，以在不断发展的全球劳动力大军中获得成功。例如，

- 学生和来自很多其他国家的学生一道，使用互联网、DVD、CD以及视频等手段，积极参与各种学习项目（中国）。
- 通过精心挑选、积极规划、苦心经营、认真评估，学生们正为自己在自然和环境保护方面的某一种特定的职业生涯做准备（瑞典）。
- 学生对波罗的海面临的现实问题进行跨国研究，并在成人会议上作报告，展示他们获得的研究成果（瑞典）。
- 我们学校的学生通过讲故事、唱歌、排戏剧、写作、创作PPT演示文稿等学习如何使用正宗的英语（中国）。
- 学生和以色列、日本、西班牙、比利时、英国以及阿根廷等国家的学生一起参加各种项目（中国）。
- 我们的学生和得克萨斯州四个城市的学生结成了笔友（中国）。
- 韶关的学生参与了比利时的一个叫做虚拟动物园（Virtual Zoo）的项目，在这个项目里，可以看到世界各国学生的身影（中国）。
- 有所中学的学生自己开发和管理了他们学校的全球化学习网站（美国）。

9. 学生在全球化学习中心学习，并使用民主的决策过程、和平战略、民族文化公正实践等做法作为培养世界公民的指南和基础。例如，

- 所有学生每天都参与自己团队的工作（瑞典）。
- 来自每一种课程领域的学生代表组成了学校的治理委员会，这个治理委员会负责制定和管理学校的各项政策（瑞典）。
- 来自美国罗得岛州的一个代表团在我们的校园里树立了一支联合

国和平柱（中国）。

- 来自中美两国高中和初中的学生正在和国际性的国际学校联盟青年领导力设计团队一起为国际学校联盟首届全球青年领导力峰会 310
做准备。
- 学生为他们合作伙伴学校的学生创造了各种学习的机会（美国、新加坡和中国）。
- 具有跨文化背景的渥太华高级中学组建的“世界之声合唱团”使用在他们同学中间找到的各种语言进行表演（加拿大）。

10. 学生表现出关心全球化社群及其可持续性发展的倾向。例如，

- 有些学生参加了项目学校的交换计划（芬兰）。
- 学生到一些非洲国家旅行，他们在这些国家从事一些合作项目，帮助提高和改善当地的生活与学习条件。这些学生也可以由此获得相应的课程学分（瑞典）。
- 我们的学生通过给彼此写信的方式帮助澳大利亚一所学校的学生学习汉语普通话（中国）。
- 我们的学生给比利时国王阿尔贝二世以及王后保拉写了一封信。国王给我们回了信（中国）。
- 渥太华教育局设有一个享有盛誉的国际语言部，这个国际语言部向学生提供四十多种语言的教学服务，其中既有学分课程形式的，也有课后非学分课程形式的，还有在星期六上课的（加拿大）。

附录 B

MORE 方法：实现教育结果的更多选择 311

MORE 方法是由佛罗里达州坦帕市科比特私立走读学校校长乔伊斯·布里克·斯沃茨曼博士及其同事提出的。这套方法旨在把学校教职员工认为有价值的各种学习方法囊括在一起，整合到他们对学生的日常教育工作中。在斯沃茨曼给美国东南部地区以及西班牙各地学校开展的教师培训项目中，这套方法被作为培训的基础。下面就是 MORE 方法模型包含的七大基本方法。欲了解更多信息，请访问 www. idsyes. com。

第一条：重视学习的独特性，包括多元智能和情绪智力以及其他各种不同的学习风格指标。

第二条：使用各种动机策略提高聚焦于任务之上的时间，包括一系列提问的技巧、让整个小组和工作团队保持注意的信号系统、各种协作学习的策略以及让大脑保持激活的方法。

第三条：创造自尊和尊重，包括受欢迎行为的准则、各种交流技能以及个人为自己负责任等。

第四条：注重师生仪表，加强师生联系，包括通过身体语言、音调和话语加强联系、创造和谐的策略，学习成功人士的行为举止等。

第五条：创建学习共同体，需要关注的包括团体动力学、混龄班级、团队合作技能、共同决策方法以及高绩效学习系统的关键要素。

312 第六条：打造一个科学合理的课程架构，包括为学生能有高水平的学业表现做各种安排，诸如课程内容、背景要素、主题教学法、课程映射以及问责等。

第七条：树立以孩子为中心的愿景，可以借助的手段包括神经生物学告诉我们的有关孩子成长过程的知识、奥林匹克精神的力量以及对高水平学业成就的追求等。

附录 C

培训集群 313

培训集群 A 为全球化生存时代的可持续性学习发展做好准备	
第一天：分析学校教育的全球化背景 **目的：**形成一种面向全球化背景的导向，为全球化时代的学校教育确定目标。 **知识基础** • 全球化趋势 • 全球化学校绩效趋势 • 网络科学及其实践 **领导力技能** • **趋势分析** • **创建学习共同体** • **微型—德尔菲/对话法** **实践任务** • 趋势分析 • 组织一个个人的学习共同体 • 领导实施一次微型—德尔菲/对话法	**第二天：形成一种学校发展的整体性导向** **目的：**为全球化生存时代的学校发展确立一种整体性和混沌学的方法。 **知识基础** • 系统论、混沌学和复杂性理论 • **学校工作文化测验：**SWCP **领导力技能** • **杠杆点分析** • **学校发展的个人愿景** **实践任务** • 使用学校工作文化测验工具对教职员工进行调查 • 领导实施一次**杠杆点分析**

<table>
<tr><th colspan="2">培训集群 B
为制定学校的目标和规划收集信息</th></tr>
<tr><td>第三天：实施一项个案研究，以为规划的制定做准备
目的：掌握实施案例研究的基础知识，为学校目标的确立提供信息。

知识基础
• 案例研究方法
• 案例研究范例
• 全球化学习标杆体系
领导力技能
• 实施案例研究
实践任务
• 实施一项案例研究，以便为全球化生存时代的规划以及学校发展做准备
• 进行一项调查：全球化学习中心标杆分析</td><td>第四天：为学习的全球化时代确立学校发展的目标
目的：发展能够促进德尔菲/对话法的各种技能，创建一种共享式决策的工具，以此来充分利用各种信息，确立学校发展的目标。
知识基础
• 战略生存和领导
• 德尔菲/对话法

领导力技能
• 领导实施德尔菲/对话法
实践任务
• 领导一个团队，使用德尔菲/对话法，以此来使用通过案例研究获得的信息，并确立学校发展的目标。</td></tr>
<tr><th colspan="2">培训集群 C
组织和领导学校的工作体系</th></tr>
<tr><td>第五天：在全校范围内创建专业的工作团队
目的：为专业化的工作体系创建一套管理计划，以便实现学校的目标。
知识基础
• 创建信任、参与和高绩效的共同体
• 永久性和临时性的工作团队
• 合作伙伴关系和网络

领导力技能
• 学校组织的网络分析
• 对规划、行动、反思和采纳工作体系的设计
实践任务
• 为创建一种反应灵敏的工作体系制订一套管理计划。</td><td>第六天：设计学生学习共同体组织
目的：设计学生学习系统，确定领导力和管理要素，以促进学生成长。
知识基础
• 学习共同体组织
• 团队教学和职业学园
• 学生网络
• 学生学习共同体标杆体系
领导力技能
• 学生学习共同体系统的标杆管理
• 学校学习系统的分析

实践任务
• 为加强或发展一个学生学习共同体制定规划</td></tr>
</table>

培训集群D 设计和组织学习系统	
第七天：领导专业的学习共同体 **目的：**设计和领导一个可持续性的、工作植入型的专业学习型团队，以便为愿景和目标提供支持。 **知识基础** • 可持续性发展的特色 • 高绩效的专业体系 • 共同指导和社会性网络 **领导力技能** • 为一个可持续性的专业化学习系统创建一套标杆体系 **实践任务** • 使用**专业化学习型共同体标杆体系**提升你所在组织的成人学习系统	**第八天：领导学生学习系统** **目的：**为全球化生存时代的学生学习系统设计核心要素。 **知识基础** • 面向学习的战略领导力 • 贫困、少数族裔、移民问题 • 学校的数字文化 **领导力技能** • 为全球化时代的学生学习系统形成一个集体愿景，并确立其核心价值观 **实践任务** • **为推动学生学习系统的发展及其应用效果的提升制订一套计划**

培训集群E 战略性领导和问责	
第九天：以标杆管理促发展：把学生培养成全球公民 **目的：**设计和领导一套持续发展的新体系，把学生培养成全球公民。 **知识基础** • 对变革进行诊断的方法 • 对学生学业表现进行分析的方法 • 整体质量控制和评估 • 标杆管理型变革的领导力 **领导力技能** • 确定全球化时代学校发展的进步指标 • 标杆管理型发展的框架 **实践任务** • 使用媒体准备一个10—15分钟的报告，对面向可持续性发展的领导力培训对个人产生的影响进行汇报。	**第十天：个人汇报：面向可持续性发展的领导力培训的影响** **目的：**让参加培训的人在汇报中使用媒体展现在把学生培养成积极进取之全球公民的道路上LSSD培训项目对自己个人、所在组织以及他们的未来计划等方面产生的影响。

参考文献

Acker, Joan. (1992). *Gendering Organizational Analysis.* Newbury Park, Calif.: Sage.

Acker-Hocevar, Michele. (November 1994). "The Content Validation of Standards, Outcomes, and Indicators for Organizational Development in Region Ⅳ of Florida." Dissertation, University of South Florida, Tampa.

Acker-Hocevar, Michele, and Marta Cruz-Janzen. (in press). "Principal Preparation Programs." *International Journal of Learning.*

Acker-Hocevar, Michele, and Debra Touchton. (2002c, Spring). "How Principals Level the Playing Field of Accountability in Florida's High-Poverty/Low-Performing Schools, Part Ⅰ: The Intersection of High-Stakes Testing and Effects of Poverty of Teaching and Learning." *International Journal of Educational Reform*, *11*(2), 106 – 124.

Acker-Hocevar, Michele, and Debra Touchton. (2002b, Summer). "How Principals Level the Playing Field of Accountability in Florida's High-Poverty/Low-Performing Schools, Part Ⅱ: Building Organizational Capacity under the Auspices of Florida's A_ Plan." *International Journal of Educational Reform*, *11*(3), 268 – 278.

Acker-Hocevar, Michele, and Debra Touchton. (2002a, Fall). "How Principals Level the Playing Field of Accountability in Florida's High-Poverty/Low-Performing Schools, Part Ⅲ: Effects of High-Poverty Schools on Teacher Recruitment and Retention." *International Journal of Edu-*

cational Reform, *11*(4), 334 - 346.

Acker-Hocevar, Michele, Marta Cruz-Janzen, and Cynthia Wilson. (January 2006). "International Congress for School Effectiveness and Improvement (ICSEI). Embracing Diversity: New Challenges for School Effectiveness and Improvement in a Global Learning Society." 19th Annual World ICSEI Congress, Fort Lauderdale, Florida.

Acker-Hocevar, Michele, Marta Cruz-Janzen, Cynthia Wilson, Perry Schoon, and David Walker. (2005/2006). "The Need to Reestablish Schools as Dynamic Positive Human Energy Systems That Are Non-Linear and Self-Organizing: The Learning Partnership Tree." *International Journal of Learning*, *12*(10), 255 - 266.

Acker-Hocevar, Michele, and Patricia A. Bauch (Fall 1998). "Florida Awards Teachers' Perspectives on Empowerment and Their Involvement with Parents Under Recent School Reform Efforts." *Organization Theory Dialogue.* Organization Theory Special Interest Group, American Educational Research Association. Indiana University, Bloomington.

Acker-Hocevar, Michele, Patricia Bauch, and Barbara Berman. (1997). "Emerging Constructs of Power: Teacher Beliefs Embedded in Practice with Implications for School Leadership." *Educational Leadership and Administration*, *9*, 21 - 32.

Acker-Hocevar, Michele, Roseanne MacGregor, and Debra Touchton. (April 1996). "The Problem with Power: Whose Definition? An Exploratory Study of 'Gendered Language' Differences on Personal and Organizational Factors of Power with US and Canadian Teachers." Paper presentation, annual meeting of the American Educational Research Association, New York.

Acker-Hocevar, Michele, Debra Touchton, and Julie Zenz. (March 1995). "Perceived Power: Embedded Practices in Present Educational Structures." Presentation, annual meeting of Women and Power Conference, Middle Tennessee State University, Murfreesboro, Tenn.

Alvarez, Benjamin. (1998). "Life Cycle and Legacy of the Educational Reforms in Latin America and the Caribbean." *International Journal of Educational Reform*, *7*(1) (January), 34 - 45.

American Education Research Association (AERA). Go to http://www.aera.net.

Anderson, Robert H. (1988). "Team Teaching: Quo Vadis?" *Florida ASCD Journal*, *5*, 17 - 22.

Anderson, Robert H., and Barbara Nelson Pavan. (1993). *Nongradedness: Helping It to Happen.* Lancaster, Pa.: Technomic Press.

Apple, Michael. (1982) *Education and Power.* Boston: Routledge and Kegan Paul.

Barabási, Albert-Laszlo. (2003). *Linked: How Everything Is Connected to Everything Else and What It Means for Business, Science, and Everyday Life.* Auckland, New Zealand: Plume.

Barnard, Chester. (1964, originally published in 1938). *The Functions of the Executive.* Cambridge, Mass.: Harvard University Press.

Beavis, Allan K. (April 1995). "Towards a Social Theory of School Administrative Practice in a Complex, Chaotic, Quantum World." Paper presentation, American Educational Research Association, San Francisco.

Begun, James W. (December 1994). "Chaos and Complexity: Frontiers of Organization Science." *Journal of Management Inquiry 3*(4), 330–334.

Belenky, Mary Field, Blythe Clinchy, Nancy Goldberger, and Jill Tarule. (1986). *Women's Ways of Knowing: The Development of Self, Voice, and Mind.* New York: Basic Books.

Bennett, Nigel, and Alma Harris. (1997). "Hearing Truth from Power? Organisation Theory, School Effectiveness, and School Improvement." Paper presentation, annual meeting of the American Educational Research Association, Chicago.

Bennis, Warren, Jagdish Parikh, and Ronnie Lessem. (1994). *Beyond Leadership: Balancing Economics, Ethics and Ecology.* Cambridge, Mass.: Basil Blackwell.

Bently, R., and A. M. Rempel. (1980). *Purdue Teacher Opinionaire.* 2nd ed. Lafayette, Ind.: Purdue Research Foundation.

Bertalanffy, Ludwig von. (1968). *General System Theory: Foundations, Development, Applications.* Rev. ed. New York: George Braziller.

Bishop, Cheryl. (1997). *Relationship Between the Organizational Culture of Four Elementary Schools and the Referral Rates for Exceptional Student Education Programs.* Dissertation, University of South Florida, Tampa.

Bjorkman, Conny. (1996). *School Work Culture as a Platform for School Development: A Study of Two Swedish and Two Russian Schools.* Paper presentation, conference on Multicultural Education, Sochi, Russia.

——. (1997). *An Exchange of Experiences.* Sundsvall, Sweden: Mid-Sweden University Press.

——. (1998). "School Work Culture as a Platform for School Development." *Wingspan, 12*(1), 2–9.

——. (1998). Slutredovisning Av Projekten "Utveckling och anvandning av instrumentet SWCP och PBL." A report to Skolverket. Submitted by Brua at Mid-Sweden University. Ostersund, Sweden.

Blase, Jo. (1991). "The Micropolitical Perspective." In *The Politics of Life in Schools*, ed. Jo Blase, 1 – 18. Newbury Park, Calif: Corwin Press.

Blazey, Mark L. (2008). *Insights to Performance Excellence 2008: An Inside Look at the 2008 Baldrige Award Criteria*, Milwaukee, Wis.: ASQ Quality Press.

Blueprint 2000: Initial Recommendations for a System of School Improvement and Accountability. (1992). Tallahassee: The Florida Commission on Educational Reform and Accountability.

Bohm, David. (1995). *Wholeness and the Implicate Order.* New York: Routledge.

Borg, Walter R., and Meredith D. Gall. (1989). *Educational Research: An Introduction.* 5th ed. New York: Longman.

Bridgeland, J. M., J. Dilulio, and K. B. Morison. (March 2006). *The silent epidemic: Perspectives of high school dropouts.* A report of the Civic Enterprises in association with Peter D. Hart Research Associates for the Bill and Melinda Gates Foundation. Retrieved March 6, 2006, from http://www.civicenterprises.net/pdfs/thesilentepidemic3 – 06.pdf.

Brooks, Ann K. (1994). "Power and the Production of Knowledge: Collective Team Learning in Work Organizations." *Human Resource Development Quarterly*, *5*(3), 213 – 235.

Bruner, Darlene Y. (1997). *The Dynamics of Work Cultures of Low and High Performance Schools: A Case Study.* Doctoral dissertation, University of South Florida, Tampa.

Brunner, Cryss C. (1993). *By Power Defined: Women in the Superintendency.* Unpublished dissertation, University of Kansas.

Buchanan, Mark. (2002). *Nexus: Small Worlds and the Groundbreaking Theory of Networks.* New York: W. W. Norton & Company.

Buckley, W. (1967). *Sociology and Modern Systems Theory.* Englewood Cliffs, N. J.: Prentice-Hall.

Burch, John G., and Gary Grudnitski. (1986). *Information Systems: Theory and Practice.* New York: John Wiley and Sons.

Burchard, John D., and Mark Schaefer. (1992). "Improving Accountability in a Service Delivery Model in Children's Mental Health." *Clinical Psychology Review*, *12*, 867 – 882.

Bush, George. (1992). *America 2000.* Washington, D. C.: U. S. Department of Education.

Callahan, Raymond E. (1962). *Education and the Cult of Efficiency.* Chicago: The University of

Chicago Press.

Camp, Robert C. (1989). *Benchmarking: The Search for Industry Best Practices That Lead to Superior Performance.* Milwaukee, Wis.: ASQC Quality Press.

——. (1995). *Business Process Benchmarking: Finding and Implementing Best Practices.* Milwaukee, Wis.: ASQC Quality Press.

Capra, Fritjof. (1982). *The Turning Point: Sciences, Society, and the Rising Culture.* New York: Simon & Schuster, Bantam Books.

——. (1991). *The Tao of Physics.* 3rd ed. Boston: Shambhala.

——. (1994). "Systems Theory and the New Paradigm." In *Concepts in Critical Theory: Ecology*, ed. C. Merchant. Atlantic Highlands, N. J.: Humanities Press International.

——. (1996). *The Web of Life: A New Scientific Understanding of Living Systems.* New York: Anchor Books, Doubleday.

——. (2002). *The Hidden Connections: Integrating the Biological, Cognitive, and Social Dimensions of Life into a Science of Sustainability.* New York: Doubleday.

Carnegie Task Force on Teaching as a Profession. (1986). *A Nation Prepared: Teachers for the 21st Century.* New York: Carnegie Forum on Education and the Economy.

Castells, Manuel. (1996, 2000). *The Rise of the Network Society*, 2nd ed. Oxford: Blackwell.

——. (2000). "Information Technology and Global Capitalism." In W. Hutton and A. Giddens (eds). *Global Capitalism.* New York: The New York Press.

Casti, John L. (1995). *Complexification: Exploring a Paradoxical World Through the Science of Surprise.* New York: HarperPerennial.

Cherryholmes, Cleo H. (1988). *Power and Criticism: Poststructural Investigations in Education.* New York: Teachers College Press.

Clegg, Stewart. (1989). *Frameworks of Power.* London: Sage.

Cleland, David I., and William R. King. (1972). *Management: A Systems Approach.* New York: McGraw-Hill.

Clinchy, Evans. (December 1998). "The Educationally Challenged American School District." *Phi Delta Kappan*, *80*(4), 272 – 277.

Cogan, John. (1998). "Citizenship Education for the 21st Century: Setting the Context." In *Citizenship for the 21st Century: An International Perspective on Education.* Cogan, John, and R. Derricott, ed. London: Kogan Page Limited.

Cohen, Debbie Happy. (2003). *It's All About Kids: Every Child Deserves a Teacher of the Year.* Tampa, FL: Bee Happy.

Coveney, Peter, and Roger Highfield. (1995). *Frontiers of Complexity: The Search for Order in a Chaotic World.* New York: Fawcett Columbine.

Crozier, Michael. (1964). *The Bureaucratic Phenomenon.* Chicago: University of Chicago Press, Phoenix Books.

Dalin, Per. (1995). *Skolutveckling, Praktik.* Stockholm: Liber Utbildning.

——. (January 1996). "Can Schools Learn? Preparing for the 21st Century." *NASSP Bulletin*, *68*, 9 – 15.

Darling-Hammond, Linda. (1992). *Professional Practice Schools: Linking Teacher Education and School Reform.* New York: Teachers College Press.

Delors, Jacques. (1998). "Learning the Treasure Within." Report to UNESCO of the International Commission for Education for the Twenty-first Century. Paris: UNESCO.

Deming, W. Edwards. (1986). *Out of Crisis.* Cambridge, Mass.: Massachusetts Institute of Technology.

Denzin, Norman K., and Yvonna S. Lincoln, eds. (1994). *Handbook on Qualitative Research.* London: Sage.

Derrida, Jacque. (1976). *Of Grammatology.* Baltimore: Johns Hopkins Press.

DiMaggio, Paul, and Walter Powell. (1983). "The Iron Cage Revisited: Institutional Isomorphism and Collective Rationality in Organizational Fields." *American Sociological Review*, *48*, 147 – 160.

Dubinskas, Frank A. (December 1994). "On the Edge of Chaos: A Metaphor for Transformative Change." *Journal* of *Management Inquiry*, *3*(4), 355 – 365.

Dunlap, Diane, and Paul Goldman. (1991). "Rethinking Power in Schools." *Educational Administration Quarterly*, *27*(1), 5 – 29.

Eisler, Riane. (1987). *The Chalice and the Blade: Our History, Our Future.* San Francisco: Harper & Row.

——. (1993). "The Challenge of Human Rights for All: What Can We Do?" In *The Years Ahead: Perils, Problems, and Promises*, ed. H. F. Didsbury, 99 – 115. Betheseda, Md.: World Futures Society.

——. (1995). "From Domination to Partnership: The Hidden Subtext in Organizational

Change." *Training and Development*, *49*(2), 32 - 39.

Engels, F. (1940). *Dialectics of Nature.* New York: International Publishers.

English, Fenwick W. (1992). *Educational Administration: The Human Science.* New York: HarperCollins.

Eratuuli, Matti, and Kauko Hamalainen. (1996). "Participants' Evaluation of a Specialist Training Programme for Principals." In *Improving Educational Management*, eds. Jaroslav Kalous and Fons van Wieringen. De Lier, the Netherlands: Academisch Boeken Centrum.

Eratuuli, Matti, and Christer Nylen. (1995). *The Improvement of School Leadership: Cooperation between Russian, Swedish, and Finnish Principals. Part 1: The Background, Context, and the Principals' Job Descriptions.* Helsinki: University of Helsinki.

European Commission. (November 2004). "Implementation of 'Education and Training 2010' Work Programme. Working Group B 'Key Competencies.'" *Key Competencies for Lifelong Learning: A European Reference Framework.*

Feigenbaum, Mitchell. (1990). "The Transition to Chaos." In *Chaos: The New Science*, ed. John Holte. Lanham, Md.: Gustavus Adolphus College, University Press of America.

Field, J. (2000). *Lifelong Learning and the New Educational Order.* Stroke on Trenton, UK: Trentham Books.

Fisher, Kimball, and Mareen Duncan Fisher. (1998). *The Distributed Mind: Achieving High Performance Through the Collective Intelligence of Knowledge Work Teams.* New York: American Management Association.

Fitzgerald, John. (1991). "Management Practices: A Case Study of Supervisors and Directors of Curriculum and Instruction in One School District." Unpublished dissertation, University of South Florida, Tampa.

Florida Department of Education. (1992a). *Blueprint 2000.* Tallahassee: The Florida Commission on Educational Reform and Accountability.

——. (1992b). *Guidelines for School Improvement.* Tallahassee, Fla.: The Commission on Educational Reform and Accountability.

Florida Office of Program Policy Analysis and Government Accountability (OPPAGA). (1997). *Improving Student Performance in High-Poverty Schools.* Tallahassee, Fla.: Author.

Foucault, Michel. (1984). *The Foucault Reader*, ed. Paul Rabinow. New York: Pantheon Books.

Freire, Paulo. (1970). *Pedagogy of the Oppressed.* New York: Herder and Herder.

——. (1973). *Pedagogy of the Oppressed.* New York: Continuum.

Friedman, Thomas L. (1999). *The Lexus and the Olive Tree: Understanding Globalization.* New York: Farrar, Straus, and Giroux.

——. (2006). *The World Is Flat: A Brief History of the Twenty-First Century.* New York: Farrar, Straus, and Giroux.

Fullan, Michael. (2006). *Turnaround Leadership.* San Francisco: Jossey-Bass.

Fullan, Michael G., and Mathew B. Miles. (June 1992). "Getting Reform Right: What Works and What Doesn't." *Phi Delta Kappan*, 745 - 752.

Garton, L., C. Hayhornthwaite, and B. Wellman. (1999). "Studying Online Social Networks." In Jones, S., ed. (1999). *Doing Internet Research: Critical Issues and Methods for Examining the Net.* Thousand Oaks, CA: Sage.

Garvin, David A. (1993). "Building a Learning Organization." *Harvard Business Review*, *71* (4), 78 - 91.

Geertz, Clifford. (1973). *The Interpretation of Cultures.* New York: Basic Books.

Getzels, Jacob W., and Egon Guba. (Winter 1957). "Social Behavior and the Administrative Process." *School Review*, *65*, 423 - 441.

Giella, Mary. (1996). *The Superintendent's Handbook.* New Florida Superintendents' Orientation Conference. Tallahassee: Florida Association of District School Superintendents.

Giella, Mary, Karolyn J. Snyder, and Robert H. Anderson. (1999). "A Strategic Planning System." In *Leadership for Systemic School District Transformation: A Professional Development Program.* Tampa: Pedamorphosis.

Giella, Mary, and Myndall Stanfill. (January 1996). "Concurrent School Transformation: Resolving the Dilemma." *NASSP Bulletin*, *80*, 58 - 66.

Gilligan, Carol. (1982). *In a Different Voice: Psychological Theory and Women's Development.* Cambridge, Mass.: Harvard University Press.

Glasser, William. (1990). "The Quality School." *Educational Leadership*, *71*(6), 425 - 435.

Gleick, James. (1987). *Chaos: Making a New Science.* New York: Penguin Books.

Gomer, H. (1976). "The Functions of Formal Planning in Response to Sudden Change in the environment." (Ph. D. paper), Graduate School of Business Administration, Harvard University.

Goodlad, John I. , and Robert H. Anderson. (1959, 1963). *The Nongraded Elementary School.* New York: Harcourt, Brace & World.

Gore, Al. (2006). *An Inconvenient Truth: The Planetary Emergency of Global Warming and What We Can Do About It.* New York: Rodale.

Graham, Pauline. (1995). *Mary Parker Follett: Prophet of Management.* Boston: Harvard Business School Press.

Gramsci, Antonio. (1971). *Prison Notebooks.* New York: International.

Greene, M. (1988). *The Dialetic of Freedom.* New York: Teachers College Press.

Greenlee, Bobbie Jean. (1997). "A Study of the Internal Consistency Reliability and Criterion-Related Validity of the Education Quality Benchmark System." Doctoral dissertation, University of South Florida, Tampa.

Guba, Egon G. , and Yvonna S. Lincoln. (1989). *Fourth Generation Evaluation.* Newbury Park, Calif. : Sage.

Gunter, Helen. (1995). "Jurassic Management: Chaos and Management Development in Educational Institutions." *Journal of Education Administration*, *33*(4), 5 - 20.

Hamalainen, Kauko. (1994). *Capability Statement: Vantaa Institute for Continuing Education.* Helsinki: University of Helsinki.

Handy, Charles. (1994). *The Age of Paradox.* Boston, Mass. : Harvard Business School Press.

——. (1995a). *Beyond Certainty: The Changing Worlds of Organisations.* London: Hutchinson.

——. (1995b). *The Empty Raincoat: Making Sense of the Future.* Great Britain: Arrow Books Limited, Random House.

Hanushek, E. , J. Kain, and S. Rivkin. (2004). Why Public Schools Lose Teachers. *Journal of Human Resources*, *39*(2), 326 - 354.

Hargraves, Andy. (1994). *Changing Teachers, Changing Times: Teachers' Work Culture in the Postmodern Age.* New York: Teachers College Press.

Hart, Elvo Tevino. (1999). *Barefoot Heart: Stories of a Migrant Child.* Tempe, AZ: Bilingual Press.

Hawking, Stephen W. (1988). *A Brief History of Time: From the Big Bang to Black Holes.* New York: Bantam Books.

Heathers, Glen. (1972). "Overview of Innovations in Organization for Learning." *Interchange*, *3*, 47 - 68.

Herbert, Nick. (1985). *Quantum Reality: Beyond the New Physics.* New York: Anchor Books, Doubleday.

Hernandez, Mario, Sharon Hodges, and Michelle Cascardi. (1998). "The Ecology of Outcomes: System Accountability in Children's Mental Health." *The Journal of Behavioral Health Services and Research*, *25*(2), 136 – 150.

Hodgkinson, Harold. (September 1991). "Reform Versus Reality." *Phi Delta Kappan*, *73*, 9 – 16.

Hofstede, Geert. (1984). *Culture's Consequences: International Differences in Work-Related Values.* Abridged edition. Beverly Hills: Sage.

Holte, John, ed. (1990). *Chaos: The New Science.* Lanham, Md.: Gustavus Adolphus College, University Press of America.

Hooks, B. (1994). *Teaching to Transgress: Education as the Practice of Freedom.* New York: Routledge.

——. (1995). *Killing Rage: Ending Racism.* New York: Henry Holt and Company.

Horsch, Karen. (1996). "Results-Based Accountability Systems: Opportunities and Challenges." *The Evaluation Exchange*, *2*(1), 2 – 3.

Hurst, David K., and Brenda J. Zimmerman. (December 1994). "From Life Cycle to Ecocycle: A New Perspective on the Growth, Maturity, Destruction, and Renewal of Complex Systems." *Journal of Management Inquiry*, *3*(4), 339 – 353.

Hyde, C. R. (1999). *Pay It Forward.* New York: Pocket Books.

Immegart, Glenn L., and Francis J. Pilecki. (1973). *An Introduction to Systems for the Educational Administrator.* Reading, Mass.: Addison-Wesley.

Imparato, Nicholas, and Oren Harare. (1994). *Jumping the Curve: Innovation and Strategic Choice in an Age of Transition.* San Francisco: Jossey-Bass.

Information Society Commission. (2002). *Building the Knowledge Society: Report to the Government.*

Ishikawa, Kaoru. (1985). (Translated by David J. Lee). *What Is Total Quality? The Japanese Way.* Englewood Cliffs, N. J.: Prentice-Hall.

Jaworski, Joseph. (1996). *Synchronicity: The Inner Path to Leadership.* San Francisco: Berrett-Koehler.

Johnson, Jonathan L., and Brian K. Burton. (December 1994). "Chaos and Complexity Theory for Management." *Journal of Management Inquiry*, *3*(4), 327, 328.

Johnson, William L., Karolyn J. Snyder, Robert H. Anderson, and Annabelle Johnson. (1997). "Assessing School Work Culture." *Research in the Schools*, *4*, 35 – 43. ERIC: ED 404339.

Juran, Joseph M. (1988). *Juran on Planning for Quality.* New York: The Free Press.

——. (1992). *Juran on Quality by Design.* New York: The Free Press.

Kanter, Rosabeth Moss. (1977). *Men and Women of the Corporation.* New York: Basic Books.

——. (1989). *When Giants Learn to Dance: Mastering the Challenges of Strategy, Management, and Careers in the 1990s.* New York: Simon & Schuster.

——. (1995). *World Class: Thriving Locally in the Global Economy.* New York: Simon & Schuster.

Kasler, Dirk. (1988). *Max Weber: An Introduction to His Life's Work.* Chicago: The University of Chicago Press.

Kast, Fremont E., and James E. Rosenzweig. (1979). *Organization and Management: A Systems and Contingency Approach.* 3rd ed. New York: McGraw Hill.

Kauffman, Stuart. (1995). *At Home in the Universe: The Search for Laws of Self-Organization and Complexity.* New York: Oxford University Press.

Kaufman, Roger, and Susan Thomas. (1980). *Evaluation Without Fear.* New York: New Viewpoints.

Kleiner, Art. (2003). "Karen Stephenson's Quantum Theory of Trust," *Strategy and Business*, *29*.

Kosko, Bart. (1993). *Fuzzy Thinking and the New Logic.* London: Flamingo.

Lappe, Frances, Joseph Collins, Peter Russett, and Luis Esparza. (1998). *World Hunger: Twelve Myths.* New York, NY: Grove Press.

Lauwerier, Hans. (1987). *Fractals.* First published in the Netherlands by Aramithy Utigevers, Bloemendaalm. This English translation first published in the United States (1991). Oxford: Princeton University Press.

Lave, Jane, and Etienne Wenger. (1991). *Situated Learning: Legitimate Peripheral Participation.* Cambridge, UK: Cambridge University Press.

Learning for Tomorrow's World: First Results from PISA 2003. (2004). Paris: OECD.

Lennard, Earl J. (1993). "A Comparative Study of Shared Decision Making and Job Satisfaction

Among Selected Secondary Vocational Education Teachers." Dissertation, University of South Florida, Tampa.

Lewin, Kurt. (1935). *A Dynamic Theory of Personality: Selected Papers.* Translated by Donald Adams and Karl Zener. New York: McGraw Hill.

——. (1951). *Field Theory in Social Science: Selected Theoretical Papers.* New York: Harper and Brothers.

Lewin, Roger. (1993). *Complexity: Living on the Edge of Chaos.* New York: Macmillan.

Li, Shuhua. (2004). *Scientific Spirit and Education in the Information Age: From Systems to Chaos.* (Only in Chinese). Guanzhou, China: Guangxi Press.

Lilenfeld, Robert. (1988). *The Rise and Fall of Systems Theory: An Ideological Analysis.* Malabar, Fla.: Robert E. Kreiger.

Limerick, David, and Bert Cunnington. (1993). *Managing the New Organization: A Blueprint for Networks and Strategic Alliances.* San Francisco: Jossey-Bass.

Lincoln, Yvonna S. (1990). "The Meaning of a Constructivist: A Remembrance of Transformations Past." In *The Paradigm Dialogue*, Egon Guba, 67 – 87. Newbury Park, Calif.: Sage.

Lindley, David. (1993). *The End of Physics: The Myth of a Unified Theory*: New York: Basic Books.

Linn, Robert. (1994). "Performance Assessment: Policy Premises & Technical Measurement Standards." *Educational Researcher*, *23*(9) (December), 4 – 14.

Llamas, Jose Manuel Coronel. (July 1994). "The Process of Educational Reform in Spain: Where Is Don Quixote?" *International Journal of Educational Reform*, *3*(3), 307 – 311.

Lomborg, Bjorn, ed. (2004). *Global Crises, Global Solutions.* Cambridge: Cambridge University Press.

Longenecker, Justin G. (1964). *Principles of Management and Organization Behavior.* 2nd ed. Columbus, Ohio: Charles E. Merrill.

Maeroff, Gene I. (March 1993). "Building Teams to Rebuild Schools." *Phi Delta Kappan*, *74*(7), 512 – 519.

Mandelbrot, Benoit. (1990). "Fractals." In *Chaos: The New Science*, ed. John Holte. Manham, Md.: Gustavus Adophus College, University of America Press.

Martin, Joanne. (1992). *Cultures in Organizations: Three Perspectives.* New York: Oxford University Press.

Mason, R. (1998). *Globalizing Education: Trends and Applications.* New York: Routledge.

McDermott, Katherine. (2007). "'Expanding the Moral Community' or 'Blaming the Victim'? The politics of state education accountability policy." *American Education Research Journal*, *44*(1), 77 – 111.

McLagan, Patricia, and Christo Nel. (1995). *The Age of Participation: New Governance for the Workplace and the World.* San Francisco: Berrett-Koehler.

McNair, C. J., and Kathleen Leibfried. (1992). *Benchmarking: A Tool for Continuous Improvement.* Essex Junction, Vt.: Oliver Wight Publications.

Merchant, C. Key. (1994). *Concepts in Critical Theory: Ecology.* Atlantic Highlands, N. J.: Humanities Press International.

Merrill, Harwood, ed. (1960, 1970). *Classics in Management.* American Management Association.

Miller, George L., and LaRue Krumm. (1992). *The Whats, Whys, and Hows of Quality Improvement: A Guidebook for Continuous Improvement.* Milwaukee, Wis.: ASQC Quality Press.

Mintzberg, Henry. (1994). *The Rise And Fall of Strategic Planning.* New York: Free Press.

Mirel, Jeffrey. (Fall 1994). "School Reform Unplugged: The Bensenville New American School Project." *American Education Research Journal*, *31*(3), 481 – 518.

Mommsen, Wolfgang J. (1989). *The Political and Social Theory of Max Weber: Collected Essays.* Chicago: The University of Chicago Press.

Mokyr, J. (2002). "The Knowledge Society: Theoretical and Historical Underpinnings." Paper presented at the Ad Hoc Expert Group on Knowledge Systems, United Nations, New York. September 4 – 5.

Moran, Gabriel. (1996). *A Grammar of Responsibility.* New York: Crossroads.

Morgan, Colin, and Stephen Murgatroyd. (1994). *Total Quality Management in the Public Sector: An International Perspective.* Buckingham, UK: Open University Press.

Morgan, Gareth. (1997). *Images of Organizations.* Thousand Oaks, Calif.: Sage.

Morhman, S. A., R. V. Tenkasi, and A. M. Mohrman. (2003). "The Role of Networks in Fundamental Organizational Change." *The Journal of Applied Behavioral Science*, *39*(3) (September), 301 – 323.

Mortenson, Greg, and David Oliver Relin. (2006). *Three Cups of Tea: One Man's Mission to Promote Peace... One School at a Time.* New York: Penguin Books.

Murgatroyd, Stephen, and Colin Morgan. (1993). *Total Quality Management and the School.* Buckingham, UK: Open University Press.

Nadler, David A., and Marc S. Gernstein. (1992). "Designing High-Performance Work Systems: Organizing People, Work, Technology, and Information." In *Organization Architecture*, eds. David Nalder, Marc Gerstein, and Robert Shaw, 110 – 133. San Francisco: Jossey-Bass.

Nadler, David A., Robert B. Shaw, A. Elise Walton, and Associates. (1995). *Discontinuous Change: Leading Organizational Transformation.* San Francisco: Jossey-Bass.

National Association of Secondary School Principals. (March 1996). "Breaking Ranks: Changing an American Institution: Prologue and Recommendations." *NASSP Bulletin*, *80* (578), 54 – 67.

National Staff Development Council in cooperation with National Association of Secondary School Principals. (1995). *Standards for Staff Development.* Oxford, Ohio, and Restin, Va.: National Staff Development Council.

Naval, C., M. Print, and R. Veldhuis. (2002). "Education for Democratic Citizenship in the New Europe: Context and Reform." *European Journal of Education*, *37*(2), 107 – 128.

Nemerowicz, Gloria, and Eugene Rosi. (1997). *Education for Leadership and Social Responsibility.* Washington DC.: Falmer Press.

Newmann, Fred M., Bruce M. King, and Mark Ridon. (1997). "Accountability and School Performance: Implications from Restructuring Schools." *Harvard Educational Review*, *1*, 41 – 74.

Ngcongo, Rejoice P. (January 1994). "Conflict, Justice, and Problem Solving: Focus on South Africa." *International Journal of Educational Reform*, *3*(1), 15 – 21.

No Child Left Behind. Retrieved December 6, 2007, from http://www.ed.gov/nclb/landing.jhtml.

Noddings, Nel. (1991). "Stories in Dialogue: Caring and Interpersonal Reason." In Witherell, Carol, and Nel Noddings. *Stories Lives Tell: Narrative and Dialogue in Education.* New York: Teachers College Press.

——. (1993). *Educating for Intelligent Belief or Unbelief.* New York: Teachers College Press, Columbia University.

——. (2002). *Starting at Home. Caring and Social Policy.* Berkeley: University of California.

Nonaka, Ikujiro, and Hiro Takeuchi. (1995). *The Knowledge-Creating Company: How Japanese*

Create the Dynamics of Innovation. New York: Oxford University Press.

Norlin, Sture. (1996). "Systems Thinking for School Restructuring: A Cogwheel Model for School Development." Master's thesis, Institute of International Education, Stockholm University.

OECD. (2001). *Education at a Glance: OECD Indicators.* Paris: OECD.

OECD. (2001). *Knowledge and Skills for Life: First Results from PISA 2000.* Paris: OECD.

Oshry, Barry. (1996). *Seeing Systems: Unlocking the Mysteries of Organizational Life.* San Francisco: Berrett-Koehler.

Parkinson, Ann. (1990). *An Examination of the Reliability & Factor Structure of the School Work Culture Profile.* Doctoral dissertation. University of South Florida, Tampa.

Parsons, Talcott. (1951). *The Social System.* New York: The Free Press.

——. (1966). *Structure and Process in Modern Societies.* Chicago: Free Press.

Pasco County 2001. (1993). Land O'Lakes, Fla.: Pasco County School Board.

Payne, Ruby. (1998). *A Framework for Understanding Poverty.* Baytown, Tex.: AhaProcess.

Pedler, Mike, John Burgoyne, and Tom Boydel. (1997). *The Learning Company: A Strategy for Sustainable Development.* New York: McGraw Hill.

Peitgen, Heinz-Otto. (1990). "The Causal Principle, Deterministic Laws, and Chaos." In *Chaos: The New Science*, ed. John Holte. Lanham, Md.: Gustavus Adolphus College, University Press of America.

Peters, Tom. (1992). *Liberation Management: Necessary Disorganization for the Nanosecond Nineties.* New York: Alfred A. Knopf.

Peters, Tom, and R. H. Waterman, Jr. (1982). *In Search of Excellence: Lessons from America's Best Run Companies.* New York: Harper & Row.

Piaget, Jean. (1970). *Structuralism.* New York: Basic Books.

Pinchot, Gifford, and Elizabeth Pinchot. (1993). *The End of Bureaucracy and the Rise of the Intelligent Organization.* San Francisco: Berrett-Koehler.

Pinedo, Victor. (2004). *Tsunami: Building Organizations Capable of Prospering in Tidal Waves.* Lincoln, NE: iUniverse.

Pink, Daniel H. (2005, 2006). *A Whole New Mind: Why Right-Brainers Will Rule the World.* New York: Penguin Press.

Poincare, Henri. (1892. Reprint, New York: Dover, 1962). *Methodes Nouvelles de la Mechanizue Celeste.* In *Foundations of Physics.* Paris: Gauthier Villars, 1990.

Poitier, Sidney. (2000). *The Measure of a Man: A Spiritual Autobiography.* San Francisco: Harper.

Popham, James W. (1988). *Educational Evaluation.* Englewood Cliffs, N. J.: Prentice Hall.

Preskill, Hallie H., and Rosalie Torres. (1999). *Evaluative Inquiry for Learning in Organizations.* Thousand Oaks, Calif.: Sage.

Preus, Betty. (October 1, 2007). "Educational Trends in China and the United States: Proverbial Pendulum or Potential for Balance?" *Phi Delta Kappan* (*89*), 2.

Price Waterhouse Change Integration Team. (1996). *The Paradox Principles: How High-Performance Companies Manage Chaos, Complexity and Contradiction to Achieve Superior Results.* Chicago: Irwin Professional.

Prigogine, Ilya. (1990). "Time, Dynamics, and Chaos: Integrating Poincare's 'Non-Integrable Systems.'" In *Chaos: The New Science*, ed. John Holte. Lanham, Md.: Gustavus Adolphus College, University Press of America.

Prigogine, Ilya, and Isabelle Stenger. (1984). *Order Out of Chaos: Man's Dialogue with Nature.* New York: Bantam Books.

Reich, Charles A. (1995). *Opposing the System.* New York: Crown.

Rhodes, Lewis. (1996). "Making Sense of (and with) TQM." In *Schools That Make Sense*, 18 – 23. Alexandria, Va.: American Association of School Administrators.

——. (April, 1997). "Connecting Leadership and Learning." Planning paper developed for the American Association of School Administrators, National Center for Connected Learning, Restin, Va.

Rossi, Peter H., and Howard E. Freeman. (1989). *Evaluation: A Systematic Approach.* Newbury Park, Calif.: Sage.

Rusch, Edith, and Catherine Marshall. (October 1997). "Gender Issues in Educational Administration Classrooms: The Confounding Questions, a Conversation Constructed from the Works of Rusch and Marshall." Handouts presented at the annual meeting of the University Council for Educational Administration, Orlando, Fla.

Russell, P. (1998). *Waking Up in Time: Finding Inner Peace in Times of Accelerating Change.* Novato, Calif.: Origin Press.

Ruthen, Russell. (January 1993). "Adapting to Complexity." *Scientific American*, 131 – 140.

Ryan, John M. (1992). *The Quality Team Concept in Total Quality Control.* Milwaukee, Wis.:

ASQC Quality Press.

Sachs, Jeffrey D. (2005). *The End of Poverty: Economic Possibilities for Our Time.* New York: Penguin Press.

Sallach, David. (1974). "Class Domination and Ideological Hegemony." *Sociological Quarterly*, *15*, 38 – 50.

Sang, Xinmin. (2006). "Present and Future Education in China: Technological Advancement, Globalization, and Educational Liberation." *Wingspan Journal*, *16*(1), 27 – 30.

Sarason, Seymore. (1996). *How Schools Might Be Governed and Why.* New York: Teachers College Press.

Särkijärvi, A. (1999). "Do UNESCO Schools in Finland Prepare Their Students for the Future? A Study of Their School-Based Curriculums." Master's thesis. University of Helsinki, Department of Teacher Education.

Sarup, Madan. (1993). *Post-Structuralism and Postmodernism.* Athens: University of Georgia Press.

(SCANS) Secretary's Commission on Achieving Necessary Skills. (April 1992). *Learning a Living: A Blueprint for High Performance. A SCAN'S Report for America 2000. Part I.* Washington, D. C.: U. S. Department of Labor.

Schein, Edgar H. (1985). *Organizational Culture and Leadership.* San Francisco: Jossey-Bass.

Scheurich, Jim, and Linda Skrla. (2001). Continuing the Conversation on Equity and Accountability: Listening Appreciatively, Responding Responsibly. *Phi Delta Kappan*, *83*, 322 – 326.

Schlechty, Phillip C. (1997). *Inventing Better Schools: An Action Plan for Educational Reform.* San Francisco: Jossey-Bass.

Schoorman, Dilys. (April 2006). Personal Correspondence to the Equal Employment Opportunity Committee (printed with permission).

Scott, Richard W. (1992). *Organizations, Rational, Natural, and Open Systems.* 3rd ed. Englewood Cliffs, N. J.: Prentice-Hall.

Scriven, Michael. (1973). "The methodology of evaluation." In Blaine R. Worther, and James R. Saunders. *Educational Evaluation: Theory & Practice.* Worthington, Ohio: C. A. Jones.

Seiling, Jane Galloway. (1997). *The Membership Organization: Achieving Top Performance Through New Workplace Community.* Palo Alto, Calif.: Davies Black.

Senge, Peter M. (1990). *The Fifth Discipline: The Art and Practice of the Learning Organization.*

New York: Doubleday.

Senge, Peter M., and Colleen Lannon-Kim. (1991). "Recapturing the Spirit of the Learning Organization Through a Systems Approach." *The School Administrator*, *48*(9), 8 – 13.

Shakeshaft, Carol. (1986). "A Female Organizational Culture." *Educational Horizons*, *64*(3), 117 – 122.

Shaw, James. (2004). *Center for Youth Studies: Boredom*. Retrieved February 9, 2007, from http://roswellga.ourlittle.net/Boredom.

Shilliff, Karl A., and Paul J. Motiska. (1992). *The Team Approach to Quality*. Milwaukee, Wis.: ASQC Quality Press.

Shonk, James H. (1992). *Team-Based Organizations: Developing a Successful Team Environment*. Homewood, Ill.: Business One Irwin.

Simon, Herbert A. (Winter 1946). "The Proverbs of Administration." *Public Administration Review*, *6*, 53 – 67.

Sisodia, Raj, David B. Wolfe, and Jag Sheth. (2007). *Firms of Endearment: How World Class Companies Profit from Passion and Purpose*. Philadelphia: Wharton School of Business.

Snyder, Karolyn J. (1988a). *Competency Training for Managing Productive Schools*. San Diego: Harcourt Brace Jovanovich.

——. (1988). *Managing Productive Schools Trainer's Guides: Competencies 1, 2, 3, 4, 5, 6, 7, 8, 9, 10*. Tampa, FL: Managing Productive Schools.

——. (1988). *Managing Productive Schools Training Program: A Ten Module Series*. Tampa, FL: Managing Productive Schools.

Snyder, Karolyn J. (Fall 2005). "Leading Schools into the Global Age: The Challenge of our Times." *Wingspan Journal*, *15*(1), 12 – 26.

Snyder, Karolyn J. (Fall 2006). "Schools Becoming Global Learning Centers: A Challenge and Opportunity for Our Times." *Wingspan Journal*, *16*(1), 73 – 83.

Snyder, Karolyn J., and Mary Giella. (1988b). "Managing Productive District Programs: A Job Model for Instructional Supervisors." *Wingspan: The Pedamorphosis Conmmnunique*, *4*(2) (December), 34 – 38.

——. (1988c) *School Work Culture Profile*. Tampa, Fla.: Managing Productive Schools Training Systems.

——. (1991). *Managing Productive Programs*. Tampa, Fla.: Managing Productive Schools

Training Systems.

——, ed. (1994). "Welcome to the Quality Revolution." Theme issue of *Wingspan*, *10*(1).

Snyder, Karolyn J., Michele Acker-Hocevar, and Kristen M. Snyder. (1994a). "Organizational Development in Transition: The Schooling Perspective." Paper presentation at the American Educational Research Association, ERIC EA 026 086.

——. (April 1994b). "Typology for Principals of Learning Organizations Committed to Reframing Work Cultures." Paper presented at the American Educational Research Association Annual Program Conference, New Orleans. ERIC: ED 372 469; EA 025 941.

Snyder, Karolyn J., and Robert H. Anderson. (1986). *Managing Productive Schools: Toward an Ecology.* San Diego: Harcourt Brace Jovanovich.

Snyder, Karolyn J., John Fitzgerald, and Mary Giella. (1993). "Preparing School Districts for the 21st Century." *National Forum of Applied Educational Research*, *6*(2), 16 – 22.

Snyder, Karolyn J., and Mary Giella. (1991). *Managing Productive Programs: A Training System for School District Leaders.* Tampa, Fla.: Managing Productive Schools Training Programs.

Snyder, Karolyn J., Kristen M. Snyder, and Michele Acker-Hocevar. (September 1995). "Chaos Theory as a Lens for Advancing Quality Schooling." Paper presentation at the Annual Conference for British Education, Management, and Administration Society. Oxford, England. ERIC: ED 413 630, EA 027 647.

Snyder, K. J., M. Acker-Hocevar, and K. Snyder. (2000). *Living on the Edge of Chaos: Leading Schools into the Global Age.* Milwaukee, Wis.: ASQ Quality Press.

Snyder, Kristen M. (1997). "A Construct Validation and Reliability Estimation of the Educational Quality Benchmark System." Doctoral dissertation, University of South Florida, Tampa.

Snyder, Kristen M., and Karolyn J. Snyder. (January 1996). "Developing Integrated Work Cultures: A Study on School Change." *NASSP Bulletin*, *80*, 67 – 77.

Snyder, T. Richard. (2001). *The Protestant Ethic and the Spirit of Punishment*, Grand Rapids, Mich.: Eerdmans.

Sorensen, E. K., & E. S. Takle. (2002). "Collaborative Knowledge Building in Web-Based Learning: Assessing the Quality of Dialogue." *International Journal of E-learning*, *1*(1), 28 – 32.

Spendolini, Michael J. (1992). *The Benchmarking Book.* New York: American Management Association.

Stake, Robert E. (1967). *American Education Research Association Monograph Series on Evaluation.* Chicago: Rand-McNally.

Stephenson, Karen. (2005). "Trafficking in Trust: The Art and Science of Human Knowledge Networks." In *Enlightened Power: How Women Are Transforming the Practice of Leadership*, ed. L. Coughlin, E. Wingard, and K. Hollihan. San Francisco: Jossey-Bass, 242 – 265.

Stewart, Vivian. (April 2007). "Becoming Citizens of the World." *Educational Leadership*, *64*(7), 8 – 14.

Stiglitz, Joseph E. (2006). *Making Globalization Work.* New York: W. W. Norton & Company.

Strike, Kenneth A. (1993). "Professionalism, Democracy, and Discursive Communities: Normative Reflections on Restructuring." *American Educational Review Journal*, *30*(2), 255 – 275.

Stufflebeam, Daniel L., and Egon Guba. (1971). *Educational Evaluation and Decision Making.* Itasca, Ill.: F. E. Peacock.

Sullivan, Elaine C. (Fall 2006). "The International School Connection: An Evolving School Development Platform for a Global Age." *Wingspan Journal*, *16*(1), 66 – 73.

Swieringa, Joop, and Andre Wierdsma. (1992). *Becoming a Learning Organization: Beyond the Learning Curve.* New York: Addison-Wesley.

Tannen, Daniel. (1995). "The Power of Talk: Who Gets Heard and Why." *Harvard Business Review*, *75*(5), 138 – 148.

Tapscott, Don, and Anthony D. Williams. (2007). *Wikinomics: How Mass Collaboration Changes Everything.* London: Portfolio.

Taylor, Frederick Winslow. (1912). *Shop Management.* New York: Harper and Brothers.

Tenkasi, R. V., and M. C. Chesmore. (2003). "Social Networks and Planned Organizational Change: The Impact of Strong Network Ties on Effective Change and Implementation and Use." *The Journal of Applied Behavioral Science*, *39*(3) (September), 281 – 300.

Tilles, Seymour. (1963). "The Manager's Job: System's Approach." Reprinted (1970) in Chapter 12 in *Organization Theories*, ed. William P. Sexton. Columbus, Ohio: Charles E. Merrill.

Toffler, Alvin. (1990). *Powershift: Knowledge, Wealth, and Violence at the Edge of the 21st Century.* New York: Bantam Books.

Touchton, D., and M. Acker-Hocevar. (2005). Contextual Leadership: Responding to Issues of Social Justice and High-Risk Schools. Paper presentation at the University Council of Educational Administration. Nashville, Tenn. November 10 – 13.

Tutu, Desmond. (1999). *No Future without Forgiveness.* New York: Doubleday.

UNESCO. (2002). *Learning to Be: A Holistic and Integrated Approach to Values Education for Human Development: Core Values and the Valuing Process for Developing Innovative Practices for Values Education Toward International Understanding and a Culture of Peace.* Bangkok: UNESCO Asia and Pacific Regional Bureau for Education.

——. (2003). "From the Information Society to Knowledge Societies." http://www.unesco.org/wsis.

University Council of Educational Administration (UCEA). http://www.ucea.org.

Useem, Michael, and Thomas A. Kochan. (1992). "Creating the Learning Organization." In *Transforming Organizations*, T. A. Kochan and M. Useem, eds., 391-406. New York: Oxford University Press.

Vaill, Peter B. (1996). *Learning as a Way of Being: Strategies for Survival in a World of Permanent White Water.* San Francisco: Jossey-Bass.

van Gigch, John P. (1978). *Applied General Systems Theory.* 2nd ed. New York: Harper & Row.

van Lakerveld, Jaap. (1997). "Schulautonomie in den Niederlanden." *Erziehung und Unterricht, Oestereichisches Paedogogische Zeitschrift*, *3*, 219-225. Vienna, Austria: OBV Padagogischerverlag.

van Lakerveld, Jaap, and Peter Nentwig. (March 1996). "School-Based Inservice Education." *Educational Leadership*, *53*(6), 68-71.

Walker, Allan, Vu Van Tao, and Dang Quoc Bao. (April 1996). "Education Renovation in Vietnam." *International Journal of Educational Reform*, *5*(2), 140-145.

Wallenberg, Helena H. (1997). *The Welfare Renaissance: The New Swedish Model. Are We Educating for The Future?* Stockholm: Barn Academiem.

Wartenberg, Thomas E. (1990). *The Forms of Power: From Domination to Transformation.* Philadelphia: Temple University Press.

Watson, Gregory H. (1993). *Strategic Benchmarking: How to Rate Your Company's Performance Against the World's Best.* New York: John Wiley and Sons.

Watts, D. J. (2003). *Six Degrees: The Science of a Connected Age.* New York: W. W. Norton & Company.

Weber, Max. (1922). "Bureaucracy." In *Max Weber: Essays in Sociology*, eds. H. Gerth & C. W. Mills. Oxford: Oxford University Press.

——. (1924). "Legitimate Authority and Bureaucracy." In *Organization Theory: Selected Readings*, ed. D. S. Pugh. London: Penguin Books.

Weiss, Heather B., and Francine H. Jacobs. (1988). *Evaluating Family Programs.* New York: Aldine de Gruyter.

Welhage, Gary, G. Smith, and P. Lipham. (1992). "Restructuring Urban Schools: The New Futures Experience." *American Education Research Journal*, *29*(1), 51-93.

Wellins, Richard S., William C. Byham, and Jeanne M. Wilson. (1991). *Empowered Teams: Creating Self-Directed Work Groups That Improve Quality, Productivity, and Participation.* San Francisco: Jossey-Bass.

Wheatley, Margaret J. (1992). *Leadership and the New Science: Learning about Organization from an Orderly Universe.* San Francisco: Berrett-Koehler.

Wheatley, Margaret J., and Myron Kellner-Rogers. (1996). *A Simpler Way.* San Francisco: Berrett-Koehler.

Wilson, Cynthia, David Walker, Marta Cruz-Janzen, Michele Acker-Hocevar, and Perry Schoon. (2005/2006). "A Systems Alignment Model for Examining School Practices: A Standards-Based Alignment Model." *International Journal of Learning*, *12*(7), 303-310.

Wynne, E. (1972). *The Politics of School Accountability. Public Information About Schools.* Berkeley, Calif.: McCutchan.

Yunus, Muhammad. (2007). *Banker to the Poor: Micro-Lending and the Battle Against World Poverty.* New York: Public Affairs.

Young, Stanley, and Charles E. Summer. (1966). "The Management System and the Meaning of Organization." Reprinted (1970) in Chapter 13 in *Organization Theories*, ed. William P. Sexton. Columbus, Ohio: Charles E. Merrill.

Zohar, Danah. (1990). *The Quantum Self: Human Nature and Consciousness Defined by the New Physics.* New York: Quill/William Morrow.

Zukav, Gary. (1979). *The Dancing Wu Li Masters: An Overview of the New Physics.* New York: Quill/William Morrow.

索　　引*

* 本索引的每个条目后所附页码为本书原文页码，即中文版边码。

B

E

H

M

Q

R

S

T

W

特别致谢

对于《生活在混沌边缘》一书的第2版，我们想向世界各地的朋友和伙伴表示感谢。正是你们提供了各种机会，才让我们得以了解世界各地或美好或糟糕的生存状况及你们每天都在面临的学校教育之挑战。我们已经发现，对于那些已步入全球化舞台并勇敢面对其挑战的教育工作者和学生而言，到处都充满了巨大机遇。正是由于你们对我们的生活作出的贡献，才使这部新作品得以问世。对于在这一不断变化且充满挑战的全球化时代生活和工作来说，那些来自系统科学、混沌学和复杂性理论的思想是它的基石。当我们徜徉在你们的学校，走进你们的生活，并学习如何在数字文化中共处时，你们中间有很多人都给我们树立了榜样，让我们明白这些理论是如何在实践中逐渐展开的。对许多人而言，你们的学校展现出来的全球化心智模式、权力关系的新景象及社会性网络的力量开辟了走向未来的新道路。我们向国际学校联盟国际合作项目的主管、董事会成员、干事、节点协调员、校长委员会成员致以谢意。在过去十年里，我们相互扶持，共同走过了一段非常特殊的旅程，对各种可能的选择进行了探索，并为21世纪的学校找到了走向未来的道路。

我们想向以下几位表达特别的谢意，因为他们让本书的第2版变得卓尔不群。桑新民教授和李曙华教授（本书第 2 版的序即出自他们两位的手笔）向我们展现了中国文化及其丰厚传统对这个世界所具有的独一无二的意义和价值。尽管东西方文化有很大不同，但我们明白，教育工作者应该相互分享共同的发展机遇，只有这样才能超越横亘于不同地域之间的藩篱，在世界范围内共同学习、携手工作。从严格意义上讲，你们对于这部著作的贡献非常重要。我们还要特别感谢美国佛罗里达州帕斯科县学区的同事和朋友，在一起携手工作了 20 多年后，他们最近向我们提出了一个新挑战：**设计一套培训体系，培养学校和学区的领导者，让他们能够创建和引领面向这个全球化生存时代的可持续性学校发展**。帕斯科县学区进行的前沿探索的故事在本书第 1 版就有所展现，对于世界各地的很多教育工作者而言，他们的故事激发了新的思考和行动。而我们的期望是：他们在最近这几年进行的新探索可以再次激发领导者们认真思量下面这项工作的重要性，即培养他们自己的领导者，使其在学校发展上形成一种整体性的世界观，并拥抱数字文化和全球化境脉。

特别的谢意还要给予伊莱恩·沙利文博士，作为我们在国际学校联盟的同事，她认真细致地校订了新的第一章，并给我们开辟了新思路。感谢我们在国际学校联盟的另一位同事约翰·菲茨杰拉德博士，本书最后一章不仅饱含了他的观点与建议，而且他还对写作这一章的意图进行了认真思量，他的观点非常重要。还要向罗伯特·安德森致以特别的敬意，他是我们忠贞可靠的朋友，也是位了不起的校订者，他不但和我们在缅因州的森林里待了一个夏天，见证了这部著作的诞生，而且还帮助我们对本书第 1 版与第 2 版中的每一章节都进行了打磨。我们感谢您！

卡罗琳·J. 斯奈德　米歇尔·阿克－霍切瓦尔　克丽丝滕·M. 斯奈德

2008 年

译者后记

和《生活在混沌边缘》这本书结缘要追溯到6年前。2005年10月，受桑新民教授的邀请，卡罗琳·斯奈德博士率领的国际学校联盟（ISC）代表团访问中国，译者有幸参加了在南京和北京举行的一系列学术交流活动，初步了解到此书的学术思想，便马上感受到一种鲜活的时代气息和强大的思想冲击力。2008年出版的第2版，进一步呈现了自1999年第1版出版以来，ISC社群尤其是三位作者对信息化和全球化合流的时代如何以混沌和复杂性思维引领学校变革的新思考。教育科学出版社慧眼识珠，在此书第2版刚推出不久便购得了其中文简体字版权，并委托桑新民教授领衔的研究团队进行翻译。我们有幸承担了这项工作。在翻译过程中，我们进一步真切地领略到了这本书的思想魅力以及作者生活在混沌边缘的智慧，同时也更加深刻地感受到传统思维模式对教育和学习的桎梏，以及当代系统科学之最新进展在学校教育变革上的巨大潜力及其紧迫性。全书分工如下：丁煜翻译了第1章、第2章、第3章、第5章和第12章，李曙华翻译了第4章，其余章节和部分的翻译由郑旭东完成。翻译不仅是一个学习的过程，同时也是一种再创作的过程。尤其值得指出的是，李曙华教授不仅在第4章译稿上耗费了大量心血，而且还对前3章的翻译提出了大量建设性意见，从而保证了此书在混沌理论与复杂性科学翻译上的专业水准。三位译者身处不同城市却能密切协同与合作，让我们感受到弗里德曼在《世界是平的》一书中描绘的全球化时代之新型工作团队与工作模式的强大力量。三位译者相互之间对译稿的不断诘问不仅让译著更接近原著，更创造了一种不可多得的工作体验。而桑新民教授作为校订者的居中统筹协调和恰到好处的评判则让译者见识了学术研究中高超的领导艺术与智慧。最后，非常感谢教育科学出版社在版权引进和译稿编辑出版上付出的巨大努力。我们诚挚地希望，本书中文版的面世能让中国更多的教育工作者和学校领导者直面时代挑战，在引领学校登上全球化舞台的历史征程中真正生活在混沌边缘！

译　者

2011 年 5 月

作者简介

卡罗琳·J. 斯奈德博士（Karolyn J. Snyder）是国际学校联盟的主席。作为全球性的非营利性组织，国际学校联盟是一个由教育领导者和青年领袖组成的全球性学习型网络，这些教育领导者和青年领袖正在创建着作为全球化学习中心的学校。自2002年从南佛罗里达大学教育领导学教授的岗位上退休之后，斯奈德就肩负起了国际学校联盟的责任。她现在业已在学校发展的整体性方法方面出版了6部著作及250篇以上的期刊论文。她在系统思考及生活在混沌边缘上所做的工作不但使其足迹遍及全球40多个国家，而且还让她建立的一些学校文化诊断工具及标杆管理质量体系被译为多种文字。她于20世纪80年代至90年代间在整体性学校领导力方面开展的培训项目——“产出性学校管理”——最近业已进行了升级，以使其适应学校教育面临的全球化境脉，这就是“面向可持续性学校发展的领导力”（*Leadership for Sustainable School Development*）培训项目。

米歇尔·阿克-霍切瓦尔博士（Michele Acher-Hocevar）是佛罗里达太平洋大学的教育领导学教授。在佛罗里达太平洋大学，她不但从事有关校长培养的课程项目，而且还在培养未来教育领导者和学者的博士班里开展研究与工作。其教学和研究兴趣主要集中在学校与领导力发展等领域，尤其是那些处于高度贫困状态且为有色族裔学生服务的学校。阿克-霍切瓦尔博士最近（2007）组编完成了一本研究教育督导的著作——《成功的教育督导领导力：来自教育局长们的经验教训》（*Successful School Board Leadership*：*Lessons from Superintendents*），此书在全国范围内对超过100名以上的教育局长进行了研究，这些教育局长非常坦率地分享了自己工作中的得失成败，特别是他们与教育局的合作关系。这本为教育局准备的著作彰显了局长与全局上下通力合作以实现其学区之愿景与使命的重要性。阿克-霍切瓦尔博士已经发表了30多篇以高度贫困学校、学校发展与变革、围绕共享式权力和共同愿景建立合作伙伴关系等为研究焦点的论文。在教育领域内，她既是位教师，同时也是位学校行政管理人员，这两个方面的经验结合在一起，与其以前在商界现今在大学所做的工作一起，给她提供了广阔视野，使其能够以强有力的合作关系对学校改革及社群创建进行富有深度的研究。正是这些强大的合作伙伴关系才让我们能够有能力来解决一些影响当前教育和社会体系的问题，例如贫困和其他一些社会不公等。大学应该行动起来，为在忧虑不安的社群中建立联结寻找共同的基石，在这方面她是一位坚定的倡导者。她坚信学习是一项集体的努力，在这一过程中，每个人的声音都需要得到重视，通过携手合作，未来将大有不同。

克丽丝滕·M. 斯奈德博士（Kristen M. Snyder）是位于瑞典的中瑞典大学的一名资深讲师。克丽丝滕来自美国，在瑞典和美国这两个国家都从事了很多年的研究和项目开发。与众不同的学术地位及其所处的有利位置使她能够把有关学校教育的全球政策和本土境脉结合在一起对教育发展进行探索。作为一位具有多年经验的研究人员，克丽丝滕的研究对象既包括学校也包括其他各种社会组织，比如对面向青年人的医疗保健、心理健康、少年司法、药物滥用进行规划设计等。她核心的研究焦点集中于那些能够支持组织发展的组织传播文化与领导力。尤其是最近这几年，伴随着全球化的发展，她的研究焦点已经拓展到了更为广阔的领域，包括网络与数字传播技术及其在组织、交流和领导等方面产生的影响与冲击。

技术的发展促进了克丽丝滕所谓的生活、学习与工作之数字文化的诞生，作为其对本书所作贡献的一部分，她对教育和学习在当前面临的新机遇进行了探索。在这一研究焦点之外，斯奈德还建立了一整套有关标杆管理的工具与知识，并把其应用于整个学校的发展。在从事标杆管理研究的过程中，她参与塑造了两种标杆管理的工具：教育质量标杆管理体系、欧洲教育质量标杆管理体系，后者是一种基于 Web 的工具，把各种对话过程整合在一起，可以有力促进学校之间的联合以及合作伙伴关系的创建。另外，斯奈德还参与了面向学区和政府机构的领导力培训项目，这些培训项目主要是关于标杆管理、分布式团队和组织发展、学校整体性变革的，其目的在于创建多元化的学校。除此之外，她还是国际学校联盟负责研究与出版的副主席及电子期刊《翼展》（*Wingspan*）杂志的主编。

出 版 人　所广一
责任编辑　周益群
版式设计　杨玲玲
责任校对　曲凤玲
责任印制　曲凤玲

图书在版编目（CIP）数据

生活在混沌边缘：引领学校步入全球化时代（第2版）/（美）斯奈德（Snyder，K. J.），（美）阿克-霍切瓦尔（Acker-Hocevar，M.），（美）斯奈德（Snyder，K. M.）著；郑旭东，丁煜，李曙华译. —北京：教育科学出版社，2011. 12
（教育变革之道丛书/桑新民主编）
书名原文：Living on the Edge of Chaos：Leading Schools into the Global Age（Second Edition）
ISBN 978-7-5041-6090-4

Ⅰ. 生…　Ⅱ. ①斯… ②阿… ③斯… ④郑… ⑤丁… ⑥李…　Ⅲ. ①学校管理—研究　Ⅳ. ①G47

中国版本图书馆 CIP 数据核字（2011）第 220123 号

北京市版权局著作权合同登记 图字：01-2009-0235 号

教育变革之道丛书
生活在混沌边缘：引领学校步入全球化时代（第2版）
SHENGHUO ZAI HUNDUN BIANYUAN：YINLING XUEXIAO BURU QUANQIUHUA SHIDAI（DI 2 BAN）

出版发行	教育科学出版社		
社　　址	北京·朝阳区安慧北里安园甲9号	**市场部电话**	010-64989009
邮　　编	100101	**编辑部电话**	010-64989421
传　　真	010-64891796	**网　　址**	http://www.esph.com.cn
经　　销	各地新华书店		
制　　作	北京金奥都图文制作中心		
印　　刷	保定市中画美凯印刷有限公司		
开　　本	169毫米×239毫米　16开	**版　　次**	2011年12月第1版
印　　张	28.5	**印　　次**	2011年12月第1次印刷
字　　数	407千	**定　　价**	58.00元

Living on the Edge of Chaos: Leading Schools into the global age
by Karolyn J. Snyder, Michele Acker-Hocevar and Kristen M. Snyder

First published as "Living on the Edge of Chaos: Leading Schools into the global age" by American Society for Quality
This Chinese translation was arranged by Educational Science Publishing House. The Educational Science Publishing House is responsible for the quality of the translation.

本书英文版由美国质量学会出版发行。
本书中文简体版由教育科学出版社翻译出版，教育科学出版社负责译作的内容和质量。